출판학원론과 출판현상

출판학원론과 출판현상

초판 인쇄 2020년 5월 20일
초판 발행 2020년 5월 29일

지은이 남석순
펴낸이 박찬익
편집장 한병순
펴낸곳 패러다임북 **주소** 서울시 동대문구 천호대로 16가길 4
전화 02)922-1192~3 **팩스** 02)928-4683 **홈페이지** www.pjbook.com
이메일 pijbook@naver.com **| 등록** 2020년 2월 4일 제2015-000007호

ISBN 979-11-970515-0-0 93010

* 책값은 뒤표지에 있습니다.

출판학원론과 출판현상

남석순

A Principle of Publishing
Science and Phenomena
of Publishing

 패러다임북

책 머리글

출판이 책을 내고 책은 문명을 담는다.

책과 출판은 인류의 지혜를 넓고 깊게 담아 오래 전해 왔다. 지혜는 전승되고 수용되어 문명으로 일어났다. 문명은 인류가 도달한 최상의 가치 개념으로 오늘날의 디지털 미디어도 지혜와 문명의 소산이다. 인터넷 미디어들은 빠르고 재밌고 쉽게 전하지만, 책과 출판은 본질적으로 자세히 전하는 미디어이다. 자세히 전한다함은 뒤처진다함이 아니라, 빠르고 얇게 가는 것을 채우기 위함이다. 지혜와 문명을 넓고 깊게 자세히 담는 미디어가 있기에, 빠르고 재밌고 편하게 보는 미디어가 있는 것이다.

책과 출판은 문명에 영향을 끼쳤지만 문명의 영향도 받아왔다. 책의 내용인 인류의 지혜도 문명에 따라 진보했으며, 이 지혜를 담는 매체도 문명에 따라 발전해왔고, 이 지혜의 수용자들이 문명을 더욱 꽃피워 내었다. 출판은 17세기 유럽에서 근대 신문이 나오기까지 인류의 독보적인 전달매체였다. 이후 텔레비전과 라디오 등 전파매체의 출현으로 역할의 분담이 이루어졌으며 디지털 시대에도 출판의 본질을 드러내는 매체 역할에는 여전히 변함이 없다.

출판 본질은 출판학 연구의 정체성이며 출판현상은 출판학의 연구 대상이다. 출판의 본질은 출판을 형성시킨 본래적이고 근원적인 성질이다. 어떤 사물에서 본질이 제거된다면 그 사물은 존재 의미를 잃거나 다르게 변형된다. 본질에서 벗어나는 출판학 연구는 출판의 정체성을 잃는 결과가 된다. 출판현상이란 출판의 영역과 대상에서 드러나는 출판의 양상이다. 다시 본다면, 출판의 기획선택과 생산제작, 공표유통과 독자수용, 영향효과와 이를 둘러싼 출판환경을 말한다. 출판과 출판학 연구에서 출판 본질과 출판 현상은 근본적이고 원론적인 가치를 갖는다.

이 책은 제1부 출판학 원론과 제2부 출판 현상론으로 구성하였다. 1부는 디지털에 의한 패러다임의 변화와 출판매체의 변혁에 따라 새로운 관점과 모색으로 작성된 연구 논문들이다. 2부의 논문들은 분야에 따른 출판현상들을 반영할 수 있는 기존 논문들을 부분적으로 수정하고 인용문헌들을 새로 다듬어 게재한 것이다.

1부는 출판학 연구가 패러다임 변화에서 원론적으로 당면하고 있는 여덟 가지의 주요 주제들을 선정한 것이다. 이는 (1) 출판 본질론 (2) 출판 현상론 (3) 출판학의 연구 영역 (4) 출판학의 연구 대상, 그리고 (5) 출판학의 체계 (6) 출판의 매스적인 성격과 비 매스적인 성격 (7) 출판의 순환과정 (8) 출판학 연구방법론이다. 이 당면한 주제들을 모두 새로운 관점으로 연구하였다. 본질론과 현상론, 연구 영역과 대상의 네 가지 주제들은 긴밀성으로 인해 2편으로 묶어 논의하였다. 출판학의 체계와 연구방법론 등 네 가지 주제들도 관련성으로 인해 1편으로 논의하여 분량은 많지만 모두 3편의 논문으로 제1부를 구성하였다.

특히, 제1부 연구는 다음에 역점을 두었는데 기존의 관점들과 차이가 많다. 첫째, 출판학의 거시적 관점의 연구를 제시하였다. 지금까지 출판학 연구가 미시적 관점 연구에 치중되어 왔으므로 출판현상을 미시적이고 거시적인 종합적 관점에서 균등하게 연구해야 함을 강조하고 대안을 제시하였다. 둘째, 출판학을 사회과학의 영역에 두고 사회과학적 연구방법을 강조하면서 연구 방안을 제시하였다. 셋째, 패러다임의 변화와 출판의 변혁을 반영하면서 전통출판과 전자출판 연구에서 두루 수용될 수 있도록 노력 하였다.

미시적 · 거시적 출판학으로 관찰하고 분석할 때 출판현상을 온전히 연구할 수 있다. 특히, 거시적 연구는 사회과학의 영역으로 독자와 이용자 및 사회문화적 상호작용과 미디어와 기술적 변화도 넓게 수용할 수 있다. 거시적 · 사회과학적 관점은 연구방법의 변화를 가져와 출판학의 연구 공간이 더욱 넓어지고 다양해 질 수 있을 것이다.

제2부는 7편의 논문을 게재하였다. 출판정책, 시니어 출판독서, 전환기의 출판미디어, 출판콘텐츠의 다중 미디어 확산 및 적용 방법, 북한출판, 국제 출판학의 연구 동향이다. 이는 출판정책과 출판독서, 미디어와 출판콘텐츠, 북한출판과 국제 출판학으로 구분되는데 제1부의 출판현상을 반영할 수 있도록 기존 논문에서 선정한 것이다.

출판학 탐구의 길에는 여러분들의 은덕이 있었다. 남애 안춘근 스승님은 출판학을 개척하였고, 정산 민병덕 교수님은 출판학의 학문

정립에 기여하였고, 우양 이종국 교수님은 출판학의 깊이를 더하여 주었다. 커뮤니케이션학 학자로서 출판학 정립에도 기여한 차배근 서울대 명예교수님과 이강수 한양대 명예교수님은 책과 강의를 통하여 가르침을 받았다. 단국대 국문과의 은사이신 황패강·김상배·송하섭 교수님은 각각 대학출판부 근무, 출판학 석사과정 진학, 국문과 박사과정 지도로 이끌어주셨다. 부끄럽고 보잘 것 없는 책이지만 이분들과 함께 이제는 세상에 계시지 않는 부모님께 올린다.

　전문학술서를 펴내기 어려운 환경에서 쾌히 출판을 맡아준 박이정 출판사와 패러다임북의 박찬익 사장님과 편집진에게 깊이 감사드린다. 40여년 출판 교육과 연구, 실무의 노정(路程)에서 책에게 길을 물어 오며 출판학 연구에 집중할 수 없었던 곤란도 많았으나 한 번도 그 끈을 놓지는 않았다. 이제 교수 정년을 마치고 금년 칠십에 이르렀으니 공부해온 길 끝에 앉아서 정리라도 하고 싶었다. 그 길을 동행하면서 한 사람이 읽더라도 책 쓰기를 권한 아내 박윤희 씨는 언제나 든든한 응원자였다. 큰아들 창성 부부와 작은 아들 창주 부부에게 자랑스럽고 고맙다는 마음을 전한다. 성재, 하연, 도연은 한없이 사랑스런 손주들이다. 여러분들의 감사한 마음을 여기에 적는다.

2020년 5월 신록에
동명재에서
남석순

제2부 출판 현상론

Ⅰ. 출판정책 과정의 이론모형 개발 연구

Ⅱ. 출판독서를 통한 시니어 세대의 문화복지 연구
: 고령화 친화적 접근 방법을 중심으로

제1부

출판학 원론

출판학의
본질론과 현상론

1. 서론 : 출판학 원론을 위한 새로운 관점

책과 출판은 인류의 표현 욕구에 따른 기록행위와 보존행위에서 비롯되었다. 인류가 문자와 서사매체를 사용함으로써 기록이 이루어지고, 기록행위는 보존으로 이어지고, 보존행위가 책의 형태를 만들어 내었다. 책을 반복적으로 펴내는 과정에서 편집행위와 복제기술이 진전되고 축적되면서 출판이 형성된 것으로 보인다. 이처럼 오랜 역사에서 출판의 본질이 형성되었고 출판현상들이 나타났을 것이다. 점토판책에서 전자책에 이르기까지 책을 만들게 했던 본성(本性)인 기록행위와 보존행위가 출판의 근원적인 본질이며, 드러난 모습과 영향이 현상일 것이다. 이러한 출판의 본질과 현상을 탐구하는 것이 이 연구의 주된 내용이다.

출판의 본질은 출판학의 정체성이며, 출판 현상은 출판학의 연구 대상으로 이는 출판과 출판학을 이루는 바탕이 된다. 출판학에서 본질은 출판의 본래적 성질이며, 현상은 출판의 여러 양상(樣相)이다. 출판학의 연구 대상은 출판의 본질 바탕에서 표현된 내용들이 매체와 만나 이루어내는 현상들을 연구하는 것으로 이해할 수 있다. 출판학 연구는 출판의 본질 바탕에서 이루어질 때 출판현상을 온전히 관찰하고 분석할 수 있을 것이다. 출판현상도 출판행위와 출판물을 담아내는 미시적 관점과 더불어 독자와 이용자 및 사회적이고 문화적 영향을 주고받는 거시적 관점에서 종합적으로 바라볼 때에 출판현상이 제대로 드러난다. 이 연구는 출판의 본질과 현상을 구체적으로 재논의 하는데 있다.

출판학 연구에서 출판의 본질과 현상을 분리하여 논하기보다 상관성의 관계에 두고 연구할 충분한 필요성이 있다. 이러한 연구 관점은 출판현상에서 본질을 인식할 수도 있으며, 출판 본질의 바탕에서 현상을 파악하는데 도움이 될 것이다. 아울러 출판학 연구에서 정체성의 유지와 대상성의 공유에서도 의미가 클 것으로 보인다. 또한 디지털 등에 의한 새로운 테크놀로지의 변혁에서 출판의 현상과 본질의 의미를 살피는 물음에도 부합될 수 있을 것이다. 다만, 사물의 본질은 현실적으로 실재(實在) 하지 않기 때문에 사람들은 현상을 인식함으로써 본질을 추단(推斷)하게 되는 것이 일반적이다.

출판과 출판학 연구에서 유독 본질을 중시하는 이유는 출판 매체의 특성 때문이다. 출판은 인류의 지혜를 가장 깊고, 넓게, 오래도록 전달해온 매체였다. 출판은 본래부터 매체와 내용이 함께 해온 최초의 전달도구였으며 책 자체가 미디어이면서 현물(現物)이었다. 이런 관계로 어떤 전달매체보다 담는 매체의 영향을 많이 받게 된다. 그 까닭은 출판의 시원(始原)에서 비롯되었기에 출판과 출판학 연구에서 본질은 근원적인 성질이면서 존재 이유가 된다.

출판의 본질과 현상 사이에는 전달매체가 자리한다. 매체의 발달에 따라 출판의 본질을 드러내는 출판현상도 다르게 나타난다. 전달매체의 급격한 디지털화에 따라 출판현상이 변모되고 있다. 전달 매체가 출판현상의 동인(動因) 역할을 하고 있는 것이다. 매체의 발전에 따라 출판현상이 어떤 모습을 보이는지 살필 필요가 있다. 이는 디지털 시대에서 출판의 내용물을 담는 포맷이 다양해지고 독자와 이용자들의 접근 방법도 다르기 때문이다.

출판 공동체들은 디지털 기반 속에서 출판현상에 대한 혼란스러움도 갖고 있다. 앞으로 예견되는 디지털을 넘어 포스트 디지털 퍼블리싱(post digital publishing) 시대에서 다른 차원의 전달매체가 출현한다면 또 어떻게 대처할 것인가. 다시 급변되는 매체 환경에서 출판이 가지고 있는 고유한 특성은 또 어떻게 변모되어 갈 것인가. 이에 대한 논의는 출판이 갖고 있는 본질을 이해하고 전달매체와 사회문화적 현상을 분석하면서 찾아가야 할 것으로 보인다.

출판 본질의 중요성에 대해 "변화되는 환경 속에서도 출판학 연구를 위해 여전히 중요한 관건은 본질 파악에 관한 문제이다. 원인과 과정에 대한 구명(究明) 보다는 드러난 현실에 치우쳐 시의적(時宜的)인 적응에만 급급하였다"(이종국, 2001, p.17) 라는 말처럼 출판 공동체들은 테크놀로지의 변화에 치우쳐 출판의 근본적인 문제에는 관심이 적었다. 이처럼 격변하는 변화에서도 출판의 본질은 여전히 우리에게 근원적인 물음의 대상이다.

이 연구는 출판의 본질과 현상의 문제들을 재논의하기 위해 다음과 같은 네 가지의 연구 문제를 설정하였다. 첫째, 출판 본질의 근원적이고 특성적인 성격은 무엇인가? 둘째, 출판현상의 영역과 대상은 무엇이며 관점은 어떻게 해야 하는가? 셋째, 출판현상에 대한 관찰과 분석은 어떻게 해야 하는가? 넷째, 출판학 연구에서 출판의 본질과 현상은 어떤 의미를 갖는가? 에 두었다.

이러한 논의를 위한 연구 방법은 근거이론과 사례분석, 문헌연구와 자료 분석에서 이루어진다. 이 연구 방법들은 새로운 관점의 연구 및 분야의 선행연구, 관련 학문에서 연계되는 논의들을 살펴보고 기술하고 설명하며 분석하는데 있어서 적절성을 띠기 때문이다. 특히 근거이론은 특정 집단이나 특정한 사회현상에 대해 알려진 사실이 거의 없는 새로운 이해를 얻기 위해서 탐색하는 연구 방법이다. 이 연구 방법들은 출판의 본질과 현상의 새로운 이해를 얻기 위해 적절한 방법으로 판단한다.

2. 출판본질론 : 근원적 · 특성적 성격

1) 본질의 개념과 성격

본질(本質, essence)의 개념에 대한 사전적 의미를 살핀다. 『표준국어대사전』(국립국어원, 2020)에 의하면, 본질이란 (1) 일반적으로 본디부터 가지고 있는 사물 자체의 성질이나 모습 또는 사물이나 현상을 성립시키는 근본적인 성질이라고 정의한다. (2) 철학적으로는 실존(實存)에 상대되는 말로, 어떤 존재에 관해 '그 무엇'이라고 정의될 수 있는 성질 또는 후설(Husserl, E.)의 현상학에서 사물의 시공적 · 특수적 · 우연적인 존재의 근저에 있으면서 사물을 그 사물답게 만드는 초시공적 · 보편적 · 필연적인 것으로 본질직관으로 이것을 포착할 수 있다고 하였다. 이 사전을 보면 본질의 개념을 일반적인 뜻과 철학적인 뜻을 함께 간추려 풀이하고 있다. 여기에서 말하는 후설의 현상학은 본질 자체에 관한 학(學)은 아니고 본질을 직관하는 의식에 관한 학으로 이해된다.

한편 『철학대사전』(2017)을 보면, 일반적으로 어떤 사물을 그 자체이도록 하는 사물의 고유한 성질을 가리키는 말로서, 본질의 이해에는 다음의 방법이 있다. (1) 고유한 것은 현재 존재하는 개체로서의 사물이 외부에 있는 보편적인 것에 의해 일정한 성질을 갖는 개체로서 존재하게 된다고 하여 이 보편적인 것을 본질로 보는 견해, 예를 들면 플라톤의 이데아 같은 것이 여기에 속한다.

여기서 본질은 현재 존재하는 것이라는 의미에서의 실존(existence)과 대립한다. 이것은 현재 존재하여 나타나는 것에 대한, 즉 현상에 대한 본질이라는 말이기도 하다. (2) 유물론적 견해로서 본질은 현상으로 나타나며 현상을 통하여 본질이 인식된다고 한다. 객관적으로 존재하는 현상을 통하여 그 안에 포함되어 있는 본질에 대한 인식은 그 인식의 발전에 의해 점차 깊이를 더하며 숨겨져 있는 본질을 명확히 할 수 있게 된다. 이런 의미에서 본질에 대한 인식은 발전하는 것이고 본질에 대한 고정적인 인식은 불가능하다고 하였다.

이를 정리하여 본다면 일반적으로 본질은 그 사물의 고유한 성질이지만 두 관점이 있다. 하나는 플라톤의 이데아와 동질로서 현상에 대한 본질이라는 뜻으로 해석된다. 다음은 유물론적 관점으로 현상을 통해 본질은 인식된다고 보는 시각으로 본질에 대한 고정적인 인식은 불가능하다고 하였다.

플라톤(Plato)과 아리스토텔레스(Aristoteles)의 그리스 철학에서는 사물의 본질이란 각 사물의 불변하는 측면이라고 정의되어 왔다. 이처럼 불변하다고 보았던 본질은 근대철학의 인식론(Epistemology, 認識論경험론과 이성론)의 실재론과 관념론에서 각각 논의되었지만, 현대철학에 와서 프리드리히 니체(Friedrich Wilhelm Nietzsche,1844~1900)에 이르러 변화하게 된다. 니체에 의해서 '사물의 본질이란 인간의 가치가 투영된 것에 지나지 않는다'는 통찰에 이르게 된다고 하였다. 니체에 의하면 본질이나 본성에 관한 생각과 태도는 관점적인 것으로 다양성을 전제로 한다고 하였다(조대호 역해, 2004, pp.39~53). 다시 본다면,

니체가 말하는 본질은 사물의 불변적인 측면이 아니라, 인간이 사물에 대해 사후적으로 규정한 일반적인 가치 체계임을 강조한 것이다.

한편으로 현상학의 창시자였던 에드문트 후설(Edmund Husserl)은 본질이란 그 자체로 존재하는 객관적 대상이라기보다는 나에 의해서 파악되어야 할 인식의 대상이라고 하였다. 그 파악은 본질직관(Wesensanschuung)에 의해 포착할 수 있다고 하였다(Edmund Husserl, 이종훈역, 2012, pp.59~69)[1]. 후설이 말하는 본질 개념(Wesenbegriff)은 전통적으로 형이상학에서 추구했던 불변하는 실재(實在), 즉 현상의 배후에 근원으로 실재하는 그런 것을 의미하는 것은 아니고 논리적이고 관념적인 성격을 띤 객관적인 의미 요소를 말한다. 본질을 알기 위해서는 현상을 정확히 파악해야 한다는 것으로 보인다.

이 연구에서 말하는 본질에 대한 의미도 사물에 관하여 인간의 가치 체계가 투영된 뜻으로 사용된다. 본질은 어떤 사물에 인간의 가치와 인식이 투영되어 불변하다고 사유하는 측면 혹은 그 사물을 다른 사물과 구별시켜주는 특성을 의미한다. 그러나 본질은 사물 본연의 핵심적인 측면이라고 볼 수 있으며, 그것이 그것으로서 있기 위해 없

---

1   후설의 본질직관은 본질을 직관(감각, 경험, 연상, 판단, 추리 등의 사유 작용을 거치지 아니하고 대상을 직접적으로 파악하는 작용, 즉각적 의식—저자 주) 하는 이념화 작용인 형상적 환원은 (1) 어떤 임의의 대상에서 출발해 자유로운 상상으로 무수한 모상(模像)을 만들고 (2) 이 모상들 전체에 걸쳐 서로 겹치고 합치하는 것을 종합, 통일하며 (3) 변경(Variation)은 전체를 통해 영향을 받지 않는 불변적 일반성, 즉 본질을 이끌어내 직관하는 능동적 동일화 작업을 파악하는 것이다. 임의성에는 확고한 한계가 설정되어 있다. 가령 빨간색에서 노란색으로 넘어갈 정도로 자유롭게 변경해도 색(色)이 음(音으)로 넘어갈 수 없듯이 일정한 류(類)안에서만 수행된다(이종훈, 2017,pp.518~51).

어서는 안 되는 속성을 말하기도 한다. 또한 본질은 그 사물을 그 자체이게끔 하는 성질이며, 현상을 성립시키는 성질이라고 말할 수 있다. 그러므로 본질은 사물이나 현상이 존재하는 근원적인 성질이나 존재 방법 또는 이유라고 할 수 있을 것이다. 어떤 사물에서 본질이 제거된다면 그 사물은 존재 자체를 잃어버리거나 다르게 변형하게 된다(남석순, 2019. p.84).

2) 출판 본질의 탐구 방법

출판의 본질적인 성격을 먼저 탐구한다. 사물의 본질은 현실적으로 실재하지 않기 때문에 현상을 인식함으로써 본질을 추단하게 되는 것이 일반적이라 하였다. 이 연구에서도 출판현상에서 본질 성격에 접근하는 방법을 활용한다. 출판 본질을 탐구하기 위해 근원적인 본질과 특성적인 본질로 나누어 탐구한다. 첫째, 근원적인 본질 탐구는 출판의 형성과 발달과정, 출판의 매체적 작용과 기능, 출판 본질에 대한 기존 논의의 세 가지 측면에서 각각의 본질과 성격을 찾는다. 둘째, 특성적인 성격 고찰은 근원적인 본질에서 추출되는 성격으로 다시 논의하는 방법이다. 이는 다면적으로 출판 본질에 접근하기 위한 방법이 된다.

마셜 매클루언(H. Marshall McLuhan)은 커뮤니케이션을 지배하는 미디어에 따라 인류 역사를 구어시대-필사시대-인쇄시대-전기시대의 4단계로 구분하였다. 각 단계는 구술문화의 시대, 필사문화의 시대, 인쇄문화의 시대, 그리고 전기문화의 시대이다. 각 시대는 새로운 미디어의 등장으로 다시 새 시대로 넘어간다(『Understanding media : the extensions of man』, 1964)고 하였다.

매클루언의 제자인 월터 J. 옹(Walter J. Ong)은 "구술성과 문자성에 대한 통시적 연구, 그리고 어느 한 편에서 다른 한 편에로의 발전 단계에 대한 연구를 통해서 어떤 준거틀(frame of reference)을 세울 수 있다(Walter J. Ong, 1982, 이기우외 역, 1995,pp.10~11)고 하였다. 이 준거틀에 의해 최초의 구술문화와 이어지는 쓰기문화뿐만 아니라, 쓰기를 보편화시킨 인쇄문화와 그리고 쓰기와 인쇄, 이 양자의 바탕위에서 세워진 전자문화(electronics culture)를 한층 잘 이해할 수 있게 된다고 한다"고 하였다. 매클루언의 시대 구분은 미디어의 변천으로, Ong은 언어의 구술성과 문자성의 상호작용에 중심을 두었지만 연구를 위한 인류 역사의 시기 구분은 동일하다.

Ong의 말을 다시 본다면, 인류의 표현 매체의 변천은 구술문화-문자문화-인쇄문화-전자문화로 이어져 왔다고 하였다. 구술·문자·인쇄·전자문화는 서로 이전의 기반 위에서 성립되었고 서로 상호적이다. 문자문화는 구술문화 없이 변하기 어려웠고, 전자문화는 구술·문자·인쇄문화와 불가분의 관계에 있다는 것이다. 그의 말처럼, 출판의 형성과 발전 과정에서 본질 탐구는 이러한 준거틀에 의해서 어느 한 시대와 다음 시대를 비교하고, 통시적 혹은 역사적으로 문제에 접근하는 것이 필요하다. 이는 구술문화-문자문화-인쇄문화-전자문화로 변하는 과정에서 출판의 본질을 찾는 방법으로 출판의 형성과 발달 과정을 구획하기 위해 4단계의 시기 구분에 따른다.

다음으로 책과 출판의 서사매체 작용에서 본질의 성격을 살피는 방법이다. 최초의 책으로 인정되는 점토책에서 파피루스와 양피지, 죽간과 목독 등 종이 발명 이전의 주요 서사매체의 작용과 기능에서 본질을 살피는 방법이다. 이는 출판의 형성과 오랜 발달 과정에 따라 축적되어 온 책과 출판의 매체적 작용에서도 본질이 파악될 수 있을 것이다. 책과 출판은 인류의 표현 욕구로 인한 기록행위와 보존행위가 각각의 시대에서 서사 재료와 전달 매체를 만나 형성되어온 사회적이고 문화적 현상이다. 마지막으로 출판 본질에 대한 기존의 논의를 보는 방법이다. 여기에서 출판학자들의 관점을 살필 수 있을 것이다. 이러한 세 가지의 방법을 통하여 출판의 근원적 본질 성격에 다가가려고 한다.

3) 출판 본질의 근원적 성격 고찰

(1) 출판의 형성과 발달 과정에서 찾는 본질

출판은 역사적으로 인류 지혜의 전달과 보존을 위한 가장 심층적인 전달 매체였다. 그 지혜는 그 시대와 그 사회에서 개인들과 집단에게 전해야 하면서도 남길만한 내용들이었다. 전달 내용은 각각의 시대와 사회 그리고 집단에서 문자를 매개로 하여 필사, 인쇄, 전자적으로 기록되거나 공표되었다. 인류 최초의 전달매체인 출판의 본질을 탐구하기 위해 출판의 형성과 발달 과정을 구술문화-문자문화-인쇄문화-전자문화로 나누어 고찰한다.

첫째, 구술시대의 문화란 기호나 문자가 전혀 존재하지 않고 음성으로 커뮤니케이션하는 원시적인 소통을 말한다. 찰스 다윈(Charles Robert Darwin)은 말의 기원에 대해 언어가 다양한 자연의 소리와 다른 동물들의 소리, 그리고 인간 자신의 본능적 울음소리들을 모방하고 수정하는 것이라고 하였다. 그 소통 방식으로 "원초적 표현은 입으로 소리를 지르는 것을 실현한 것과 귀(청각)로써 감지하는 소통 형식을 말 한다"(이종국, 2006, p.37) 라고도 한다.

인류학자와 언어학자들에 의하면 언어가 생겨나기 이전은 단순한 '소리'만으로 의사를 표시한 것에서 찾고 있다. 이의 보완을 위해 손짓, 발짓, 몸짓으로 뒷받침했다는 것이다. 인간의 신체가 표현수단은 되었으나 충분한 표현에 이르지 못한 소통 방법이었다. 이후 소리의 높낮이, 짧고 긴 발성, 동물들의 소리 흉내 등의 표현을 하는 가운데 어떤 규칙을 생성을 보게 되었다고 한다.

이러한 표현행위의[2] 진전을 거듭하여 발전된 형식이 '언어' 라고 하였다. "언어 역시 인간의 기억과 구전에 의한 전달이 불완전하고 시간과 공간을 극복하는데 제한적이었다. 인류는 지혜의 발달에 따라 새로운 기억 수단으로 약속된 모양과 시각적인 판별이 가능한 '기호' 로 진전하게 되었다"(이종국, 2006, pp.37~39). 기호는 어떠한 뜻을 나타내

---

2   표현행위는 생각이나 느낌, 욕구 등을 언어나 몸짓, 글 등의 형상으로 드러내는 것으로, 기록행위는 후일에 남길 목적으로 어떤 사실을 적은 글이나 그림으로, 보존행위는 현상을 유지하고 보호하며 간수하여 남기는 뜻으로 사용한다.

기 위하여 쓰이는 부호로서 문자 시대를 이루어가는 전 단계의 시대가 된다.

오랜 기간에 걸친 구술시대에서 출판의 의미를 살핀다면, 이 시대에서는 인류가 행하려 했던 '표현행위'가 언어로 발전하게 된 것이다. 언어는 의사전달을 위한 소통 방식이었지만 완전치 못한 전달과 소통으로 부분적으로 기호로 대신하게 되는 시기이다. 구술시대는 출판의 바탕이 되는 문자의 발생 이전 시대이며, 이 시대는 문자 시대를 열게 하는 기반 시대로서의 의미를 가진다. 출판의 시원(始原)은 인류의 표현 욕구에서 생성됨으로 이 시대를 출판의 시원적인 시기라고 볼 수 있다.

둘째, 문자시대의 문화는 문자나 기록에 의하여 형성된 문화를 말한다. 문자 발생 초기에는 기억 또는 소통의 단순 수단으로서 나무, 돌, 바위 또는 뼛조각 등에 새기기도 하고 결승(結繩), 색패(色貝), 각봉(刻棒) 등의 기호를 보조 수단으로 사용하기도 하였다. 고대 중국과 페루, 멕시코 등지에서는 결승문자가 널리 사용되었고, 북아메리카 인디언들은 색패를 사용해서 의사소통을 하였다. 한편, 원시 그림은 구석기 시대의 알타미라 동굴 벽화와 같은 유적이 산재해 있으며, 한국에서도 청동기 시대에 동물들을 새긴 반구대 암각화가 있다. 이러한 원시적 표현 방법이 기호와 그림글자로 발전하게 되고 나아가 문자의 성립에 바탕을 이루게 된다.

문자의 사용은 인류가 선사시대에서 역사시대로 들어섬을 의미한다. 문자는 기록을 수반함으로써 진정한 출판행위의 시작이기도 하였다. 인류 최초의 문자는 메소포타미아 지역에 수메르 인들의 설형문자이다. 이 쐐기문자는 기원전 4,000년경, 이집트의 상형문자는 기원전 3,500년경, 초기의 알파벳은 기원전 1,700년경, 중국의 한자는 기원전 1,500년경에 발생한 것으로 알려지고 있다. 한국에서는 고조선 때에 신지문자(神誌文字)가 사용되었다고 전하고, 한자는 고조선 후기부터 사용되었고 삼국시대부터 이두와 향찰이 활용되었다. 이처럼 인류는 소리 – 언어 – 기호의 과정을 거쳐 문자시대로 접어들게 됨으로써 기록문화를 열어간 것으로 이해된다. 기록은 인류의 지혜를 기억·보존·전달하는 중심적인 매개체였고 출판시대를 이루게 한 바탕이 되었다.

문자문화는 기록(記錄)을 전제로 한다. 기록 수단은 문자와 서사 재료로서 인류 지혜의 기록과 배열, 전달과 소통, 보전과 전승의 매개체였다. 기록의 바탕으로 삼았던 재료의 개발에는 동시대인들의 지혜가 담겨있다. 서사 재료들은 출판이 발전해온 과정에서 중요한 의미를 갖는다. 기록 수단의 원형과 책의 형태로 진화하는 과정에서 서사재료는 자연재료와 개발재료로 대분할 수 있다.

자연재료는 자연과 동식물에서 취한 서사재료로서 동굴이나 무덤 등의 벽에, 이집트 상형문자는 파피루스에, 수메르의 설형문자는 점토판에, 알파벳은 파피루스나 양피지 등에 기록되었다. 점토판을 사용한 것은 보존성에, 파피루스를 사용한 것은 이동성에 중점을 둔 형태이다. 한자는 죽간(竹簡)·목독(木牘)·비단 등에 씌여졌다. 중국에서는 기원전 3세기 진(秦)나라 시대에 죽간이나 목독을 사용한 책이 출현하였는데 이는 편찬과 편집의 기원이라고 할 수 있다. 경전의 글을 돌에 새겨 탑본을 만드는 석경(石經)도 사용되었는데 이는 인쇄의 기원이라고 할 수도 있다.

개발재료의 대표적인 것은 종이이다. 종이는 서기 105년 중국 후한(後漢)의 채륜(蔡倫)에 의해 만들어진 것으로 알려지고 있다. 종이의 발명은 인류문화의 발전에서 중대한 의미를 지닌다. 종이 이전과 비교하여 종이 이후에서 문자 및 기록문화는 가히 혁명적이었다고 볼 수 있다. 종이는 3세기에서 7세기 초까지 한국과 일본에 들어 왔고, 서역과 아라비아를 거쳐 북아프리카로, 다시 유럽에 이르기까지 세계로 퍼져 나갔다. 이처럼 문자사용으로 인한 기록행위는 종이를 비롯한 각종 서사재료의 개발로 인하여 기록과 보존이라는 출판의 발달에 있어서 매우 중요한 계기를 만들어내게 된다.

기록과 보존은 문자시대에서 또 다른 의미를 가진다. 기호와 문자시대에서 점토판이나 파피루스, 양피지와 죽간 등은 기록과 보존, 공표를 같이하는 형태였다. 이러한 행위에서 기록(記錄)·복제(複製)·공표(公表) 과정이 분리되지 않는 원초적이며 미분화 상태였다고 할 수 있다. 즉, 이 시대의 보존행위에는 이미 복제와 공표의 의미를 함께 하고 있었던 것이다. 보존은 전달과 전승의 의미를 같이하기 때문에 오늘날 복제와 공표의 의미를 포함하고 있는 것이다. 기록이 표현욕구에서 나왔듯이, 보존은 기록을 같은 시대에도 알리면서 다음 시대에도 전달하는 역할도 수행했던 것이다. 이 시대에 있어서 보존행위는 단순한 보존이 아닌 복제와 공표를 같이하는 개념의 보존이었던 것이다. 이처럼 기록시대부터 출판의 근원적인 본질인 기록·복제·공표의 의미가 함께 하였으나 미분화된 상태로 있었던 것이다.

문자시대에서 출판의 본질에 대해 정리한다면, 문자문화 시대는 기록과 보존의 시대라고 할 수 있다. 인류의 지혜를 정확히, 보다 멀리, 오래 전하고 싶은 인간의 기록욕구는 기호와 그림에서 문자를 성립시켰다. 이 시대는 문자의 성립과 서사재료의 개발로 이어지면서 인류는 비로소 기록과 보존의 조건이 이룩된 시기이다. 기록이란 전달·보존·전승이 전제되는 행위이다. 기록행위는 자연스럽게 보존행위로 이어지면서 인류의 지혜는 한층 진전되고 발전하게 된다. 기록행위와 보존행위의 연속은 출판물의 형태로 이어지게 된다. 반복되는 출판물의 간행은 편집행위와 복제행위라는 중요한 계기를 마련한 것으로 보인다. 이는 점토판과 파피루스, 양피지와 죽간 등의 기록과 복제과정에서 발견할 수 있다. 출판 발달과정에서 문자시대는 큰 의미를 가진다. 출판의 기본적인 요소인 기록과 보존, 편집과 복제, 좁은 의미의 공표행위가 성립된 시기이다. 이 점은 동서양을 막론하고 인쇄시대 이전에 기나긴 필사본의 시대가 이를 증명해준다. 이러한 점에서 문자시대는 출판의 본질 형성과 발달 과정에서 매우 중요한 시기이기도 하다.

셋째, 인쇄시대의 본질은 복제이다. 복제는 필사에서 시작되었지만, 인쇄술의 발달과 밀접하게 관련되어 있다. 인쇄술의 충격은 곧 문화의 충격으로 일컬어질 만큼 문명 변천의 곳곳에 크나 큰 파급효과를 끼쳤다. 인쇄술은 필사보다 빠르고 깊고 넓게 오래가는 매체였다.

매클루언(M. McLuhan)은 활판인쇄술의 발명은 인류사에서 혁명이라고 평가한다(M. McLuhan,1962). 한편, 월터 옹은 "필사문화는 생산자 지향적인데 반하여 인쇄는 소비자 지향적이다. 인쇄된 텍스트는 필사본의 텍스트보다 훨씬 읽기가 쉽다. 읽기 쉽다는 데에서 생겨난 결과는 대단하다. 사고와 표현에서 오래 지속되어온 청각 우위는 인쇄 때문에 시각의 우위로 자리바꿈되었다"(Walter J. Ong, 1982, 이기우외 역, 1995, p.186) 라고 필사와 인쇄에서 인간 사고의 차이를 말하고 있다.

한편으로 목판 인쇄술과 금속 인쇄술은 모두 동양에서 시작되었다. 중국의 목판 인쇄술의 유래는 6세기 말에서 7세기 초 당나라 때인 593년경에 시작된 것이라고도 한다. 하지만 현존하는 최고의 목판인쇄물은 한국의 무구정광대다라니경(無垢淨光大陀羅尼經, 751)으로 제작 연대는 그 이전으로도 소급될 수도 있다. 금속활자의 인쇄에서 세계 최초는 고려의 주자인쇄(鑄字印刷)이며, 현존 세계 최초의 금속활자 인쇄본은 1377년에 간행된 백운화상초록불조직지심체요절(白雲和尙抄錄佛祖直指心體要節)이다.

이러한 점에서 한국은 문자시대에 머물던 인류들을 활자시대(인쇄 시대)로 이끈 인쇄문화의 종주국이었지만, 유럽과 같은 문예부흥은 일어나지 못했다. 이는 알파벳 문자보다 매우 복잡한 한자의 문자 체계와 주자를 위한 제작비용, 국가가 관장하는 출판제도 때문이었다. 더구나 서책(書冊)은 귀한 보존의 대상으로 상업의 물품이 아니라는 유교적 가치관으로 인해 유럽에 그 자리를 내어주고 말았던 것이다.

15세기 유럽에서 구텐베르크(Johann Gutenberg)에 의해 활판 인쇄술의 기계화로 다량 생산의 길을 열게 된다(1445년). 인쇄기에 의한 신속한 복제는 책의 제작 및 유통에서 시간적·공간적 거리를 극복하였다. 구텐베르크 활판 인쇄술의 영향은 지대하였다. "활자의 반복 이용성, 대량 복제성, 수정 용이성, 출판물의 규격화, 출판의 산업화가 촉진되었다. 구텐베르크의 이후 인쇄되고 유통된 각종 출판물의 영향은 근대 유럽사회 성립의 동인(動因)이 되었는데 가장 두드러진 현상은 종교개혁이었고 르네상스(문예부흥) 운동 이었다"(이종국, 1995, pp.87~92) 라고 말한다.

인쇄시대는 다른 하나의 중요한 의미는 가지고 있는데 출판에서 완연한 공표성(公表性)이 이루어진 시대이다. 출판은 구텐베르크의 활판 인쇄술로 인하여 전달매체로서의 완전성을 이루게 된다. 이전 시대에서 기록과 복제는 완전성을 띠었으나 공표에서 한계성도 있었다. 필사와 목판인쇄는 활판 인쇄술에 비해 공표나 보급에서 작용할 수 있는 범위가 좁았고 미치는 영향도 적었기 때문이다. 출판의 본질과 현상은 기록시대의 본래로부터 그리고 점토판책으로부터 형성되었다. 이어서 파피루스와 양피지, 죽간에 이르기까지 출판의 본질과 현상은 이어져 왔던 것이다. 출판의 본질인 기록·복제·공표는 활판 인쇄술 이후 시대에 와서 매체로서의 더욱 완전성을 가질 수 있었다고 말할 수 있다.

인쇄 이후 시대는 또 하나의 큰 의미가 있는데 공포된 출판물의 영향력이다. 이전 시대에 비하여 인쇄 이후 시대는 다량복제와 다량전달이 가능해 짐으로써 책이 사회에 갖는 영향력이 매우 증대하였다.

식자층이 늘어났고 지식은 귀족들의 전유물에서 벗어났다. 이러한 영향으로 중세유럽에서 문예부흥과 종교개혁이 일어났다. 르네상스는 유럽문화에서 근대화의 사상적 원류가 되었으며, 종교개혁은 유럽을 중세와 근대로 구분하여 놓았다. 이처럼 출판물의 영향은 사회문화적으로 큰 의미를 갖게 되었다.

이런 점에서 출판의 본질인 기록-복제-공표(영향)에서 '영향'을 추가해야 본질에서 완전성이 이루어질 수 있다. 공중과 영향에 대해서 마샬 매클루언(Marshall H. McLuhan)은 "활자 인쇄는 새로운 환경을 만들었다고 한다. 즉 그것은 '공중'을 낳았다. 필사 기술은 국가적 규모의 공중을 형성하는데 필요한 확장하는 힘이나 강도를 지니지 못했었다"(임상원 역, 2001, p.8) 라는 말처럼 인쇄에 의한 공표는 자의식을 지닌 공중을 형성시키는 원동력이 작용된 점이다. 따라서 '기록-복제-공표-영향'이 출판의 본질이라고 구별할 수도 있다. 그렇지만, 당시의 '영향'은 '공표'됨으로써 이어지는 과정이었으며, 출판현상으로도 볼 수 있기에 이 글에서는 기록-복제-공표를 출판 본질의 특성적인 성격으로 보고자 한다.

인쇄시대에서 출판의 본질을 정리한다면, 이 시대에 와서 출판은 전달 매체로서 더욱 완전성을 이루게 된다. 완전성이란 매체로서의 출판이 기록·복제·공표에서의 완성을 의미하고 사회문화적 영향력도 매우 증대되었기 때문이다. 출판물들은 사회적 커뮤니케이션을 본질적 기능으로 하여 매체 역할을 수행하였다. 인쇄는 필사에 비해 빠르고, 깊고, 넓게, 오래가는 매체였다. 출판은 인쇄시대에 와서 인간의 사상과 감정, 지식과 정보를 선별하고 배열하여 인쇄술로 대량 복제, 생산, 공표함으로써 개인과 사회에 큰 영향을 주는 중심적인 최상의 매체로 자리 잡았으며 출판물들은 근대사회를 이루는 동인으로 작용되었다.

넷째, 전자시대이다. 전자문화는 컴퓨터와 스마트폰 등의 뉴미디어 환경에서 전달하는 각종 디지털 콘텐츠와 영상물, 음향 등을 통한 정보사회를 일컫는다. 인류는 구술·문자·인쇄시대를 거쳐 디지털 시대로 진입되었다. 한국에서는 1980년대 출판에 디지털이 도입된 지 40년가량이 되지만 급속하게 출판 현상을 바뀌어 나가고 있다. 일반적으로 전자출판은 두 가지의 측면을 포함한다. 하나는 종이책을 만들어가는 과정에 전자기술이 부분 도입하는 방식이고, 다른 하나는 모든 생산물을 디지털 형태로 출판하는 경우가 공존되고 있다.

전자 출판은 전통 출판과는 다른 접근 방법을 요구한다. 전자 출판에서 중요한 점은 온라인을 통해 책이나 콘텐츠와 같은 특정한 상품을 '판매'하는 것이 아니라, 특정한 정보나 아이디어에 대한 '접속'을 제공한다는 점이다. 전자 출판의 핵심은 고정된 정보나 지식을 제공하는 것이 아니라, 상호 복잡하게 연계되고 지속적으로 변화하는 생명력 있고 융통성 있는 과정(process)으로서의 지식과 정보를 제공하는데 있다(김원재, 2006, 12). 여기에서 보는 판매나 접속도 공표 행위가 이루어진 다음 과정이다. 전통출판에서 공표는 발행을 의미하고 온라인에서 공표는 탑재를 의미하는 행위이다.

지금의 전자출판은 전자책(eBOOK), 앱북(appBOOK), 오디오북(Audio Book), 웹진(Web zine), 멀티미디어 콘텐츠 등으로 세분화되어 영역을 넓히고 있다. 교육출판에는 증강현실(AR)과 가상현실(VR)의 기술적 적용을 받는 전자출판물들이 시장을 점유하기 시작했다. 전자출판은 전자책이 대표적이다. 전자책은 eBook과 appBook 으로 나누어지며 기획단계에서 구분은 없으나 제작과 유통에서는 다른 형태로 나타난다. 종이책과 전자책은 동종 매체이지만 유형(아날로그)과 무형(디지털)이라는 점에서 차별화를 갖는다. 스마트폰은 전자책 단말기와 전자책 시장에서 경쟁하고 있으며 오디오북도 발전되는 분야이다. 전자책 시장은 크게 콘텐츠(e-Book), 유통(distribution), 디바이스(device)로 나눠지며 이외에도 디스플레이, 통신, 미디어 등 다양한 분야와 연관되어 있다.

이처럼 디지털 시대에서 출판의 변혁은 출판행위인 책의 기획선택, 생산제작, 공표유통 과정을 변모시켰으며, 출판물의 독자수용, 영향효과까지도 흔들어 놓았다. 6백년을 지속해온 인쇄가 20세기 후반에 불어 닥친 디지털의 영향으로 격랑 속에 있는 것이다. "이 시대의 디지털 문명이 가능하도록 이끈 주역의 하나가 출판임에 분명하지만, 결국 융합의 소용돌이 속으로 휩쓸리게 된 것이다. 그러나 중요한 것은 본질에 대한 인식이다. 오늘의 관점에서 바라보는 출판의 변혁이라는 것도 본래로부터 진화, 팽창된 현상일 뿐이며 그 본디가 바뀐 것은 아니기 때문이다"(이종국, 2015, p.25). 여기서 본래의 의미란 전자문화도 인쇄, 문자, 구술의 바탕에서 진화되었다는 점이다. 이처럼 구술·문자·인쇄·전자문화는 서로 그 이전의 것에 기반 위에서 진화되고 팽창되어 성립되었다는 점이다.

이 전자시대를 출판의 본질에서 정리한다면 인류의 표현 욕구에 의한 '기록행위와 보존행위'가 출판을 낳게 한 바탕이면서 본질이라 하였다. 지금 첨단에 있는 디지털 시대의 전자 출판 방식도 "본래의 출판에서 분리된 것이 아니라 그 연장선상에서 확장된 현상이다. 출판이라는 중심축은 여전히 본질을 존속하면서 제작 방법인 전달 매체가 개조되고 변형되는 것을 말한다"(이종국, 2015, p.39)고 하였다.

이러한 관점에는 동의하지만, 전자출판에서 유의가 필요한 점은 미디어의 내용도 전달하는 매체의 테크놀로지와는 분리될 수 없으며 오히려 미디어가 내용을 변형할 수 있다는 점이다. 출판은 본래부터 매체와 내용이 함께 해온 최초의 전달도구 였으며, 책 자체가 미디어 이면서 현물이었다는 점이다. 실제로 인간이나 사회에 영향을 미치는 것은 내용만이 아니라 매체라는 점에 있는 것이다. 이러한 매체적 작용을 서사재료이면서 동시에 초기 전달매체였던 점토판과 파피루스, 양피지와 죽간에서도 살펴 본다면 출판의 본질이 더욱 드러날 수 있을 것이다.

(2) 출판의 서사 매체 작용에서 살핀 본질

구술문화 시대는 출판의 형성기반 시대로서 의미를 갖는다. 인류의 지혜를 정확히, 보다 멀리, 오래 전하고 싶은 인간의 표현 욕구는 기호와 그림에서 문자를 성립시켰다. 문자문화 시대는 출판의 발달 과정에서 중요한 시기이다. 이 시대는 문자의 성립과 더불어 서사재료가 개발되면서 인류는 비로소 기록과 보존의 조건이 이룩된 시기이다. 출판의 성립 요소인 문자와 서사재료에 바탕에서 인류 최초의 책의 형태가 출현한다. 책의 형태에서 대표적인 모습은 점토판과 파피루스, 양피지와 죽간과 목독을 서사매체로 하는 책들이다. 이를 통해 책과 출판은 기록과 보존, 편집과 복제와 더불어 협의의 공표행위가 이루어지게 된다.

출판의 본질을 서사 매체 작용과 기능 관점에서 탐구하고자 한다. 이는 출판의 오랜 발달 과정에서 형성되고 보존되며 전승되어온 책과 출판의 서사 매체 작용에서도 본질과 성질을 살필 수 있을 것이다. 이를 위해 점토판, 파피루스, 양피지, 죽간(竹簡)과 목독(木牘) 등 종이 발명 이전의 인류의 주요 기록매체에서 근원적인 성질을 탐구하고자 한다. 이들은 서사재료이면서도 동시에 전달매체이며, 출판의 발달 과정은 매체 변천의 역사이기도 하였다. 초기의 대표적 출판현상을 통한 출판 본질의 탐구는 새로운 이해를 얻기 위한 방법이 된다.

첫째, 점토판(clay tablet)으로 된 책이다. 가장 오래된 것은 기원전 4,000~3,500년경의 점토 파편이 전해 오고 있지만, 기원전 3,000년 경부터 2~3세기까지 사용되었다. 부드럽고 유연한 찰흙을 알맞은 크기와 형태로 빚어서 나무나 뼈, 또는 쇠붙이로 된 철필로 문자를 새긴 다음 불에 굽거나 태양 빛에 말렸다. 중요 문서는 다시 가마에 구어 견고하게 만들었으며 메소포타미아 지역에서 발굴된 것만 방대한 양에 이른다고 한다. "점토판은 큰 것은 25×15cm 정도이고 작은 것은 3×1.5cm로 다양했고, 형태도 직사각형만이 아니라 원형, 삼각

수메르의 쐐기문자판(B.C. 2600년)

형, 원추형 등으로 갖가지 였다. 지금에도 바빌로니아와 아시리아의 고대도시에서 발굴되고 있다. 점토판의 내용은 국가 기록, 법률, 조약 등에서부터 종교, 과학, 문학, 법정 소송, 계약서 등이 포함된다. 특히 구약성서의 천지창조 이야기와 노아의 홍수에 관한 기록도 있다"(김세익, 1982, p. 42, 부길만, 2008, p.17)고 하였다.

설형문자(cuneiform, 楔形文字, 쐐기문자)는 그림문자에서 진화된 상형문자들이다. 상형문자 중에서 가장 오랜 것으로 B.C.3,000년경에 메소포타미아 지역에서 사용된 수메르(Somer) 문자라 알려져 있다(이종국, 2006, p.43). "점토판은 부피가 크고 무거워서 사용하기에 불편하고 많은 소장 공간을 필요로 하였다. 장점은 보존성이 매우 특출한데 있었다. 현존하는 문헌 중 가장 오래된 자료인 기원전 4,000년경의 clay tablet이 발굴된 것은 우수한 보존성에 있으며, 이를 통하여 수메리아와 앗시리아, 바빌로니아 문명이 오늘날까지 전해지고 있다"(김세익, 1982, p. 43).

점토판은 한 책이 수백 장으로 된 것도 있었다. 그만큼 한 분야에 대한 표현과 기록이 많았다는 점이다. 인류 최초의 문자인 설형문자의 일부 문서들은 주제나 내용이 구약성경과 비슷하고 언어도 히브리어와 가까워 성경의 역사를 이해하고 해석하는 데에 도움이 된다. 문자의 수는 초기에 1,800개 정도 사용되고 다시 800여개로 줄었다가 바빌로니아에서 570개 정도, 후기 아시리아에서는 350개 정도로 감소되었다. 고대 페르시아 설형문자는 글자의 획도 간략해지고 자수도 42개로 정리된다고 한다.

이러한 실증적 자료를 통해 확인할 수 있는 것은 설형문자와 점토를 이용하여 많은 분야의 기록이 이루어졌다는 점이다. 내용도 매우 다양하며 발굴된 점토판은 실로 방대한 양이라는 점이다. 현존하는 책의 시작점으로 보는 점토책이 출판의 형성 과정에서 주는 의미를 매우 크다. 이는 출판을 이루게 하는 표현 욕구에 따라 기록행위와 보존행위가 온전히 이루어졌다는 점이다. 기록은 상형문자 이지만, 당대의 지식이나 정보들의 표현이 가능해진 것이다. 한편 그리스에서도 출토된 것으로 보아 정치와 문화적 영향에 따라 메소포타미아 이외 국가에서도 사용된 것으로 보인다.

특히 점토책은 보존행위가 특출하였다. 보존이란 복제(複製)와 공시(公示)의 과정과 의미를 함께 갖는다. 즉, 기록이 점토판으로 복제되고 일정 공간에 공시됨으로써 출판행위인 기록-복제-공표의 과정이 성립된 것이다. 공시란 일정한 내용을 공개적으로 게시하여 널리 알리는 행위이다. 실제로 고대 바빌로니아 왕국 북부에 있던 sippar(Zimbir, 지금의 바그다드)에서는 도서관 유적이 발견

파피루스 – 줄기를 이용하여 용지를 만들었다

되었다. 일정 공간에서 벽에 있는 칸들은 책을 꽂아놓는 선반이었고 벽돌 같은 것은 책이었다. 이는 공시를 통한 공표행위와 다름이 아닌 것이다.

둘째, 파피루스(papyrus) 책이다. 메소포타미아에서 점토판에 설형문자를 새기던 때에 또 다른 고대문명의 발상지인 이집트의 나일문화권에서는 파피루스를 이용하여 기록매체로 활용하고 있었다. 점토판이 보존성에 강점이 있다면 파피루스는 이동성에서 장점이 있다. 파피루스는 이집트 나일강의 비옥한 삼각주에서 많이 자라던 갈대의 일종으로 학명은 'cyper papyrus'다. 오늘날 쓰고 있는 'paper, papier, papel' 이란 말은 모두 파피루스에서 나온 것이다. 현대의 종이에 가장 가까울 정도로 가볍고 필사하기도 편리하지만 이집트 특산품이라 이외 지역에서는 매우 비쌌다고 한다.

파피루스로 된 사자의 서(Book of the Dead)(B.C.1250년)

  "지금까지 알려진 가장 오래된 파피루스 책은 기원전 3,500년경, 미라의 상자에서 발견된 것이다. 가장 늦게 사용된 파피루스 문서는 서기 1,022년의 교황칙서이다. 이때는 양피지가 쓰인 지 오래되었고 또 유럽에서 종이가 일반적으로 쓰이기 직전이었다. 이처럼 파피루스가 인류 문화에 끼친 영향이 막대하였고 거의 5,000년 동안 인류의 필요에 부응한 셈이다"(DougasC. McMurtrie, 1957, pp.13~16).

  파피루스 용지는 24×15cm 정도의 크기가 일반적이며 그 밖에도 여러 종류가 있다. 책의 경우는 20장씩 잇대어 붙여 한 권으로 시판하였는데 가장 긴 것은 890cm가 되었다고 한다. 파피루스 용지는 줄기를 이용하였는데 껍질을 제거한 다음에 속대를 잘게 잘라 한 켜를 만든다. 이 위에 다른 한 켜를 반대 방향으로 놓고 물에 적신 다음, 전분풀을 배합하여 두드린 후에 같은 방식으로 만든 여러 장을 세로로 이어 붙였다. 이를 햇볕에 말린 다음에 상아나 조개 등으로 문질러서 광택을 냈다. 이러한 과정에서 만들어진 파피루스는 노르스름한 백색인데, 나중에는 누런색으로 변하게 된다.

필기도구에서 잉크는 기름 그을음에 고무 용액을 섞어서 만든 검은 잉크와 빨간 진흙이나 산화철로 만든 빨간 잉크가 사용되었다고 한다. 필사 도구는 끝이 뾰족한 나무 막대기를 연필 모양으로 만들어 사용했는데 필기도구는 펜과 붓의 중간 정도 되는 것이다. 끝이 갈라진 펜이 등장한 것은 양피지가 나온 후였다. 파피루스 책은 두루말이 형태였기 때문에 사용하기 편리하고 무게가 가벼우며 보관 장소에 별 문제가 없었고 필기도구와 잉크 발전에 기여하였다. 특히 붉은 잉크도 사용하여 돋보이게도 하였다. 그러나 습기에 매우 약하여 보존성이 떨어졌다. 따라서 특수한 조건 속에 있었던 파피루스만 남아 있는데, 이는 미라의 상자속이나 건조한 사막 속에서 발견되고 있는 것이다. 따라서 고대 이집트 파피루스 문헌이 현재까지 원형대로 보존된 것은 매우 드물다.

이집트어로 된 파피루스 책은 주로 피라미드 등 왕조의 고분에서 출토되었는데, 왕조의 연대록, 수학, 의학, 종교, 시문, 민간문학 등 다양한 내용을 담고 있다. 그 중에서 유명한 것은 사후 세계의 안내서라 할 수 있는 「사자(死者)의 서(書)」(Book of the Dead)인데 기원전 1,250년 경의 것으로 추정된다. 이는 죽은 사람을 안전하게 내세에 갈 수 있도록 안내해 주는 내용으로 함께 매장되었다. 그리스어로 된 파피루스 문서도 유명한 문학 작품은 물론, 법령, 징세 관계, 결혼 계약서, 각종 편지 등이 있으며, 대중적인 내용물은 제작하여 판매하였다고 한다. "고대 중세를 통하여 가장 큰 도서관이 있었던 알렉산드리아 도서관은 70만권의 파피루스 책을 소장하고 있었고 학자들과 파피루스 공장, 필사생들이 있어서 많은 책들이 출간되었다, 말하자면 알렉산드리아는 세계 출판의 중심지였고 학문의 본산 이었다"(김세익, 1991, p.22)고 한다.

설형문자가 기하학적 문자 체계를 갖고 있다면, 고대 이집트 문자는 그림으로 표현된 상형문자였다. 고대 이집트의 상형문자는 기원전 3,000년대 초반에 발생하여 기원전 2,700년대에 문장을 표현하게 되었다고 한다. 처음은 상형문자였으나 그림문자, 표의문자(자음만 있는 불완전한), 표음문자로 변형된다. 가장 이른 예로 기원전 33세기경에 기록된 상형문자가 발견되었고(아비도스의 무덤) 최근의 비문은 서기 394년에 만들어졌다. 거의 3,500여 년 동안 쓰였던 세계에서 가장 오래되고 오래 동안 사용된 문자라고 할 수 있다. 고대 이집트가 멸망한 후 천여 년 동안 해독이 불가능했으나, 1799년에 발견한 로제타의 돌(Rosetta Stone, B.C. 196년)의 문자 체계를 이해함으로써 해독을 할 수 있게 되었다. 로제타의 돌은 한 면에 상형문자인 신성문자(神의 말), 신성문자를 풀어쓴 민중문자, 그리스 문자가 상, 중, 하로 나란히 새겨져 있다.

이러한 실증적인 자료에서 본다면, 파피루스 책은 기원전 3,500년경부터 최대 서기 1,000년까지 거의 5,000년 동안 서양 인류들의 중요한 기록매체였으며 서구 문명의 진보와 발전에 지대한 영향을 끼쳤다. 파피루스는 종이에 가장 근접된 기록매체로서 종이 사용이 일반화하기 이전까지 인류의 사상과 감정, 지식과 정보를 전달하는 매체 역할을 수행했던 것이다. 기록과 전달매체로서 파피루스의 역할과 작용은 종교와 왕조, 법령과 제도, 문학과 시문, 일반과 죽음에 이르기까지 다양한 내용들을 기록하고 보존하고 전달해온 매체였다.

유럽에서 최대 기간으로 반만년(半萬年)동안 기록매체로 사용해온 파피루스 책은 출판의 본질인 기록-복제-공표의 성질이 온전하게 내포되어 있다. 기록에서는 고대 이집트 상형문자 또는 그리스 문자로서 사상과 감정 등을 문장으로 표현할 수 있었다. 그 내용도 신으로부터 일상생활에 이르기까지 매우 다양하였다. 복제에서는 파피루스에 내용물을 필사하여 옮김으로써 다수의 복제도 가능하였다. 이 시기에는 많은 학자와 필사생에 의하여 기록되고 창작되며, 편집될 수 있는 환경도 갖고 있었던 것이다.

공표에서는 점토판에 비하여 사용성과 보관성, 이동성과 휴대성이 매우 용이하였다. 공표에서 중요한 것은 알렉산드리아의 도서관처럼 공시의 개념을 벗어난 공표의 개념이 이루어진 점이다. 또한 대중적인 내용물들은 다수 생산되어 대중들에게 판매됨으로써 출판의 기록-복제-공표의 성질이 온전히 완성되어 있다. 오늘날의 인쇄나 전자적 공표 환경과는 비교될 수 없지만, 그 시대의 환경 속에서는 완전성을 띠는 것이며 그 시대에서 출판의 본질적 성질은 미분화 상태에서도 분화되어 있었던 것이다.

양피지로 제작된 코덱스 성경(15세기)

셋째, 양피지(parchment) 책이다. 양피지는 기원전 500년경부터 19세기에 이르기까지 광범위 하게 사용되었던 서사매체였다. 종이가 보편적으로 사용된 후에도 양피지는 부분적으로 사용되었음을 알 수 있다(김세익, p.50). 양피지는 주로 양의 가죽을 씻어 늘여 낸 다음 석회로 탈지시켜 건조, 표백처리 해 낸 서사재료로서 전달매체를 말한다. 양피지는 파피루스 다음으로 출현한 대표적인 서사재료로 유럽 문화를 발전시키는데 큰 영향을 끼쳤다. 양피지 재료는 송아지나 양, 염소와 그 밖에 영양, 타조 등의 가죽을 쓴 것이 있다고 한다. 양가죽과 쇠가죽은 양면으로 활용할 수 있었고 최상품의 양피지는 벨럼(vellum)으로 송아지 가죽으로 만든 것이다.

양피지 필사는 유럽 전역에 파급되었고 9~10세기 무렵에는 가톨

릭 사원과 수도원에서 공방을 갖추어 외부 주문까지 받아 제작하였다. 한 페이지의 규격은 가로 25~30cm, 세로 35~50cm 정도였다. 양피지 필사본에는 머리글자를 아름답게 장식하는 형식이 많았는데 이는 세밀화가(細密畫家)들이 처리했다고 한다. 필사본의 종류는 성경이나 신학에 관한 것이 대부분이었지만, 철학, 논리학, 수학, 천문학, 대중적인 문학도서들도 많았다. 라틴어로만 되어 있었으나 유럽의 여러 나라 말로 번역되거나, 각국에서 자국어 간행으로 확장되어 갔다. 이 같은 현상은 규모의 거래 행위를 촉발시켜 서적 중개업자들이 출현하였다. 그들은 주문자로부터 주문받은 책(독자가 원하는 서체와 삽화를 지정한 책)을 필경작업소(사경공방)에 의뢰하여 제작한 다음에 이익을 덧붙여 공급하는 서적상으로 발전하였다. 이러한 거래 방식은 오늘날 주문형 출판(print on demand)이라고 볼 수 있다(이종국, p. 64~65).

양피지 필사본이 유럽 전역에 파급된 것은 4세기이며, 보편적인 서사재료로 사용된 시기는 12~13세기이다. 8세기경 중국으로부터 제지술이 전파되고 파피루스와 함께 사용되었던 양피지는 구텐베르크 인쇄술(1445)에 이르러 결정적으로 약화될 수밖에 없었다. 양피지의 장점은 글자와 그림 등의 선을 선명하게 나타낼 수 있었고, 잉크의 색깔도 유지할 수 있었다. 깃털 펜과 잘 어울려 서사 작업에 용이하였고 원하는 크기와 쪽수를 매겨 하나의 책으로 묶어 낼 수 있었다. 파피루스 보다 책의 내구성을 해결할 수 있었고 많은 정보를 수록할 수 있었다(이종국, p. 66~67). 이러한 가공 기술은 점차 발달하여 3세기경의 로마시대에는 자주 빛으로 염색하는 기술이 발달했으며 4세기에 이르러서는 유럽의 고급한 서사매체를 독점하게 되었다.

반면에 최고의 단점은 가죽의 확보였다. 한 마리 양의 가죽은 분량이 많지 않아서 성경 한 권을 만드는데 양 170마리가 필요하기도 했다고 한다. 책 한권을 제작하는데 비용과 노력이 너무 많이 들어 가격이 비싸고 재료도 한정된 것이었다. 수요가 생산보다 많아진 8세기부터는 가격이 오르자 이전 문서의 내용을 지우고 그 위에 다시 쓴 이중 사본도 성행하였으며 많은 내용을 빼곡히 수록하기도 하였다.

유럽에 종이가 전래되기 전까지 보편적인 서사재료로 쓰인 양피지는 파피루스의 두루말이 형태에서 현대 도서와 같은 책자본(冊子本 ; codex) 형태로 전환되는 매우 결정적인 계기를 만들었다. 책자본은 양피지를 네모나게 자른 다음 쪽 배열을 한 것인데, 이는 오늘날의 책과 같은 특징을 갖추게 되어 독서와 학문 연구에 큰 영향을 미쳤다.

양피지 필사본의 대표적인 책으로 『켈스의 서(Book of Kells)』를 꼽는다. 서기 800년경에 아일랜드에서 제작된 이 책은 라틴어로 작성되었으며, 네 복음서와 예수의 전기, 그리고 몇몇 보충적인 텍스트가 들어있다. 이 책의 명성을 가져다준 가장 핵심적인 요소는 화려한 장식들이다. 텍스트를 둘러싼 채색과 문양, 디자인과 장정이 이 책을 가치를 높여 놓았다. 이 양피지 필사본의 명칭은 수백년 동안 간직했던 켈스 수도원에서 유래한다.

이러한 실증적인 자료에서 본다면, 양피지 책은 기원전 500년경부터 19세기까지 유럽에서 광범하게 사용되었던 서사재료이며 전달매체였다. 4세기경에는 유럽의 서사재료를 독점하면서 8세기부터는 수요가 많아짐에 따라 가격이 오르게 된다. 13세기부터는 보편적인 서사재료로 사용되었지만, 15세 이후부터 중국 제지술의 전파와 인쇄술의 발명으로 제책이나 장식에 주로 쓰이게 된다. 가격 등에 의해 파피루스가 일반적으로 사용되었다면, 양피지는 성서와 고급서 제작에서 활용되었고 주문생산이 많았다. 양피지 필사본은 성경이나 신학에 관한 것이 대부분이었지만, 철학, 논리학, 수학, 천문학, 대중적인 문학도서들도 많았다는 점이다. 라틴어 중심이었지만 번역과 자국어 간행도 확장되었다.

기록행위에서 본다면, 시대적 환경에 따라 성경과 신학이 많았으며 전문서와 일반서, 문학도서의 간행도 많았다. 언어는 라틴어 중심이지만 상업적 거래에 따라 번역과 자국어 간행도 증가한다. 특별한 유의가 필요한 점은 복제행위에서 필경사들의 역할이 중요해졌으며 필경은 단순히 옮기는 것도 있지만, 많은 원전과 여러 사본에서 옮기려면 편집행위가 매우 중요해진다. 따라서 복제행위의 비중이 높아지게 된다. 공표에서는 파피루스가 대중적인 성격이 짙다면, 양피지는 가격으로 인하여 종교 지도자나 귀족들의 소유가 높아지는 차별화 현상이 일어나며 도서중개업자 등의 상업적인 행위가 일어난다.

양피지 필사본 시대에도 출판의 본질적 성질인 기록과 복제, 공표행위 완연히 성립되어 있다고 본다. 단지, 마샬 매클루언(Marshall H. McLuhan)의 말처럼, 활자 인쇄는 새로운 환경을 만들었는데 이는 공중을 낳았다. 필사 기술은 국가적 규모의 공중을 형성하는데 필요한 확장하는 힘이나 강도를 지니지 못했었다는 표현처럼 인쇄에 비하여 규모의 공중을 형성하지 못한 차이가 크다. 이는 전달 매체의 차이 때문이었지 출판의 본질에서 온 것은 아니다.

넷째, 죽간 책과 목독 책이다. 죽간(竹簡)은 대나무 조각 또는 이를 엮어서 만든 책이고, 목독(木牘)은 글을 적은 나뭇조각을 말한다. 간독(簡牘)은 대쪽과 나무쪽 모두를 말한다. 죽간은 중국의 상고시대로부터 기원 후 3~4세기 까지 사용된 대표적인 책의 한 형식이다. 죽간은 중국에서 2,000년 이상을 사용해온 서사재료이며 전달매체였다. 고대 중국에서 개발된 죽간과 목독은 책의 원류이었으며 이를 통해 수많은 문헌들이 후세에 전해질 수 있었다.

종이가 발견되기 이전에 비단과 함께 저렴한 값의 죽간이 널리 실용적으로 공급되었다. 목간(木簡)은 대나무가 나지 않는 서역 지방 등에서 죽간의 대용으로 목간을 사용한 것으로 죽간보다 후대에 생긴 것이다. 목간은 죽간에 비해 짧지만 정해진 규격이 있었다고 한다. 죽간은 갑골 이후에 이룩된 최초의 서적 형태였다. 큰 것은 폭 20cm 길이가 60cm, 작은 것은 폭 1cm 길이가 12cm 정도이다. 간(簡)은 분량이 많지 않은 죽편이며, 책(策)은 여러 개의 간을 가죽 끈으로 엮은 것을 말한다. 즉 간책(簡策)은 끈으로 엮은 것을 말하는데, 책(冊)은 그런 모양을 나타낸 것에서 유래한다(이종국, p.53).

문자를 처음 상용한 고대 중국에서는 귀갑수골(龜甲獸骨, 거북의 배딱지와 짐승의 뼈)이나 쇠붙이, 돌을 사용하여 기록을 남겼다. 그 후 내용을 체계 있게 기록하기 위해 사용한 것이 죽간 목독이었다. 이보다 먼저 사용된 것으로 알려진 갑골이나 금석에 새기거나 쓴 것은 글자가

특정의 물건에 부속된 것에 지나지 않으므로 죽간 목독을 책의 기원으로 보는 것이 일반적이다.

죽간과 목독은 고대 중국에서 보편적으로 사용된 책의 재료이다. 대나무는 재질이 치밀하고 견고하여 내구성이 강하면서 휴대가 용이하였고 도처에서 구할 수 있어 경제적이었기 때문이다. 나무는 재질이 물러서 글씨가 번지고 중량이 있어 불편한 것이 흠이지만, 폭과 길이가 넓고 긴 것이 장점이다. 대나무를 사용하고자 할 때는 푸른색을 불에 쪼여 없애고 즙액을 빼서 글씨가 잘 써지게 하고 또한 벌레가 먹거나 썩지 않고 오래 보존할 수 있도록 하였다. 나무 조각은 표면을 매끈하게 하여 건조시켜 뒤틀리거나 쪼개지지 않도록 한 다음에 필사하였다. 고대중국의 위대한 사상을 담고 있는 시경, 서경, 제자백가의 저술 등이 모두 죽간 목독으로 만들어진 서적들이었다(부길만, pp. 18~19).

고대 중국에서 필사 재료인 붓이 쓰이기 시작한 것은 기원 전

225년경부터라고 한다. 붓은 처음에는 나뭇가지나 대나무 조각에 먹을 묻혀 글씨를 썼다. 그 후에 짐승 털의 재료로서 양, 여우, 토끼, 호랑이, 사슴, 산돼지, 족제비, 말 등의 털이 사용되었다고 한다. 한편으로 중국의 한자는 표의문자(表意文字)로서 한 글자가 곧 한 단위의 뜻을 나타내고 있을 뿐만 아니라, 그 뜻에 해당하는 소리까지도 아울러 드러낸다. 때문에 글자의 뜻이 함축적이므로 필사의 수량이 적어 죽간 목독은 서서재료에서 적합성이 우수한 편이다. 그러나 죽과 목은 자연재료를 이용하기에 경제적이었으나 기록이 그다지 용이하지 못했고 열람에도 불편 하였다.

한편 죽간은 계속 출토되고 있으며 진나라(BC221~207) 때 죽간 2만점이나 출토(1996) 되었는데 여기에는 유교, 도교 관련 원전 및 2천여 년전 정치, 경제, 사회, 문화, 생활 및 토지매매 상속 판결, 의약 등의 내용도 있었다고 한다. 근래 중국 청화대는 2,000 여년전 죽간을 발굴하여 서경(書經) 정본 16편을 찾기도 하였다(2009). 이처럼 중국의 고대 경전들과 시대적 상황들이 죽간에 기록되어 왔던 것이다.

이러한 자료에 의하면, 죽간은 중국에서 2,000년 이상을 사용해온 서서재료이며 전달매체였다. 고대 중국에서 개발된 죽간 목독은 책의 원류로서 이를 통해 수많은 문헌들이 후세에 전해질 수 있었다. 죽간 목독은 동양적인 서사재료로서 모두 주위에서 쉽게 구할 수 있는 자연에서 취했다. 작은 표기 공간에서도 표의문자인 한자를 기록하는데 적합성을 가지고 있다. 죽간 목독은 비단과 함께 서사재료로 쓰였지만 비단보다 대중적으로 글을 쓰는 재료였던 것이다.

기록에서 본다면, 죽간 목독에 붓과 먹으로 서사하였으며, 사상과 감정 등을 표현하였음으로 기록행위에는 온전성을 가지고 있다. 복제에서도 여러 사본을 만들 수 있지만 필사에 의하기 때문에 소수에 지나지 않는다. 공표에서는 개인 또는 소수의 대상을 두고 소통되는 것이 일반적이었지만 불특정 다수는 아니었다. 죽간 목독은 기록-복제-공표행위는 이루어졌으나 한계성을 가지고 있었다. 이러한 한계성은 동양적인 숭서이념에서 비롯된 것으로 보인다. 유럽에서 파피루스나 양피지 책은 상업적 수단이 개입됨으로써 기록에서부터 공표까지 순환회로가 온전하고 활발하였다. 반면에 동양에서는 책은 상업의 대상은 아니었기 때문에 공표보다는 기록과 복제 행위를 중시했던 것이다.

위에서 출판 본질의 근원적인 성질을 살피기 위해 두 가지의 관점에서 탐구하였다. 출판의 형성과 발달 과정에서 본질을 찾아보는 것이며, 또 하나는 출판의 서사 매체 작용에서 탐구하는 방법으로 점토판에서 죽간에 이르기까지 실증적인 사례와 자료를 중심으로 살폈다. 이 같은 살핌에서 출판 본질의 근원적인 특성에서 다음과 같은 새로운 이해가 있었다.

출판의 원래로부터 본질은 인류의 표현 욕구에 의한 '기록행위와 보존행위'였으며, 특성적인 성격을 '기록·복제·공표'에 있다고 보았다. 〈기록〉은 출판물의 원고로서 텍스트이면서 콘텐츠이다. 〈복제〉는 출판물의 생산행위로서 원고의 선택과 편집을 전제로 한다. 〈공표〉는 출판물의 발행으로서 내용과 매체가 하나 되어 드러난 것이다.

기록·복제·공표는 출판을 형성하는 중요 요소이면서 동시에 출판의 본질이다. 출판의 본질이란 인간의 표현 활동에서 '기록'된 인류의 지혜를 선별하여 '복제'하고 매체를 통하여 '공표'되는 행위가 본연이라고 말할 수 있다. 인류의 사물에 관한 기록행위·복제행위·공표행위가 축적되어 오면서 출판이라는 매체를 형성시킨 것이다.

따라서 출판 매체를 형성시킨 존재 이유가 바로 출판의 본질이 될 것이다. 다시 말하면, 출판의 본질은 인간의 사상이나 감정, 지식이나 정보 등에 관한 (1) 보존을 위한 기록 (2) 편집에 의한 복제 (3) 매체를 통한 공표로서 사물을 규명하고 지혜를 창조하여 보존하고 전승하는 사회적 커뮤니케이션 활동을 말하는 것이다. 이처럼 출판의 근원적인 본질성에서 살펴보고 가려낸 것이 출판의 세 가지 특성적인 본질이다. 이들에 대하여 다음에는 출판 본질에 대한 기존 논의를 살펴보고, 이어서 근원적 성질에서 추출된 성질들을 특성적 성격 논의에서 고찰하려고 한다.

(3) 기존 논의에서 보는 본질

안춘근은 "출판을 역사적으로 논증함에 있어 그 기원에 대해서는 학자에 따라 견해가 다르다. 무엇보다 출판의 사전기(史前期)에 올라가서 책의 기원으로 구전(口傳)의 실재자 였든 '인간'을 최초로 보는가 하면, 서양의 '사자의 서(死者─書)' 동양의 '금석문' 등 모두 일면의 이유가 있고 일면의 추정이 병합한다. 이렇게 책의 시초가 어떠하든 출판의 발달에 기여한 것은 틀림없지만, 출판이 위력을 발휘하기는 아무래도 인쇄술의 발명 위에서 비롯한다 할 것이다"(안춘근,1963,p.158)라고 하였다. 즉, 출판 역사의 시작은 사전기에 근원을 두지만 인쇄술에 의해서 완전성을 이루어 왔다는 것이다.

이종국은 "출판은 인간의 표현 행위에서 비롯되었다고 한다. 그 표현 행위는 인간도서설 등 구술이 문자 기능을 대신하여 출판의 역할을 하였다, 다음으로 그림이나 상형문자에 의한 표현행위의 기록화가 시도되었으며, 이후 문자의 탄생을 보게 되고, 문자는 기록의 수단이 되면서 결국 매체로서의 출판을 낳게 하였다는 것이다"라고 하였다. 그러한 이유는 "인쇄술이 발명되기 이전(pre‒print culture)에도 출판이 있었으며, 근원적으로 본다면 선사시대의 쓰기 유형도 일종의 출판행위라고 볼 수 있다"고 하면서 출판의 원형은 인간의 표현행위에서 비롯되었으며 그 행위는 동작, 기호, 음성, 그림, 문자, 인쇄에 의해 발달해 왔다(이종국, 1995, pp.65~77)는 것이다. 이처럼 출판역사의 시작을 선사기에 근원을 두고 있다는 점, 특히, 출판은 인간의 표현행위에서 비롯되었다는 점은 출판의 본질을 이해함에 있어서 의미 있게 작용된다.

이어서 이종국은 "출판물의 본질은 광의와 협의의 두 가지 면에서 파악할 수 있다. 광의의 본질은 축적된 문화 내용을 담아 전달하는 도구라는 점에서 찾을 수 있다. 이는 지식, 신념, 사상 등을 전파하는 주요 매체로서 설명되는 본질이다. 한편, 협의의 본질은 이용 수단으로 출판물을 보는 관점이다. 개개의 출판물들은 사회적 커뮤니케이션을 본질적 기능으로 하여 매체 역할을 수행한다. 즉, 일정한 편집 의도에 따라 정리, 배열 기능을 거쳐 종이 또는 기타 자재에 내용을 옮겨 발행, 공표한 수단 그 자체를 말한다"(이종국, 1995, p.95) 라고 설명한다. 출판의 본질을 매체로서 출판 및 내용으로서 출판물로 파악하고 있음을 볼 수 있는데 이러한 시각은 출판의 본질을 현상적으로 보는 관점이라고 할 수 있다.

다음의 관점에서도 본질의 의미를 찾아 볼 수 있다. 민병덕은 "출판은 본질적으로 복제문화의 전형적 형태이다. 하나의 원고본 만으로는 출판이 성립하지 못한다. 문화 내용이 담긴 원고본을 기계·기술적 수단을 이용하여 다수 복제하여 반포함으로써 수용자들에게 이용케 하는 것이 출판활동이요 출판문화 현상인 것이다"(민병덕, 1995, p.16) 와 같이 출판이 갖고 있는 본질이 복제에 있음을 분명히 하고 있다. 남석순은 "출판의 본질이란 출판현상을 존립시키는 근원적 성질이다. 출판의 본질은 공표하기(to make public)이다. 그 공표의 핵심 내용은 인류의 사상과 감정, 지식과 정보 등이며, 그 핵심 내용의 표현방법은 문자와 기타 수단이며, 그 표현방법의 특성은 상세성·전달성·창조성으로 드러 난다"(남석순, 2012, p.250) 라고 하였다.

위의 논의들을 살펴보면, 안춘근은 출판의 역사는 사전기(史前期)에 근원을 두지만 인쇄술에 의해서 완전성을 이루었다는 것이다. 이종국은 출판이 인간의 표현행위에서 비롯되었고, 표현행위는 구술, 그림, 상형문자에 이어 문자의 성립을 보게 되고, 문자의 기록성이 매체로서의 출판을 이루게 하였다고 한다. 민병덕은 출판은 본질적으로 복제문화의 전형적인 형태임을 말한다. 남석순은 출판의 본질을 공표하기(to make public)에 중심을 두고 있음을 알 수 있다.

4) 출판 본질의 특성적 성격 논의

(1) 보존을 위한 '기록'

기록(records)은 주로 후일에 남길 목적으로 어떤 사실을 적은 것을 말한다. 내용은 문자, 데이터, 기호, 숫자, 이미지, 그림, 기타 정보이다. 역사학에서 선사(先史)와 역사(歷史)를 가르는 기준은 문자 기록 여부가 된다. 인류는 문자 기록을 통해 문화를 보존하고 전승하여 왔으며 구전으로만 이어지던 인류의 지혜는 문자를 통해 정리되고 축적될 수 있었다. 문자는 인간의 언어를 적는 시각적 기호 체계이다. 입과 귀를 이용하는 청각적 의사소통이 '언어 또는 말'이라면, 손과 눈을 이용하는 시각적 소통은 '문자 또는 글'이다.

출판행위가 문자 기록과 직접적 관계에 있지만, 선사시대에서 원시적 기호에 의한 새기기와 그리기의 표현행위도 출판의 시원(始原)과 관련이 있다. 일반적으로 출판의 역사는 문자와 기록이 시작되는 역사시대에 와서 이루어졌다고 보는 관점이 일반적이다. 인류는 표현 욕구의 충족을 위해 문자를 창안하였고 문자는 인간의 지혜를 기록하는 수단이 되었다.

지금까지 출판 본질의 근원적인 성격과 의미를 고찰한 바 있다. 다시 말하면, 출판의 본질 파악을 위해 출판의 발달 과정에서 살핀 본질, 출판의 서사 매체 작용에서 찾은 본질, 기존 논의에서 보는 본질로 나누어 보았다. 아래에서는 본질에 대한 고찰에서 나온 출판의 특유한 특성들을 가려내어 논의하고자 한다. 이 연구에서 출판의 본질을 드러내는 특성적인 성격을 '기록·복제·공표'로 간추려 내었다. 즉, 인류 지혜의 보존을 위한 기록, 편집에 의한 복제, 매체를 통한 공표행위가 출판의 본질적 특성을 여실히 드러낸다고 보았다. 먼저, 보존을 위한 기록(記錄)이다. 보존은 기록이 전제되고 기록은 표현에서 이루어진다. 표현 욕구는 인류에게서 소통의 시작점이었다.

인간의 표현행위에는 본능적인 것과 의도적인 것으로 나눌 수 있다. 본능적 표현행위는 원초적으로 생리적 현상과 관련되어 있는데 동물적 표현과 같은 유형이라 하겠다. 반면에 의도적 표현행위는 자극에 대한 사고과정을 거친 다음, 어떤 일에 대하여 의미를 부여하는 것을 말한다. 인류의 표현행위는 문자를 성립시킴으로써 기억 내용들을 구체화 시키게 되었음은 물론, 오래도록 보전하는데 결정적인 역할을 하였다(이종국, 1995, P.72)

이처럼 인류의 표현행위는 본능적인 행위와 의도적 행위로 구분할 수 있는데, 특히 의도적 표현행위가 문자를 성립시킨 바탕으로 작용되어 왔다는 것이다. 문자의 성립과 서사매체의 사용은 인류가 표현하고자 하는 내용을 기록하고 보존하는데 매우 뛰어난 소통 수단이었다. 기록은 같은 시대에서는 가까이 또는 멀리까지 전할 수 있으며, 다음 시대까지도 내용을 남길 수 있었는데 이것이 역사가 되었다. 역사의 기록을 주도해온 대표적인 수단이 출판이었다. 이처럼 인류 지혜의 보존을 위한 '기록행위'는 문명진보에서 중요한 전달 매체인 출판을 생성시키고 발전시킨 원동력이었다.

역사는 인류의 변천 과정에 대한 기록이다. 인류 역사는 책을 통한 기록의 역사이며 기록은 출판과 불가분의 관계에 있다. 출판의 본질적 특성 중에 매우 중요한 하나가 바로 '기록'이다. 인류의 상세한 의사 표현과 시공간을 넘어선 소통의 종착은 기록이다. 기록을 위해 선사시대에서 지금까지 여러 가지 도구가 이용되었다. 문자 이전 시대의 원시적인 도구부터 현재의 전자적인 기록까지 인류는 끊임없이 보다 나은 기록매체를 위해 노력해 온 것이다.

기록은 인류의 표현 욕구를 담는 연속적인 과정이었고, 출판은 인류의 표현 욕구인 기록을 수용하고 보존하여 발전시킨 매체였다. 출판이 형성된 본질에서 보아도 '기록'은 오늘날 출판물의 원고인 텍스트 혹은 콘텐츠와 동일한 성격이다. 표현 욕구에서 기록된 시작과 끝이 있는 내용물들은 선택되고 편집을 거쳐 출판물에 수용되고 보존된다. 이러한 점에서 출판 본질의 특성적인 성격의 하나는 인류 문명의 보존을 위한 기록에 있음을 알 수 있다.

(2) 편집에 의한 '복제'

복제가 무엇인가는 출판이 무엇인가와 같은 질문이다. 이처럼 출판과 복제는 표리(表裏)관계에 있다. 출판이 무엇인가에 대하여 다양한 정의들이 있겠지만 다음에서 출판의 본질에 대한 언급은 정곡을

짚는 표현이다.

출판은 인류의 지혜를 무한히 복제한 것이다. 인류에게는 두 가지의
복제 과정이 있다. 하나는 신진대사에 의한 생명의 복제이고, 다른 하
나는 생명현상에서 파생된 지혜의 복제이다. 생명의 복제는 有形적인
것으로 새로운 생명을 낳는다, 반면에 지혜의 복제는 無形적인 것이다.
고등 동물들은 친자간의 시범과 모방을 통해 생존 기능을 이어가는데
이는 동물들 간의 지혜의 모방이다. 인류는 말의 교류를 통해 지혜를
작은 범위에서 복제한다. 문자의 발명은 지혜의 복제 규모와 범위를 크
고 넓게 만들었다. 출판이 있게 되면서 인류의 지혜는 시공간의 제약을
받지 않고 대규모로 복제할 수 있게 되었다. 이러한 기술이 없었다면
인류는 가냘픈 물종(物種)에 지나지 않았을 것이다. 인류의 지혜가 급격
하게 빠른 진화를 보일 수 있었던 것은 출판이 있고 난 이후부터였다.

(陳海燕,2010,pp.502~503)

이 글은 출판의 본질과 현상을 함께 생각한 깊고 넓은 통찰에서 나
온 말이다. 이 표현에는 복제의 의미만이 있는 것이 아니다. 복제의 대
상인 지혜는 인간 정신의 표현이며, 사고의 수원지로서 인류가 축적
해온 지식과 문화의 총합이다. 출판의 의미를 되새기게 하는 말이다.
한편 발터 벤야민(Walter Benjamin)의 『기술적 복제가 가능한 시대
의 예술작품』이란 저작은 사진과 영화의 등장으로 예술의 변화를 논
한 내용이지만, 영상으로 대체되는 이 시점의 출판에서도 유효한 글

이다. 예술작품이 기술에 의해 대량으로 복제되는 것은 단순한 양적 변화만 아니다. 이는 기술적 조건에 의해 예술작품의 성격 자체가 바뀌는 질적인 사건으로 벤야민은 이를 '아우라(Aura)의 상실'이라고 말한다. 그러나 벤야민의 주목은 예술작품이 아우라를 잃는다는 부정적·소극적 현상이 아니다. 새로운 시대의 복제 가능한 예술작품의 긍정적·적극적이 기능의 주목하고 있다(Walter Benjamin, 1935, 신우승 역, 2017). 벤야민의 지적은 예술작품의 복제가 중심 대상이지만, 현존성(現存性)과 대중성의 관점에서 출판에 주는 시사점은 매우 크다.

복제는 수용자로 하여금 그때그때의 개별화된 상황 속에서 복제물과 대면하게 됨으로써 복제품을 현재화(現在化)하게 된다. 출판물은 이러한 속성을 지닌 대표적인 복제 영역이다. 만약 원저작물(예술작품 포함)의 경우처럼 유일한 현존성으로만 남아 있게 된다면, 그것은 특정인(원저작자 또는 소유자)의 전유물에 지나지 않을 뿐이다. 복제술은 유일한 현존성을 인쇄술, 사진술, 영상기술, 녹음, 전자기술에 이르기까지 대중적 소유로 확대시켰다. 복제야 말로 원작을 되살리는 탁월한 기능이 있는데 그런 점에서 복제는 하나의 부활(復活)이라고 할 수 있다. 이러한 과학적인 복제의 모태는 출판에서 비롯되었다(이종국, 1995, pp.90~91).

이 표현은 인류 지혜의 대중화를 위한 복제 행위의 모태가 출판이며, 복제는 출판이 원래로부터 가지고 있는 중요한 본질의 하나이다. 출판은 기록과 저작을 일회성과 현존성에만 두지 않고 선택·편집하

고 복제하여 대중화시킴으로써 인류 문명을 이루게 한 원동력이었
다. 이처럼 인류 문명은 출판의 본질인 복제로 인하여 이루어진 것이
라는 뜻이다.

"복제(複製, reproduction)"는 일반적으로 본디의 것과 똑같은 것을 만
들거나 그렇게 만든 것을 말하고, 법률적으로는 원래의 저작물을 재
생하여 표현하는 모든 행위를 일컫는다. "최초의 저술은 독립적으로
존재한다. 이것을 다수에게 공표할 경우에 복제행위는 필수적이다.
이 행위는 필사할 수 있으며, 기계적 방법(화학, 광학, 전자적 방법을 포함
하여)에 의한 것 등 여러 가지 복제술이 있다"(이종국, 1995, p.79). 이처
럼, 복제는 출판 활동에서 필수적인 성격이며 그 방법은 필사본, 목판
인쇄, 활판인쇄, 디지털에 의한 복제를 포함한다.

오늘날의 저작권법도 출판의 복제권리 보호에서 비롯되었음을 명
백히 알 수 있다. 1710년 4월 세계 최초의 성문 저작권법인 영국의
'앤 여왕법(Statute of Anne)'이 제정·시행되었다(박성호, 2017, pp. 4~6).
이는 저작자의 권리와 출판자의 투자 보호를 위해 당시 런던서적출
판업조합이 적극 요청하여 이루어진 것이다. 이처럼 지금의 저작권
법도 출판에서부터 비롯되었으며 출판의 본질이 복제에 있음을 알
수 있는 역사적이고 실증적인 사례이다.

출판 활동에서 '복제'는 '편집'을 전제로 하고 편집은 출판 대상물
의 '선택'이 선행되어야 한다. 이는 목판, 활판 또는 전자적 방법이든
지 편집이 이루어져야 복제가 가능하다. 편집행위 역시 출판물의 내
용인 텍스트(콘텐츠)의 선택이 앞서야 하기 때문이다. 따라서 출판 행

위의 순차적인 과정은 출판 대상물의 선택 – 편집 – 복제로 이어지게 된다. 이 과정은 기계화학적인 인쇄 복제와 전자적인 디지털 복제에도 해당되는 일이다. 한편으로 현대사회에서 복제는 엄격히 규제되고 있다. 산업사회의 기계 복제가 정보사회에서 디지털 복제로 변화하였다. 기계 복제가 사용의 배타성과 수시 대량생산이라면, 디지털 복제는 즉시 대량복제이다. 여기에는 저작권이 중요하게 관련된다. 이처럼 디지털 콘텐츠의 비희소성을 희소성으로 만드는 것도 지적재산권 때문이다.

이러한 관점에서 본다면 '복제'는 출판 본질에서 매우 특성적인 성격을 이루고 있다. 복제는 필사본을 거쳐 인쇄술에 의해 대량 생산됨으로써 시공간에 걸쳐 인류의 진보에 큰 영향력을 끼쳤다. 지금의 디지털 기술의 발전은 복제술에도 위력적인 영향을 끼침으로써 문자를 비롯한 멀티미디어화 된 콘텐츠를 무한 생산, 탑재하여 전달하게 되었다. 출판을 이루는 가장 근본적 성격인 기록(원고), 복제(생산), 공표(매체)는 출판 매체의 성립에서부터 지금까지 출판을 이루게 한 중요한 성질이며 근원적인 바탕이라 하겠다. 복제행위는 기록인 텍스트(콘텐츠)가 공표(매체)에 이르는 과정이면서도 출판이 본래로부터 가지고 있는 본질의 하나인 것이다.

인쇄 이전인 12세기 중세 유럽에서도 복제에 대한 기록이 나타난다. 여기에서 복제의 초기 단계인 필사본 제작에서도 선택과 편집이 이루어진 과정을 볼 수 있다.[3] 15세기 중세 유럽에서도 구텐베르크 인쇄술 이후 기나긴 필사시대와 대비해서 편집에서 엄청난 변화가 있었음을 알 수 있다. E.L. 아이젠슈타인에 따르면, "15세기 초기 인쇄업자들의 레이아웃과 체제에 관한 방침은 독자들의 사고를 재정리하는데 큰 영향을 미쳤다. 독자들의 사고는 서적 내용의 구성과 배열에 따라 움직인다. 예컨대, 도서가 인쇄·출판되자 알파벳순의 배열 방식이 정해졌다. 인쇄술이 등장하기 전에는 그렇지 않았다. 이는 학문 전체에까지 영향을 미치게 되었다"(E.L. Eisenstein,1983, 전영표 역,1991, pp.65~71).

현대에 와서도 편집은 출판 행위 전체에 영향을 미치고 있다. "원천적인 정보들은 보는 그대로, 있는 것 그대로이다. 이것에 가치와 의미를 불어 넣는 기능이 편집이다"(이종국, 2015, p.39)라고 편집의 기능을 간략하게 설명한다. 민병덕은 "편집은 출판의 기능 중에서도 선택(원고의 수집, 배열)뿐만 아니라, 제작과정 및 분배에 이르기까지도 깊이 관여되어 출판의 제반 영역에 큰 영향을 끼친다"(민병덕, 1986, p.45)라고 밝히고 있음을 볼 때, 편집은 단순히 책의 생산의 미시적인 부분이 아니라, 선택부터 독자에게 이르는 모든 과정에서 영향을 미치고 있다고 하였다. 따라서 편집을 통해 저작된 출판물의 가치는 편집성을 그대로 유지한 채, 제작되고, 공표되며, 수용되어 사회적 논의를 촉발하고 활성화시킴으로써 사회의 전반적인 지적·문화적 공감과 수준 향

---

3 "중세의 복제가 의도한 바는 원형을 모조리 베끼는 것이 아니라, 내용상 중요한 요소들을 제한적으로 선택하는 것이었다. 중세시대 복제의 본질은 원형의 선택적인 수용이었지, 원형이 가진 모든 특성의 전달이 아니었다"고 하였다(Otto Ludwig,2006, 이기숙 역,2013, pp. 111~113). 물론, 이미 교회나 수도원에서 정형화된 텍스트는 예외이겠지만, 이 시기의 사본 제작에서 선택과 편집은 폭넓게 행해지고 있었던 것이다.

상에 기여한다. 출판물의 편집성은 내용의 효율적 전달을 위한 제2의 창작물이 된다.

이처럼 복제 행위는 편집행위와 관련되며 편집은 출판의 모든 과정에서 영향을 미친다. 필사본 혹은 인쇄본에 이르기까지 출판물들은 편집이 개입된 후 복제의 과정을 거쳐 공포되는 것이 일반적이다. 인류의 지혜가 기록으로 남기진 이후, 편집을 거친 인쇄 복제물을 세상에 들어나게 한 인쇄혁명은 문화혁명으로 이어졌다. 텍스트의 선택과 편집, 복제를 통한 각종 출판물의 영향은 현대사회를 이루게 한 원천이었다. 출판은 인류의 지혜와 지식들을 창조하고 보전하고 전달하는 중심 매체였다. 출판의 특성적인 성격의 하나는 편집에 의한 복제이며 이는 출판을 이루는 핵심 기능이었다. 이러한 점에서 '편집에 의한 복제'는 출판의 본질적인 특성의 하나라고 할 수 있다.

(3) 매체를 통한 '공표'

"공표(公表, publication)"는 널리 드러내어 알리는 행위를 말한다. 출판에 있어서 공표는 인쇄 출판물에서는 발행이며, 디지털 출판물을 주로 인터넷 상에 탑재하는 것을 이른다. 저작권법에서는 공표를 "저작물을 공연, 공중송신 또는 전시 그 밖의 방법으로 공중에게 공개하는 경우와 저작물을 발행하는 경우를 말한다"(저작권법 제2조 25항) 라고 정의되어 있는데 저작물의 공표를 발행하는 시점으로 보고 있다. 영어권에서 라틴어 'Publicare'에서 유래한 'Publish'를 출판의 뜻으로 쓰고 있는데 어원이 공표와 관련되어 있음을 볼 때, 공표는 출판의 본질에서 매우 중요한 행위이다. 출판 행위에서 최종 단계인 공표는 독자나 이용자들에게 출판물을 널리 알리고 유통하여 구매 혹은 이용하게 하는 활동이며 지금은 인쇄매체와 디지털 매체를 이용하여 공표된다.

매체(媒體, Media)를 통한 공표(公表, Publication)는 출판물로서 이루어진다. 출판 행위를 거친 출판 내용이 매체와 더불어 세상에 모습을 드러내는 과정이다. 출판의 본질과 현상 사이에는 전달 매체가 자리하며, 매체의 발달에 따라 출판 현상도 다르게 나타난다. 현상은 본질을 나타내기는 하지만 불변성을 지닌 본질에 비하여 가변성이 있는 외적 측면이다. 따라서 현상이 시대적 맥락을 만나서 어떤 변화를 하지 있는지에 대한 관찰과 분석이 중요하다. 이와 같이 전달 매체의 급격한 디지털화에 따라 인쇄 매체와 다르게 출판 현상이 변모되고 있다는 사실에서도 출판의 본질과 현상의 관계를 이해할 수 있다.

먼저 인쇄 매체를 통한 공표(출판)이다. 선택이 이루어진 출판 내용물은 편집에 의해 복제된 내용물(텍스트)로 인쇄되어 종이매체에 실리어 유통됨으로써 공표된다. 인쇄를 통한 공표는 책의 출판을 알리고 '판매'를 위해 유통으로 시작하는 전통적인 공표 방법이다. "책을 유통하고 판매하는 방법은 직접유통과 간접유통이 있다. 전자는 출판사가 직접 독자를 대상으로 판매하는 방법이며, 후자는 도매와 소매서점, 인터넷서점과 같은 중간 매개 기관을 이용한다. 한편으로, 책의 공표(출판)를 전후 하여 홍보와 판매를 촉진하기 위해 여러 가지 촉진수단을 활용 한다"(김병준, 1999,pp.91~112)와 같이 인쇄 매체를 통한 책의 공표는 유통, 판매, 판촉 활동을 통하여 독자들에게 다가간다.

다음은 디지털에 의한 공표(탑재)이다. 인류의 소통 과정이 "구어시대에서 문자 시대로, 필사 매체에서 인쇄 매체로, 그리고 전자 매체로 발달해 온 과정은 커뮤니케이션 그 자체의 확장이라기보다는 전달도구의 확장이라고 볼 수 있다"(최낙진,1999, p.32). 이 말은 미디어의 내용도 전달하는 매체의 테크놀러지와 분리할 수 없으며, 실제로 인간이나 사회에 영향을 미치는 것은 내용이 아니라 매체라는 관점을 강조한 것으로 보인다. 이처럼 출판에서도 인쇄매체와 디지털 매체에 따라 출판 현상도 다르게 나타난다.

한편 디지털 시대에서 출판은 접속 개념이 중요시됨으로써 원천 콘텐츠 산업인 출판의 중요성이 오히려 부각될 수 있다. 디지털 시대에서 출판의 본질을 되찾고 정체성을 바로 세우는 데에서 미래가 있다는 말이다. 한편, 디지털은 속도로 경쟁하는 시대이다. 이 시대에 와서 출판은 다른 미디어들에 비해 전달 속도가 느리다. 출판 매체는 속도보다 내용을 중시한다. 오히려 빠름보다 느림으로, 얇기 보다는 깊은 내용으로 이용자들에게 다가 가야 한다. 이는 출판의 본질에서 오는 현상이다. 오히려 매체 본질에 충실함이 출판학 및 출판의 미래를 밝게 할 것으로 보인다.

남석순은 "미디어 산업들이 재편되고 융합되는 미디어 빅뱅 시대에서 출판미디어는 전환기적 혼재한 구조에 놓여 있다. 지금도 출판의 위상은 변화 중이며 출판의 미래에는 불확실성이 내재되어 있다. 이러한 디지털 환경의 급변으로 책과 출판의 본질이 달라지는 것이 아닌가하는 의구를 자아내기도 한다"(남석순, 2013, p.29)고 하였다. 이

지적은 급변하는 출판 환경에서 책과 출판의 본질과 현상에 대한 출판 공동체의 혼란을 나타낸 말이다. 이러한 혼란성으로 디지털 시대에서 출판 본질에 대한 새로운 이해가 요청되고 있다.

이러한 점에서 이종국의 시사는 의미 있다 "전자출판은 전통적인 종이 출판 매체와 상호 협력하면서 상당 기간 공생할 것으로 보인다. 여기에서 어느 일방이 전면화 되려면 다른 일방의 취약점을 완전히 극복한 것이어야만 가능하게 된다. 이런 문제가 해결되지 않는다면 전통적인 것과 첨단적인 것은 상생하게 될 것이다. 그것은 상호 대립과 보완을 통한 발전적 지향을 의미하는 것이기도 하다"(이종국, 2006, p.32). 이 말의 의미는 전자출판이 전통출판의 장점을 거의 수용할 때 비로소 전자출판의 시대가 열린다는 것이다.

디지털 기반의 뉴미디어 시대에서 책과 출판의 본질에 대하여 더욱 분명한 이해가 필요해진다. 디지털출판의 방식에서 '디지털 자체가 본질이 아니라, 디지털은 출판을 더욱 풍요롭게 하는 테크놀로지(기술 또는 도구)'로 이해해야 한다는 점이 매우 중요하다. 그 까닭은 "인류의 문명사와 그 궤를 같이하고 있는 출판문화는 그 공간을 확대해 왔으며, 또 앞으로도 확대해 나갈 것이기 때문이다. 여전히 출판은 '인류의 사상, 감정, 정보를 담은 내용물을 일련의 제작과정을 거쳐 인류사회에 널리 펴내는 것'으로 정의되며, 그러한 행위를 '출판행위'로 그 결과물을 '출판물'로 총칭함에는 앞으로도 변함이 없을 것이기 때문이다"(김정숙, 1997, p.318).

(4) 출판 본질론 소결(小結)

출판 본질은 출판학 연구의 정체성이며 바탕이다. 출판학 연구에서 출판의 본질과 현상을 분리하여 논하기보다 상관성의 관계에 두고 연구할 필요성이 있다. 이러한 관점은 출판 본질의 바탕에서 현상을 이해할 수 있으며, 출판현상에서도 본질을 인식하는데 도움이 될 것이다. 아울러 출판학 연구에서 정체성의 유지와 대상성의 공유에서도 의미가 클 것이다.

이 연구는 출판 본질을 새로운 관점에서 논의하기 위해 출판의 근원적인 성격과 특성적인 성격을 찾아 출판의 고유한 성격인 본질을 탐구를 하는데 목적을 두었다. 첫째, 근원적인 성질의 고찰을 위하여 (1) 출판의 형성과 발달과정 (2) 출판의 매체적 작용 (3) 기존의 논의를 통하여 탐구하였다. 둘째, 출판 본질의 특성적인 성질의 논의를 위해 근원적 성질에서 추출된 출판의 본질을 기록-복제-공표라고 보았다. 이를 (1) 보존을 위한 기록 (2) 편집에 의한 복제 (3) 매체를 통한 공표로 구분하여 자세히 논의하고 기술하였다.

출판의 특성적 본질은 '기록·복제·공표'행위가 된다. 이 특성적 성격들은 인류의 표현 욕구에 따른 기록행위와 보존행위의 근원적 본질을 바탕으로 한 것이다. 〈기록〉은 인류의 표현 욕구를 담는 기반이었고 지혜를 축적한 바탕이었다. 〈복제〉는 기록을 일회성과 현존성에만 두지 않고, 선택·편집하고 복제하여 널리 알림으로써 인류 문명을 이루게 한 원동력이었다. 〈공표〉는 더 많이 알리기 위해서 복제행위가 있는 것처럼, 기억하고 전하기 위해서 기록을 하게 된다. 널

리 알리고, 멀리 알리기 위해서 공표를 거치게 되며 공표는 출판 본질
이 원래부터 가지고 있는 성질이다.

결론적으로 출판을 형성시킨 근원적 성격은 표현 욕구에 따른 기
록행위와 보존행위이며, 여기에서 나온 출판의 특성적인 본질은 기
록·복제·공표에 있음으로 이해되었다. 근원적 성격이 출판의 본연
적 본질이라면, 특성적 성격은 출판의 작용적 본질이라고 할 수 있다.
한편으로 출판의 원래로부터의 본연적 본질과 콘텐츠와 매체에 의한
작용적 본질이 출판현상과의 상관성에 대해서는 출판현상론 말미에
서 논의될 것이다.

3. 출판현상론 : 미시적·거시적 관점

특정 학문에서 연구대상은 그 학문에서 우선되는 가치이다. 출판
학의 연구대상은 출판현상이다. 출판현상은 연구의 범주를 아우르
는 대상이지만, 이에 대한 개념·관점·관찰과 분석방법 등에 대한 원
론적인 논의가 부족하였고 현상을 현상 자체로만 이해하고 인식하는
경향이 많았다. 말하자면, 출판학 연구가 서론적인 고려 없이 본론으
로 들어간 느낌을 갖게 한다. 한국 출판학 연구에서 출판현상에 대한
기본적 이해가 요청되며 이에 대한 과학적 연구방법을 좀 더 갖출 필
요가 있다. 출판현상을 조사하고 분석하기 위해서 먼저 출판현상의
개념과 범주가 이루어져야 하고, 관찰 방법과 분석 방법이 선행되어

야 하며 이에 대한 연구방법이 보다 정교해 져야 할 것이다.

이 연구에서는 현상에 대한 일반적인 개념을 살펴본 다음, 출판현상의 성격과 범주를 탐구하려고 한다. 다음으로 출판현상을 미시적 관점과 거시적 관점으로 구분하여 출판현상에 대한 좀 더 과학적인 분석 방법에 다가가려고 한다. 여기에서 논의되는 출판현상은 출판학 연구가 대상으로 하는 전반적인 현상을 자세히 논하는데 있는 것은 아니다. 출판현상에 관한 개념과 범주, 관찰과 분석을 위한 관점과 방법을 살피면서 개관적이고 원론적인 차원에서 기술하기로 한다. 후술되는「출판학 연구의 영역과 대상」,「출판학의 체계와 연구 방법론」과 관련하면서 선행 개념으로 탐구한다.

1) 현상의 개념과 출판현상의 대상

(1) 현상의 개념과 성격

현상에 대한 사전적 의미를 먼저 살핀다. 첫째,『표준국어대사전』(2020)에서는 현상이란 일반적으로 인간이 지각할 수 있는, 사물의 모양과 상태(열대야 현상 등)를 말하고, 철학적으로 본질이나 객체의 외면에 나타나는 상을 말한다 라고 풀이한다. 둘째,『이희승국어사전』(2016)은 현상을 일반적으로 관찰할 수 있는 사물의 형상 또는 본질과의 상관적인 개념으로서의 본질의 외면적인 상이라고 한다. 철학적 풀이로 스스로를 숨김없이 나타내고 있는 한에 있어서의 사실, 곧 그 배후에 있는 본체라든가 본질 등을 생각하지 않음. 또는 칸트의 용법에서는 시간, 공간이나 범주적 여러 관계에 규정되어 나타나 있는 것, 이것은 주관의 구성에 의한 것으로서 그 배후의 본체인 물자체(物自體)는 인식될 수 없다고 하였음이라고 풀이한다.

셋째, 『철학대사전』(2017)에서는 현상(現象, phenomenon)을 눈앞에 나타나 있는 것을 뜻한다. 철학용어로서는 여러 의미를 갖는다. (1) 관찰되고 확인된 사실로서 자연현상이나 사회현상이라고 하는 경우이다. (2) 의식에 현전(現前)하여 있는 것으로 그것 자체가 말끔히 드러나 있는 것을 말한다. 후설의 현상학에서 말하는 현상이 이런 의미의 현상이며 그 배후에 무엇이 있는 지는 전혀 문제가 되지 않는다. (3) 그리스 철학에서는 플라톤 등에게서 전형적으로 발견할 수 있는 것처럼 감성적 인식의 대상이 곧 현상이고, 이성적 인식에 의해서 파악되는 것(예컨대 이데아)이 본질이다.

칸트(I. Kant)는 우리 감각 내용이 시간, 공간, 범주(category) 등과 같은 인식 형식에 의해서 정리된 것이 현상이며, 인식은 현상에 국한되고 그 배후의 본체인 물자체는 인식할 수 없다고 하였다. 반면에 헤겔(G. W. F. Hegel)은 현상과 본질의 분리를 반대하여 본질은 현상의 저편에 있는 것이 아니라, 현상에 그 본질적인 내용을 드러내고 있는 것으로 보았으며, 현상은 비본질적인 것과 우유성을 내포하고 있지만 현상과 분리된 본질은 있을 수 없다고 하였다.

넷째, 『현상학사전』(2011)에서 현상(現象)은 일반적으로 나타남을 의미하지만, 현상학에서는 그 의미를 변양시켜 중요한 위치를 점하는 개념이 되었다. 현상학은 '사태 자체로'라는 구호에 따라 경험에 대한 편견 없는 기술을 추구한다. 현상학적으로는 경험에 직관적으로 주어지는 현상은 예를 들면 본질과 현상과 같은 관계에서 파악되는 경우에서 보이듯이 나타나지 않는 것은 그 배후에 숨기는 표층적 사건이 아니라, 사태 그 자체를 '신체를 갖추어'제시한다.

경험에서 현상으로서 그것 자체를 제공하는 대상이나 세계는 자연적 태도에서는 암묵적으로 자체적으로 존재하는 것으로서 전제되어 그 참된 나타남에서 파악되지 않기 때문에, 그 제약성을 넘어서서 그것이 주어지는 그 나타남에 있어 독자적인 방법론적 태도를 가지고서 분석하는 것이 현상학적인 과제이다.

이처럼 현상(現象,phenomenon)에 대한 개념은 일반적으로는 관점에 따라 다르고, 철학에서는 철학자에 따라 다르다. 이를 정리하여 본다면 다음과 같다. 현상(現象,phenomenon)은 일반적으로는 인간이 지각할 수 있는 사물의 모양과 상태 및 관찰할 수 있는 사물의 형상을 뜻하고 본질과의 상관적인 개념으로서의 본질의 외면적인 상이라고 한다. 그러나 철학에서는 철학자에 따라 다르다. 칸트(I. Kant)는 오성(悟性)에 의해 인식된 사물의 표상을 말한다. 헤겔(G. W. F. Hegel)은 절대정신이 현실세계에 나타난 것을 말하고 현상과 본질은 분리될 수 없다고 하였다. 후설(E. Husserl)은 인간의식의 순수한 세계를 가리키며 그의 현상학이란 인간 의식의 순수한 세계를 그대로 기술하는 것을 말한다. '후설의 현상학은 의식에 직접적으로 부여되는 현상의 구조를 분석하여 기술하는 학문이다'((Edmund Husserl, 이종훈 역, 2012).

(2) 출판현상의 성격과 대상

민병덕은 "현상이란 관찰할 수 있는 사물의 형상으로 본질과의 상관적 개념으로서 본질의 외면적인 상(象)을 말한다. 본질이란 본래로부터 가지고 있는 사물 독자의 성질로서 변화무쌍한 현상적 존재에 대하여, 이와 같은 현상으로서 스스로 나타나면서 그 자신은 항상 현상의 배후나 내부에 잠재하는 항상적 존재를 말한다"라는 이희승 편 『국어대사전』(1961)에서 '현상' 항목을 조금 수정하여 풀이하고 있다. 민병덕은 현상에 대하여 사전적 의미 해석에 중심을 두고 출판현상에 대한 별도의 개념적 정리는 없다(민병덕, 1995, pp. 12~15). 그러나 사전적 의미를 수정 인용하였기에 그 뜻을 인정한다고 본다면, 현상은 본질과의 상관성의 개념으로 이해한 것으로 보인다.

이종국은 "출판 현상이란 출판행위와 출판물, 이에 수반되는 제 활동을 포함한다고 볼 수 있다"(이종국, 1995, pp. 77~78). 이는 출판현상을 출판행위와 출판물의 범주로서 포괄적으로 보고 있다. 출판의 본질과 현상의 상관성에 대한 표현은 없으며, 출판이 독자와 사회에 미치는 영향과 상호작용에 대한 거시적 관점보다는 미시적, 실제적 관점으로 출판현상을 보고 있다.

노병성은 "출판학의 현 단계 상황을 보면 이론에 의한 일반화라기보다는 현상을 현상 자체로 이해하려는 경향이 강하다. 기술된 현상은 이론과의 만남을 통해서 비로소 일반화 된다"면서 "연구 자체가 대부분 기능주의적 시각에 집중되어 있어 균형된 출판이론을 위해서는 시각의 다양화가 필요하다고 보여 진다"(노병성, 1992, p.34, 41)고 하였다. 즉 이론에 의한 일반화보다 출판 현상을 현상 그 자체로 이해하려는 경향이 강하다는 말이다.

채백은 "지금까지의 출판학의 관심과 연구는 출판현상이 갖는 사회적 의미 탐구와 거리감이 있었다고 볼 수 있다. 출판을 사회적·문화적 현상으로 접근하기 보다는 생산·제작·유통 등에 치우친, 다시 말해 실제적인 필요에만 따르는 연구 경향을 보여 왔다고 볼 수도 있다"(채백, 1999, pp.23~29) 라는 말은 출판의 실제적이고 내부적인 연구만으로 출판현상이 갖는 사회문화적 의미에 대한 탐구가 부족하다는 표현이다.

미국의 사회심리학자 로버트 카츠(Robert Katz)는 "본질을 파악 못하면 현상도 잘못 이해된다고 하면서 개념화의 능력은 현상을 보고 본질을 파악하는 능력이다. 그 본질의 의미가 시대적 맥락과 만나서 어떻게 변화하는지 분석하고 도식화할 수 있는 힘이다. 개념화의 능력이 없으면 현상을 잘못 이해하게 되고 잘못된 이해의 기반에서 잘못된 의사 결정을 하게 된다"(Peggy Klaus ,박범수 역, 2009). 이는 현상을 보고 본질을 파악하려면 개념화가 선행되어야 한다는 말로서 본질과 현상의 상관성에 대한 의미 있는 표현이다.

이 연구에서 표현되는 현상은 현상(現狀, sisuation)이 아니라, 현상(現象, phenomemon)의 관점으로 보고자 한다. 전자는 현재의 상태나 지금의 형편 등 현황이나 상황 등으로 인식하는 현실적인 관점이다. 후자는 전자의 관점을 포함하여 본질과의 상관적 의미로서 외면적인 현상(象)까지 말하는 넓은 관점이다. 그러나 현상의 개념에서 살폈듯이 이에 대한 관점은 다양하다. 이 연구에서 말하는 현상은 헤겔이 말하는 관점은 아니다. 현상은 사물에 대한 인간의 가치체계가 투영된 의미로 보면서 본질과 상관성이 있는 개념과 의미로 사용한다.

이 연구에서 출판현상(Publishing phenomenon)의 대상은 출판의 '기획선택-생산제작-공표유통-독자수용-영향효과 및 출판환경'과 관련된 현상들을 범주로 한다. 즉, 출판의 기획선택, 생산제작, 공표유통의 미시적 관점(내부적 과정) 및 독자수용, 영향효과, 출판환경의 거시적 관점(외부적 환경)이 관련되는 현상들을 말한다. 미시적 관점인 출판물의 기획선택·생산제작·공표유통 및 출판활동은 출판의 산업적 현상이다. 거시적 관점인 독자수용과 영향효과는 독자와 이용자및 사회문화적 영향과 상호작용에 대한 탐구로서 사회문화적 현상이된다. 그리고 출판환경은 출판에 영향을 주는 테크놀로지와 관련 법률, 사회 제도, 정치 환경 등 출판의 외적 환경을 말한다.

2) 출판현상의 미시적 관점 : 문화산업적 현상

일반적으로 사회문화 현상을 바라보는 관점은 거시적 관점과 미시적 관점으로 나눌 수 있다. 거시적 관점은 사회 구조나 사회 변동과같이 사회 전체와의 연관 속에서 폭넓게 탐구하는 관점이다. 미시적관점은 사회적 행위자와 그들의 상호 작용에 초점을 맞추어 탐구하는 관점이다. 출판현상의 거시적 관점도 이용자와 사회문화적 현상및 관련 법률제도, 출판정책, 국제출판 등 전체 부분들이 대상이 될 것이다. 미시적 관점은 출판의 개별 단위, 예컨대, 출판사·출판물·저자·외주사 등 개별과 관련 업체 등이 대상으로 된다고 하겠다.

이 연구는 출판행위를 중심으로 내부와 외부 관점으로 구분한다. 즉, 내적 출판현상은 출판물의 기획선택, 생산제작, 공표유통 및 출판활동 등 내부적 과정을 말한다. 외적 출판현상은 독자수용, 영향효과, 출판환경 등 출판물의 영향으로 인한 독자와 이용자, 사회문화적 현상 관점에서 본다. 따라서 전자를 미시적 현상으로, 후자를 내지 거시적 현상으로 구분하여 살피며 이 책에서 통용되는 관점이다.

여기에는 전제(前提)가 필요하다. '출판현상'이란 책에 담겨있는 내용 즉, 메시지 자체에 대한 연구가 아니라, 메시지가 책으로 생산되고 유통되며, 이용되어 영향을 주는 출판행위와 출판물과의 맥락 속에서 논의될 때의 출판 현상을 말하며 이 범주가 출판학의 연구대상이다. 왜냐하면 책의 메시지 자체는 저자들의 영역이기 때문이다. 예를 들어 창작 상태의 문학작품은 아직 화석적인 존재이지만, 창작 결과가 문학적인 생물이 되려면 책의 형태로 세상에 제 모습을 드러내야 한다. 작품이 세상에 드러나려면 출판에 의해 새로운 의사소통 매체가 되어야 한다. "책은 문학작품의 텍스트가 아니라 대상이기에 가치와 관계없이 선택·생산·유통·소비의 측면과 새로운 의사소통 방법으로 연구될 수 있다. 그러나 문학작품은 가치와 관련되기에 객관적으로만 연구될 수는 없다"(김현, 1996, p.127).

(1) 출판의 내적 프로덕션

출판현상은 '기획선택-생산제작-공표유통-독자수용-영향효과 및 출판환경'에 관련된 현상이라고 하였다. 기획선택-생산제작-공표유통은 내적 현상으로, 독자수용-영향효과 및 출판환경은 외적 출판현상과 환경이라고 할 수 있다. 내적은 출판의 산업적 현상이며, 외적은 출판의 사회문화적 현상이라고 하였다. 출판의 산업적 현상에서 출판활동은 출판물의 생산과 이에 따르는 문화적·예술적·기술적·경제적 활동을 말하고 이는 출판물에서 완성되고 유통된다. 그리고 출판과정은 출판물의 기획선택, 생산제작, 공표유통에 이르는 업무과정으로 이를 위해 자체 및 외주에 의해 출판물이 생산된다. 출판물인 책을 생산하는 활동과 과정으로 나타나는 내적 활동이 출판의 문화산업적 현상이다.

우리나라 〈문화산업진흥기본법〉에서는 출판을 문화산업으로 정의하며 국가산업 표준분류 체계에서는 콘텐츠산업으로 분류되고 있다. 따라서 출판은 문화산업으로서 콘텐츠산업이다. 문화산업은 매체를 통하여 제공되는 각종 문화 정보나 그 내용물을 생산하고 유통하는 산업을 통틀어 이르는 말이다. 출판은 문화상품인 책을 생산하기 위한 활동이며 과정이다. 출판의 내적 현상에서는 출판산업의 특성인 기업성·문화성·공공성 현상이 나타나며 이는 출판활동과 모든 생산 과정에 영향을 미친다. 이에 따라 출판의 문화산업적 현상을 출판활동과 출판과정으로 구분하여 특성을 논의하게 되면 출판의 내적 현상인 출판의 산업적인 특성은 드러난다고 볼 수 있다.

첫째, 출판활동의 측면에 보면 기업성·문화성·공공성을 아울러 갖고 있는 산업이다. 기업으로서 이윤추구와 문화 활동으로서의 가치창조라는 두 가지의 특성을 함께 지니고 있다. 출판만큼 문화창조와 상품생산이라는 두 목표를 양립하면서 적절히 조화시키지 않으면 안 되는 산업도 드물다. 이윤추구라는 경제적, 기업적 측면의 활동을 강조할 때는 출판업이 되고, 문화적 가치를 중심으로 말하면 출판문화라는 의미상의 구분이 이루어진다. 문화 창조라는 가치추구에만 집착하면 창조 활동의 기반이 되는 기업성은 실패를 불러올 소지가 있다. 기업성과 문화성을 어떻게 조화시키는지는 출판기업에서 결정될 수밖에 없다. 한편, 출판은 공공성을 띠고 있다. 출판은 소규모 영세기업이 대다수이지만, 지식과 교육 등의 정신문화 상품을 생산하기에 언론과 같은 무한 책임을 갖는다. 사실에 바탕을 두면서 미풍양속에 어긋나지 않고 진실한 내용과 객관성을 유지해야 하며, 한권 한권의 책이 각기 다른 시장을 가지고 있다.

　둘째, 출판과정의 측면에서 본다면, 출판물의 기획선택 – 생산제작 – 공표유통의 과정이다. 기획선택은 온-오프라인 출판에서 각 출판물 생산을 위한 저작자와 저작물의 선정이 중요하다. 독자(이용자)층의 선택과 생산 전체에 대한 세부적인 지침을 정하는 활동이 거시적 편집 과정이 된다. 생산제작은 온-오프라인 출판에서 각 콘텐츠의 검토 분석, 생산제작(인쇄, 뉴미디어)에 따른 편집 및 디자인(인쇄출판, 디지털출판), 외부 생산제작 아웃소싱 등 미시적 편집 과정이 된다. 공표유통은 온-오프라인 출판에서 각 출판물의 공표와 유통, 마케팅(광고,

홍보, PR), 영업, 출판물의 관리와 유통사의 아웃 소싱 등 유통과 마케팅, 판매과정에서 일어나는 출판 과정의 업무 활동이 된다.

셋째, 출판활동에서 인적 구성원들이 갖추어야 할 수행 능력이다. 문화적 가치창조를 위해서는 문화적·예술적·기술적·기업적인 업무 능력이 요구된다. 정신적 상품을 생산하기 위해 지적이고 문화적인 소양이 있어야 하며, 편집과 디자인에서 필요한 예술적 감각이 필요하고, 컴퓨터 등 기술적인 능력, 유통과 판매에서 기업적 업무능력 등에서 한 가지 이상은 갖춰야 한다. 이러한 업무 능력이 요구되는 것이 출판활동이며, 이 활동을 위해서 출판에 대한 가치관과 수행 능력, 경제적 소양이 필요해진다. 이처럼 출판활동에서 드러나는 주요한 활동들이 출판의 내적 현상으로 나타난다. 한국 출판학 연구에서는 출판의 내부 현상, 즉 출판의 산업적 현상에만 치중되어 출판의 외부 현상, 출판의 사회문화적인 현상에는 소홀히 한 점이 많았다. 따라서 책이 갖는 사회적 의미에 관한 논의와 분석은 연구의 관심 대상에 오르지 못하였다.

(2) 출판의 외적 메커니즘

미시적 환경에서 보는 외적 메커니즘 이란 출판물의 저작, 제작, 생산, 홍보, 유통, 판매에 관련되는 인적 요소와 관련 산업과의 관계에서 이루어지는 협업 시스템이다. 출판은 텍스트(콘텐츠) 중심의 기획 프로덕션적인 성격이 핵심이므로 외부 의존이 강한 산업이다. 이를 저작하고 생산하고 판매하기 위해서는 외부 관련 산업들과 밀접한 관계를 유지한다. 외적 메커니즘 관계에서 출판물이 생산되고 유통되고 판매되어 완연한 산업으로서 활동을 수행한다.

출판은 저작물을 통하여 저자와 독자를 연계함으로써 문화적이고 경제적인 활동을 이어간다. 출판사가 저작자를 찾고 또 저작자가 출판사를 찾아 원고를 집필하여 책으로 펴내는 것이다. 출판이 콘텐츠 중심이므로 우수한 저작자와 좋은 원고의 확보는 매우 중요한 일이다. 저작자는 처음이나 여러 번 출판한 적도 있을 것이며 출판사마다의 저작자 군이 형성되어 있는 곳도 있다. 출판의 성패는 저작자의 확보에서 비롯된다고 하겠다.

다음은 제작과 생산이다. 출판사의 규모에 따라 편집, 디자인, 제작, 생산은 각기 다른 환경을 갖고 있다. 자체에서 모두 이루어지는 곳도 있으며 모두를 외부 아웃 소싱에 의해서 이루어지는 소규모의 출판사도 있다. 전통출판이나 전자출판에서 편집과 디자인은 각기 종이와 전자적 매체에 맞도록 이루어진다. 그러나 제작과 생산은 대개 외부 전문 업체에 아웃소싱으로 이루어지는 경우가 많다. 출판사의 의도가 반영되도록 협업하는 과정이 중요하게 된다.

유통과 판매는 전통출판과 전자출판은 다른 방법과 영역에서 이루어진다. 특히 전자책을 비롯한 모바일 북들은 출판사들의 주도보다는 전문 제작사와 유통업체에서 주도하는 환경이다. 전자출판과 전자책 등 디지털 시대의 출판을 위하여 출판사가 주도 내지 협업하려면 전문 인력 양성이 시급하다. 다음으로 전자책 제작의 낮은 완성도와 콘텐츠의 질적 문제이며 아울러 구독 시스템의 불안성도 동시에 갖고 있다. 가장 중요한 문제는 우수한 콘텐츠의 확보 문제이다. 이처럼 출판의 외부 메커니즘은 출판의 완연한 활동을 위하여 중요한 일이며 여기에서 나타나는 모습들이 출판의 외부 메커니즘 현상이다.

3) 출판현상의 거시적 관점 : 사회문화적 현상

(1) 출판의 사회문화적 현상

출판현상은 시대 상황이나 사회 변화와 밀접한 관계에 있다. 출판은 사회 환경의 영향을 받는 동시에 사회에 영향을 끼치므로 출판의 사회적 영향은 지대하다. 출판현상의 특성은 책과 출판만이 갖고 있는 사회적·문화적인 성격인 동시에 다른 전달매체와 비교되는 성질을 말한다. '책과 출판은 동서양을 막론하고 근대사회의 정신사와 지식사, 그리고 문화사(文化史)의 형성과 계승에 결정적 영향을 끼쳤다' (이강수, 1991, p.163)는 말은 적절한 표현이다. 독일의 역사학자 J. 부르크하르트(Jacob Burckhardt,1818 - 1897)는 루소(Rousseau)의 『사회계약론』(Du Contrat Social)의 출현으로 세계사는 이 책이 읽혀지기 이전과 이후로 확연히 구별 된다고 한 바 있다.

책은 한 시대를 만드는 힘과 논리를 가지고 있다. 왜냐하면 책은 그 시대, 그 사회를 살아가는 사람들의 사상구조와 가치관을 흔들어 놓을 수 있는 역사적이고 실천적인 존재이기 때문이다. 18세기 루소의 저술인 『사회계약론』은 오늘날까지 세계 민주시민들의 교육과정에서 인용되며, 19세기 칼 마르크스(Karl Heinrich Marx)의 저술『자본론』은 이데올로기의 배경을 제공해 읽혀졌고 추종되었고 비판되고 있다. 고대 중국의 공맹노장(孔孟老莊)의 저술은 현대까지도 동양사회의 기반 형성에 바탕이 되고 있다. 책은 한 시대를 만드는 힘과 논리를 가지고 있다. 책은 시간과 공간을 초월하여 읽혀짐으로써 인간과 사회에 대해 지속적인 영향을 주고 있다(김언호, 1984).

이 글은 한 권의 책에 대한 의미를 잘 표현하고 있다. 이처럼 출판물이 만들어내는 사회적·문화적 의미망이 바로 출판문화 현상이다. 현대사회에서도 책과 출판은 문화의 창조와 전달, 보존에서 근원적인 매체의 역할을 수행하고 있다. 출판물은 책에 의해서 대표성을 갖으며 매체로서의 책이 갖고 있는 특성이 출판현상을 이루는 근원적인 성격이 된다. 출판의 사회문화적 현상은 그 사회 환경에서 책과 독자 사이에서 이루어지지만, 책의 본질적 특성은 출판현상에서도 영향을 미친다. 이는 출판현상을 이해하고 파악하는데 의미 있게 작용된다. 근원적인 전달매체로서 책과 출판의 본질과 성격은 완벽성(기록)·항속성(복제)·창조성(공표)에서 탁월함을 갖추고 있다.

첫째, 완벽성(perfection)이다. 책은 한 주제에 대하여 가장 자세히, 깊고, 넓게 표현할 수 있는 유일한 매체이다. 완벽성이란 상세성·심층성·광범성이 함께함으로써 이루어진다. 책의 상세성은 내용의 시작과 끝까지 시간과 지면의 제약을 거의 받지 않는다. 때문에 충분한 사전조사와 연구를 통해 완벽하면서도 자세히 쓸 수 있다. 또한 체계적으로 쓰여 질 수 있기 때문에 독자들에게 정확하게 전달할 수 있다.

심층성은 어떤 매체보다도 문자나 그림 등으로 논리적으로 깊이 있는 서술을 할 수 있다. 광범성은 다수 주제를 선택 할 수 있으며 한 주제에 대해 전집이나 시리즈를 통하여 넓은 대상까지도 서술할 수 있다. 이처럼 책은 지니고 있는 상세성과 심층성, 광범성으로서 완벽성을 이루며 이러한 출판의 특성이 출판의 본질성이며 출판현상에서도 드러나게 된다.

책과 출판은 다른 매체가 가지지 못한 특성을 갖고 있다. 출판은 본질적으로 자세히 깊고 넓게 가는 매체이다. 디지털 시대에서도 빠르게 가는 다른 매체보다 인류의 지혜를 자세히 넓고 깊게 오래 담는다. 이것이 출판의 본질이며 현상이다. 모든 미디어와 관련 연구들은 빠르고 재밌고 편하기 경쟁을 벌리는 가운데에서도 출판은 빠르기 보다는 자세히 넓고 깊게 가기 때문에 느리다. 자세히 깊고 넓게 느리게 간다함은 뒤쳐진다함이 아니라, 빠르고 얇게 가는 것을 메우기 위함이다. 출판현상은 고속(高速)과 백과(百科)보다 인류의 선별된 지혜를 정확하게 깊고 넓게 오래 담는데 있다(저자).

디지털 시대에서 출판매체는 다른 미디어들과 속도 경쟁을 벌리기 보다 오히려 본래의 가진 성질을 지니는 것이 출판 매체의 본질에 부합된다. 출판공동체(출판편집인, 출판연구자)들은 책의 이러한 본질을 숙고할 필요가 있다. 모든 출판물은 아니며 가벼운 읽기와 무거운 읽기를 구분하여 매체 경쟁시대에서 출판의 본질을 지키는 것이 유의미할 것으로 보인다. 물론, 대중서, 교육도서, 전문서는 각기 담는 매체에 따라 앱북(App BOOK), 가상현실(VR, Virtual Reality), 증강현실(AR, Augmented Reality), 전자책(eBOOK), Audio Book, 웹DB 등으로 다양하게 연구하고 발전시켜야만 한다.

한편으로 디지털 시대에서 미디어들은 대중적이고 표피적인 문화가 팽배하고 있는 가운데 출판에서도 대중 지향적인 분야는 이에 편승하는 조짐도 있다. 그러나 대다수들은 출판의 본질적인 의미망인 심층성인 심연(深淵)과 광범성인 외연(外延)을 확충시키고 있다.

둘째, 항속성(permanentity)이다. 책은 지속적이고 영속적인 생명을 지니고 있다. 책은 다른 매체와 다르게 시간과 공간을 넘어 거의 항구적 생명을 가진다. 책은 어떤 사상(事象), 어떤 사상(思想)과 어떤 감정도 전달 내지 전승하고 보존하는 역할을 한다. 동시에 번역과 중쇄(重刷) 등으로 무한한 복제성을 지니고 있으며 회람되면서 수많이 읽혀지므로 지식과 보급과 새로운 사상의 확산에 중요한 기능을 한다. 종이책의 경우는 휴대와 이동이 자유롭고 그 자체가 기록된 현물이기에 다른 전자기기의 도움 없이 즉시 읽을 수 있다. 이러한 특성으로 아직 전자책은 종이책이 가진 장점을 압도하진 못했다.

셋째, 창조성(creativity)이다. 완벽성과 항구성을 가진 책은 문화의 보존과 전승에서 탁월한 매체이다. 문화의 보존과 전승은 또 다른 창조물을 이루는 바탕이 된다. 책은 문자 중심으로 표현되며 문자는 표현의 제한이 없어 인간의 창의와 상상을 모두 수용할 수 있는 매체이다. 문자로 표현되는 출판콘텐츠는 영화와 드라마, 애니메이션과 캐릭터, 게임과 모바일 등으로 재구성되는 스토리로 활용되어 왔다. 이는 출판이 원천 콘텐츠로 불리는 중요한 근거가 된다. 출판콘텐츠는 OSMU(one source multi use), 크로스미디어(crossmedia), 트랜스미디어(transmedia) 방식을 통해 전환되어 문화 창조와 발전에 기여하고 있다.

이처럼 책과 출판의 본질과 성격은 완벽성(기록) · 항속성(복제) · 창조성(공표)으로 드러나고 있다. 이러한 특성의 책이 인간과 사회에 대하여 또는 인간과 사회가 책으로 인해 나타나는 현상이 출판의 사회문화적 현상이다. 사회문화적 현상이란 사회적 관계를 맺고 상호작용을 한 결과로서 인간이 사회 및 문화와 관련된 현상이다. 출판학 연구의 사회학적 의미는 출판현상에 대한 내적 현상을 넘어서 출판과 사회관계에 대한 과학적인 분석이 필요하다.

이러한 관점에 대하여 "출판학에서 출판현상에 대한 가치중립적이고 실증적인 연구의 필요성이 대두되고 있으며, 특히 미시적인 연구를 넘어서 출판독서에 대한 거시적 연구가 필요하다"고 하면서 "출판학 연구는 출판학의 학문적 정체성이 사회과학의 시각을 얼마나 정교하게 흡수하는가에 달려있다고 본다. 출판을 다양한 커뮤니케이션의 하나로 보고 거시적인 차원에서 사회과학적 접근을 강화할 필요가 있다"(김성은, 2017, pp.34~43)는 의견이 있다. 이 논문은 책에 대한 학제적 연구 필요성에 목적을 두었지만, 출판의 사회적 가치나 의미에 대한 사회학 연구자의 관점을 말한 것이다.

독자수용 · 영향효과 및 출판환경은 외적 출판현상이며 외적 출판

현상이 출판의 사회문화적 현상과 영향이라고 하였다. 출판의 외적 현상은 독자와 이용자들이며 이들과 책이 이루어내는 상호작용이며 시대적 맥락이다. 이 상호성에 따라 책과 출판의 역할이 이루어져, 책의 영향이 나타나며 이 상황이 출판의 사회문화적 현상이다.

첫째, 독자 수용이다. 책과 출판이 갖는 사회문화적 현상은 사회 환경 안에서 책과 독자(이용자) 사이에서 이루어지는 현상으로 독서와 관련되어있다. 독자 수용을 조사하기 위해 온-오프라인 유통에서 독자들의 구매과정을 살필 필요가 있다. 경영학에서 소비자들의 구매 과정은 니즈인식-정보탐색-관여도-대안평가-구매로 이어진다고 한다. 이를 출판에 적용하여 분석할 필요가 있다. 그리고 독자들의 이용 편의성으로 온라인 리더기, 앱 등 독서 인프라에 대한 조사이다. 다음으로 독자연구, 독서환경, 독서이론, 독서모임, 서점, 도서관 등 독자의 수용 과정의 현상을 조사하고 분석해야 한다.

둘째, 영향 효과로서 출판의 사회문화적 현상이다. 출판물을 수용한 독자들인 개인과 조직, 집단과 사회 등의 반응 현상을 조사 분석하는 방법이다. 그 반응은 일차적으로 온-오프라인의 판매 상황 및 구독 추이를 살펴야하고, 독서비평, 독자확산, 독자 피드백 현상에 대한 연구가 필요하다는 점이다. 출판물의 공표와 수용 현상으로 책이 인간과 사회에 미치는 상호작용으로서 사회적 및 문화적 현상들이 이와 관련되어 있다.

(2) 출판의 기술적·제도적 현상

출판환경은 출판에 대하여 직접적 또는 간접적으로 영향을 미치는 요인으로서 테크놀로지, 유통, 제도, 정책, 정치, 윤리 등이다. 이 가운데 직접적인 영향을 미치는 기술적이고 제도적인 현상을 중심으로 논의한다. 이 시대의 혁명은 디지털에서 일어났다. 디지털을 기반으로 컴퓨터와 인터넷이 주도하는 3차 산업혁명은 다시 4차 산업혁명으로 이어지고 있다. 디지털이 출판에서 활용되어 전자출판을 생성했으며 아직 전자출판은 진행형이다.

필사시대에서 인쇄술이 혁명이었듯이, 인쇄시대에서 디지털은 더 큰 변혁을 불러왔으며 시대의 패러다임을 바꾸어 놓았다. 디지털은 출판의 제작과 유통, 접속과 이용에서 전통출판과는 과정을 달리한다. 출판은 전달매체와 한 몸으로, 함께 하는 매체이기 때문에 그 내용물을 담는 테크놀로지의 변화에 의해 규정되기도 한다. 이 시대의 출판은 디지털에 의해 영향을 받고 있는 것이다.

인류의 소통 과정이 매클루언의 말처럼 "구어시대에서 문자시대로, 필사매체에서 인쇄매체로, 그리고 전자매체로 발달해 온 과정은 커뮤니케이션 그 자체의 확장이라기보다는 전달도구의 확장이라고 볼 수 있다"(최낙진,1999, p.32)라는 말은 미디어의 내용도 전달하는 매체의 테크놀로지와 분리할 수는 없다는 것이다. 실제로 인간이나 사회에 영향을 미치는 것은 내용이 아니라 미디어라는 관점을 강조한 것이다. 이처럼 출판에서도 인쇄매체와 디지털 매체에 따라 출판 현상도 다르게 나타난다.

한국 출판학에서 출판산업의 구조적 불황, 전자출판 등 새로운 기술의 활용, 우수 출판콘텐츠의 개발, 저조한 독서율 등은 전략적이고 정책적으로 대응해야 할 문제 상황이며 연구 문제들이다. 분야별로 멀티미디어와 전자출판의 새로운 시스템의 도입, 생산과 제작, 유통과 홍보, 이용자와 영향 분석 등으로 구분될 수 있다. 한편으로 멀티미디어와 전자출판 시스템의 적용, 전자책의 수익모델, 디지털 출판산업의 분석과 동향, 전자출판의 콘텐츠 개발, 이용자 분석과 독서 동향, 전자출판의 사회문화적 영향 등 산업적·경제적·사회적·문화적 관점의 출판현상 연구가 더욱 요구된다. 이러한 가운데 학술성과 실용성보다 저널리스틱(journalistic)한 논문 구성으로 사념과 혼란을 불어오는 연구는 매우 경계되어야 한다.

출판의 제도적 환경이다. 출판의 내적 환경과 외적 환경 전체에 직접과 간접으로 영향을 주는 출판 관련 사회적 제도이다. 출판제도는 출판 관련 법률, 정책, 윤리 등을 포함한 제도적이고 규범적인 내용의 현상이다. 출판 관련 법률은 〈출판문화산업진흥법〉을 비롯한 출판과 관련된 법령을 말하며, 〈저작권법〉은 모든 저작권을 대상으로 저작자의 권리와 저작물의 공정한 이용을 도모함에 있다. 출판윤리는 학술적 윤리와 산업적 윤리로 구분될 수 있다.

현재 출판관련 법제는 〈출판문화산업진흥법〉, 〈독서문화진흥법〉, 〈도서관법〉, 〈문화산업진흥기본법〉, 〈콘텐츠산업진흥법〉, 〈잡지 등 정기간행물의 진흥에 관한 법률〉 등이 있는데 이는 진흥을 위한 입법 체계이며 각각 기본법과 시행령, 시행규칙을 두고 있다. 〈저작권법〉

에는 출판 관련 법률들이 있는데 이를 흔히 출판 저작권이라고 부르기도 한다. 저작권은 인간의 사상이나 감정을 표현한 창작물을 보호하기 위해 저작자와 이용자에게 부여한 권리를 이른다.

4. 출판학 연구에서 본질과 현상

1) 출판학 연구와 출판 본질

(1) 출판학 연구의 정체성과 대상성 공유

출판 본질에 대한 탐구와 이해는 출판학 연구의 정체성의 유지와 연구의 대상성의 공유에서도 의미가 클 것으로 보인다. 출판 본질은 출판학 연구의 정체성(Identity)이다. 정체성은 어떤 존재가 본질적으로 가지고 있는 특성을 말한다. 정체성은 자신이 일관된 동일성을 유지하는 것과 함께 다른 사람들과도 어떤 특성을 공유하는 모두를 의미한다. 출판 본질은 출판과 출판학 연구의 고유한 성질로서 출판 본질의 정체성과 아울러 존재로서의 의미를 깨닫게 하는데도 관여된다. 따라서 출판 연구자와 출판 공동체들은 출판의 본질위에서 연구와 출판행위를 이어가는 것이 중요하다.

출판의 본질에서 벗어난 연구와 출판행위는 출판의 정체성을 잃어버리는 결과가 된다는 점이다. 출판과 출판학 연구에서 출판의 본질을 제거한다면 출판이나 출판학의 존재를 잃어 버리거나 다르게 변형될 수 있다는 점이다. 출판의 본질은 출판을 출판답게, 출판학을 출판학답게 만드는 존재로서 보아야 할 것이다. 출판현상은 출판의 본질을 나타내지만 시대적 맥락에 따라 가변성이 있는 외적 측면이다.

점토판책에서 전자책까지 출판의 전달매체는 수 천년동안 매체와 유통의 변화를 겪어왔지만 출판의 본질은 그대로 존재하고 있다. 뉴미디어 시대의 디지털출판 방식도 디지털 자체가 본질이 아니라, 디지털은 출판을 더욱 풍요롭게 하는 테크놀로지로 이해해야 한다는 점이 중요하다. 디지털 시대 혹은 포스트 디지털 시대에서도 출판의 본질에 충실함이 출판의 본령(本領)에서 벗어나지 않는 일로 보인다.

출판은 인류의 표현욕구의 바탕에서 기록행위와 보존행위에서 비롯되었고 오랜 시기에 걸친 인류의 기록과 보존의 연속적인 과정이 출판의 바탕을 만들고 형성시켰다. 인류의 표현을 위한 기록행위와 보존행위가 출판을 이루고 발전시킨 근원적인 원동력이었다. 기록이 보존되고 전승되기 위해서 여러 가지 복제기술과 서사매체가 나오면서 출판행위가 형성된 것으로 보인다. 사물에 관한 기록, 복제, 공표 행위가 전해지고 이어지고 축적되어 오면서 출판이라는 전달매체가 발전된 것이다. 이처럼 출판을 형성시킨 근원적인 항상성(恒常性)이 출판의 본질이다.

출판학 연구는 출판의 본질 바탕에서 이루어져야 하며, 본질을 벗어나면 출판학이 아닌 다른 학문으로 변질된다. 출판현상에 대한 모든 연구도 보다 가치중립적이고 과학적이고 실증적인 연구가 요구된다. 한국의 출판학 연구를 살펴보면, 연구 경향이 출판의 내적 현상에 치중되어 있다는 점이다. 독자와 이용자 연구, 책과 출판의 사회적 영향과 의미를 가지는 외적 현상의 연구가 더욱 필요해 보인다. 출판학 연구가 과학적인 출판이론 위에서 출판의 내적 현상인 문화산업적 관점을 포함하여 외적 현상인 사회문화적 관점에 걸쳐 종합적으로 이루어질 때 비로소 출판학 연구는 완전성을 띨 수 있고, 학문 전체를 조감하기에도 용이할 것이다.

(2) 출판 본질과 출판 현상

출판의 본질과 현상은 출판학 연구에서 중요한 의미를 지닌다. 출판 본질은 출판학의 정체성이며, 출판현상은 출판학의 연구대상이라고 하였다. 본질이란 사물이나 현상을 성립시키는 바탕이나 성질이다. 출판현상에서 출판의 본질을 추단할 수도 있으므로 본질과 현상은 상관성이 있다고 볼 수 있다. 현상을 통하여 본질을 추단할 수 있지만, 현상에는 매체성, 인위성과 우유성이 있으며 시대적 맥락에 따라서도 가변적인 모습도 보인다고 하였다. 헤겔의 말처럼 현상은 본질과 결부되어 있다는 것이 아닌, 어떤 사물에 대한 인간의 보편적인 가치체계가 각각의 사물의 본질을 형성하였다고 보았다.

그렇다 하더라도 출판의 본질과 출판현상의 상관성이 무엇인가에 있다. 이 글에서 출판의 본질과 현상에 대하여 여러 관점에서 논의해 왔다. 따라서 출판물에서 대표성을 갖고 있는 오늘날의 책의 특성이 출판의 본래 본질의 특성을 얼마나 드러내고 있는 지를 찾아볼 필요성은 있다. 사물의 본질과 현상이 인간의 가치체계가 투영된 것이라면 명증성(明證性)은 아니라도 상관성(相關性)의 관계에서는 부합되어야 할 것이다.

출판의 본질적 특성이 어떤 상관성으로 오늘날의 책의 특성으로 드러나는지를 비교하여 이해할 필요성이 있는 것이다. 출판의 본질적 특성이란 출판의 형성 과정이었던 기록시대부터 축적되어온 것으로 지금까지도 갖고 있는 출판의 본질을 말한다. 책의 특성이란 오늘날의 책이 지니고 있는 현상적인 성질을 말한다. 본래의 본질과 현대의 책과의 상관성의 관계를 대비한다면, 출판의 본질적 특성은 ⓐ '기록·복제·공표'이며, 현대적 책의 특성은 ⓑ '완벽성·항속성·창조성'이다. ⓒ는 이 둘의 상관성의 관계를 말한다.

첫째, ⓐ 기록(records) → ⓑ 완벽성(perfection, 상세성·심층성·광범성) → ⓒ 텍스트와 콘텐츠의 관계이다.

기록은 오늘날의 텍스트와 콘텐츠에 해당한다. 기록은 문자 중심이어서 완벽성(상세성·심층성·광범성)적 표현을 갖고 있음을 앞에서 보았다. 텍스트(text)와 콘텐츠(contents)는 성격은 다르지만 디지털 시대 출판에서는 혼용되고 있다. 텍스트가 변용과 혼용이 일어나기 이전의 오리지날리티가 강하게 보존된 개념이라면, 콘텐츠는 변용과 혼용으로 새로운 콘텐츠를 끊임없이 생산하는 개념이다. 텍스트가 동일성에 있다면 콘텐츠는 다양성에 있다. 따라서 오늘날 책의 특성인 완벽성은 기록의 본질적 성격을 갖고 있으며 이들은 상관성의 관계에 있음을 알 수 있다.

둘째, ⓐ 복제(reproduction) → ⓑ 항속성(permanentity) → ⓒ 수시 대

량생산(인쇄) 및 즉시 대량복제(디지털)의 관계이다.

복제는 기록시대부터 항속성을 전제로 하여왔다. 오늘의 책도 지속적이고 항속적인 특성을 지니고 있다. 초판과 중쇄, 번역 등으로 무한한 복제성을 지니고 있다. 복제는 출판 활동에서 숙명적인 성격이다. 복제술은 시대에 따라 변천되어 왔지만 현대에서는 인쇄와 디지털에 의한 복제이다. 인쇄는 수시로 대량생산할 수 있고, 디지털은 즉시 대량복제가 가능해졌다. 복제란 편집을 전제로 하는 행위이다. 어떤 기록물이라도 전달매체에 담기 위해서는 그 매체에 알맞은 편집행위가 선행되어야 한다. 이러한 복제는 오늘날의 종이출판이든 전자출판이든 그대로 적용되고 있음이 분명하다.

셋째, ⓐ 공표(publication) → ⓑ 창조성(creativity) → ⓒ 인쇄(발행), 디지털(탑재) 및 원천 콘텐츠로서의 상관성이다.

오늘날에서 공표는 인쇄출판에서는 발행이며, 전자책은 인터넷 상에 탑재하는 것을 이른다. 발행과 탑재를 거쳐 공표되고 수용된 책의 내용은 다시 새로운 가치창조를 만들어낸다. 문자 중심으로 표현되는 출판 텍스트와 콘텐츠는 영화와 드라마, 애니메이션과 캐릭터, 게임과 모바일 등으로 재구성되는 스토리로 활용되어 왔다. 이는 출판이 원천 (거점)콘텐츠로 불리는 중요한 근거가 된다. 한편으로 공표는 유통과 이어지는 행위가 된다. 발행과 탑재를 거친 책은 유통되면서 독자와 이용자들에게 수용되거나 혹은 관심의 대상이 되지 못한다. 공표행위는 오늘날 발행(탑재)과 유통, 마케팅과 동질의 성격이 된다.

위에서 본 것처럼, 출판의 본래의 본질은 오늘날 책의 특성에서도 드러나고 부합되는 현상을 보이고 있다. 출판의 특성적 성격인 기록, 복제, 공표가 책의 특성인 완벽성, 항속성, 창조성으로 드러났으며, 원래로부터 이 시대까지 이어지고 있는 것이다. 사물의 성격이나 특성으로 본질과 현상을 비교하기에는 명증성은 부족하지만, 출판의 형성 시기인 점토판과 파피루스 책에서부터 이루어진 출판의 본질적인 특성이 현대의 책에서 어떻게 나타나는 지에 대해 상관성을 제시해 보았다. 한편으로 현상은 반드시 본질을 나타내지는 않는다. 현상은 자연스럽게 본질을 표현하지만, 현상에는 매체성과 인위성, 우유성이 있기 때문에 본질에서 벗어나는 경우도 있다고 하였다. 그렇지만 사물에 본질이 제거된다면 그 사물은 존재 자체를 잃어버리거나 다르게 변형된다는 점이 매우 중요하다.

2) 출판학 연구와 출판 현상

(1) 출판현상의 관찰

출판현상의 관찰 방법으로서 조사연구의 일반적인 관찰법과 탐색적 관찰법으로 나누어 논의한다. 사회문화적으로 서베이 조사는 설문지가 주된 자료 수집도구이며 응답자가 자료 제공의 원천이다. 반면에 관찰은 관찰자의 감각기관이 도구이며, 관찰자가 자료를 산출해 낸다는 점이 중요 특징이다. 조사연구에서 관찰법(observational method) 이란 1차적 자료수집 방법으로 의도된 관찰을 통하여 조사자가 연구대상을 분석하는 방법이다. 다른 자료 수집방법들과 마찬가지로 관찰자료 수집법을 활용할 수 있다. 관찰법은 실제 현장에서 진행함으로 현장연구(field study)라고 불리기도 한다. 관찰법의 특성상 관찰자의 객관적이고 합리적인 관찰과 자료수집 능력이 요구되며 경우에 따라서는 상이한 연구 결과가 도출될 수도 있다. 관찰법은 독자적으로 사용되기보다도 표본조사나 실험을 할 때 보조적 연구 수단으로 사용되거나 탐색적 성격을 가진 예비조사로서도 많이 활용된다.

관찰법의 유형은 첫째, 구조적 관찰과 비구조적 관찰이 있다. 구조적 관찰(structured observation)은 관찰 내용과 그 범주를 미리 결정해 놓고 관찰하는 방법이다. 그러므로 관찰 내용이 표준화되어 있고, 통제된 상태에서 표준화된 관찰 목록과 절차에 따라 기록하게 되므로 자연적 환경보다는 실험실에서 주로 이루어진다. 비구조적 관찰(unstructured observation)은 관찰 내용을 미리 표준화하지 않은 상태에서 관찰하는 방법이다. 주로 사전에 알려진 정보가 부족할 경우 탐색적 목적으로 비구조적 관찰법을 사용하고 이의 결과를 토대로 구조적 관찰을 실시하기도 한다(권육상 외, 2014, pp.161~164).

둘째, 참여관찰과 준참여관찰, 비참여관찰이 있다. 참여관찰(participant observation)은 관찰자가 신분을 밝히지 않고 일시적으로 관찰 대상인 집단의 일원이 되어 참여하면서 관찰하는 방법이다. 외부에 알려지지 않은 사실까지 경험할 수 있지만, 관찰 사실을 즉시 기록할 수 없는 단점도 있다. 준참여 관찰(quasiparticipant observation)은 일부만 참여하는 방법이다. 신분을 밝히고 진행함으로 조사 대상자들은 자신이 관찰대상이라는 사실을 알고 있다. 비참여 관찰(nonparticipant observation)은 관찰자가 조사자 신분을 밝히고 조사자에게 영향을 미치지 않는 제3자의 입장에서 관찰하는 방법이다.

사회문화 연구조사에서는 다양한 관찰기법이 연구 목적에 따라 변형되어 사용되고 있다. 앞에서 본 직접 관찰법인 반응성 자료수집 이외에 비반응성 자료수집 방법도 있다. 직접관찰에 의해 나타나는 반응성의 문제점을 해결하기 위해서 간접관찰을 시도하거나 기존문헌이나 기록들을 분석할 수도 있다. 이러한 반응성 자료수집과 비반응성 자료수집 방법은 출판현상의 관찰이나 자료수집 방법으로 활용될 수 있다. 그리고 독자와 이용자의 연구, 책의 사회적 영향 분석 등 거시적 현상에 활용할 수 있으며, 주로 구조적 관찰과 비구조적 관찰법과 간접관찰이나 문헌연구를 적용할 수 있다. 자료수집 방법에서도 양적 연구라면 수치를 중심으로, 질적 연구라면 해석 자료를 위주로 수집하게 된다.

한편으로 다양한 출판현상의 탐색을 위한 관찰법도 필요하다. 이는 자료 분석이나 현장조사를 통하여 이루어질 수 있다. 자료 분석에서 도서관 서베이와 인터넷을 통한 자료 수집도 중요하다. 자료수집 방법은 관련 협회와 단체 및 정부조직, 국내와 국외 언론의 출판보도, 주요 국가의 출판전문지, 국민독서 실태조사, 독서단체와 독서클럽 등을 활용할 수 있다. 이러한 자료는 직접관찰이 아닌 2차적 자료수집에 목적을 두는 것이다.

출판현상을 직접 탐색하고 관찰하며 분석하려면 먼저, 현상에 대한 개념화 또는 유형화가 우선된다. 유형은 성질이나 특징 등으로 공통적인 것끼리 묶은 하나의 틀로서 유(類) 개념의 하나이다. 유형이 이루어지면 현상의 분석이 용이해지고 같은 영역이나 분야의 자료를 사전에 탐색하여 축적할 수 있다. 한편으로 유형화는 출판 경향 탐색에서는 분야의 책들과 또는 한 권의 책이 사회에서 이루어내는 현상들을 바라보고 관찰하기도 쉬워진다. 이러한 관찰에서 시대변화에 따른 출판 트렌드, 독서경향 등의 파악도 이루어진다.

출판 경향과 독자욕구 파악에서 현실적인 관찰 방법은 저자의 생각으로 출판시장인 대형서점 매장의 분류법이다. 일반서점은 인터넷서점에 비해 소비자의 욕구가 시장에서 드러나며, 서점은 이들의 욕구와 편의를 최대한 반영하고 수정해간다. 이런 욕구와 서비스가 드러난 것이 매장의 분류이다. 독자들이 책을 편리하게 탐색하도록 분류한 대형서점의 매장 분류법이 현실적인 관찰 방법인 것이다. 서점 매장의 분류법은 소비자들의 욕구와 편의가 반영할 수 있도록 배치된 것으로써 출판물의 현상 관찰과 파악에 도움을 준다.

한편으로 일반대중서 시장은 (1) 소설·시 (2) 에세이 (3) 인문학 (4) 사회과학 (5) 역사 (6) 과학 (7) 경제경영 (8) 자기계발 (9) 좋은 부모 (11) 유아 (11) 어린이 등으로 구분한다. 그리고 (1) 일반단행본 (2) 학술전문서 (3) 교과서 및 초중고 학습참고서 (4) 아동도서 (5) 학습지 (6) 전집 (7) 전자출판물로 구분되고 있다. 이 밖에도 다른 분류를 하기도 한다. 이러한 유개념의 관찰은 자료 탐색과 출판 경향과 독자 욕구 파악에 도움이 되는 방법이다.

(2) 출판 현상의 분석

출판현상의 조사연구도 사회과학에서 활용되는 조사방법을 활용하여 기술되어야 한다고 본다. 과학적인 조사의 목적이 주어진 현상을 탐색하여 사실을 기술하고 타당한 지식체계를 정립함으로써 현상을 예측하며 설명을 가능하게 하고 사전에 규제 또는 통제(조장)하는 데 있기 때문이다. 현상이나 대상에 대해 (1) 탐색 (2) 기술 (3) 설명 (5) 예측 (5) 통제를 가능하게 한다. 실제적으로 수행되는 연구 목적도 이 다섯 가지 중에서 하나이거나 이들의 조합이다. 출판현상의 분석을 위해 조사연구의 목적과 분석을 위한 연구방법을 살핀다.

(1) 탐색(Exploration) 연구는 연구하고자 하는 주제 자체가 생소하거나 비교적 새로운 영역인 경우이다. 문제에 대한 사전 지식과 선행연구가 없을 때, 그 분야에 대한 새로운 통찰을 얻고 문제를 명확히 규정하기 위한 가설 설정을 위해서도 사용한다. 출판학 연구에서 독서시장의 개척과 활동을 위한 출판마케팅의 경우에서 탐색적 조사에는 파일럿 조사, 전문가 조사, 이차적 데이터 분석, 표적집단 면접법 등을 활용할 수 있다.

(2) 기술(Description)은 주어진 현상 자체를 정확히 관찰해서 보여주는 것을 말한다. 기술(記述)에는 상태구조에 관한 기술 및 과정과 기능에 관한 기술이 있다. 출판학 연구에서는 독서 현황을 조사하기 위한 국민독서 실태조사를 위해 전국을 단위로 지역별, 연령층 등으로 구분하여 표본조사와 실태 결과를 기술하는 것도 이에 속한다고 볼 수 있다.

(3) 설명(Explanation)은 어떤 현상의 기술에서 그치는 것이 아니라 그것이 '왜' 일어났는지에 대한 원인을 밝히는 것이다. 출판학 연구에서 예를 들어, 전국 국민독서 실태조사에서 연령별 독서율을 단순히 제시하는 것이 기술적 조사라면 연령마다 독서율이 왜 다른지 그 이유를 알아내서 밝히는 것이 설명적 조사이다.

(4) 예측(Prediction)은 사회현상의 변화를 미리 알고 어떤 변수를 어떻게 변화시키면 어떤 변화가 일어날 것이라고 서술하는 경우를 말한다. 이론 또는 선행조건을 통해 미래에 발생할 일들을 예상하는데 있다. 출판학 연구의 경우에는 독서 장려를 위해 실시되고 있는 정부와 민간의 다양한 독서진흥 활동이 실제 책읽기와 사회 분위기 조성에 어느 정도 도움이 되는가에 대한 예측 조사를 실시할 수 있다. 그리고 모바일 독서에서 모바일과 콘텐츠에 대해서도 변수를 만들어 조사도 할 수 있다.

(5) 통제(Control)는 조사연구의 목적을 통제에 둔 것으로, 인간의 삶의 수준을 향상시킨다든지 정상적인 사회행동에서 벗어나 반사회적인 행동을 할 우려가 예측될 때, 주어진 사회현상과 관련된 변인들을 찾아내고 연구결과를 통하여 그 현상의 변화를 미리 예측하고 통제하려는 것이다.

출판학 연구에서 통제조사 연구는 도서정가제에서도 찾을 수 있다. 도서정가제는 오래된 과제이며 지금도 계속되고 있다. 독자·출판자·중소서점과 인터넷 서점 등의 의견이 갈리고 있는 상황이 오래되었다. 더구나 현재에는 전자책·웹소설·웹툰 등의 이용자들은 정가제 폐지를 주장하고 있다. 이러한 문제도 통제연구의 일환으로 조사될 수 있다. 출판의 경우는 통제 정책보다는 진흥 정책으로 흐르고 있지만, 도서정가제의 경우와 같이 이해 관계자들의 갈등 속에서 정부가 어떻게 통제 내지 조장하는지도 중요하다.

출판현상을 분석하는 과학적 방법은 주로 양적 연구와 질적 연구 방법을 사용하여 출판현상에 대한 과학적 지식을 갖는데 목적이 있다. 주지하다시피 일반화된 두 가지 방법론의 특징과 차이를 살피면 다음과 같다.

(1) 양적 연구는 경험적 자료를 토대로 사회문화 현상 속에 담긴 인과관계를 파악하고, 이를 토대로 일반화된 법칙을 발견하는 연구 방법이다. (2) 전제는 사회문화 현상에도 자연현상과 같이 일정한 원리나 규칙성이 존재한다고 본다. 따라서 사회문화 현상을 자연현상과 동일한 방법으로 연구할 수 있다는 방법론적 일원화에 둔다. (3) 특성으로 가설을 세우고 계량화된 자료를 분석하여 증명하는 것을 강조하는 실증적인 연구방법이다. 그리고 추상적인 사회문화 현상을 측정할 수 있도록 양적으로 수치화하는 개념의 조작적 정의 과정을 거친다. 다음으로 수치화된 자료를 통계기법을 활용하여 분석하고 결론을 도출하는 연구방법이다.

반면에 질적 연구는 (1) 경험적 자료를 토대로 하여 사회문화 현상에 담긴 인간행위의 동기나 목적을 심층적으로 파악하는 연구방법이다. (2) 인간의 의지와 가치가 개입되어 있는 사회문화 현상은 자연현상과 본질적으로 다르다. 자연현상과 다른 방법으로 사회문화 현상을 연구하는 방법론적 이원론을 전제로 한다. (3) 이 방법은 직관적 통찰을 통한 해석적 이해가 필요하다고 보는 방법이다. 연구자의 경험과 지식, 직관적 통찰을 활용하여 사회적 맥락에서 관찰 행위에 대한 의미를 해석하며, 계량화되지 않은 자료를 활용한다.

양적연구는 연구자의 주관을 최대한 배제할 수 있고 정확하고 정밀한 연구가 가능하며 일반화된 법칙의 발견이 용이한 점이다. 반면에 질적 연구는 행위 이면의 심층적 이해에 유용하며 계량화하기 어려운 영역을 탐구할 수 있다는 점이다. 아울러 사회문화 현상을 탐구하는데 각각의 한계도 있기 때문에 근래에는 두 가지의 장점을 활용한 통합연구도 이루어지고 있다. 연구방법론에 대해서는 다음의 「출판학의 체계와 연구방법론」에서 다루어진다.

(3) 출판현상론 소결(小結)

이 연구는 출판학의 연구 대상인 출판현상 연구에 대한 원론적이고 과학적인 접근을 처음으로 시도하였다. 출판현상의 개념과 성격, 범주를 정의하고, 출판현상의 관점, 관찰방법, 분석방법 등을 살폈다. 특히, 출판현상을 미시적 관점과 거시적 관점으로 구분하고 각각의 현상들을 살펴보았다. 그리고 출판현상과 출판 본질과의 관련성을 탐구하고 상관성을 고찰하였다. 끝으로 출판현상의 관찰 방법과 분석 방법을 제시하였다.

첫째, 현상의 개념을 일반적·현상적 바탕에서 보면서 현상은 인간의 가치체계가 반영된 개념으로 보되, 본질과 상관성의 관련이 있다고 보았다. 따라서 현상의 성격을 현상(現狀, sisuation)보다 현상(現象, phenomemon)으로 이해하였다.

둘째, 출판현상의 대상과 관점을 미시적 관점과 거시적 관점으로 구분하였다. 출판현상(Publishing phenomenon)의 대상은 출판의 '기획선택-생산제작-공표유통-독자수용-영향효과 및 출판환경'과 관련된 현상으로 설정하였다. 미시적 관점은 출판의 기획선택, 생산제작, 공표유통 및 출판활동 등의 출판행위의 내부적 과정으로, 거시적 관점은 독자수용, 영향효과 및 출판환경의 외부적 환경과 관련되는 현상들이다.

셋째, 출판학 연구에서 출판 본질과 현상의 상관성에 대하여 논의하였다. 출판의 본래의 성질이 오늘날의 책의 특성에서 어떤 관련성이 있는 지 살핀 결과, 출판의 특성적 성격인 기록·복제·공표가 책의 특성인 완벽성·항속성·창조성으로 관련되어 원래로부터 이 시대까지 이어지고 있는 것으로 보았다.

넷째, 출판학 연구에서 본질과 현상을 탐구하였다. 출판 본질은 출판학 연구의 정체성 유지와 대상성의 공유, 출판 현상은 출판학의 연구대상으로서 의미를 갖는다. 다섯째, 출판학 연구에서 출판현상의 관찰법과 출판현상의 조사목적과 연구방법을 논의하였다. 관찰법은 사회조사 관찰법과 출판의 탐색적 관찰법으로 나누어 살폈으며, 출판현상의 분석방법은 조사 목적과 함께 양적 연구와 질적 연구로 나누어 탐구하였다.

5. 결론 : 출판학 연구에서 본질론과 현상론

출판의 본질은 출판학의 정체성이며 출판의 현상은 출판학의 연구 대상이다. 이 연구는 디지털 시대에서 출판학 원론을 새로운 관점에서 탐구하기 위한 목적에서 재논의 하였다. 출판학 원론에서 본질론과 현상론은 출판학의 성격을 이루고 범주를 나타내는 바탕이자 대상이다. 각각의 논문으로 작성될 수도 있지만, 본질과 현상이라는 상관성을 살피기 위해서 함께 탐구한 것이다.

출판 본질론은 출판의 고유한 성격인 본질에 관한 탐구이다. 출판의 형성과 발달과정에서 이루어진 근원적인 성격을 탐구하여 본질적인 성격을 찾아보았다. 이 성질을 출판의 본질적이고 특성적인 성격으로 규정하고 다시 상술(詳述)하였다. 출판의 현상론에서는 개념과 성격, 대상을 정의하고 출판현상의 관점을 미시적 관점과 거시적 관점으로 구분하고 각각의 현상들을 살폈다. 출판학 연구의 정체성을 살폈으며 출판의 본질과 현상의 상관성 관계도 탐구하였다. 출판현상의 관찰 방법을 논의하였으며 분석 방법을 제시하여 현상연구에 대한 기본적이고 원론적인 접근하고자 하였다.

이 연구는 출판의 본질과 현상을 논의하기 위해서 다음의 네 가지의 연구 문제를 설정하였고 이를 탐구한 결과는 다음과 같다.

첫째, 출판 본질의 근원적이고 특성적인 성격은 무엇인가? 이다. 인류의 표현 욕구에 따른 기록행위와 보존행위가 출판을 이루고 발전시킨 근원적인 원동력이었다. 표현 욕구는 기록과 보존을 위한 행위로 이어졌다. 기록행위와 전승을 위한 보존행위가 출판을 형성시킨 바탕이라 하겠다. 출판의 근원적인 본질성에서 가려낸 것이 출판의 세 가지 특성적인 본질이다. 이는 출판현상의 특성적 성격으로 기록·복제·공표에 있다. 이 성격은 출판을 형성시키는 근원적 요소이면서 동시에 출판현상을 작용하게 하는 성격이 된다.

둘째, 출판현상의 대상은 무엇이며 관점은 어떻게 해야 하는가? 이였다. 출판현상 연구의 대상과 관점을 미시적 관점과 거시적 관점으로 구분하여 이를 각각 논의하였다. 출판현상(Publishing phenomenon)의 대상은 출판의 '기획선택–생산제작–공표유통–독자수용–영향효과 및 출판환경'과 관련된 현상으로 보았다. 미시적 관점은 출판의 기획선택, 생산제작, 공표유통 등의 출판행위의 내부적 과정으로, 거시적 관점은 독자수용, 영향효과, 출판환경의 출판의 외부적 환경과 관련되는 현상들이다.

셋째, 출판현상에 대한 이해와 분석은 어떻게 해야 하는가? 이였다. 출판학 연구에서 출판현상을 사회과학적 조사연구의 관찰법과 출판의 특성적인 성격으로 탐구하였다. 출판현상의 조사와 분석은 조사 목적과 연구방법을 나누어 살폈고, 연구방법은 양적 연구와 질적 연구를 논의하였다.

넷째, 출판학 연구에서 출판의 본질과 현상은 어떤 의미를 갖는가? 에 두었다. 출판의 본래 본질의 성격이 오늘날의 책의 특성에서 어떤 관련성이 있는 지를 살폈다. 특성적 성격인 기록·복제·공표가 책의 특성인 완벽성·항속성·창조성으로 관련되어 원래로부터 이 시대까지 이어지고 있는 것으로 보았다.

책의 존재는 사라지지 않을 것이다. 책 안에 있는 긴 글의 가치를 어떤 매체도 대체할 수는 없을 것이다. 가치는 공유되지 않으면 의미가 없다. 출판의 본질과 현상의 이해는 가치의 공유에 닿아야 한다. 사람과 책을 연결하여 가치를 공유하는 것이 출판의 본질임을 잊지 않을 때 출판은 존재할 것이다.

출판현상 연구는 보다 과학적, 실증적, 가치중립적 연구가 요구된다. 출판학의 연구 경향이 출판의 내적 현상에 치중되어 있다는 점을 알 수 있다. 독자와 이용자 연구, 책과 출판의 사회적 영향과 의미를 가지는 외적 현상의 연구가 더욱 필요하다. 출판학 연구가 출판의 내부 현상인 문화산업적 관점을 포함하여 외부 현상인 사회문화적 관점에 걸쳐 종합적으로 이루어질 때 비로소 출판현상 연구의 완전성을 띨 수 있다.

출판의 기록–복제–공표의 특성적 본질의 바탕에서 인류의 지혜가 가려낸 내용물들이 그 시대의 테크놀로지와 만나서 그 시대의 출판현상으로 나타난 것이다. 출판의 본질은 불변하지만, 테크놀로지는 변화하며, 출판현상은 불변(不變)과 가변(可變)이 만난 것이다. 본질은 볼 수 없기에 현상을 인식하여 추단함으로써 본질의 가치체계가 이루어진 것이다. 출판학 연구에서 본질과 현상을 각각의 관점에서 연구하기보다 상관성 관계에 두고 연구할 충분한 필요성이 있다.

참고문헌

권육상 외(2014), 『사회복지조사론』(서울 : 청목출판사)

국립국어원(2020), 『표준국어대사전』

기디겐 外(2011), 『현상학사전』, 이신철 역(서울 : 도서출판b)

김병준·김병도(1999), 『출판경영론』(서울 : 지경사)

김세익(1982), 『도서,인쇄, 도서관사』(서울 : 종로서적)

_____(1991), 「세계출판의 역사」, 『세계의 출판』(서울 : 한국언론연구원)

김언호(1984), 「우리 책을 위하여」, 『한국사회연구』 제2집

김원재(2006), 「전자출판시대, 종이와 인쇄매체를 다시 생각하다」, 『월간 프린팅 코
리아』 12월, 대한인쇄문화협회

김성은(2017), 「책에 대한 학제적 연구의 필요성과 방안 : 역사학과 사회학을 중심
으로」, 『한국출판학연구』 통권 제77호(서울 : 사단법인 한국출판학회)

김정숙(1997), 「출판편집론」, 『현대출판론』(서울 : 세계사),

김현(1996), 『문학사회학』(서울 : 민음사).

남석순(2012), 「출판학의 본질론」, 봄철정기학술대회(경주), 『언론학 : 세대를 넘
어』(서울 : 한국언론학회)

_____(2013), 「전환기 미디어로서의 출판의 공간 확장 : 본질적·산업적·교육적
관점에서 본 출판」, 『출판잡지연구』(서울 : 사단법인 출판문화학회)

_____(2019), 「출판학 원론」, 한국 출판학 연구 50년 : 한국출판학회 반세기 궤적
(서울 : 한국출판학회)

노병성(1992), 「1980년대 한국출판산업의 산업조직론적 특성에 관한 연구」, 서강
대 대학원 박사학위논문

_____(2010), 「출판의 개념 변화에 관한 고찰」, 『한국출판학연구』 통권 제59호
(서울 : 한국출판학회)

민병덕(1985), 『출판학개론』(서울 : 지식산업사)

_____(1986), 「출판학 연구방법론에 대한 고찰」, 『86출판학연구』(서울 :범우사)

_____(1995),「출판학 연구방법론」, 범우사기획실,『출판학원론』(서울:범우사)

박성호(2017),『저작권법』(서울 : 박영사)

부길만(2008),『책의 역사』(서울 : 일진사)

안춘근(1963),『출판개론』(을유문화사)

_____(1963),「출판학원론」,『성균』제17호, 성균관대학교

_____(1969),「出版學을 위하여」,『출판학』제1집, 한국출판학회 편, 현암사

_____(1992),『출판의 진실』(서울 : 청림출판, 1992)

이강수(1991),「출판학의 학문적 성격과 연구방법론」,『출판연구』제3호(서울, 한
국출판연구소)

이용준외 3인(2010),『전자책 빅뱅』(파주 : 한국학술정보)

이종국(1995),「출판본질론」,『출판학원론』(서울 : 범우사),

_____(2000),「출판 연구에 있어 편집의 위상에 관한 연구 - 출판학 연구대상으
로 본 편집과 그 성격을 중심으로」,『논문집』, 인문, 사회과학편 제26집(대
전 : 혜천대학출판부)

_____(2001),「출판학 연구에서의 전환적 지향 과제에 대한 이해 - 전환적 과제
에 대응한 인식을 중심으로」,『논문집』인문, 사회과학편제27집(대전;혜천
대학출판부)

_____(2006),『출판연구와 출판평설』(서울 : 일진사)

_____(2015),『편집 출판학 연구 총설』(서울 : 패러다임)

이종훈(2012),『순수현상학과 현상학적 철학의 이념들(1)』,(서울 : 한길사)

_____(2017),『후설 현상학으로 돌아가기 : 어둠을 밝힌 여명의 철학』(서울 : 한길사)

이희승 편(2016),『국어대사전』(서울 : 민중서관)

조대호 역해(2004),『아리스토텔레스의 형이상학』(서울 : 문예출판사)

채 백(1999),『출판학』(서울 : 한나래)

차배근(1991),『커뮤니케이션학 개론』(하)(서울 : 세영사)

차배근외(2017),『커뮤니케이션학이란 무엇인가』(서울 :서울대학교출판부)

철학대사전편찬위원회(2017), 『철학대사전』(서울 : 청사)

최낙진(1999), 「한국인터넷신문의 종합정보 기업화에 관한 연구」, 중앙대학교 대학원 박사학위논문

陳海燕, 「인류와 출판」, 제14회 국제출판학술회의 자료집, 2010, 5(중국 : 난징)

Alberto Manguel(1996), 『A History of Reading』, 정명진 역, 2016(서울 : 세종 서적)

Danis McQuail, 『Mass Communication Theory: An Introduction』, 2nd. 오진환 역, 매스커뮤니케이션이론, 1990(서울 : 나남)

D.H.Green(2007), 『Women Readers in the Middle Ages』, 이혜민 역, 2017(서울: 연세대학교 대학출판문화원)

Douglas C. McMurtrie(1957), 『The Book : The story of Printing & Bookmaking』, New York : Oxford University Press

Elizabeth L. Eisenstein(1983), 『The Printing Revolution in Early Modern Europe』, Cambridge University, 전영표 역, 1991(서울 : 법경문화사)

Giles Glark(1994), 『Inside Book Publishing』(London : Bluprint)

Herbert S. Bailey, Jr(1970), 『The Art and science of Book Publishing』, (New York, Haper&Row Publishers. Inc, 『출판경영론』, 전영표외, 1991(서울:보성사)

Margaret Willes(2008), 『Reading Matters : five centuries of discovering books』, 이상원 역, 2011(서울 :황소자리)

M.McLuhan(1962), 『The Gutenberg Galaxy』(Toronto University Press), 『구텐베르크은하』, 임상원역,2001(서울:커뮤니케이션북스)

Marshall Mcluhan(1964), 『Understanding Media : the extensions of mam』, 『미디어의 이해 : 인간의 확장』, 박정규 역(1999), (서울:커뮤니케이션북스)

Otto Ludwig(2006), 『Geschichte des Schreibens Bd. 1. Von der Antike bis zum Buchdruck』, 이기숙 역,2013(서울 :연세대학교 대학출판문화원)

Peggy Klaus, 『The hard truth about soft skills』, 박범수 역, 2009(서울 : 해냄출판사)

Rogur Chartier& Guglielmo Cavallo(1999), 『history of reading : in the west, trans』,

이종삼 역, 2006(서울 : 한국출판마케팅연구소),

Walter J. Ong(1982), 『Orality and Literacy : The Tecbnologizing of the Word』 (London and New York : Methuen, 1982), 이기우 외역, 1995(서울:문예출 판사)

Walter Benjamin(1935), 『Das Kunstwerk im Zeitalter seiner technischen Repro duzierbarkeit』, 신우승 역, 2017(서울 : 전기가오리)

출판학 연구의
영역과 대상

1. 서론 : 연구 영역과 연구 대상의 체계화

근대과학의 발달에서 중요한 기여를 했던 영국의 철학자 프란시스 베이컨(Francis Bacon, 1561~1626)은 '학문의 진보'에서 "그동안 사용했던 방법이 학문을 지지부진하게 만들었기 때문에 이를 넘어서기 위하여 새로운 방법이 필요하다. 이것은 연구대상에 문제가 있는 것은 아니라, 대상을 다루는 방식과 그 방식에 따르는 인간의 지성에 기인한다"(박은진, 2006, p. 22) 라고 하였다. 베이컨에 의하면, 연구의 부진은 연구 방식과 사람에서 기인된다는 진단이다. 이 표현은 베이컨이 살았던 중세기 말에서 근세 초기에 유럽은 종교의 권위가 약화되고, 근대 인쇄술의 영향으로 과학이 싹트던 시대적 환경에서 나왔지만 지금의 학문 연구에서도 여전히 유효해 보인다.

현대에 이르러 학문에 과학적인 방법이 도입됨으로써 학문과 과학은 거의 동의어의 수준으로 쓰이고 있다. 어떤 학문이든 연구의 영역과 대상이 분명하면서 연구방법이 있어야 존립할 수 있게 되었다. 한국의 출판학도 학문으로서 과학적인 체계성을 더욱 갖추려면 연구방법의 논의에 앞서 연구의 영역과 대상에 관한 구체적인 재논의가먼저 필요해 보인다. 이는 학문분야에서 연구의 영역과 대상은 그 학문이 존립하는 선행적인 기본 조건이 되기 때문이다.

출판학 연구가 독립영역의 학문으로 시작하면서 초창기부터 지금까지 많은 진전이 있어왔다. 그러나 연구 영역에서 시대 변화에 따른논의가 미진하였고, 특히, 연구대상의 체계성이 시대와 패러다임의변화에 부합되지 못한 측면이 많았다. 출판학 연구의 현상을 살피기위해서 한 분야의 학문이 정립되고 성장하는 필요조건, 정체성, 성장과정에 대한 세 가지 관점의 글들을 먼저 살펴보고 출판학 연구의 영역과 대상에 대하여 구체적으로 논의 하고자 한다.

먼저, 독립학문의 필요조건에 대한 관점이다. "어떤 학문분야가 하나의 독립학문 내지 학(學, an independent academic discipline)으로서 성립하려면 최소한 세 가지의 필요조건을 충족시킬 수 있어야 한다. 첫째, 그 학문분야 고유의 지적(知的) 연구대상인 영역(domain of intellectual inquiry)이 있어야 하고 둘째, 이를 과학적으로 연구할 수 있는 방법론을 갖추어야 하고 셋째, 과학적 방법을 통하여 연구대상을 연구하여 그에 관한 보편타당한 지식체계(a systematic body of knowledge)로서 이론들(theories)을 정립하여 인류사회의 기여할 수 있어야만 그 학문분야는 하나의 독립된 학문 내지 학(學으)로 성립될 수 있다"(King. Jr. & Brownell,1966, 차배근 외, 2017 p.54, 재인용)고 하였다.

다음으로 학문의 정체성과 대상에 관한 글이다. 어떤 학문을 그 학문답게 하는 정체성에는 세 가지 기준에 부합되어야 한다. 첫째, 탐구대상의 특수성이다. 한 학문의 정체성은 그 학문이 선택한 연구대상의 성질에 의해 규정된다. 둘째, 인식론적 시각이다. 한 학문의 정체성은 그 학문이 선택한 연구대상을 어떻게 인식할 것인가에 의해 규정된다. 셋째, 지향하는 목적이다. 한 학문의 정체성은 그 학문이 지향하는 어떤 목적에 대해 어떤 방법으로 공헌하는가에 의해 규정된다. 학문의 경계선이 존재하는 것처럼 상정하는 이유는 실용적으로 유용하기 때문이다. 앞으로 학문은 정체성이나 경계선에 의존이 아니라, 주체성이 바람직하다고 하였다(박이문, 2002. p.24).

마지막으로, 독립학문으로 성장되는 과정을 표현한 글이다. 코칭심리학자 조너선 패스모어(J.Passmore)와 팀 시붐(T.Theeboom)은 사회과학 분야에서 하나의 학문이 독립된 분야로 정착하는 과정을 다섯 단계의 국면(phase)으로 나눌 수 있다고 하였다. 첫째 단계, 경계 및 핵심이론의 형성 : 자기 학문을 정의하고 다른 인접학문들과 어떻게 독립되는지를 명시하며 연구대상의 독특성을 설명할 수 있는 고유의 이론을 형성한다. 둘째 단계, 사례연구와 사회조사 : 연구대상을 경험, 관찰, 혹은 수집하기 위하여 사례연구와 사회조사를 실시하여 자신들의 분야에서 가치 있다고 여겨지는 기초적 수준에서의 양적 및 질적 자료를 확보한다. 셋째 단계, 질적 연구 : 근거이론 등을 활용하여 이론을 정교화하고 잠재적이거나 덜 가시적으로 보일 수 있는 연구주제에 대한 문제의식 및 통찰을 확보하며 연구대상이 되는 구성들을 개념화한다. 넷째 단계, 양적 연구 : 개념화된 연구대상들 사이의 관계를 정리하고 각 영향력들을 규명하기 위한 혼입변인(독립변인과 함께 변화하는 변인)을 통제하기 위해 설계된 양적 연구를 실시한다. 다섯째 단계, 메타연구 : 연구 분야의 강고함과 주체성을 확보하기 위해 메타분석과 같은 체계적 리뷰를 실시하며 결과를 바탕으로 이 분야에서 설명하는 범위를 일반화한다(J. Passmore & T. Theeboom, 2015).

첫 번째 글은 특정 학문이 독립학문으로 이루어지기 위해서 세 가지의 필요조건이 충족되어야 한다는 점을 강조한 글이다. 두 번째 글은 특정 학문이 성립되는데 그 학문의 정체성의 중요함을 나타낸 말이다. 세 번째 글은 사회과학의 분야에서 신생학문이 성장하는 과정을 그린 것이다. 이 관점들은 한 분야의 학문이 성장하기 위해 어떤 조건과 과정을 거치는지에 대한 분명한 논리를 보여주는 글들이다. 엄밀히 보자면, 과학은 자연과학으로 국한시키기도 하지만 사회과학에서도 자연과학의 방법론을 일부 도입하여 과학적 인식과 실증성을 중시하면서 논리로서는 귀납법과 연역법을 병용하고 있다.

한국의 출판학 연구는 여러 분야에서 많은 발전을 이루어왔다. 하지만, 새로운 패러다임 시대에 부합되는 학문으로서 출판학의 정체성 바탕에서 연구의 영역과 대상을 과학적인 체계로 더욱 가다듬을 필요가 있다. 과학적인 체계란 출판의 내적 현상과 외적 현상, 즉 미시적 관점과 거시적 관점을 종합함을 의미한다. 지금까지 출판학 연구가 미시적 관점에 치중되어 왔기 때문에 연구 대상도 주로 내적 환경에 비중을 두어 왔다. 연구의 영역과 대상을 출판의 사회문화적 영향 등을 포함한 거시적 관점에서 새롭게 정의할 충분한 필요가 있는 것이다. 출판의 영역은 도서·잡지·전자출판으로 드러난다. 그러나 연구 대상은 관점에 따라 다르기 때문에 지금까지 구체적으로 출판현상을 분류하고 구분한 적은 희소하였다. 연구대상의 분야도 구체적이고 과학적으로 구분하여 체계화하고 구조화함으로써 출판학 연구의 융성을 도모할 필요성이 있다.

이 연구는 출판학 연구의 영역과 대상을 구체적으로 다시 논의하는데 목적이 있다. 첫째, 연구의 영역은 일반화 되어 있는 도서출판·전자출판·잡지출판으로 구분하되 이들 각 매체들의 역할·기능·영향 등을 미시적이면서 거시적인 관점에서 종합적으로 고찰하는데 있다. 둘째, 연구의 대상은 새롭게 논의한다. 모든 출판현상을 '이론역사·출판생산·출판매체·출판영향·출판환경'의 흐름의 영역으로 대분하고 그 분야의 중분류를 설정한다. '출판생산·출판매체·출판영향'은 출판의 세 가지의 핵심 영역이다. 출판환경은 세 영역을 둘러싼 시대적이고 사회문화적인 맥락이다. 이론역사는 이 네 가지 영역을 분석하고 기록하는 분야가 된다. 이름으로써 여러 분야의 출판현상들이 체계적이며 구조적으로 유기적인 관계를 형성하고 분류되도록 논의하고자 한다.

2. 출판학의 연구 영역

1) 도서출판(Book Publishing)

출판학은 인류의 가장 오랜 전달매체인 책과 출판이 이루어내는 모든 출판현상을 연구 대상으로 한다는 점에서 연구 영역은 분명하게 드러난다. 일반적으로 영역이란 어떤 사물의 활동·기능·효과·관심 등이 미치는 일정한 범위를 이르는 말이다. 출판 영역이란 출판만이 가지고 있는 역할·기능·영향이 시대적·사회적으로 미치는 일정한 범위를 말한다. 오늘날의 출판물은 도서(서적, 책)·잡지·전자출판물로 대별되고 있다. 따라서 도서·잡지·전자출판물의 역할과 기능, 수용과 영향이 시대와 사회에서 미치는 범위가 출판의 영역이라고 할 수 있다. 어떤 사물의 역할과 기능, 영향은 본래로부터 나온 것이며 다른 사물이 이를 대체하기가 어렵다. 만약, 대체된다면 그 사물은 존재 이유를 갖지 못하게 된다. 이처럼 출판이 존재하고 있는 영역은 출판의 본질이 만들어낸 범주라고 볼 수 있다. 도서와 잡지는 성격에서, 전자출판은 매체에서 차이가 나지만 출판의 범주에서 각각 역할과 기능을 하며 인간과 사회에 수용되면서 영향을 미치고 있다. 이러한 출판매체의 역할과 기능, 생산과 유통, 수용과 영향 등이 출판학의 연구 영역이며 연구 대상이 된다.

일부에서 저널리즘도 출판의 영역에 포함되어야 한다는 주장도 있다. 실제로 출판 영역인 잡지는 저널리즘의 성격을 가지고 있다. 그러나 "용어의 일반적인 사용에서 본다면 저널리즘에 출판이 포함된다 하더라도 출판이 곧 저널리즘이라고 말 할 수는 없다. 동시에 저널리즘 측면만을 가지고 출판의 모든 것을 다루는 것도 곤란하다."(채백, 1999, pp.48~50). 출판과 저널리즘은 기록과 인쇄에서는 같은 기반이었지만 저널리즘의 모태인 신문은 발달 과정이 다르고 매체의 성격과 대상독자에서도 상이함이 있다.

이 연구에서 출판의 영역을 고찰하고 논의하기 위해서 도서출판·전자출판·잡지출판의 역할과 기능, 매체, 유통, 영향 등 출판이 미치는 범위까지 논의하기로 한다. 도서출판에서는 종이책을 중심으로, 전자출판에서는 전자출판물을, 잡지출판에서는 종이잡지와 인터넷·디지털잡지로 구분하여 기술한다.

출판물의 대표성은 도서에 있으며, 도서는 그림과 글씨 등으로 이루어진 책을 말한다. '도서(books)'는 '서적'과 함께 '책'이라는 의미로 쓰인다. 여기는 출판의 영역을 다루므로 각각을 도서출판·전자출판·잡지출판으로 서술된다. 오늘날의 도서는 점토판에서 파피루스, 양피지, 죽간 그리고 종이와 전자적 매체를 활용하여 발전되어 왔으며, 양피지의 코덱스(codex)에 의해 쪽수와 묶음이 되어 오늘날의 종이책으로 변화되어 왔다.

책의 형태는 각 시대의 테크놀로지(기술)에 의해 발전되어 왔으나 기록하고 복제하며 보존하는 출판의 본질은 변치 않았다. 출판의 본질은 인류의 지혜를 복제하는 행위이며, 도서는 인류의 지혜를 복제하여 한 권에 완결된 내용을 담는 가장 넓고 깊은 출판물이다. 이처럼 책은 일련의 사고과정을 거친 하나의 완결된 지식체계로 구축되어 있기에 여러 책을 읽는 것으로 지식의 이해와 더불어 사고방식을 다양하게 해주는 매체이다.

도서의 기준을 명료하게 표현한 것은 유네스코의 '서적 및 정기간행물 통계의 국제적 통일화에 관한 권고안'이다. 유네스코(1964)에 따르면 책이란 겉표지를 제외하고 최소 49페이지 이상으로 구성된 비정기 간행물을 말하며 그 나라에서 출판되어 입수할 수 있어야 한다. 광고를 목적으로 배포되는 것은 출판물에서 제외 된다. 이는 출판통계의 국제적 표준화를 위해 형태적 요건을 기준으로 한 것이다.

한편으로 안춘근은 도서의 요건으로 (1) 용이하게 펼쳐 볼 수 있고 운반할 수 있어야 하며 (2) 어떤 목적을 가진 내용이 들어 있어야 하며 (3) 일정한 분량이 있어야 한다고 보았다(안춘근, 1963, p.12). 도서는 종류와 분류 방법에 따라 다양한 유형들이 있다. 이러한 유형들로 인하여 지식과 정보를 다양하게 수용하면서 전달하며 매체로서의 역할과 기능이 도서출판의 영역을 형성하고 있는 것이다.

도서들은 유형 분석의 필요성에 따라 내용·체제·유통 등에 따른 분류들이 있다. 내용에 따른 분류는 한국십진분류법(KDC)에 따라 총류·철학·종교·사회과학·순수과학·기술과학·예술·언어·문학·역사(10개 분야) 여기에 아동도서·학습참고서(총12개 분야) 등이 추가된다(대한출판문화협회 통계방식). 체재에 의한 분류는 판형, 제책, 표지에 따른 분류가 있다. 유통에 의한 분류는 일반단행본, 학술전문서, 교과서 및 초·중·고 학습참고서, 아동도서, 학습지, 전집, 전자출판물로 구분되는 것이 일반적이다. 이밖에도 미국발행인협회 및 각국의 출판통계에서 시행하고 있는 여러 분류 방법들이 있다. 이처럼 분류를 중시하는 이유는 책들을 같은 무리들로 나누어 조사하고 분석하는 것이 도서출판을 관찰하고 이해하기에 합리적이기 때문이다.

도서는 한권 한권이 각각의 다른 새로운 가치를 담는 새로운 상품으로 전혀 대체성이 없는 독자적 가치를 지닌 창작물이다. 도서에 대한 가치 평가는 다양하다. 오락서 혹은 생활실용서 이거나 문화재적인 것이 있는 반면에, 반문화적인 것도 있어 영향력은 측정하기가 어렵다. 도서는 일과성이 아닌 축적성이 특성이며, 반복적으로 이용을 할 수 있는 패키지(package) 계통의 미디어에서 대표적이다. 도서에 따라서 매스커뮤니케이션으로서의 역할을 하는 책도 있으나, 반드시 매스미디어라고 할 수 없는 요소가 있는 것도 특성의 하나이다. 비 매스적인 측면이란 많은 도서에는 대중 다수에게 소구(訴求)되는 방송이나 신문처럼 일반성과 평균성의 요소가 결여되어 있기 때문이다(김성재, pp.7~9, 1989).

도서는 다품종 소량생산도 특징이다. 다름 상품과는 달리 하나하나가 독립된 상품이며 수요자들의 선택층도 다르다. 그러나 어떤 매체에 비해서 지식과 정보의 정확성과 종합성은 뛰어나다. 한 주제의 책으로 원하는 분야의 지식과 정보의 종합적인 파악이 가능하다. 이처럼 도서의 영향력이 깊고 광범한 까닭에 인간의 의식에 작용하여 인지와 사고 변화에 결정적인 역할을 하는 매체로서 오늘날에도 이러한 역할과 기능에는 변함이 없다.

한편으로 출판은 거의 외부 의존형 산업 형태를 갖고 있어 생산과 유통은 관련 산업에 의존한다. 출판은 문화상품인 책을 기획하고 편집하여 제작하고 상품으로 시장에 내는 기획개발에 중심을 두는 산업이다. 기획개발이 중심이 되기 때문에 우수한 저자 발굴과 좋은 독자의 확보가 가장 중요하다. 최근 조사에서도 출판산업의 발전을 위해 우선적으로 강화되어야 할 1순위 응답이 저자의 발굴과 양성이었다. 한편, 독자들이 다른 매체도 이용하기 때문에, 독서 인구의 감소, 무료 제공 콘텐츠가 많아 독자가 원하는 책과 콘텐츠가 부족하여 도서 판매량이 감소한다고 나타나고 있다(2018 출판산업 실태조사, 한국출판문화산업진흥원).

아직은 전자책이 종이책의 장점을 압도하지 못하여 전통적인 도서출판이 시장을 주도하고 있으나, 전자책들이 종이책의 장점을 능가한다면 도서출판은 재편될 수밖에 없을 것이다. 그러나 종이책과 전자책이라는 대치적 관점을 벗어나면, 책의 장점인 깊고 넓은 지식과 정보를 모두 수용하고 읽을 수 있는 전자적 웹DB와 e-잉크 디스플레이가 진화하고 있다. 이러한 장점을 활용한다면 웹 시대에서도 책의 특성을 충분히 살려나갈 수 있을 것이다.

한편으로 이 시대에서는 종이책과 전자책의 구분보다 넘나드는 책이 필요해 보인다. 책의 융성은 "출판의 본질을 되찾고 정체성을 바로 세우는 데에서 미래가 있어 보인다. 책은 모든 미디어를 팽창시키는 원동력이며 출판콘텐츠는 모든 미디어의 원천콘텐츠로서 가능성을 입증 받고 있다. 원천콘텐츠가 종이책에서 전자책으로 다시 웹, 모바일, 애니메이션, 드라마, 영화로 크로스 미디어가 되는 이 시대에서 출판콘텐츠야말로 거점 콘텐츠로서의 역할을 수행하고 있기 때문이다"(남석순, 2013, p.38).

이처럼 책의 개발 단계에서부터 기획-제작-마케팅이 동시에 진행되고 출판권만 아니라, 영상 등 2차 저작권에 대한 개발권도 확보되어야 미디어의 넘나듦을 할 수 있다. 책의 기획개발이 중심인 도서출판은 더욱 진화하여 프로덕션화(production)가 이루어져야 미래가 있어 보인다. 출판학 연구도 이 시대의 도서출판의 환경과 당면 과제를 분석하여 방향을 제시하고 미래를 전망하는 것이 필요하다.

2) 전자출판(Electronic Publishing)

전자책은 인쇄된 책의 전자 버전이다(an e-book is an electronic version of a printed book)라고 정의되기도 한다. 이는 전자책의 이해를 위한 표현에서 나왔지만, 일부에는 인쇄와 관련이 없는 전자책들도 많다. 전자책과 전자출판도 디지털 시대에서 테크놀로지에 의한 출판의 변혁일 뿐 전달매체로 결합되었던 인쇄와 본질적인 차이는 없다. 왜냐 하면, 매체로서의 전자출판도 출판의 본질인 기록과 보존, 복제와 공표에 기반하고 있음이 분명하기 때문에 출판의 새롭고 중요한 영역이다. 한편으로 전자책이나 전자출판에 대해서 저널과 일부 학술논문까지도 실증적 사례와 현실적 실현성보다, 객관적이고 종합적이기보다, 단편적이고 성급한 미래 진단을 보여주기도 한다.

지금은 출판에 뉴미디어가 활용되면서 책이 더 편리한 모습으로 진화하고 있는 중이다. 일반적으로 전자책은 컴퓨터나 스마트폰 등의 디바이스에서 읽을 수 있도록 텍스트, 이미지, 멀티미디어로 구성되어 디지털 형태로 제공되는 출판물을 말한다. 책의 형태가 전자적이어도 책의 요건에 맞는 내용을 담고 있다면 책이라 할 수 있다. 이 시대에서 책이 사라지는 것이 아니라, 사용자의 미디어 경험이 바뀌면서 '미디어와 나의 관계가 바뀌게 된 것'이다. 컴퓨터와 인터넷이 '출판의 본질이 아니라 도구이며 테크놀로지'이다. 전자책은 디지털 시대에서 저자-출판자-이용자들이 빠르고 저렴하며 편하게 책을 읽는 콘텐츠로 활용되고 있다. 필사에서 인쇄를 활용했듯이 인쇄에서 전자를 이용하는 것은 책과 출판의 진화이다.

이러한 진화는 온라인의 인터넷을 기반으로 네트워크를 형성하고 있다. 인터넷은 문자와 이미지에서 시작해서 음성과 영상의 멀티미디어 영역까지 모든 콘텐츠를 융합하는 강력한 도구가 되었다. 이용자들은 정보를 검색하는 것과 같이 인터넷을 통해서 읽을거리를 찾아서 읽고 있다. 하루가 다르게 발전하는 IT 기술의 발전은 지금의 전자책에 대한 정의는 언제든지 바꿀 수 있다. 한편으로 종이책과 전자책이라는 좁은 범주에서 벗어나면 전자출판은 전자책(eBOOK), 앱북(appBOOK), 웹소설(Web Novel), 오디오북(Audio Book), 웹진(Web zine), 멀티미디어 콘텐츠, 웹툰(Web toon)으로 세분화되어 발전하면서 영역을 넓혀나가고 있다. 교육출판에는 증강현실(AR)과 가상현실(VR)의 기술적 적용을 받는 전자출판물들이 시장을 점유하기 시작했다.

이러한 변혁으로 콘텐츠들은 데스크 탑, 노트북, 테블릿PC, 모바일, 스마트폰 등의 디바이스로 소통하고 공유되는 방식들이 책의 미래가 된다는 사실을 이해할 수 있다. 이 시대에서 생겨난 웹소설, 웹툰, 웹진 등의 용어들은 한국적인 환경에서 생겨난 조어(造語)들이다. 이처럼 전자책은 다양한 형태로 분화되고 있으며 앞으로도 새로운 기술에 맞춰 진화할 것이다. 다음에는 전자책의 영역, 저작도구의 형식, 전자책의 수용 방식, 전자책의 비중을 살핌으로써 전자책과 전자출판의 변화를 살피면서 영역을 조망한다.

첫째, 전자책의 영역이다. 최근 실태조사(2019 출판컨퍼런스, 한국출판문화산업진흥원)에서 알려진 바와 같이, 지금 국내 전자책 시장에서 가장 성장하는 분야는 웹소설과 웹툰으로 대표되는 웹 기반의 전자책 시장이다. (1) 웹툰이 크게 성장한 데 이어 웹소설이 뒤를 따르고 있다. 그러나 장르문학의 편중되어 있고 이른바 스낵 컬쳐(snack culture)이기에 출판의 영역 확장에서는 강점이지만 약점도 아울러 갖고 있다. (2) 오디오북은 전자책 중에서 꾸준하게 성장하고 있는 분야다. 듣는 것이 읽는 것보다 더 쉽고 자유로운 방식의 콘텐츠 소비 행태라고 볼 수 있으며 오디오북의 가능성을 찾을 수 있다.

(3) 성인 단행본 도서가 전통적인 전자책 형태인 전자책 단말기를 이용하는 서책형 전자책으로 성장하고 있다면, 아동도서는 테블릿PC에서 구동되는 모바일 앱 형태의 앱북(appBOOK)으로 출간되고 있다. (4) 웹 DB(Database)는 학술지, 학회지 등을 데이터베이스화하여 웹을 통해 서비스하는 웹 DB서비스나 백과사전형 웹 DB서비스도

꾸준하게 늘어나고 있다. 초기의 전자책 개념이 학술 목적으로 기획되었던 것처럼 대용량 자료의 처리와 전송 기술이 발달하면서 전자책은 넘쳐나는 지식의 축적과 이용에 적합한 매체가 되었다(한국출판인회의, 2018, pp.18~26).

둘째, 저작도구의 형식이다. ISBN을 발급받고 유통되는 전자책은 여러 형식이 있지만 가장 보편적인 전자책 형식은 ePUB(Electronic Publication)과 PDF(Portable Document Format)이다. 이 저작도구들은 종이책과 비슷하게 만들어져 '서책형 전자책'이라고도 부른다. 국내에서 유통되는 대부분의 전자책이 이 두 가지 포맷으로 제작되며 국제적으로도 전자책의 표준으로 인정을 받고 있다. ePUB은 웹의 HTML기술을 기반으로 만들어진 전자책이다. ePUB의 단점들을 극복하기 위해 최근 ePUB3 라는 새로운 기술이 등장했다. 아직 ePUB3를 지원하는 하드웨어나 소프트웨어가 충분하지 않아 보편화되지 못했으며 제작비가 많이 드는 것도 단점이다. 한편 대중적 전자책 포맷인 PDF는 원래 전자문서의 호환성을 고려해 만들어진 표준 형식이다. MS워드나 글 같은 문서작성 프로그램에서도 쉽게 변환할 수 있는 것이 특징이며 PDF에서도 장단점은 있다.

셋째, 전자책의 수용 방식이다. 디지털 시대에서 채널과 형태, 디바이스에서 많은 변혁을 불러오고 있다. 책의 수용 방식 변화와 다양한 참여자들과 출판사의 관계 변화에 대해 "독자들이 원하는 채널(서점, 중고서점, 오픈마켓, 플랫폼)과 형태(종이책, 전자책, 앱북, POD)로 책 콘텐츠를 구매하여 적합한 디바이스(컴퓨터, 스마트폰, 태블릿PC, 전용단말기)로 독서하게 되었다"(장용호 등, 2013, p.184)고 설명한다. 이러한 변화된 지형에서 전자책뿐만 아니라 종이책도 온-오프라인 서점에서 오픈 마켓까지 다양한 채널로 공급된다.

전자책도 종이책의 편집체계에서 벗어나 상호 작용성과 멀티미디어 기능의 전자책과 앱북으로 발전하고 있다. 전자책은 기존의 유통 시스템을 벗어나 독자적인 유통체계를 구축하고 있다. 콘텐츠의 이용도 다양한 디지털 디바이스를 통해 독서가 이루어짐으로 일부의 출판물은 매스커뮤니케이션적인 성격을 갖춰가고 있기도 하다.

넷째, 전자책이 갖는 출판산업의 비중이다. 국내 출판 사업체(도서출판)와 비교에서 전자책의 매출의 규모와 비중을 살펴보면, 2018년 기준으로 전자책의 매출은 최근 5년간 매년 25% 정도 지속 성장을 하고 있다. 도서출판과의 매출 비중은 2018년 기준으로 약 5.9%를 차지하고 있다. 이처럼 전자책이 매년 크게 성장하고 있어 정체 상태인 일반 도서출판에 비해서 높은 성장을 보이고 있음을 알 수 있다(2019 출판산업 실태조사 및 2019 출판컨퍼런스, 한국출판문화산업진흥원).

전자책이 책의 미래로 부각되고 있으나 동시에 문제점과 개선 과제도 안고 있다. 첫째, 콘텐츠 확보의 문제이다. 구독 소비자들은 신간이나 베스트셀러, 스테디셀러 콘텐츠를 원하는데 이에 부응한 지속적인 콘텐츠 확보가 필요하다. 둘째, 구독자 확보의 문제이다. 음악과 비디오 같은 다른 미디어와 달리 책의 독서는 소비시간이 길어서 구독 서비스가 활성화되기 쉽지 않으며 유료회원 확보와 유지가 어려운 형편이다. 셋째, 외부 의존형의 문제이다. 전자책은 출판사들의 주도보다는 전문 제작사와 유통업체에서 주도하는 환경이다. 전자출판과 전자책 등 디지털 시대의 출판을 위하여 전문 인력 육성이 시급하다. 넷째, 전자책 제작의 낮은 완성도와 콘텐츠의 질적 문제이다. 아울러 구독 시스템의 불안성도 동시에 갖고 있다. 다섯째, 출판산업으로서 전자책의 본질 문제이다. 전자출판도 글을 기반으로 하기 때문에 책과 출판이 본래로부터 가져온 기록과 보존의 본질을 벗어 난다면 스스로 존재가치를 유지하기가 어려울 것이다.

이러한 현상 위에서 다른 매체와 경쟁해야 한다. 이밖에도 내부와 외부적으로 문제점들을 갖고 있지만 이를 개선하는 주도 세력의 형성이나 협업간의 긴밀한 개선책이 있어야 한다. 전자책이 미래의 책으로 자리매김 하려면 종이책의 강점을 넘어서고 우수한 콘텐츠의 확보, 적정한 가격, 원활한 구독 시스템의 개선으로 독자인 이용자들의 욕구에 더욱 부합하여야 할 것이다.

3) 잡지출판(Magazine publication)

잡지(magazine)의 역할에 대한 통찰이 있다. "잡지의 역할은 신문과 차이가 있다. 내용상의 본질과 짜임새도 신문과는 달라야 한다. 잡지는 깊이 음미하고 생각할 수 있는, 그리고 상상력을 자극하고 또 주어진 사회 환경에 대하여 숙고할 수 있는 그 무엇을 독자들에게 주어야 한다. 특히 사회적 내지 시사적 문제에 대해서는 그에 대한 독자의 의식을 넓혀 줄 뿐만 아니라, 그것을 단순한 시사적 문제가 아니라 인간의 본질적 문제로 숙고하도록 이끌어 주어야 한다".이 말은 하버드대학 니만언론재단(Nieman Foundation for Journalism)의 사무총장 이었던 루이스 라이언스(Louis M. Lyons)의 표현이다(차배근, 1991, p.161). 잡지에 대한 이 표현은 깊이가 있다. 잡지의 역할을 사회적 지도와 시사적 논평의 성격을 중시한다. 한편으로 잡지의 기능에 대해 일본의 출판학자 미노와(箕輪成男)는 대중매체로서의 사회적 기능을 보도, 논평, 오락, 교육의 네 가지 기능으로 나누어 놓고 있다(箕輪成男, 1983).

　잡지는 출판물에서 3대 영역의 하나이다. 출판학의 중요한 분야이면서 출판학 연구에서 큰 부문을 차지하여 왔다. 잡지매체는 구독하는 대상이나 성격에 따라 다양한 내용을 포함하는 정기간행물이다. 잡지는 신문과 기능이 분화되었지만 저널리즘의 한 분야로 인정되고 있으며 신문과 서적의 중간 형태로서 발전을 이루어 왔다. "지금의 잡지는 다른 매체에 비해 다소 관심의 영역에서 멀어져 있지만, 다품종 소량생산의 전문지가 많아 다방면에 지식과 정보를 제공할 수 있기 때문에 오늘날의 적합한 매체이다. 그러나 인터넷과 다양한 정보기술의 발전은 잡지매체의 위기를 초래하고 있다"(이용준, 2007, p.218) 와 같이 잡지매체는 디지털시대에 와서 위기를 겪고 있다.

　이는 사람들이 유료잡지보다는 무료정보를 주로 찾으며, 인터넷과 스마트폰을 통하여 정보를 습득하고 있기 때문이다. 인터넷과 방송매체의 영향으로 잡지매체는 크게 쇠퇴하였으며 스마트폰의 등장으로 종이잡지보다는 스마트폰 앱과 병행하는 잡지들이 늘어나고 있다. 한때, 잡지는 정보와 유행에서 시대의 지표가 되었다. 사람들이 알고 싶어 하는 최신의 정보들을 실어 나르고 시대의 유행을 이끌었던 힘이 잡지였다. 잡지매체의 쇠퇴는 두 가지 측면에서 살펴볼 수 있다. 첫째는 아날로그 매체였던 잡지의 신선한 정보들이 인터넷의 속도전에서 뒤졌다는 점이다. 둘째, 잡지의 유통망이 사라져가고 있다. 출판산업의 불황과 함께 도매상의 지속적 몰락, 서점수의 급속한 하락은 판매 매장의 축소를 의미한다.

잡지는 「잡지 등 정기간행물의 진흥에 관한 법률」(정기간행물법)에서 제2조 1항 (가)에 의거한 정치·경제·사회·문화·시사·산업·과학·종교·교육·체육 등 전체 분야 또는 특정 분야에 관한 보도·논평·여론 및 정보 등을 전파하기 위하여 동일한 제호로 월1회 이하 정기적으로 발행하는 책자 형태의 간행물로 정의되고 있다. 잡지산업은 정기간행물법에서 정의된 잡지를 발행하는 사업체의 생산, 유통, 공급 등 모든 경제 활동을 의미한다. 도서와 잡지는 관련 법률이 다르고, 비정기 간행물과 정기 간행물이라는 차이가 있다. 잡지는 대중지 이외에는 구독대상이 세분화되고 전문화되어 다양한 내용을 포함하기 마련이다. 매체로서의 대상독자도 세분화되고 전문화되어 있는 것이 특색이다.

2018 잡지산업 실태조사(한국언론진흥재단)에 따르면, 정기간행물 기준으로 잡지로 등록되어 있는 정기간행물은 2014년~2017년까지 등락이 있지만 대체로 매년 5,000여 종이 있는 것을 확인할 수 있다. 간별 현황을 살펴보면, 2017년 기준으로 월간(62.1%), 계간(19.7%), 연2회간(10.0%)의 수준이다. 잡지 시장의 규모는 2017년의 직전 조사년

도인 2014년 대비 24.7% 감소한 것으로 추정된다.

잡지 제작 및 유통 현황을 본다면, 유료 판매비율이 증가했으며 유통경로에서 정기구독의 비율이 증가한 것을 특징으로 볼 수 있다. 이는 과거 서점 등에서 소비되던 잡지 판매 행태가 온라인 또는 정기구독의 형태로 변화하고 있다는 것을 확인할 수 있는 부분이다. 광고 시장에서 잡지가 차지하는 비중이 감소함에 따라 정기 구독자를 확보하는 것이 중요한 상황이 되어 주 고객층을 위한 콘텐츠 제공에 주력하는 형태로 변화하는 것으로 해석된다.

인터넷·디지털 잡지 서비스에 대한 실태조사의 결과이다. 2017년 현재 온라인 서비스를 실시하고 있는 사업체는 47.7% 이며 하지 않고 있다고 응답한 사업체는 52.3%로 미실시 사업체의 비율이 높게 나타났다. 가장 많이 활용하고 있는 온라인 서비스 제공 방식은 홈페이지였으며 다음으로 블로그, 모바일웹, 뉴스레터, SNS, 모바일앱 등의 순으로 나타났다. 이 조사는 전체 잡지사를 대상으로 했기에 전문 웹진과는 차이를 보인다.

한편으로 실태조사(2018)에서 잡지 분류는 (1) 시사·경제·지역·산업지 (2) 문학·문화예술·종교 (3) 남성·여성·생활환경·건강의학 (4) 스포츠·취미레저·교통관광 (5) 아동지·청소년·연예 (6) 교육학습·학술학회·법률고시 (7) 농수축·건설·환경·과학·기술 (8) 사보·기관지·회보 등 8개 분야로 구분되고 있다. 이 분류는 동일한 제호로 월 1회 이하 정기적으로 발행하는 서책 형태의 간행물을 기준으로 분류된 것이다.

수많은 잡지들이 휴간과 폐간을 하고 있다. 한 시대를 풍미했던 유명 잡지들도 예외가 아니다. 왜 이런 현상들이 일어나는 것인가, 문자와 종이책을 기피하기 때문인가. 여기에만 이유가 있는 것이 아니다.

디지털 시대에서 잡지가 쇠퇴하는 큰 이유는 인터넷의 속성들이 잡지의 기능을 대신함으로써 일어난 일이다. 포털 사이트들이 가진 시사성과 오락성, 잡다함과 재미남, 영상의 현장성과 이를 실시간으로 담아내는 편집이 있기 때문이다. 다시 말하면, 잡지가 인터넷의 양과 속도를 따라가지 못하고 있는 것이다.

잡지는 발행주기가 신문과 도서의 중간 형태이며 내용은 인터넷의 콘텐츠와 유사하다. 도서는 잡지와 발행주기와 콘텐츠가 다르기 때문에 잡지보다는 생명력이 길다. 이제 잡지도 선택과 집중을 통하여 전문 분야의 지식과 정보 등 전문성과 심층성을 더욱 고려해야 할 것이다. 인터넷 시대의 콘텐츠들도 빠르게 가는 것만 있는 것은 아니다. 인터넷의 콘텐츠들도 완급(緩急)과 심박(深薄)의 차이가 있음을 알아야 한다. 도서와 잡지는 빠름에서 인터넷을 추월하지 못함은 타고 난 본질이다. 도서와 잡지는 본질의 바탕에서 미래를 열어가야 한다. 소비자인 독자와 이용자들은 이미 이를 알고 있다.

3. 출판학의 연구 대상

출판학의 연구대상이란 출판학이 연구하고자 하는 목적에 해당된다. 즉, 연구의 목적이 연구대상이 되며 이를 논의함에 있어서 두 가지의 의미를 둔다. 하나는 출판학의 연구대상이 모든 출판현상이라는 점이다. 다른 하나는 출판현상의 연구를 위해서 현상에 대한 학문적 분류와 체계성이 선행되어야 한다는 것이다. 연구대상은 출판학의 범주에서도 연구자들의 관점에 따라서 다를 수 있다. 이를 테면, 출판행위와 출판과정, 출판매체 혹은 전자출판 등 관점과 비중에 따라 연구대상이 다르게 나타날 수 있다.

반면에 출판학의 연구영역은 매체 중심이기 때문에 도서출판·잡지출판·전자출판으로 비교적 명확하게 구분되어지고 있다. 그러나 출판학의 연구대상은 목적 지향성이 있기 때문에 여러 관점들이 있음을 알 수 있다. 중요한 점은 연구대상에서 출판학이 지향하는 대상을 종합하면서도 합리적이고 체계적이며 과학적으로 구분되어야 할 것이다. 출판학 연구의 대상이 모든 현상으로 설정이 되더라도 연구의 체계성을 중시함으로써 출판학의 연구대상과 연구체계가 하나의 유기적인 구조를 갖추어야 한다. 이를 테면, 한국연구재단의 학문분야 분류와 같이 대분류·중분류·소분류의 분류 체계를 의미한다.[1] 이 연구는 연구영역과 연구 대상에서 연구대상에 좀 더 중점을 둔다. 왜냐하면 연구 영역보다 연구 대상은 관점에 따라 다를 수 있기 때문이다. 다음에서 서술될 출판학의 학문적 분류는 연구의 타당성을 고려하여 연구 단위로 구분된 것이다.

출판학은 독립학문이다. 출판현상이라는 연구대상이 뚜렷하고, 연구방법론도 갖추었으며 국내 출판산업에 기여하고 국제 출판학술 교류와 발전을 주도하고 있다. 그리고 인류 최고의 전달매체인 출판을 연구함으로써 학문으로서 정체성도 분명하게 나타난다. 그러나 다시 엄밀하게 본다면, 연구의 대상과 학문의 정체성, 학문의 기여도는 드러나지만 연구방법론에서 거시적이고 실증적 연구가 더욱 요구된다고 보여 진다. 이는 "출판학 관련 연구의 대다수가 미시적 문제, 즉 출판 내적 이슈에 초점을 맞추고 있으며 기술적 및 질적 연구에 의존하고 있음으로 파악되고 있다"(김정숙, 2000, pp.134~135). 한편으로 문헌연구 및 자료 분석, 설문조사에 의존하는 경향이 강한 것도 출판학 연구방법론의 특성이라고 볼 수 있다.

한국 출판학의 연구대상에 관한 선행적 논의는 한국출판학회 성립 초창기부터 이루어져 왔다. 안춘근은 "출판이론은 출판을 합리적으로 가능케 하는 모든 요소의 지식을 통틀어서 조정하고 다시 종합한 것"이라고 출판이론의 개념을 말한다. 이어서 "출판활동은 선택·제작·분배의 연대작용이 정신적으로나 상업적인 확산이 조화되어야

---

1 한국연구재단은 학술연구지원사업을 효율적 지원을 위해 학술분야를 분류하고 있다. 인문학, 사회과학, 자연과학, 공학, 의약학, 농수해양학, 예술체육학의 7개 대분류와 위의 분류 중 2개 이상이 섞여있는 복합학을 포함하여 총 8개의 대분류로 분류된다. 분류체계는 대분류-중분류-소분류-세분류의 체계를 가지고 있다(2015). 하지만, 출판학이 언론학의 하위단위로 분류되고 있음은 시정되어야 한다.

한다는 점"을 강조하고 있다(안춘근, 1963, pp.162~163). 안 교수는 당시 환경에서 출판학의 연구대상보다 출판활동에서 출판이론을 강조한 것으로 보이지만 이는 출판학 이론을 탐구함에 있어서 중요한 의견이 되어왔다. 당시 안 교수는 출판의 선택 · 제작 · 분배의 연대작용을 주장한 것으로 보아 이미 로베르 에스까르삐(Robert Escarpit)의 『문학사회학』(Socologie de la litteruture, 1958)의 영향을 받은 듯하다.

민병덕은 이를 보다 구체화시켜 출판학의 개념을 말하면서 연구대상에 대하여 "출판학이란 저작물의 선택 · 제작 · 분배를 통한 출판의 경영과 그 사회적, 문화적 영향 및 법규와 정책, 그리고 출판의 발달사를 연구하는 학문이다"라고(민병덕, 1969, p. 11) 정의하였다. 이에 따르면 출판학의 연구대상을 내적 현상과 외적 현상, 출판발달사를 모두 포함하는 개념으로 설명한다. 민병덕이 제시한 출판학 연구 체계는 선택-제작-분배의 3대 과정을 중심으로 앞뒤로 총설, 출판경영론, 출판역사론을 연계한 것이다.

이러한 선행적인 의견들과 체계 제시는 지금에서도 여전히 출판학 연구의 인식적 기반이 되고 있다. 이종국은 출판학 연구대상에 대해 "출판학 연구의 포괄적인 대상은 서적류와 그 제작과 공포활동이며 그에 따른 개인적, 사회문화적 영향 등 여러 종속 주제로 단위화된다고 하면서 복제술의 기계 · 기술적인 발전, 그리고 디지털 환경의 증폭과 병행하여 출판도 팽창현상이 거듭되고 있으므로 그런 현상이 빚는 일련의 문제들이 포괄적인 연구대상인 것이다"(이종국, 2001, p. 333)라고 말한다. 이어서 공포(출판)의 주체가 저자나 편집, 출판자만이 아닌 이용자(독자, user)와 상호작용하는 첨단시대를 경험하고 있다. 이에 따른 출판학의 정의 및 연구대상을 재점검해야 한다는 어려운 과제를 안고 있다는 의견을 보인다.

이같은 선행 의견에서 보듯이 출판학의 연구대상은 초창기부터 논의가 되어왔으나 시대 변화에 따른 과정적 점검은 잘 이루어지지 않았다. 실제적인 연구에서도 출판의 거시적 대상인 사회문화적 현상은 거의 소외되어 왔으며 주로 출판의 내적 현상인 미시적 대상으로 연구되어 온 점은 부인할 수 없다. 출판학 연구에서 사회문화적 현상 연구는 출판학의 존립 이유가 될 정도로 중요하다. 이는 출판물을 생산하고 유통하는 목적이 독자와 사회에 있기 때문이다. 이러한 점에서 보듯이 지금까지도 출판학이 본래부터 목적하고 시작하였던 연구대상의 수준이 모두 성취된 것은 아니라고 보여 진다.

2000년대에 와서 출판학 논문들의 내용분석과 연구 분야에 관한 논의가 구체화 된다. 출판학의 학술저널인 『한국출판학연구』의 게재 논문을 통해 연구 경향의 파악과 연구 단위의 분류가 이어졌기 때문이다. 이러한 연구는 이종국(2001, 2019), 남석순(2004, 2014), 이기성(2006), 김정숙·배현미(2009), 윤세민(2010. 2019) 등에 의해서 이루어져 왔다. 이 연구들은 출판학의 연구 성과를 점검하면서 연구 방향의 설정에서는 중요한 의미를 갖고 있다. 그러나 논문들의 내용 분류에 중심이 두어지면서 부가적으로 연구대상과 영역을 논의하는데 그쳤다. 때문에 출판학의 연구대상을 설정하고 연구영역을 정착시키는데까지 이르지 못한 면이 있다. 왜나 하면 게재 논문들만 분석 대상으로 삼았기 때문에 지금까지 학술저널에서 거의 연구대상이 되지 못했던 출판의 거시적 측면인 사회문화적 현상의 범주들은 사실상 제외되는 한계가 있었기 때문이다.

이는 출판학 연구 초창기에서 포괄적이나마 논의해 왔던 출판학의 연구대상과 영역에 미치지 못하면서도 연구의 방향성도 다르기 때문이다. 지금까지 출판학의 연구대상에 대한 부분적인 고찰은 있으나, 연구대상과 영역을 한 편의 논문으로 드러내면서 구체적 논의까지 발전한 것은 보이지 않는다. 특정 학문의 연구대상과 영역은 한 학문의 발전에서 우선이 되기 때문에 매우 중요한 일이다.

1) 이론역사(Theory&History)

(1) 이론역사

이 연구는 출판학의 연구대상에 대해 구체적으로 기술해보고자 한다. 출판학은 연구 대상이 되는 모든 출판현상을 종합하여 체계화한 다음에 과학적으로 연구하는 학문이다. 출판현상을 체계화하고 과학화하려면 먼저 출판학 연구대상의 체계화에서부터 이루어지는 것이 순차적이다. 체계화란 일정한 원리에 따라 부분이 짜임새 있게 조직되어 통일된 전체가 되는 것을 말한다. 출판학의 연구 대상은 출판 영역의 범주에서 출판현상을 종합하면서 체계화되어야 한다. 이 연구는 출판현상 연구의 종합성과 체계성, 대상성과 방향성의 관점으로 연구대상과 체계에 접근하고자 한다.

출판학의 연구대상으로 (1) 이론역사 (2) 출판생산 (3) 출판매체 (4) 출판영향 (5) 출판환경으로 대분류하고자 한다. 대분류에서 각 중분류가 되는 연구단위는 (1) 이론역사에서 ⓐ 출판이론 ⓑ 출판역사 (2) 출판생산은 ⓐ 출판직무 ⓑ 출판제작 (3) 출판매체에서는 ⓐ 도서매체 ⓑ 전자출판매체 ⓒ 잡지매체 (4) 출판영향에서는 ⓐ 독자(이용자) ⓑ 사회문화적 영향 (5) 출판환경에서는 ⓐ 출판산업 ⓑ 출판제도 ⓒ 국제출판을 각각의 중분류로 설정한다. 여기에 논의되는 〈출판학의 연구 대상〉은 다음 장(章) 〈출판학의 체계〉에서 다시 자세하게 후술되기 때문에 먼저 체계 이해를 위해 간략한 〈표〉를 제시하면 다음과 같다.

출판학의 연구 대상			
대분류	**중분류**		
이론역사	ⓐ 출판이론	ⓑ 출판역사	
출판생산	ⓐ 출판직무	ⓑ 출판제작	
출판매체	ⓐ 도서매체	ⓑ 전자출판매체	ⓒ 잡지매체
출판영향	ⓐ 독자(이용자)	ⓑ 사회문화적 영향	
출판환경	ⓐ 출판산업	ⓑ 출판제도	ⓒ 국제출판

위의 〈표〉와 같이 대분류에서 '출판생산·출판매체·출판영향'은 출판현상의 3대 중심 영역이다. '출판환경'은 출판을 둘러싼 각 시대적 맥락이다. '이론역사'에서 이론은 출판현상들을 분석하는 도구이지만 이론 정립을 위한 연구에서는 대상이 될 수 있으며, 역사는 출판의 발달사와 시대적 영향을 말한다.

이러한 연구 대상의 구분은 출판의 모든 분야를 종합하면서 체계성이 있으며 전자출판에도 부합될 수 있다. 더욱 중요한 점은 출판의 외적 현상인 독자와 사회문화적 영향을 반영할 수 있는 체계가 될 수 있다. 이럼으로써 출판학 연구에서 미시적, 거시적 관점을 모두 종합할 수 있다는 점이다. 제시한 연구대상은 앞에서 논의된 '출판의 본질론과 현상론' 연구에서 얻어진 결과이기도 하다. 출판학의 연구대상을 5개 대분류와 12개의 중분류 단위들을 중심으로 하나씩 논의 한다. 이 분류도 가장 합리적이라고 할 수는 없다. 앞으로 보다 더욱 과학적인 연구 대상의 체계와 분류가 이루어지기를 기대한다.

(1) 이론역사에서는 출판학 이론부터 논의한다. 일반적으로 이론(theory)이란 사물의 이치나 지식 등을 해명하기 위하여 논리적으로 정연하게 일반화한 명제 체계를 말한다. 명제는 참이거나 거짓인, 즉 진리치를 갖는 것을 말한다. 자연과학이 자연현상을 다루는 학문이라면, 사회과학은 사회현상을 탐구하는 학문이며, 출판학은 출판현상을 연구하는 학문이다. 한국 출판학은 한국 출판산업이 겪고 있는 현상과 대상에 대해 기술하고 설명하며 예측을 해야 하는 임무도 있다. 1960년대 당시 한국출판학회가 설립된 최대의 이유는 한국 출판의 과학화에 있었기 때문에 현실과 당면과제에서 연구가 시작된 것이다. 최근의 출판학 연구도 출판산업이 겪고 있는 여러 현상들을 학문적으로 더욱 설명하고 예측하고 분석하는 연구 필요성에 대한 역할과 물음도 포함된다.

출판현상을 학문적으로 기술하고 설명하고 분석하기 위해서는 먼저, 출판현상에 관한 관찰이 우선시되고 특정 이론을 활용하여 이를 분석하고 설명하면서 출판학적 이론으로서 일반화가 이루어져야 한다. 과학에서 관찰과 이론은 서로 보완하는 밀접한 관계를 가지고 있다고 하였다. 관찰은 출판현상을 자세히 살펴서 어떤 개념화 또는 유형으로 구분하는 것이고, 이론은 관찰한 것을 논리적으로 일반화하는 체계를 말한다. 개념화는 현상을 관찰하는 능력으로서 그 현상을 보고 본질을 파악하는 방법이기도 하다. 출판현상의 관찰 결과는 조사연구로 이어지는 자료로 활용 된다.

이러한 연구의 바탕에서 사회 문화현상에 대한 연구 방법은 양적 분석과 질적 분석 방법을 많이 사용하고 있다. 출판학 연구에서도 양적·질적 연구방법은 일반화되었다. 하지만, 다양한 양적 연구의 활용과 질적 연구의 보완을 통해 출판학 연구가 더욱 활성화되었으면 한다. 출판학적인 특유의 연구방법론이 존재해야 하지만 아직은 제대로 정립되지 않았다는 점에서 출판학 연구자들이 출판학적 연구방법론에 더욱 관심을 가져야 할 것으로 보인다. 연구방법론은 질적, 양적 연구만이 아니라 주제에 따라서 사회과학, 인문과학, 자연과학, 문화예술 등 주제를 과학적으로 설명하고 출판학적으로 일반화할 수 있다면 모든 연구방법론이 가능할 수 있다. 이런 이유와 관점에서 출판학 이론을 연구를 위한 연구대상으로 선정하게 된 것이다.

(2) 출판역사

출판학의 연구대상으로서 출판역사는 연구에 필요한 시대적 배경과 관련 자료를 제시한다는 점에서 근본적인 분야에 속한다. 아울러 책과 출판의 변천사와 문화사를 동시에 이해하는 관점과 내용을 제공한다는 점에서도 중요하다. 출판의 변천사는 출판매체의 변천사이며 출판의 문화사는 출판물이 각 시대에 끼친 영향의 역사이다. 책과 출판행위는 인쇄시대 이후부터 인간과 사회에 대하여 전달매체로서 위력적인 힘을 가져 왔다. 책과 출판은 각 시대·사회·집단·개인에 대하여 지혜를 전달하고 정보를 함께하는데 결정적인 매체였다. 이러한 과정에는 기록이 있었고 기록은 출판을 통하여 역사가 되었다.

책과 출판의 역할에 대하여 "출판은 그 자체가 그 시대와 그 사회의 총체적 상황의 반영물이다. 출판은 그 사회의 제반 조건이라는 배경과 상관없이 단순히 한 개인이나 조직의 창작물로서만 볼 수는 없다. 출판문화의 생성과 발전은 반드시 그 시대, 그 사회의 총체적 상황이라는 맥락 속에서만 가능하다. 이는 출판 그 자체와 그것을 만드는 출판인, 그 책을 집필하는 저자들도 그 시대의 사회적 조건들에 의해 규정되기 때문이다"(김언호, 1984)라는 표현에는 출판역사를 나타내는 키워드가 있다.

출판의 사회문화적 영향은 시대·사회·개인과 함께 '사회 환경 속의 책(Books in the Social Environment)'이 놓인 자리이다. 책과 출판의 사회문화적 의미는 그 시대와 그 사회에서 책의 영향을 받은 사람들이 주고받는 과정이면서 결과이다. 출판의 역사가 바로 책의 역사이므로 책이 시대와 사회, 개인과의 관계에서 이루어지는 출판문화사이기도 하다.

한국의 출판역사의 연구는 삼국시대부터 현대까지 시대 환경에 따른 특징적인 출판현상과 출판물이 나타났는데 이를 들면 다음과 같다. 신라시대의 목판인쇄술과 불경, 고려시대의 사찰판본, 조선전기의 관판본과 언해본, 조선후기의 방각본, 개화기의 계몽도서, 일제 강점기의 금서, 1950년대의 교과서, 1960년대의 전집, 1970년대의 문고본, 1980년대의 베스트셀러 등이다(부길만, 2013). 출판역사의 연구들은 그 시대에서 두드러진 출판현상을 중심으로 연구되어 왔다.

한국의 출판역사는 문화사적인 측면에 치중되어 연구되어 왔다. 출판이 역사 분류에서 문화사의 영역에 속하므로 당연한 현상이라 보여 진다. 하지만, 출판문화는 일반적으로 출판물의 영향으로 인하여 사회적으로 형성되는 문화를 말한다. 출판역사는 출판문화와 함께 출판매체의 변천사라고 볼 수 있다. '한국의 출판사는 인쇄사와 더불어 연구해야함을 강조 한다(전영표, 1981). 이는 출판이 인쇄와 함께 출판매체를 이루어 온 점 때문이다. 출판문화는 출판행위와 전달매체에 의해서 형성되기에 출판문화의 변천사와 함께 출판매체의 변천사도 기록됨이 출판역사를 온전히 조감할 수 있을 것이다.

이를 테면, 디지털시대에서 출판의 변화는 디지털 연구 분야에서 서술한 것에 중심을 두지만, 출판역사에서도 변화 과정을 기록함으로써 가치를 가질 수 있을 것이다. 목판인쇄에서 활판인쇄까지 그러했듯이 책 중심만이 아닌 오늘의 매체 발전도 역사에 포함됨이 필요할 것이다. 출판문화사 역시 그 시대 출판의 결과물인 책이 그 시대와 사회에서 어떤 영향을 가졌는지에 대한 사회문화적 영향에 대한 연구가 매우 부족하다. 아울러 현대에 와서도 5년 단위 혹은 10년 단위의 출판사 연대기가 서술되고 누적되어 출판역사의 기본 자료로 활용될 수 있다. 출판역사에서는 이러한 주제들이 포함되어 기술됨으로써 출판역사 연구의 가치 제고와 함께 출판학 연구의 자료 활용도가 높아질 것으로 보인다.

2) 출판생산(Publishing Production)

(1) 출판 직무

출판생산은 출판제작 과정 및 이에 따른 출판 활동을 두루 말하며 출판물을 생산하는 핵심적인 분야이다. 출판직무는 출판편집인들이 출판물을 생산하는 과정 전반에 따르는 지적이고 기술적인 활동을 일컫는다. 이 업무활동은 출판물을 생산하기 위한 직업인·전문인으로서 출판편집인들의 문화적·예술적·기술적·기업적인 업무 수행에 따르는 출판활동을 의미한다. 반면에 출판제작은 출판물의 기획에서부터 완성까지 이르는 출판물의 실제적인 생산과정이다.

미국의 사회학자인 루이스 알프레드 코저(Lewis Alfred Coser, 1913~2003)는 출판편집인들에 대하여 "지식이나 사상의 생산자와 소비자인 공중간의 관계는 사회적 메커니즘을 통하여 매개되어진다고 하였다. 그는 사상이나 지식의 흐름은 수문을 관리하는 조직체나 조직인간들에 의하여 통제되어진다고 하면서 출판편집인들을 지식이나 사상의 게이트키퍼(Gaterkeeper)라고 부른다. 그들은 사상의 시장(Marketplace of ideas)에서 무엇이 '들어오고' 무엇이 '나가는가'를 결정하는 위치에 있다고 하였다. 출판편집인들은 지적 커뮤니케이션 과정에서 중립적인 중개인에 그치지 않고, 지적 작업의 생산과 소비에 다함께 영향을 미치고 있다고 하였다"(L.A. Coser, 1975, p.14).

이러한 점에서 코저는 대중문화산업에서 종사하고 있는 대다수의 사람들을 지식인으로 규정하고 있다(L.A, Coser, 1965, 정철기역, p.310). 코저는 출판편집인들의 게이트키퍼에는 여러 요인들이 작용되고 있다고 말한다. 그들은 출판업에 대한 목표에 따라서 경제지향형과 문화지향형으로 분류할 수 있으며, 특히 현대사회에서 출판의 기업화로 인하여 영리추구적인 경제지향성이 지배적인 경향으로 볼 수 있다. 그러나 시장성이 불확실한 상황에서는 이 점이 결정적인 요인은 되지 못하며 오히려 출판편집인들의 사회적 배경, 직업에 대한 지향성, 자아의 이미지, 그들의 준거집단 등의 여러 요인들이 게이트키퍼의 작용되는 주요 요인들이라고 주장한다(L.A, Coser, 1965, p.17).

출판활동은 문화상품인 출판물의 생산과 경영을 위해 여러 지적, 문화적이며 기업적인 활동이 이루어진다. 출판직무는 출판편집인들이 갖추어야 할 업무의 수행능력으로 출판행위와 동일한 개념이다. 이러한 출판행위에 대하여 "출판관(出版觀)이란, 출판행위에 관련된 제반현상의 가치와 평가 또는 이용의 제 측면에 대한 가치신념을 말한다. 출판이 기록-전달매체로서의 기능에 본질을 두고 있으므로, 업무 이행 면에서 기획-저작-편집-제작-보급현상과 관련된 과정의 인식 또는 태도를 들 수 있다"(이종국, 1995, p.110). 이는 출판전문인으로서 출판관을 가져야하며 이러한 가치관이 출판업무 수행에서 중요함을 말해준다. 문화 창조를 위해서는 출판과 문화에 대한 가치관과 더불어 문화적·예술적·기술적·기업적 업무 능력이 요구된다. 정신적 상품을 생산하기 위해 원고를 기획하고 판단할 수 있는 지적이고 문화적인 소양이 있어야 하며, 편집과 디자인에서 필요한 예술적인 감각이 필요하고, 컴퓨터 등 디지털 시대에서 편집과 기술적인 능력, 유통과 판매에서 경제적 업무능력 등에서 한 가지 이상은 갖춰야 한다. 이러한 업무능력이 요구되는 것이 출판 직무이며, 출판 가치관과 수행능력에 대한 소양이 필요하다.

출판 직무는 대부분 경험을 통해 전수되는 방식이었고 경륜에 따라 각자의 지식과 기술, 태도 등의 차이가 크다. 이를 테면, 신입직원인 경우는 현재 운영되고 있는 국가직무표준능력(NCS, National Competency Standards)과 같은 개념이 된다. NCS는 산업 현장에서 직무수행에 필요한 지식, 기술, 태도 등의 내용을 국가가 체계화한 것으로 해당직무를 수행하는데 필요한 기초역량 평가 제도를 말한다. 대학의 교육과정 개편과 취업준비생들 위한 것으로 곧 바로 일할 수 있는 on-spec 능력을 갖추기 위한 제도이다. 현재, 출판 직무는 NCS 대분류 〈22. 인쇄·목재·가구·공예〉에서 중분류 〈01.인쇄·출판〉이 있다. 이 제도는 시험과 자격증이 아닌 기업의 채용방식으로 현재 공기업부터 실시되고 있다.

출판 직무에서 출판편집인들의 중요성을 언급한 표현들이 있다. "도서출판업이란 인적(人的) 요소가 매우 짙은 사업으로 바로 이 점이 이 사업의 한 매력이기도 하다. 출판업에서는 인적 요소가 최대 요소 가운데 하나인 것이다"(Stanley Unwin, 한영탁 역, 1984, p.247)라는 표현에 는 인적 요소가 출판의 승패를 좌우한다는 뜻이다. 한편, 뛰어난 편집 자의 능력에 대한 저자의 무한한 신뢰도 있다.

미국 랜덤하우스의 위대한 편집자였던 삭스 카민즈(Saxe Commins, 1895~1957)가 저자들에게 얼마나 신뢰받고 있었는가는 윌리엄 포크 너(William Faulkner)의 다음과 같은 내용에서 짐작이 간다. "내가 곧 죽 은 뒤, 모든 작품의 출판에 관한 최종 결정권은 삭스 카민즈에게 위 탁하고 싶다. 이는 출판할 작품의 선택, 편집 방침, 삭제, 수정 등을 포 함한 권한을 가리킨다. 또한 내 원고가 박물관이나 도서관에 매각되 거나 기증될 경우의 조언 구실을 그가 해 주기 바란다. 다시 말하면, 삭스가 내 문학적 관리자로서 그리고 내 과거와 미래에 걸친 모든 문 학작품의 편집자로서의 구실을 다해 주기를 바라고 있다"(Commins Dorothy, 김성재 역, 1993, p.299)고 했던 것이다. 노벨문학상 수상자로서 미국의 위대한 소설가였던 포크너가 삭스의 편집자의 정신을 높이 평가한 데에서 비롯된 것이다.

미국 프린스턴대학 출판국장 이었던 허버트 베일리 2세는 "인쇄 는 출판에 봉사하고 출판은 문명에 봉사 한다"(H.S.베일리 Jr.,전영표 외 역,1986, P.269)는 유명한 말을 남겼다. 이와 같은 표현들은 지식과 정신 문화 상품을 생산하는 출판편집인들의 가치관과 게이트키퍼로서 편집자의 탁월한 능력, 저자와의 신뢰성, 업무능력의 중요함을 일깨우는 실제적인 사례들이다.

(2) 출판제작

출판제작은 출판생산에서 핵심적이고 중심적인 업무이다. 출판사 및 잡지사, 전자출판 등에서는 내부 작업과 외부 아웃소싱으로 이루어 지는 과정이다. 출판산업은 콘텐츠(텍스트)를 중심으로하는 프로덕션적인 사업이 강하기 때문에 출판물의 기획선택은 내부에서, 생산제작과 공표유통은 주로 외부 관련 산업과 협업시스템으로 이루어진다. '기획선택'은 온라인과 오프라인 출판에서 각 출판물의 생산을 위한 저작자와 저작물의 기획 및 선정에서부터 독자(이용자) 대상층의 선택과 생산 전체에 대한 세부적인 지침을 정하는 활동으로 기업적이면서 경제적인 활동으로 거시적 편집과정이 된다.

'생산제작'은 온라인과 오프라인 출판에서 각 콘텐츠를 분석하여 각각의 생산제작(인쇄, 뉴미디어)에 따른 편집 및 디자인(인쇄출판, 디지털출판)이 이루어지는 문화적이고 예술적인 미시적 편집과정이 된다. 한편, 인쇄출판물과 전자출판물의 편집디자인과 웹디자인 등 외부 생산제작의 아웃 소싱도 이 과정에서 이루어진다. '공표유통'은 온-오프라인 출판에서 종이책과 전자책의 공표와 유통, 마케팅(광고, 홍보, PR), 영업, 출판물의 관리와 유통사의 아웃 소싱 등 유통과 마케팅, 판매과정에서 일어나는 출판생산 과정에서 실제적이고 구체적인 업무 활동이다.

출판학에서 출판생산 영역은 1970~80년대까지 중요한 연구의 대상이었다. 주로 편집·제작·유통의 출판과정이 주된 연구의 대상이었다. 이러한 연구에서 출판물의 생산과 업무에 따른 이론화가 크게 진척되었다. 1990년대 이후 디지털 환경의 변화에 따라 전자출판이 대두하게 되어 연구 방향은 인쇄에서 전자출판으로 변환되기 시작하였지만 연구 대상으로서 이 영역은 아직도 비중이 높은 편이다. 전달매체 변화에 따라 생산과정들이 전자적인 방식으로 이루어짐으로써 매체 변화에 따른 이동이라고 볼 수 있다. 당시에는 DTP, CD-ROM 등 전산조판과 저장매체 중심이었다.

2000년부터는 웹을 중심으로 하는 인터넷이 전자출판에서 큰 변화를 가져오면서 eBOOK, AppBook, 웹진, 웹소설, 웹툰 등 전달 매체의 제작, 유통, 이용방법이 다양한 발전을 보이는 추세에 따라 출판 행위 영역의 연구도 다양성을 띠고 있다. 더구나 이 시대에 와서 출판 콘텐츠가 원천(거점)콘텐츠로서 영화, 드라마, 애니메이션, 모바일 등으로 전환되는 미디어 크로스 시대에서의 거점 콘텐츠의 역할이 증대되고 있다. 출판의 뉴 테크놀로지의 도입 방법과 활용 방안 연구, 거점 콘텐츠로서의 전환 등 다면적인 역할 연구 등의 경향에 따른 연구가 이루어지고 있는 것이 출판생산 영역의 연구 경향이다.

3) 출판매체(Publishing Media)

(1) 도서매체

출판매체는 출판학의 연구대상에서 주요 영역이면서 디지털 시대에서 갖는 영향력은 더욱 커지고 있다. 책과 출판은 기본적으로 텍스트 또는 콘텐츠의 성격만을 가지고 있어 이를 전달하려면 다른 전달 매체와 결합함으로써 출판매체의 의미를 갖게 된다. 매체(media)란 어떤 작용을 한쪽에서 다른 쪽으로 전달하는 물체 또는 그런 수단을 말한다. 차배근은 "출판매체라고 하면 일반적으로 저작자의 정보, 지식이나 사상, 감정 등의 메시지를 독자들에게 실어 나르는 책이나 CD-롬 등을 말한다. 넓은 의미로는 책이나 CD-롬 등의 구성 요소들인 활자, 종이 플라스틱판, 잉크, 각종 제판, 제본 재료 따위까지도 말하며, 나아가서는 책이나 CD-롬 등을 독자에게 배달해 주는 서점, 도서관 등의 유통망까지도 출판매체라고도 한다"(차배근, 1995, P.133)면서 출판매체의 뜻을 좁은 개념과 넓은 개념으로 나누어 설명한다. 이 개념은 1990년대 중반에서 설명된 것이지만 이미 쇠퇴해버린 CD-롬 등을 제외하면, 매체의 본질적 의미는 그대로이다. 다만, 출판매체가 디지털이라는 시대적 맥락에서 발달되고 세분되고 있을 뿐이다.

출판도 대중적인 성격을 갖고 있는 매체이다. 대중매체란 다수의 대중들을 대상으로 한다는 의미에서 형성되는 개념이다. 오프라인에서는 대량생산이 이루어지고 온라인에서는 대량접속과 이용이 전제된다. 출판매체도 관점에 따라 연구 대상과 성격에 따른 구분이 필요해진다. 출판매체를 구분하는 관점은 매체의 기술적 측면과 매체의 유형적 측면에 따른 방법이 있다. 기술적 성격(technology)은 출판매체를 인쇄매체와 전자매체로 나누는 방법이다. 유형적 측면은 도서·잡지·전자출판물로 구분하는 방법이 된다. 기술적 측면은 테크놀로지를 바탕에 두는 것이며 유형적 측면은 출판매체의 유형을 우선하는 방법이다.

기술적 측면에서 출판은 구텐베르크 이후 인쇄매체와 밀접하게 결합되어 왔다. 출판이 중세 이후 대중매체로서의 확고한 성격을 가진 것은 인쇄술 때문이었다. 인쇄매체는 기록의 보존이라는 뛰어난 특성으로 모든 매체 중에서 가장 신뢰도가 높은 매체이다. 600년을 넘게 지속되어왔던 출판과 인쇄의 결합인 '인쇄출판'은 디지털 시대에 와서 서로의 거리감을 보이고 있다. 디지털 시대의 출판매체에서 '인쇄의 개념이 점차 생략되거나 부가적으로 쓰이고 있다'(노병성, P.82, 2010).

한편으로 디지털 환경에서 출판과 디지털의 결합인 '전자출판'은 오프라인의 종이책에서는 인쇄와 혼합 방식이지만, 온라인 출판에서는 이미 인쇄와 결별하였다. 전자출판은 온라인과 오프라인 매체로 구별된다. 오프라인 출판매체는 주로 인쇄된 종이책을 말하며, 종래의 CD-롬 등 전자적 패키지 출판 형태는 쇠퇴되었다. 온라인 출판매체는 인터넷 기반의 매체로서 현재, eBOOK과 appBOOK, 웹소설, 웹툰, 웹진, 오디오북, 웹DB 등으로 더욱 발전되고 있다.

이 연구에서는 인쇄와 전자라는 기술적 측면의 구분보다 유형적 측면에 따라 도서매체·전자출판매체·잡지매체 중심으로 기술하였다. 이는 인쇄와 전자라는 포괄적 개념보다 출판의 중심 매체인 각 매체의 특성을 고려하면서 서술되어져야 한다고 보았기 때문이다. 한편으로 출판매체를 인쇄매체와 전자매체로 서술한다면 현재 양분되고 있는 출판매체의 현실은 반영할 수는 있다. 그러나 엄밀한 의미에서 인쇄와 전자는 매체보다 기술적인 테크놀로지이다. 출판매체의 시대적 현실성에서 본다면 전자출판의 비중이 적은 것이 아닌가 하는 우려가 있지만, 유형적 구분에서도 인쇄와 디지털이 혼합된 방식이므로 비중을 같다고 볼 수 있다. 위의 연구영역에서도 도서출판·전자출판·잡지출판을 다루었기 때문에 중복을 피하기 위해서 여기에 연구대상은 출판매체로서의 특성적인 측면과 연구 경향으로 기술한다. 위의 연구 영역에서 출판매체만이 갖고 있는 역할, 기능, 영향은 이미 살펴보았기 때문이다.

도서매체(Book media)를 먼저 기술한다. 출판물은 책으로 대표되며, 책은 도서가 대표성을 띤다. 〈출판문화산업진흥법〉에 따르면 도서의 개념을 "간행물이란 종이나 전자적 매체에 실어 읽거나 보거나 들을 수 있게 만든 것으로 저자, 발행인, 발행일, 그 밖에 대통령령으로 정하는 기록사항을 표시한 것을 말한다"라고 규정한다. 이에 따른다면 도서 혹은 서적을 간행물로 표기하고 있으며, 매체는 종이와 전자형태, 독서는 읽고, 보고, 듣는 형태, 간행물로서 저자, 발행인, 발행일 등 주요 기록사항의 명기를 구성 요소로 하고 있다.

한국출판학회 홈페이지의 논문 조회 시스템에서(2020. 1) '도서' 두

글자만의 검색어로 나타난 논문이 73편에 이른다('책'검색어에서도 73편의 동일한 결과가 나왔다). 연구 내용은 도서행태론, 도서장정, 도서수출, 서적유입, 도서 소비자, 도서역사, 아동도서, 청소년도서, 시니어도서, 도서편집자, 책표지 디자인, 도서유통, 문학서, 도서출판 현실과 미래, 전자출판과 디스크책, 도서정가제, 도서와 출판저작, 독서치료 서적, 교과용 도서, 독서교육 등 다양한 주제가 나타난다. 빈도수를 본다면 '도서의 내용 중심과 매체 특성'을 다룬 논문이 다수이고, 표지 디자인, 세대별 도서, 독서관련, 도서유통과 수출의 순으로 비중이 있다. 이와 같이 도서매체에서도 연구의 대상이 넓게 분포하고 있음을 보여 준다. 도서가 지니고 있는 장점은 출판이 가지고 있는 장점이 된다. 다른 전달매체에 비하여 도서는 출판학의 연구대상으로서 강점을 가지고 있는 것으로 파악되고 있다.

종이책을 중심으로 본다면, 매체로서의 도서는 다음과 같은 특성을 나타내고 있다. 첫째, 휴대와 이동이 자유롭고 그 자체가 기록된 현품이기에 다른 전자기기의 도움 없이 즉시 읽을 수 있다. 둘째, 접근이 쉽고 자세한 읽기가 뛰어나다는 점이다. 시간적 여유를 갖고 음미하고 분석하는 독서가 가능하다. 셋째, 선택범위가 넓고 재독 가능성이 높다는 점이다. 전자출판물의 콘텐츠보다 넓은 선택 범위가 있으며 덮어 두었다가 필요에 따라 다시 읽을 수 있다는 점이다. 넷째, 항속성으로 책은 지속적이고 영속적인 생명을 지니고 있다.

디지털 매체도 보존과 재생의 수단을 갖고 있지만 다양성에서는 종이책이 우월하다. 책은 어떤 사상(事象), 어떤 사상(思想)과 어떤 감정(感情)도 전달 내지 전승하고 보존하는 역할을 한다. 이러한 종이책이 가진 특성으로 디지털의 전자책은 아직 종이책이 가진 장점을 압도하진 못하고 있다.

(2) 전자출판 매체

구텐베르크 혁명보다 더 큰 변혁이 일어나고 있다. 구텐베르크 혁명은 인쇄에서 시작되었으나 지금의 혁명은 디지털에서 일어났다. 디지털을 기반으로 컴퓨터와 인터넷이 주도한 3차 산업혁명은 다시 4차 산업혁명으로 이어지고 있다. 이 시대의 디지털이 출판에서 활용된 출판의 변혁은 전자출판을 생성했으며 아직 전자출판은 진행형이다. 전자출판 매체의 연구 대상 논의를 위하여 먼저 국내 전자출판의 현황을 살펴본 후 전자출판 관련 연구를 보기로 한다.

전자출판의 발전이 진행되고 있으며 여러 기준에 따라 분류가 다르지만, 대체로 유형, 유통, 단말기로 나누어 다음과 같이 구분할 수 있다. 첫째, 유형에서는 (1) 전자책(종이책 기반 전자책, 디지털 기반 전자책, 전자책 셀프 퍼블리싱, 앱북 등) (2) 교육용 인터랙티브 전자책 및 디지털 교과서 (3) 정보 집약형 데이터베이스(전자잡지, 디지털 학술논문, 디지털 데이터베이스 출판물, 전자사전) 이다. 둘째, 유통에서는 플랫폼(전자책 서점, 온-오프라인 서점, 포털, 이동통신사. 글로벌 기업, 기타 플랫폼)이다. 셋째, 단말기(전자책 전용 단말기(e-잉크 단말기), 태블릿pc, 모바일) 등으로 분류가 가능하다.

한편으로 출판에서는 전자출판, 디지털출판, 전자책, 디지털콘텐츠 등의 용어가 서로 혼용되고 있다. "전자출판(Electronic Publishing)이란 기존 종이책의 콘텐츠를 전자적 매체에 담아 구현할 수 있도록 변환한 디지털 콘텐츠를 비롯한 다양한 멀티미디어 콘텐츠 구현기술과 플랫폼 기술에 힘입어, 쌍방향과 유통의 편이성을 확보한 저작권이 있는 모든 디지털콘텐츠를 유무선 정보통신망을 통해 발생시키는 행위이다"(정윤희 2019, p.76). 라고 전자출판의 성격에 저작권을 확보한 디지털콘텐츠를 강조하고 있다. 한편으로 "전자책이란 도서로 간행되었거나 도서로 간행될 수 있는 저작물의 내용을 휴대가 가능한 전용단말기, 태블릿PC, 스마트폰과 같은 범용 단말기를 통해 읽을 수 있도록 한 것으로 규정하고 있다"(박미희, 2013). 라고 표현했는데 도서로 간행될 수 있는 저작물이란 성격이 분명하지는 않다. 아직 전자출판이나 전자책에 대한 개념은 진행형이기 때문에 단정적으로 규정하기가 쉽지는 않다.

연구대상에서 중심은 연구의 대상성과 방향성이다. 전자출판 매체에서는 전자출판 연구의 경향과 주제의 분석을 통하여 연구의 대상과 방향을 파악할 수 있다. 이러한 관심에 부합되는 국내 전자출판과 멀티미디어 출판 관련 연구들을 분석한 논문들이 있다. 이 논문들의 주요 내용을 소개함으로써 전자출판 매체에 대한 연구의 최근 경향과 주제를 구체적으로 파악할 수 있다. 김정숙(2019)은 다양한 방법으로 이를 조사하였다. 국회도서관 소장 자료에서 검색어 '전자출판'으로 검색하였고(도서 322건, 학위논문 64건, 저널 386건), '전자책'으로도 검색하였다(도서 106종, 학위논문 189종, 저널 914종). 한편으로 전자출판

연구의 세부 주제를 파악하기 위해 학술저널(등재지 및 등재후보지 중심, 2010~2018.2) 게재 논문을 분석하였으며, 동일한 방법으로 석·박사 학위논문들을 조사하였다. 그 결과는 모두 '시스템 및 테크놀로지 관련 주제, 미디어 일반, 독서 또는 수용자 관련'이 상위 주제였고, 법제, 교육, 교과서, 디자인 관련 주제가 이어서 나타났다고 하였다.

학술저널은 출판학, 서지학, 사회과학, 인문콘텐츠, 정보관리 및 교육, 법학, 정보통신, 전자 등 매우 다양한 분야에서 광범위하게 전자출판 및 전자책 연구를 수행하고 있음이 이 연구에서 밝혀졌다. 김정숙은 출판학 연구에서 전자출판 연구는 학문적 호환성이 긴요한 장점을 구축하고 있는 연구 분야이며, 출판학의 외적 연구뿐만 아니라 학제연구의 지평이 매우 넓은 연구 분야라고 주장하고 있다. 아울러 한국출판학회의 학술저널인 『한국출판학연구』에서도 전자출판 관련 82편(1983~2017)에서 게재 논문의 주제(키워드 중심)는 '현황 및 환경, 수용자, 전망 및 미래, 출판산업'의 순으로 나타났다고 한다(김정숙, 2019, pp.353~364).

황민선(2019)은 '멀티미디어 다중매체'의 등장은 출판산업에도 많은 변화를 가져왔으며 출판 연구자들도 멀티미디어와 다중매체의 이용 및 대응 연구를 진행하였다. 이에 대한 국내의 최초 연구는 「멀티미디어와 전자출판」(이만재, 1992)이다. 『한국출판학연구』에서는 1995년부터 2013년까지 모두 22편의 관련 논문이 게재되었다고 한다. 관련 연구들의 주제는 '멀티미디어와 디지털로 촉발된 매체 환경과 독서양식에 변화, 멀티미디어 출판물(CO-ROM,웹진), 출판의 다중

매체 이용, 멀티미디어시대 문화에 대한 이론적 연구'들로 나타났다고 한다.

한편으로 학위논문은 국회도서관 소장 자료에서 학위논문 9편, 학술논문 5편이며, 네이버 학술정보 자료에서 멀티미디어 출판과 다중매체의 키워드로 검색한 결과 학위논문은 185편, 학술논문은 69편으로 나타났다. 네이버 자료를 분석한 결과에서 멀티미디어 출판 관련 연구(185편), 멀티미디어 웹진 연구(137편)로 분석되었다. 결론적으로 멀티미디어와 디지털기술의 발전 대응은 출판콘텐츠의 원천 콘텐츠화에 있다고 주장한다(황민선, 2019, pp. 365~376).

김정숙(2019, p.364)은 "전자출판은 융합연구로서의 범위 및 가치가 증폭되고 있고 복합학제(multi-disciplinary)의 성격을 갖춰가고 있다. 미래의 전자출판 연구는 연구의 지평을 더욱 확산되어갈 것임이 분명하다. 중요한 것은, 전자출판 및 전자책이 어떤 미디어 형태나 특성으로 진전이 되어가더라도 책의 본질은 영속적이다. 책의 본질은 테크놀로지가 침범하는 영역이 아님을 전자출판 연구에 첨언 한다"는 말처럼 출판의 대상과 영역은 증폭되어야 한다. 전자출판에서 디지털 자체가 본질이 아니라, 디지털은 출판을 더욱 풍요롭게 하는 테크놀로지 즉 기술 또는 도구로 이해해야 한다는 점이 중요하다.

한편으로 책에 대한 개념의 확장이 필요하다. 새로운 기술의 등장이나 발전과 상관없이 책의 본질을 나타낼 수 있는 기반에서 새로운 개념의 정의가 필요하다. '개념은 한 사물의 개개의 것에서 공통적인 성질을 빼내어 새로 만든 관념을 말한다'(남석순, 2013, p.32)처럼 개념은 현상에서 나온다. 현상도 시대적 맥락에 따라 가변성이 있기 때문에 시대적 변화가 개념에 반영되어야 한다.

(3) 잡지매체

잡지의 특성은 정기성과 다양성에 있다. 정기성이란 잡지의 발행 간격이 신문보다 길며, 도서보다는 짧은 중간 형태의 정기간행물로서 출판물이다. 다양성은 저널리즘과 도서의 기능을 함께 갖춘 서적의 한 유형으로서 내용의 다양성과 구성의 다변성을 말한다. "잡지의 주요한 4대 기능은 보도기능과 지도기능, 오락기능과 광고기능이 우수한 매체이기도 하다"(고정기, 1990, pp. 58~62.) 보도와 지도에 치중하면 오락과 광고가 줄어들고, 오락과 광고에 치중하면 보도와 지도기능에 균형이 깨어지면서 잡지의 성격이 달라지는 특성이 있다. 잡지는 오락면에서도 신문보다 더 다양한 기사를 통하여 읽을거리를 제공한다는 특성도 아울러 가지고 있다.

신문이 보도기능에 치중하는 매체라면, 잡지는 논평 기능에 중점을 두는 매체이다. 잡지는 최근의 이슈를 보도하는 것뿐만 아니라 그 배후에 있는 문제들에 대해서까지도 독자들이 심사숙고할 수 있도록 인식 확장의 토대를 제공해 주어야 한다는 것이다(전영표, 1997, p.92). 한편으로 잡지는 공익성과 기업성의 조화와 사회적 책무가 우선되는 매스커뮤니케이션 매체이다. 넓은 의미의 잡지란 잡지의 제작, 출판, 배포 등을 포함한 모든 활동을 의미하기도 한다. 잡지의 정기성이나 대상성 등에 따른 잡지 활동을 잡지 저널리즘이라 부른다. 그러나

1980년대 기관지와 사내외지 및 학술지 등이 크게 대두하게 되자 잡지 활동을 저널리즘이라는 언론 활동보다는 매스커뮤니케이션이라고 부르기도 했다(전영표, 1997, p. 85)면서 잡지가 신문처럼 저널리즘에서 매스커뮤니케이션으로 변천되었음을 말하고 있다.

차배근은 "잡지커뮤니케이션이란 (1) 잡지를 발행하는 커뮤니케이터로서의 잡지사나 기관, 단체, 회사 등이 (2) 정보나 지식 또는 읽을거리를 수집, 처리하여 그 메시지를 (3) 잡지라는 인쇄매체를 통하여 (4) 독자들에게 전달, 그들의 정신적 욕구를 만족시켜주고 (5) 그 대가로서 이윤을 추구하거나 또는 커뮤니케이트가 의도한 어떤 효과를 유발하는 문화적인 동시에 경제적인 커뮤니케이션 활동이라고 정의 한다"(차배근, 1991, p. 167). 이 정의는 매스커뮤니케이션의 일반적 과정을 중심으로 정의된 것이라고 볼 수 있다. 그러나 인쇄매체라는 한정된 표현 이외에는 지금에도 잡지의 정의로서 적용되는 표현이라고 볼 수 있다.

잡지는 문화의 전달, 보호 및 창조의 기능을 수행하면서 독자들에게 지식과 정보를 제공하여 인류의 생활을 윤택하게 하는 매스커뮤니케이션의 한 형태로서 역할을 담당하고 있다. 잡지는 고유의 특성을 가지고 있는데, 신문과는 체재와 기능면에서 다르다. 잡지는 크게 외적 특성과 내적 특성으로 나누어 살펴볼 수 있으며 외적 특성은 다음과 같다. (1) 일정한 시간적인 간격을 두고 같은 제목을 가지고 발행된다는 정기성과 (2) 잡다한 여러 가지 읽을거리를 게재하는 내용의 다양성 (3) 책과 같이 꿰매어놓은 제책성을 들 수 있다.

잡지는 장기적인 영향력을 행사하고 오락면에서도 신문보다 다양한 기사를 통하여 읽을거리를 제공한다는 특성을 아울러 가지고 있다. 종류는 분류 기준에 따라 매우 다양하지만, 일반적으로 대상독자 및 그 내용의 주제·판형·간행회수 등에 따라 분류하고 있다. 독자 및 내용에 따라서 분류한다면 크게 대중지(mass magazine)·일반전문지(class magazine)·특수지(specialized magazine)로 나눌 수 있다. 잡지는 문화의 전달·보호 및 창조의 기능을 수행하면서 독자들에게 지식과 정보를 제공하여 인류의 생활을 윤택하게 하는 매스커뮤니케이션의 한 형태로서 역할을 가지고 있다.

한국출판학회 홈페이지의 논문 조회 시스템에 '잡지' 두 글자만의 검색어로 나타난 논문은 39편이다. 여성잡지, 패션잡지, 시사잡지, 특수잡지, 중국잡지, 잡지콘텐츠, 잡지변화, 잡지기사, 근대잡지, 잡지 이용자 연구, 잡지매체, 잡지 활성화, 잡지 대중화, 잡지산업 등 다양하게 나타났다. 이중에서 '여성잡지와 근대잡지, 잡지 활성화와 잡지 산업'이 빈도수가 높다. 이처럼 학술적으로는 여성잡지와 근대잡지에 관심이 있었고, 산업적으로는 잡지산업의 위기가 작용한 것으로 분석된다. 출판학의 연구대상에서 위기에 있는 잡지매체가 오히려 중요한 연구 주제가 될 수 있다. 한국 출판학은 한국 출판산업이 겪고 있는 현상과 대상에 대해 이론적으로 기술하고 설명하며 예측해야 하는 임무도 있다. 디지털 시대에서 험로에 있는 잡지에 대한 연구도 이에 포함된다.

4) 출판영향(Publishing Effect)

(1) 독자(이용자)

시카고 대학 교수였던 모티머 J. 애들러(Mortimer J. Adler)에 따르면, 독서 단계는 초급독서부터 시작하여 제2단계인 점검독서로 가고, 제3단계인 분석독서에서 제4단계인 신토피컬(syntopical) 독서에 이른다고 한다. 초급독서란 이 글이 무엇을 말하고 있는가를 이해하는 독서이다. 점검독서는 시간 안에 되도록 내용을 파악하는 독서이고, 분석독서는 책의 내용에 관련되는 일들을 계통적으로 읽는 것이다. 신토피컬 독서는 하나의 주제에 대하여 몇 권을 읽는 것을 말한다. 신토피컬 독서는 동일 주제에 관하여 2종 이상의 책을 섭렵함으로써 그 주제에 대한 개념을 심층적으로 이해하는 독서법을 말한다고 하였다.

애들러는 "읽는 것은 배우는 것이며, 배우는 것은 가르침을 받는 것과 스스로 발견하는 두 가지의 방법이 있다. 독서는 스스로 능동적으로 '도움 없는 발견'을 할 수 있어 더 깊고 더 넓은 이해가 가능하다고 하였다"(Mortimer J. Adler, 민병덕 역,1994). 이처럼 독서란 독자가 능동적으로 텍스트를 통해서 의미를 구성해 가는 과정이며 지혜를 풍부하게 하고 관점을 다양하게 하는 방법이다.

독자(이용자)와 독서는 출판의 생존 문제와 직결되는 중요한 과제로서 출판학에서도 당면한 연구 문제이다. 한국의 출판학이 내적 현상에 비중을 두는 경향 때문에 소비자인 독자연구에는 소홀함이 매우 많았다. 예컨대, 출판학의 대표 학술저널인 『한국출판학연구』에

'독자' 검색어로 나타나는 논문의 수는 겨우 13편에 지나지 않는다. 이를 본다면, 가장 중요한 소비자로서 독자연구에 비중을 두지 않아 독자의 분석 연구도 많지 않으며 거시적인 연구에서 미흡함이 많았음을 나타내고 있다. 이 글에서는 독자 이해와 독서 동향을 파악하기 위해 독자 개발 연구와 독서의 경향을 실증적인 사례를 중심으로 살펴보고자 한다.

첫째, 독자 개발 연구 사례이다. 다음과 같은 독자(이용자) 개발연구는 독자 분석에서 유의미한 실태를 보여줌으로써 하나의 실증적인 사례로 삼을 만하다. 2018 책의 해 조직위원회에서 실시한 통계조사인 「읽는 사람, 읽지 않는 사람 : 독자 개발연구」는 일반조사 그룹 및 독자와 비독자의 비교 그룹을 설정하여 국내 처음으로 비교 연구한 것이다. 전 국민을 대상으로 한 표본 설문조사(전국 17개 시도의 만10세 이상 가구원 1,200명)와 별도의 조사 그룹으로 독자와 비독자 비교 10개 포커스 그룹(집단별 6명씩 60명)이다. 비교 그룹은 표본조사와 달리 별도의 선별 문항을 적용하여 조사하고 응답자들의 독서빈도에 따라 독자 유형을 (1) 애독자 (2) 간헐적 독자 (3) 비독자로 나눈 것이다.[2]

전체 조사 결과에 따르면, 응답자들이 스스로 평가한 성인들의 '생애 독서 그래프'는 연령이 증가할수록 독서 관심도가 감소하는 것으

---

2   분류 기준은 (1) 애독자(습관적 독자, 다독자)는 독서 빈도가 매일 혹은 일주일에 한번 (2) 간헐적 독자는 한 달에 한 번 혹은 몇 달에 한 번, 또는 일 년에 한 번 독서자 (3) 비독자는 전혀 읽지 않는 사람(연간 기준)이었다. 이러한 분류는 독자 성격 파악과 조사 연구에서는 효율성이 있으나 분류 기준의 애매성을 동시에 갖고 있기도 하다.

로 나타났다. 특히 젊은 세대일수록 초등학생 시절에 비해 중학생 때의 독서 관심도가 감소하는 현상이 높았다. 40대 이상 연령대에서는 초등학교 때보다 중학교 진학 이후 독서 관심도가 증가했으나 30대는 47.3%(초등생)에서 46.3%(중학생)로 감소하고, 20대는 51.8%(초등생)에서 47.1%(중학생)로 감소폭이 커졌다. 이는 대학 입시를 위한 조기 경쟁이 심해졌기 때문인 것으로 분석된다. 30대부터의 독서 관심도에는 취업 준비와 업무 부담이 매우 부정적인 영향을 미치는 것으로 확인됐다. 반면에 가정, 학교, 직장 등에서의 독서환경 조성은 독서율 향상과 독서습관 형성에 기여한 것으로 나타났다.

주목 되는 것은 읽는 사람과 읽지 않는 사람들의 포커스 그룹의 비교이다. 읽는 사람들은 독서를 통해 인지, 정서, 사회적 역량이 향상되는 효과가 있다고 응답하였다. 반면에 읽지 않는 사람들은 책에 대해 공부·업무, 지루한·졸린 등의 부정적 이미지를 먼저 연상하고 있었다. 전환형(독자→비독자)의 경우, 책을 읽어야 한다는 심리적 압박감을 가지고 있으며 책=마음의 짐으로 인식하는 경향이 있었다. 비독자들의 특성은 세 가지 유형으로 나타났다.

(1) 전환형·비자발적 비독자는 현실적 제약(업무, 육아, 가사 등 절대시간 부족)으로 독서를 못하고 있지만, 유년시절 독서습관이 형성되어 있고 가치를 체험했기에 환경이 개선되면 독서 의향이 높다. (2) 전환형·자발적 비독자는 독서의 긍정적 가치를 체험하지 못했기에 책을 읽어야 하는 동기가 부족하고 향후 독서 의향이 낮다. (3) 지속적 비독자는 유년시절 독서습관이 거의 형성되어 있지 않으며, 독서를 하

려고 해도 난독이나 집중력 저하로 읽기에 어려움을 느끼고 있었다.

이 조사 결과로 본다면 (1)의 비독자는 환경 조건이 이루어지면 독자로 전환 가능성이 있다. 따라서 향후 독서운동과 캠페인에서 애독자를 포함한 간헐적 독자와 (1)의 비독자를 위한 독서 동기 부여와 독서 체험이 더욱 필요할 것으로 보인다. 반면에 나머지 비독자들의 내적 요인은 독서에 대해 부정적 인식을 갖고 있으며 책을 읽어야 할 필요성이 없다는 것이다. 독서 의향이 낮은 사람들은 책을 읽는 것은 취미에 해당하며 책을 읽어도 보상이 없고, 책보다 정보를 검색할 수 있는 스마트폰이 유용하다고 믿고 있는 점이다.

한편, 자발적인 비독자들을 독자로 전환시킬 방법에 대한 이들의 아이디어들을 보면 다음과 같다. 대중매체를 통해 지적 호기심 자극, 개인별 호기심에 맞춘 독서 교육, 책의 접근을 위한 엔터테인먼트 요소가 융합된 문화 공간 확대, 연령별과 상황별로 읽어야 하는 책에 대한 큐레이션 등이다. 다음은 이 개발연구에서 내린 결론적 시사점이다. 독자의 특성 이해하기, 중고교와 직장이 만들어 내는 전환형 비독자 줄이기, 독서의 가치 인식과 개선, 평생 독자 개발을 위한 독서 환경 개선 등을 들고 있다(이순영 외, 『출판문화』, vol. 634, 2018.10). 둘째, 독자와 독서에 대한 분석 사례이다. (1) 함께 읽기의 사례는 독서공동체 숭례문학당이다. (2) 혼자 읽기의 사례는 독립서점, 북스테이, 온라인 읽기 이다. (3) 북클럽의 사례는 출판사 북클럽으로 민음북클럽이 있다(대한출판문화협회, 출판문화』, vol. 634, 2018.10 참조). 이 밖에도 국내에는 수많은 북클럽이 있는데 독자와 이용자에 대한 연구는 이에 대한 조사가 필요하다.

위의 4가지의 독자 사례는 독서와 관련하여 유의미한 모습을 보여 준다. 첫 번째 사례에서 애독자와 간헐적 독자, 비독자(전환형 비독자)들을 더욱 견고한 독자층으로 형성시키는 맞춤형 독서운동이 전개되어야 할 것이다. 함께 읽기와 혼자 읽기, 출판사 북클럽은 이미 견고한 독자층으로 형성되었다고 보여 진다. 이들 독자들을 위한 평생 독자 개발을 위한 환경 조성이 필요하다. 독서운동은 끊임없이 계속되어 왔고 지금도 개인과 집단, 수많은 북클럽 등에서 이루어지고 있지만 스마트폰과 TV 등의 영향은 독서환경을 크게 위협하고 있다.

북스타트(bookstart) 운동은 국가적 프로그램으로 부모와 양육자가 어린 나이에서부터 책으로 함께 놀 수 있도록 하는 독서의 습관화는 중요하다. 다매체 경쟁시대에서 독서운동은 책의 장점이 더욱 강조되어야 할 것이다. 이를 테면 "스마트폰과 TV는 '본다' 라디오는 '듣는다' 책은 '읽는다'고 한다. 본다는 시각에, 듣는다는 청각에 의존하기 때문에 편하게 바라보고 수용할 수 있지만 깊이 있는 사고는 어렵다. 반면에 읽는다는 행위는 동시에 이해가 되어야 다음으로 넘어갈 수 있다. 읽는다는 것은 생각을 동반하는 적극적인 행위이기 때문이다. 가치 있는 지식과 정보들은 책을 통해서 습득되며 이러한 지식과 정보는 오래가고 인간의 성장 발달의 바탕이 된다. 책읽기를 습관화 시키고 점차 생활화되면 모르는 것에 대한 '궁금증'이 생긴다. 이 '목마름' 이야말로 매우 중요하며 이는 바로 지식에 대한 갈증이다"(남석순《고향신문》(영덕, 청송, 영양, 울진), 2008. 5. 9).

만약 독서율의 감소 추세가 지속된다면 책과 출판은 쇠락을 면하지 못할 것이며, 책은 존재하되 이용이 되지 않는다면 무의미한 매체가 되어버릴 것이다. 독서는 영상매체에 비해 재미가 없고 독서 시간이 길다는 단점도 있다. 신문 보는 인구가 종이신문에서 인터넷신문으로 대체되면서 현상을 유지하는 반면에, 책 읽는 인구는 종이책의 감소분을 전자책의 증가분이 충당하지 못하여 전체 독서율이 급락한 점이 대조를 이룬다. 신문은 비교적 짧은 시간에 수시로 볼 수 있는 반면에, 책은 좀 더 긴 시간을 들여 집중하여 읽어야 한다는 매체의 특성과 관련된다. 그러나 책은 빠르기 보다는 자세히 가는 것이다. 자세히 느리게 간다함은 뒤처진다함이 아니라, 빠르고 얕게 가는 것을 채우기 위함이다. 책은 빠름과 잡다함보다 선별된 지혜를 깊고 넓게 오래 담는데 있다. 이러한 책의 장점을 독서 동기로 부여하고 독자층의 증대를 위한 연구를 해야 한다. 독자층도 개인과 집단을 고려하는 접근 방법이 긍정적이다. 출판학 연구 대상에서 독서와 독자에 대한 과제는 당면한 연구 문제로 다루어야 한다.

(2) 사회문화적 영향

사회문화적 영향은 책과 출판이 사회문화적으로 갖는 영향과 의미에 중심을 둔다. 책과 출판은 시대의 소산이면서 동시에 시대의 영향을 주는 지적 체계에서 심층적이고 중심적인 전달매체이다. 이에 대하여 이강수는 "출판은 사회적, 경제적, 정치적 집단에 의하여 직접적으로 영향을 받을 뿐만 아니라, 국내적, 국제적 여건에 의하여 크게 영향을 받는다. 동시에 교육제도, 도서유통, 다른 미디어의 접촉 등도 출판에 영향을 준다. 이처럼 출판은 지적체계를 위하여 필수 불가결한 요소인데 지적체계는 대부분 그것이 존재하고 있는 사회의 구조적 특성에 의하여 영향을 받는다"라고 말한다(이강수, 1987, pp. 373~374). 이는 출판이 지적체계의 중심이지만 국제와 국내 사회의 구조적인 특성에 의해 많은 영향을 받는다고 요약할 수 있다. 따라서 책과 출판은 사회문화적으로 영향을 주면서 영향을 받기 때문에 사회구조 안에서 논의할 때 의미가 드러난다.

한편 김성은(2017, pp.43~47)은 "한국에서 출판사회학은 상징적인 용어에 머물러 있다고 하면서 안춘근과 이정춘의 연구는 사회학적 접근의 목표가 출판의 과학화, 합리화에 두는 만큼 출판의 내부 지향적 관점을 넘어선 것은 아니다"라고 말한다. 이어서 "출판학의 입장에서는 출판산업의 불황이나 전자출판 등 새로운 기술의 등장, 저조한 독서율 등은 전략적이며 정책적으로 적극 대응해야 할 문제 상황이 된다"고 말한다.

이어서 "출판에 대한 사회학적 연구들에서 얻을 수 있는 교훈은 크게 두 가지가 있다. 첫째, 책에 대한 사회학적 연구는 현상에 충실한 실증적 연구여야 하며, 구체적 행위자나 행위자들의 네트워크로 연구 대상이 좁혀져야만 한다. 둘째, 역사적 분석과 비교연구가 반드시 필요하다. 책을 둘러싼 사회적 환경은 변화하므로 일반적인 유형을 도출하기 위한 거시적인 연구라고 해도 그 유형이 타당성을 보장할 수 있는 시기와 상황은 제한적일 수 밖에 없다"라면서 책에 대한 지식사회학의 연구들은 역사사회학의 연구이기도 했다라고 말한다.

그리고 책에 대한 사회적 연구를 출판학 그리고 역사학과 사회학의 학제적 연구를 제안한다. 수긍이 가는 말이기는 하지만 사회속의 '책'만을 보는 것이 아닌 '책과 출판'의 관점도 더불어 연구가 되어야 한다. 왜냐하면 책은 출판과 분리할 수 없는 본질적인 관계이기 때문이다. 한편으로 역사적 연구에서는 Green, Dennis Howard의 『Women readers in the Middle Ages』(중세의 여성독자)처럼 구체적이고, Marcaret Willes의 『reading matters : five centuries of discovering books』(독서의 탄생 : 책의 발견 5세기)처럼 중세 유럽의 500년 역사 속으로 자료 접근이 가능해야 행위자와 그들의 네트워크를 만날 수 있다.

한국에서는 이런 시기의 구체적인 자료를 찾기는 어려운 문제이다. 출판학의 관점에서 본다면, 한국에서 출판의 사회문화적 영향은 해방 이후 혹은 문민정부가 시작된 1990년대부터 연대기에 따른 시대적 상황과 그 시대속의 개인과 집단들의 독서행위와 사회적 영향으로 연구를 시작함은 가능할 것이다. 이는 자료 접근과 실증적 연구를 위해 필요하며 다음으로 개화기와 조선시대로 범위를 넓혀가는 것이 현실적 방안일 수 있다.

출판의 사회문화적 영향에 대한 연구는 극히 소수에 불과하다. 이 연구들도 출판의 사회적 책임이나 영향에 대한 연구는 희소하고, 오히려 미시적 관점인 출판인이나 편집인들의 사회적 책임이나 지위에 대한 연구이다. 중요한 것은 책과 출판의 사회문화적 영향 연구는 연구 범위와 대상, 연구 자료와 방법론 등이 뒷받침되어야 할 것이다.

연구 범위는 거시적 혹은 미시적, 역사적 혹은 현 사회적인 범주이다. 연구 대상은 광의적인가 협의적인 문제이다. 연구 자료의 확보는 시대 범주에 따라 다르다. 현재라면 국가 및 산하기관, 출판단체들의 관련 자료를 활용할 수 있다. 조사와 연구방법론은 실증적 연구 혹은 설문조사 연구 등 연구 대상에 따라 달라질 수 있다.

한편으로 학제적 연구 혹은 연구방법론은 사회학과 역사학에서 찾을 수 있다. 사회학에서 지식사회학(知識社會學, Sociology of knowledge)은 지식의 성립·구조·내용 등에 관해 사회학의 입장에서 본다. 즉 지식과 사회의 관계를 사회학적인 방법으로 파악하는 연구이다. 문화론 영역에 관한 이와 같은 연구를 문화사회학(cultural sociology)이라고 하는데, 지식사회학은 지식에 대한 연구에 중심이 두어져 왔다(철학사전, 2009). 문화사회학(文化社會學, cultural sociology)은 문화가 사회제도나 구조 질서 및 변동에 미치는 영향과 함께 사회제도나 구조가 문화의 형성 및 변화에 미치는 영향을 다각도로 조명하는 사회학의 분과 학문으로 정의할 수 있다.

역사학에서 책에 대한 연구는 문화사의 영역에서 부분적으로 다루어 왔다. 역사학의 관점에서도 책만이 아닌 책과 출판의 문화사를 다루는 것이 합당해 보인다. 반면에 출판학의 입장에서는 사회문화적 영향 연구는 매우 중요하며 이러한 연구는 책과 출판의 사회문화적 영향과 함께 사회문화적 환경이 책과 출판에 미친 영향도 함께 규명되어야 할 것이다. 따라서 '출판사회학' 연구는 출판학의 학문적 대상과 영역이라는 점에서 반드시 필요하며 출판학의 외적 환경인 거시적 관점에 이르는 넓은 연구의 대상이 될 것이다.

5) 출판환경(Publishing Envirement)

(1) 출판산업

출판은 시대적 환경의 영향을 받지만 시대의 영향도 준다. 출판은
역사적으로 시대의 영향을 주면서도 받아온 지식과 정보체계에서 중
심적 매체였다. 출판이 시대적 환경에서 성장되어 왔고 발전함으로
'환경 속의 출판(Publishing in Environment)'으로 존재한다. 이 글에서 출
판학 연구의 중심 대상으로 보는 '출판생산-출판매체-출판영향' 역
시 출판환경 속에서 영향을 받고 성장하고 발전함으로 출판을 둘러
싼 외적 환경은 중요한 연구의 대상이 된다. 이러한 이유는 출판학의
연구 대상인 출판현상들도 시대적 환경의 소산이기 때문이다.

출판이 산업으로 발전하게 된 계기는 인쇄와 적극 결합했기 때문
이었다. 디지털 시대에서 출판산업도 디지털을 테크놀로지로 활용하
여 문화산업으로 더욱 발전해 가야 한다. 출판의 특성이 콘텐츠(기록
물)에 있으므로 어떤 시대이건 매체(디바이스)와 결합해야 출판매체로
서의 전달력을 갖게 된다. 디지털 기반에서 컴퓨터와 인터넷이 주도
하는 3차 산업혁명에서 정보통신기술(ICT)의 융합으로 이뤄지는 4차
산업혁명으로 이어지고 있다. 이 시대의 주제는 디지털이며 여전히
출판의 본질은 콘텐츠의 복제와 공표이다.

이 글은 출판학의 연구 대상으로서 환경 속에 출판산업의 발전을

논의하는데 있다. 출판산업은 외적 환경(거시적 환경)과 내적 환경(미시적 환경)으로 구분해서 연구 대상으로 삼아야 할 것이다. 거시적 환경은 사회적 환경과 소비자들의 변화에 따른 분석이 이루어져야 한다. 미시적 환경 분석은 출판의 새로운 전달 매체의 도입과 활용, 출판산업에 대한 분석이 선행되어야 한다. 이러한 관찰과 분석도 이론에 의한 분석과 결과로 도출되어야 하며 이를 바탕으로 방향과 전망으로 이루어져야 할 것이다. 거시적 환경에서는 4차 산업혁명에서 출판의 방향 모색과 발전에 두어야하고, 아울러 급변하는 사회문화 환경과 독자(이용자)들의 매체 수용 환경을 동시에 연구 대상으로 삼아야 할 것이다. 미시적 환경은 주로 출판물의 생산과 유통의 중심을 두는 연구 방향이 된다. 변화하는 거시적 환경에서 미시적 환경을 관찰하고 분석하여 뉴미디어를 도입하고 활용하는 방안이 된다.

첫째, 출판산업에 대한 구조 분석과 통계 자료를 활용하는 방법이다. 출판의 구조 분석과 동향 파악을 위한 분류 체계와 각종 통계자료는 통계청의 〈한국표준산업분류〉 및 한국콘텐츠진흥원의 〈출판산업 분류체계〉를 참조할 수 있다. 한국표준산업분류는 국내 경제활동의 구조분석을 위해 모든 산업 활동을 일정한 분류기준과 원칙에 따라 일반적인 형태로 유형화한 것이다. 콘텐츠산업 통계는 2018년 기준, 11개 문화산업(출판, 만화, 음악, 게임, 영화, 애니메이션, 방송, 광고, 캐릭터, 지식정보, 콘텐츠솔루션산업, 격년 집계되는 공연산업 제외)의 대분류로 구성된 분류체계를 적용한다. 이 분류체계에서 출판업은 일반서적, 교과서 및 학습참고서, 전자출판, 잡지를 종합하고 있다. 만화산업은 출판산업과 함께 하였으나 한국콘텐츠진흥원의 분류체계가 개정됨으로써 분리되어 별도로 독립되었다.

둘째, 출판물의 생산-유통에 관여되는 시스템적인 특징이다. 문화상품인 책은 생필품처럼 생존에는 필수적이지 않아서 변덕스런 소비자들의 수요를 예측하기가 매우 어렵다. 이 문제에 대하여 문화사회학자 폴 허쉬(Paul Hirsch)는 미국의 출판과 음반 및 영화산업에서 기업은 수요예측의 불확실성을 줄이기 위해 문화생산자와 최종 소비자 사이에서 무엇을 생산하고 공급할 지를 결정하는데 결정 과정을 '선별'이라 하고, 기업의 경계에서 이 작업을 수행하는 사람들을 '게이트키퍼'로 불렀다.

허쉬는 출판업을 예로 들면서 출판사에 들어온 원고는 우선 편집자에 의해 걸러진다(필터#1). 책이 출판되면 어떤 책을 광고하거나 리뷰할지 판단하는 게이트키퍼들에 의해 또 한번 걸러진다(필터#2). 끝으로 서점의 도서 구매자나 도서관의 사서들에 의해서 또 한번 선별작업이 이루어진다(필터#3).[3] 게이트키핑은 신문의 한정된 지면에 어떤 것을 싣고 뺄지 결정하는 편집주간의 권력행사와 관련된 용어로 사용되었지만, 허쉬는 미국의 출판과 음반 및 영화산업에 적용하였다. 허쉬의 주장처럼 현대사회에서 대부분의 예술작품은 독창적인

---

3 사례로서 해리포터 시리즈의 첫 권『해리 포터와 마법사의 돌』은 여러 출판사에서 첫 번째 선별과정을 통과하지 못하고 거절되었다가 간신히 출판되었다. 만약 조앤 롤링의 원고에 호감을 가진 저작권 대행업자 크리스토퍼 리틀이 블룸스베리 출판사에 원고를 팔지 못했다면 해리 포터는 지금과 같은 성공은커녕 책으로 출판되지 못했을 것이다.

창작자의 개인적 의지에 의해서가 아니라, 작품을 걸러내는 게이트키퍼의 체계에 따라 소비자에게 도달한다는 것이다(한국문화사회학회, 2012, pp. 85~87).

셋째, 한국 출판산업의 매우 특성적인 성격을 갖고 있다. 출판산업은 크게 문화와 교육의 특징이 혼재되어 있는데, 이는 출판통계와 출판물 매출에서도 나타난다. 학습지(36.2%)와 교과서 및 초중고 학습참고서(23.7%) 등 교육도서가 59.9%를 차지하며 전집시장이 18%로서 두 분야가 78% 차지하는 시장구조를 보이고 있음을 알 수 있다 (2019 출판산업 실태조사 보고, 한국출판문화산업진흥원).

서점을 통한 출판시장도 문화 중심의 단행본과 교육 중심의 학습참고서 시장으로 대별된다. 한편으로 전집류 시장은 전통적인 방문판매 전집 시장과 TV 홈쇼핑 전집 시장 그리고 방문학습지 시장으로 나눌 수 있다. IPTV, 모바일 등의 신규 미디어의 등장으로 새로운 형태의 콘텐츠를 다양한 방식으로 유통, 소비할 수 있는 시장이 창출되고 있다. 빠른 성장을 하고 있는 스마트폰 및 태블릿PC의 콘텐츠 시장은 신규기기 보급으로 더욱 새로운 형태로 조합된 콘텐츠들이 요구될 것으로 보인다.

이처럼, 한국의 출판산업은 최근 5년간 통계를 보면 교육 산업적 측면은 성장 잠재력을 가지고 있지만, 문화 산업적 측면은 정체상태라고 할 수 있다. 따라서 한국 출판산업은 교육도서와 문화도서가 혼합된 상태이지만 전통적으로 교육도서 시장이 주도하고 있는 것이 도서산업의 특성이라고 할 수 있다.

(2) 출판제도

출판제도 분야는 출판관련 법률, 정책, 윤리 등을 포함한 제도적이고 규범적인 내용이 연구의 대상이 된다. 출판관련 법률은 〈출판문화산업진흥법〉을 비롯한 출판과 관련된 법령을 말하며, 〈저작권법〉은 모든 저작권을 대상으로 저작자의 권리와 저작물의 공정한 이용을 도모함에 있다. 출판윤리는 학술적 윤리와 산업적 윤리로 구분될 수 있다. 이처럼 출판에 관련되는 제도적, 규범적 범주들이 출판학의 연구 대상이 된다.

첫째, 관련 법률이다. 법과 제도가 현실을 따라가지 못한다는 말이 있을 정도로 디지털 시대에서 사회변화가 빠르게 바뀌고 있다. 1993년 문민정부부터 출판관련 법률은 규제보다 진흥정책으로 크게 전환되었다. 헌법에는 출판의 자유를 명시하고 있다. 국민의 기본권을 보장하는 근본 규범인 헌법 제21조 "모든 국민은 언론·출판의 자유와 집회·결사의 자유를 가진다"에 이어 제22조 "모든 국민은 학문과 예술의 자유를 가진다"로 명시되어 있다. 이는 출판이 가지는 헌법적인 기반이다. 현재, 출판관련 법제는 〈출판문화산업진흥법〉, 〈독서문화진흥법〉, 〈도서관법〉, 〈문화산업진흥기본법〉, 〈콘텐츠산업진흥법〉, 〈잡지 등 정기간행물의 진흥에 관한 법률〉이 있는데 이는 모두 진흥을 위한 입법체계이며 각각 기본법과 시행령, 시행규칙을 두고 있다. 〈저작권법〉에는 출판 관련 법률들이 있는데 이를 흔히 출판 저작권법이라고 부르기도 한다. 저작권은 인간의 사상이나 감정을 표현한 창작물을 보호하기 위해 그 저작자에게 부여한 권리를 말한다.

(1) 〈출판문화산업진흥법〉(약칭 출판법) 2002년 8월 26일 〈출판 및 인쇄진흥법〉(법률 제6721호)으로 제정된 후, 2007년 7월 19일 인쇄문화산업이 별도의 〈인쇄문화산업진흥법〉으로 분리 · 제정됨으로써, 본 법률은 〈출판문화산업진흥법〉으로 법제명이 변경되고 개정되었다. 출판에 관한 사항과 출판문화 산업을 지원하거나 육성하고 간행물의 심의와 건전한 유통 질서의 확립에 필요한 사항을 규정한 법률이다. 이 법에 따라 문화체육관광부 장관은 출판문화 산업의 진흥에 필요한 기본계획을 5년마다 수립하여 시행하고 관련 분야에서 전문 인력의 양성을 지원하여야 한다.

(2) 〈독서문화진흥법〉은 2007년 〈도서관법〉에서 분리 제정된 법률이다. 이 법은 독서문화의 진흥에 관한 기본적 사항을 규정하여 국민의 지적 능력을 향상하고 건전한 정서를 함양하며 평생교육의 바탕을 마련함으로써, 국가 경쟁력을 강화하고 국민의 균등한 독서 활동 기회를 보장하며 삶의 질의 개선에 이바지함을 목적으로 한다.

(3) 〈도서관법〉은 현행 도서관 관계 법령이 1963년 〈도서관법〉이란 명칭으로 제정된 후, 1994년 〈도서관 및 독서진흥법〉으로 개정되었고, 2007년 〈도서관법〉과 〈독서문화진흥법〉으로 분법화 되어 〈도서관법〉이 도서관에 대한 기본법 기능을 하고 있다. 2007년 〈학교도서관진흥법〉, 2012년 〈작은 도서관 진흥법〉, 2015년에 〈대학도서관진흥법〉이 별도 입법화되어 시행되고 있다.

(4) 〈문화산업진흥기본법〉(타법 개정)은 1999년 제정된 이후 수차례에 걸쳐 개정되었다. 이 법은 문화산업의 지원 및 육성에 필요한 사

항을 정하여 문화산업 발전의 기반을 조성하고 경쟁력을 강화함으로써 국민의 문화적 삶의 질 향상과 국민경제의 발전에 이바지함을 목적으로 한다.

(5) 〈콘텐츠산업진흥법〉은 콘텐츠산업의 진흥에 필요한 사항을 정함으로써 그 기반을 조성하고 경쟁력을 강화하기 위한 법이다. 〈디지털콘텐츠산업발전법〉(2002)이 〈콘텐츠산업진흥법〉(2008)으로 전면 개정되었다.

(6) 〈잡지 등 정기간행물의 진흥에 관한 법률〉(정기간행물법)은 전두환 정권 시절 〈언론기본법〉이 1987년 6월 항쟁 이후 폐지되면서 그해 12월에 제정된 법률이다. 1989년과 1991년, 1995년, 1999년에 걸쳐 개정되었지만 기본 골격은 변하지 않다가, 2008년 12월 〈잡지 등 정기간행물의 진흥에 관한 법률〉로 새롭게 제정되었다. 이 법은 잡지 등 정기간행물의 발행 및 육성에 관한 사항을 규정함으로써 여론의 다양성과 정기간행물의 건전한 발전을 도모하고 국민의 문화생활 증진에 이바지함을 목적으로 한다.

(7) 〈저작권법〉은 한국의 저작권 보호는 1908년 대한제국 당시 한국저작권령(칙령 제200호)에서 처음 도입되었으나 일본 저작권법을 의용(依用)한 데 불과한 법이었다. 그러나 이 칙령은 조선총독부와 군정 그리고 대한민국 정부 수립 이후에까지 영향을 미쳐 우리의 저작권법이 모습을 드러낸 1957년 1월 28일까지 효력을 이어갔다. 1957년에 제정된 〈저작권법〉은 다시 디지털 기술 발달과 저작물 이용 환경의 변화 및 저작권의 국제적 보호 추세에 능동적으로 대처하기 위하

여 1986년, 2006년 전부 개정을 하는 등 총 20회에 걸쳐 개정되었다. 이 법은 저작자의 권리와 인접하는 권리를 보호하고 저작물의 공정한 이용을 도모함으로써 문화 및 관련 산업의 향상발전에 이바지함을 목적으로 한다.

둘째, 출판정책으로 〈출판문화산업진흥 5개년계획〉이 대표적이다. 〈출판문화산업진흥법〉에 따라 출판에 관한 사항과 출판문화 산업을 지원하거나 육성하고 전문 인력의 양성을 지원하여야 한다. 진흥법이 출범하면서 제1기 〈출판 및 인쇄문화산업진흥발전계획〉(2003~2007)으로 시작되어 2008년 인쇄산업이 분리되고 출판산업만의 진흥으로 이뤄지고 있는데, 현재 2017~2021년(제4기)이 진행 중이다. 한편으로 〈출판문화산업진흥법〉에 의하여 설립된 법인인 한국출판문화산업진흥원은 출판문화산업진흥을 위한 정책 및 제도의 기획·조사·연구·출판문화산업진흥을 실태조사 및 통계작성, 출판문화산업 관련 교육 및 전문 인력양성 지원, 전자출판의 육성·지원 등 출판산업의 필요한 사업을 하고 있다.

셋째, 출판윤리이다. 출판윤리는 학술적 윤리와 산업적 윤리로 나눌 수 있다. 학술적 윤리란 연구자들이 연구 주제나 내용, 방법 등에 대해 마땅히 지켜야 할 윤리를 말한다. 「국책연구기관 연구윤리 평가규정 및 사례집」(2016, 경제인문사회연구회)에 따르면, 연구윤리는 "연구자가 연구를 수행하면서 지켜야 할 원칙이나 행동 양식"을 뜻하며, "연구 수행과정을 연구 기획, 세부 계획, 제안, 검토, 수행, 결과 제시, 심의(평가), 환류(feedback), 수정 및 보완 결과 발표 등으로 구분한다면,

연구윤리는 전체 과정을 통해 연구자가 지켜야 하는 연구 방식과 표현 방식을 포괄한다. 연구의 성과는 결과의 우수성으로 나타나지만, 만일, 연구 결과가 정당한 방식과 정확한 근거에 의해 도출되지 않았다면 성과는 곡해되거나 평가절하 될 수밖에 없다"는 점에서 중요성이 점점 커지고 있으며 출판학 연구에서도 동일하게 적용된다(자세한 사항은 「국책연구기관 연구윤리 평가규정 및 사례집」(2016, 경제인문사회연구회 참조).

미국의 교육심리학자 존 크레스웰(John W. Creswell, 2014)은 양적, 질적, 혼합적 연구 과정 중 어디에서 윤리적 문제가 발생하는 가의 관점에서 '자료의 보고, 공유, 축적 과정'에서 다음과 같은 문제가 발생한다고 하였다. (1) 저작권, 증거, 자료, 결과, 결론을 조작하지 말기 (2) 표절하지 말기 (3) 참여자의 해를 줄 수 있는 정보는 공개말기 (4) 명료하고 직설적이며 적절한 언어로 의사소통하기 (5) 다른 사람과 자료 공유하기 (6) 원자료 및 다른 자료 보존하기(예 : 세부절차, 도구) (7) 자기표절하거나 분할해서 발표하지 말기 (8) 윤리적인 문제를 해결하고 이해관계의 상충이 없음을 입증하기 (9) 자료의 소유권을 확실하게하기로 설명하고 있다(Jojn W. Creswell, 2014, pp.115~124).

한편, 산업적 윤리는 간행물의 윤리를 심의하는 〈한국간행물윤리위원회〉로 대표된다. 이 위원회는 도서, 잡지, 만화, 신문의 유해성 여부를 심의하는 일 등과 같은 간행물의 윤리와 관련된 업무를 수행하는 기관으로 심의 범주는 아래와 같다. (1) 소설, 만화, 사진집, 화보집 및 전자출판물 (2) 외국간행물 중 잡지 및 북한이나 반국가단체가 출판한 간행물(남북교류협력에 관한 법률에 의해 북한으로부터 들여오는 간행물 제외) (3) 문화체육관광부장관 또는 여성가족부가 심의를 의뢰한 간행물 (4) 위원회가 선정한 간행물 (5) 청소년 보호와 관련된 기관·단체 또는 30명 이상이 서명하여 청소년 유해 여부의 확인을 요청한 간행물 (6) 청소년보호법에 따른 「신문 등의 진흥에 관한 법률」 및 「잡지 등 정기간행물의 진흥에 관한 법률」에서 청소년 보호와 관련이 적어 제외된 특정 신문과 잡지를 뺀 범주가 심의 대상이 된다.

(3) 국제출판

국제출판은 학술의 국제화 및 산업의 국제화로 구분할 수 있으며 출판학의 연구 대상으로서 국제출판은 출판학술과 출판산업으로 양분될 수 있다. 국제화(Internationalization)란 한 나라가 다른 여러 나라와 교류하여 자국의 관련 분야의 발전을 꾀하는 것으로 이는 학술적이나 산업적으로도 다름이 아니다. 한국 출판학 연구에서 국제화는 동질 학문의 국제 교류를 통하여 한국의 출판과 출판학 연구의 발전을 이루게 하는데 있다.

출판학 연구에서 국제교류는 중요한 측면이다. 다른 나라의 출판산업과 출판 교육 및 출판학 연구의 탐색이 가능해지고, 같은 분야의 학자들과 학문적, 인간적 교류가 이루어진다. 또한 국내 연구 환경이나 주장에 매몰되지 않도록 학문의 연구 체계와 방법론, 연구 영역과 대상을 공유할 수도 있다. 나아가 출판학 연구의 세계화(globalization)를 도모할 수 있는 길이 열릴 수 있기 때문이다. 한편, 출판학의 관점에서 각국의 출판 산업과 정책을 소개하여 자국의 출판산업 발전에 기여하는 것도 출판학의 국제교류의 또 하나의 목적이기도 하다. 현재, 학술적 국제화는 국제출판학술회의(IFPS-1984년부터 격년제) 및 〈한·중출판학술회의〉(1995년부터 매년 순환 개최)가 있는데 모두 사단법인 한국출판학회가 주도하여 창설된 국제학술회의이다.

산업적 국제화는 저작권 수출입과 출판무역, 국제출판, 번역출판 등의 산업적 측면의 연구이다. 현재, 해외출판시장에 관한 조사연구 자료는 〈한국출판문화산업진흥원〉에서 발간하는 (1) 「해외출판 시장 조사연구(2018)」 (2) 「출판유통 해외사례 현장조사 결과보고서」 (연도별 1개국), (3) 국내 「출판산업 동향」(연2회) 등의 자료들이 있다. (1)은 세계 출판시장 규모와 현황 소개에 이어서 해외 6권역 29개국의 출판시장 현황을 게재하고 있다. 권역별로 북미주(미국, 캐나다), 아시아(중국, 일본 등 10개국), 유럽(영국, 독일 등 10개국), 오세아니아(호주, 뉴질랜드), 남미(브라질, 멕시코), 중동(사우디&UAE) 이다. (2)는 출판유통 해외사례 현장조사 결과보고서(연도별 1개국)이며, 국내 출판산업 동향(연2회)에서 통계 및 경기 동향은 파악할 수 있다. 근래(2015~2017)에 도서저작권 수출의 권역별 분포를 살펴보면, 아시아 권역에 대한 저작권 수출 의존도가 높고, 이어서 유럽, 북미, 중동 등의 순이다. 국가별로 본다면 중국, 대만, 인도네시아, 태국 등의 순으로 드러나고 있다. 해외출판 시장에 대한 연구 자료의 확보는 이전에 비해 나아지기는 했으나 보다 정확하고 세밀한 자료가 더욱 요구된다. 한편으로 『한국출판연감』(대한출판문화협회)에서도 저작권 수출과 번역출판에 대한 자료와 통계를 파악할 수 있다.

4. 결론 : 출판학 연구의 영역과 대상

이 연구는 한국 출판학 연구의 영역과 대상을 구체적으로 재논의하는데 목적을 두었다. 특정 학문에서 연구의 영역과 대상은 독립 학문이 성립하고 정립되는데 가장 기본적인 조건들이다. 연구 영역은 그 학문의 본질과 함께하지만 범주와 대상은 시대에 따라 다르다. 독립학문으로서 한국 출판학 연구가 많은 진전을 이루어 왔다. 하지만 미시적 연구 경향으로 인하여 연구 영역에서 시대 변화에 따른 논의가 미진하였고, 연구의 범주와 대상의 체계성이 패러다임의 변화에 부합되지 못한 측면이 많았다.

출판학 연구의 영역과 대상은 출판의 범주와 현상들을 포괄한다. 이 연구는 이러한 관점에서 출판학 연구의 영역과 대상을 구체적으로 논의하기 위해 다음과 같은 탐구가 있었다. 먼저, 연구 영역은 일반화 되어 있는 도서출판·전자출판·잡지출판으로 구분하되, 이들 각 매체들의 역할·기능·영향 등을 미시적이고 거시적인 관점에서 종합적으로 고찰하였다. 연구 대상은 새롭게 논의되고 체계화한 것이다. 기존의 선택-제작-분배의 미시적인 관점을 벗어나 독자와 이용자, 책과 출판의 사회문화적 상호작용에 이르기까지 출판현상의 대상들을 종합화하면서 체계화를 시도하였다.

첫째, 연구의 영역이다. 출판 영역이란 출판만이 가지고 있는 역할·기능·영향이 시대적·사회적으로 미치는 일정한 범위를 말한다. 사물의 역할과 기능은 본래로부터 나온 것이며 다른 사물이 이를 대체하기가 어렵다. 대체가 된다면 그 사물은 존재 이유를 갖지 못하게 된다. 이처럼 출판이 존재하고 있는 영역은 출판의 본질이 만들어낸 범주라고 볼 수 있다. 연구 영역을 도서출판·전자출판·잡지출판으로 구분하고 각 매체들의 역할·기능·영향 등을 미시적이면서 거시적인 관점에서 종합적으로 논의하였다.

한편 디지털 시대에서 변화되는 각 매체들의 특성을 고찰하였으며 탐구의 결과는 다음과 같다. 이 시대에서는 종이책과 전자책의 구분보다 넘나드는 책이 필요하고, 다매체 경쟁시대에서 책의 융성은 오히려 출판의 본질을 되찾고 정체성과 차별성을 바로 세우는 데 있다. 디지털 시대에서 인터넷을 이용한 빠른 읽을거리와 경쟁에서 책은 수용 속도와 독서 시간이 다르기 때문에 넓고 깊은 콘텐츠를 담는 차별화가 매체의 융성을 도모할 수 있다. 그러나 콘텐츠에 따라 대중서는 빠르게, 전문서는 깊게 가는 방향이 필요하다. 원천콘텐츠로서 기획-제작-마케팅이 동시에 전개되고 종이책에서 전자책으로 모바일, 드라마, 영화, 애니메이션 등으로 크로스 미디어화 되어야 한다.

전자출판도 출판의 본질인 기록과 보존, 복제와 공표에 기반하고 있음이 분명하기 때문에 출판의 새롭고 중요한 영역이다. 전자출판은 오히려 세분되면서 발전하고 출판의 영역을 넓히고 있다. 컴퓨터와 인터넷이 출판의 본질이 아니라 도구로서 테크놀로지이다. 필사에서 인쇄를 활용했듯이 인쇄에서 전자를 이용하는 것은 책과 출판의 진화이다. 다만, 출판의 본질을 벗어난다면 출판물이 아닌 다른 상품이 되어 버린다는 점이다.

잡지는 출판물에서 3대 영역의 하나이며 출판학의 중요한 분야이다. 디지털 시대에서 잡지가 쇠퇴하는 큰 이유는 인터넷의 속성들이 잡지의 역할과 기능을 대신함으로써 일어난 일이다. 포털사이트들이 가진 시사성과 오락성, 잡다함과 재미남, 영상의 현장성과 이를 실시간으로 담아내는 편집력이 있기 때문이다. 잡지에서 차별성이 요구되며, 선택과 집중을 통하여 추구 분야의 지식과 정보 등 전문성과 심층성을 더욱 고려해야 한다.

둘째, 연구 대상의 학문적 체계성은 처음으로 구체화한 것이다. 이 연구에서는 출판학의 연구 대상으로 (1) 이론역사 (2) 출판생산 (3) 출판매체 (4) 출판영향 (5) 출판환경으로 대분류하였다. 대분류에서 각 중분류는 (1) 이론역사에서 ⓐ 출판이론 ⓑ 출판역사 (2) 출판생산은 ⓐ 출판직무 ⓑ 출판제작 (3) 출판매체에서는 ⓐ 도서매체 ⓑ 전자출판 ⓒ 잡지매체 (4) 출판영향에서는 ⓐ 독자(이용자) ⓑ 사회문화적 영향 (5) 출판환경에서는 ⓐ 출판산업 ⓑ 출판제도 ⓒ 국제출판을 각각의 중분류로 설정하였다. 즉 출판학의 연구 대상 분야를 5개 대분류 및 12개 중분류의 체계로서 구성하였다.

대분류에서 '출판생산·출판매체·출판영향'은 출판의 핵심 영역이다. 이 세가지 영역에 영향을 미치는 출판환경은 출판을 둘러싼 시대적이고 사회문화적인 맥락이다. 이론역사는 이 네 가지의 영역을 분석하고 기록하는 분야가 된다. 이럼으로써 출판현상들이 체계적이며 구조적으로 유기적인 관계를 형성하고 분류되도록 하였다.

이러한 학문적 구조에서 연구대상은 출판의 모든 분야를 포함하면서 체계성이 있으며 전자출판 시대에도 부합될 뿐만 아니라 출판의 외적 현상인 독자와 사회문화적 영향을 반영할 수 있는 체계가 될 수 있을 것으로 보인다. 나아가 출판학의 학문적 체계에 그친 것이 아니다. 분류 단위마다의 연구 대상의 분야별 탐구에 더욱 비중을 두었다. 즉, 연구대상 12개 중분류 하나하나 분야의 특성과 기능, 연구 범위, 연구 경향, 연구 방향을 아울러 밝혀 출판학의 연구 대상의 체계와 함께 연구 방향 설정에서도 도움이 되게 하였다.

이 연구는 출판학 연구의 영역과 대상을 구체적으로 재논의 하는 데 목적을 두면서 기존 연구의 관점과 체계를 크게 달리한 것이다. 이는 미시적인 관점과 거시적인 관점으로 출판현상들을 포괄하면서 연구의 영역과 대상을 종합하여 구조적인 체계화를 제시하였다. 이 연구의 결과가 수용된다면, 한국의 출판학 연구는 연구의 공간을 넓고 깊게 가짐으로써 연구방법론에서도 변화를 가져올 것으로 보인다.

참고문헌

경제 · 인문사회연구회(2016),『국책연기관 연구윤리 평가규정 및 사례』(세종 : 경제 · 인문사회연구회)

고정기(1986),『잡지 편집의 이론과 실제』(서울 : 보성사)

김성재(1989),『출판의 이론과 실제』, (서울 : 일지사)

김언호(1984),「우리 책을 위-하여」,『한국사회연구』제2집

김성은(2017),「책에 대한 학제적 연구의 필요성과 방안 : 역사학과 사회학을 중심으로」, 통권 제77호(서울 : 사단법인 한국출판학회)

김정숙(2019),「전자출판론에 대한 연구」,『한국 출판학 연구 50년-한국출판학회 반세기 궤적』, (서울 : 사단법인 한국출판학회)

김정숙 · 배현미(2009),「한국 출판학 연구의 동향과 진전에 대한 매트릭스 분석」,『한국출판학연구』통권 제57호(서울 : 사단법인 한국출판학회)

김정숙(2000),「21C 한국 출판학 연구의 전망과 출판교육의 방향」,『한국출판학연구』제42호(서울 : 사단법인 한국출판학회)

남석순(2004),「출판 연구의 국제 동향과 방향 분석」,『한국출판학연구』통권 제47호(서울 : 사단법인 한국출판학회)

_____(2014),「출판학 연구의 국제 동향과 방향 분석Ⅱ」,『한국출판학연구』통권 제68호(서울 : 사단법인 한국출판학회)

_____(2008),《고향신문》(영덕 · 청송 · 영양 · 울진 지역신문), 2008. 5. 9

_____(2013),「전환기 미디어로서의 출판의 공간 확장 : 본질적 · 산업적 · 교육적 관점에서 본 출판」,『출판잡지연구』(서울 : 사단법인 한국출판학회)

노병성(2010),「출판의 개념 변화에 관한 고찰」,『한국출판학연구』통권 제59호 (서울 : 사단법인 한국출판학회)

대한출판문화협회(2018),「2018년 도서통계」

_____(2018),「읽는 사람, 읽지 않는 사람」,『출판문화』vol. 634

민병덕(1969),「출판학 서설」,『출판학』, 제1집, 한국출판학회(서울 : 현암사)

_____(1983),『출판학의 연구방법과 과제』,『83출판학연구』(서울 : 범우사)

_____(1995),「출판학 연구방법론」,『출판학원론』(서울 : 범우사)

한국문화사회학회(2012),『문화사회학』(서울 : 살림출판사)

박미희(2013),「전자책 구성 전략 연구」, 한성대학교 박사학위논문, 한성대학교 대학원

박은진(2006),「베이컨의 신기관」,『철학사상』별책 제7권 제12호(서울대학교 철학사상연구소)

박이문(2002),「학문의 정체성, 경계선 및 주체성」,『국어국문학』제131권(서울 : 국어국문학회)

부길만(2019),「출판역사의 흐름과 과제」,『한국 출판학 연구 50년-한국출판학회 반세기 궤적』(서울 : 사단법인 한국출판학회)

_____(2013),『한국 출판 역사』(서울 : 커뮤니케이션북스)

안춘근(1963),『출판개론』(서울 : 을유문화사)

이강수(1987),「문화적 게이트 키퍼로서의 출판산업과 출판인」,『한국대중문화론론(서울 : 법문사)

이기성(2006),「출판학 연구 동향 및 특성에 관한 논문 :한국출판학연구(1982~2006)를 중심으로」,『한국출판학연구』통권 제51호(서울 : 사단법인 한국출판학회)

이순영(2018),「읽는 사람, 읽지 않는 사람」, 2018 책의 해 독자 개발 연구,『출판문화』vol. 634, 2018.10

윤세민(2010),「2000년대 출판학 연구의 동향과 전망 : 한국출판학회지 한국출판학연구를 중심으로」,『한국출판학연구』통권 제58호(서울 : 사단법인 한국출판학회)

_____(2019),「출판학 연구의 전망과 과제 : 한국출판학회 연구를 중심으로」,『한국출판학연구』통권 제90호(서울 : 사단법인 한국출판학회)

이종국(1995),「출판본질론」,『출판학원론』(서울 : 범우사)

_____(2001),「출판학연구의 진전과 그 과정적 이해 : 한국의 출판학연구 과정에

나타난 연구 경향을 중심으로」,『한국출판학연구』통권 제43호, (서울 : 사단법인 한국출판학회)

_____(2019),「출판학 연구 반세기」,『한국 출판학 연구 50년-한국출판학회 반세기 궤적』(서울 : 사단법인 한국출판학회)

장용호외(2013),「디지털 출판 생태계의 출판사의 적응 전략 연구」,『한국출판학연구』통권 제65호(서울 : 사단법인 한국출판학회)

전영표(1997),『출판문화와 잡지 저널리즘』(서울 : 대광문화사)

_____(1981),「한국출판의 사적 연구 : 개화기 및 일제기를 중심으로」, 중앙대대학원 석사학위논문

정윤희 · 김기덕(2019),「전자출판산업 발전 방안에 관한 연구」,『한국출판학연구』제86호(서울 : 사단법인 한국출판학회)

차배근(1991),『커뮤니케이션학개론(하)』(서울 : 세영사)

_____(1995),「출판매체론」,『출판학원론』(서울 : 범우사)

차배근 외(2017),『커뮤니케이션학이란 무엇인가』(서울 :서울대학교출판부)

채 백(1999),『출판학』(서울 : 한나래)

한국언론진흥재단(2018),『2018 잡지산업 실태조사』

한국출판문화산업진흥원(2019),『출판산업 실태조사 및 2019 출판컨퍼런스』,

_____(2019),『출판산업 실태조사 보고』,

_____(2018),「해외출판 시장 조사연구(2018)」

한국출판인회의(2018),『전자책 길잡이』(서울 : 한국출판인회의)

황민선(2019),「멀티미디어 다중매체에 대한 연구」,『한국 출판학 연구 50년-한국출판학회 반세기 궤적』(서울 : 사단법인 한국출판학회)

箕輪成男(1983),『消費としての 出版』(東京 : 弓立社)

_____(1982),『情報としての 出版』(東京 : 弓立社)

Commins, Dorothy(1978),『What is an editor』,『편집자란 무엇인가』, 김성재역, 1993(서울 : 일지사)

Green, Dennis Howard『Women readers in the Middle Ages』,『중세의 여성독자』, 2017, 이혜민 역(서울 : 연세대학교출판원)

H.S.Bailey(1970),『The Art and Science of Book Publishing』,『출판경영론』, 전영표 외 역, 1986(서울 : 보성사)

J. Passmore & T. Theeboom(2015),「Coaching Psychology : A Journey of Developm ent in Research」. L.E. Van Zyl, M.W. Stander & A. Oodendal (ed.)

Lewis Alfred Coser(1975),「Publishing as Gatekeepers of Ideas」, ANNALS AAPSS 421

Jojn W. Creswell(2014),『Research Design : Qualitative, Quantitative, and Mixed Methods Approaches』(4ᵗʰ Edition), SAGE Publications Inc.,『연구방법 : 질 적 양적 및 혼합적 연구의 설계』, 정종진 외 9인 역, 2017(서울 : ㈜시그마프 레스)

Lewis Alfred Coser,『Men of Ideas : A Sociologists view』,『지식인』, 정철기역, 1985(서울 : 금문당출판사)

Marcaret Willes,『reading matters:five centuries of discovering books』,『독서의 탄생 : 책의 발견 5세기』, 2011, 이상원 역(서울 : 황소자리)

Mortimer J. Adler,『How to Read a Book : The Ultimate Guide by,『독서의 기술』, 민병덕 역, 1994(서울 : 범우사)

Stanley Unwin,『The Truth About Publishing』,『출판의 진실』, 1984, 한영탁 역(서 울: 보성사)

출판학의 체계와
연구 방법론

1. 서론 : 출판학의 체계와 연구 방법론의 새로운 모색

디지털 기술이 출판에 많은 영향을 미침에 따라 출판산업과 출판학 연구에서 패러다임(paradigm)의 변화가 일어난 지 상당한 시간이 흘렀다. 토마스 쿤(Thomas Kuhn)에 의해 주창된 패러다임은 일반적으로 한 시대 사람들의 견해나 사고를 근본적으로 규정하고 있는 테두리로서 일종의 인식 체계 또는 사물에 대한 이론적인 틀이나 창문이며 사고방식을 말한다. 출판학 연구에서 패러다임이라면 출판학의 연구대상인 출판현상을 인식하게 해 주는 인식 체계 또는 틀이며, 출판학 연구에 관심을 갖는 사람들의 관점, 문제의식, 사고방식 등을 규정하는 테두리라고 할 수 있다. 출판학 연구에서 패러다임이 없다면 출판학 연구를 수행하는 데 필요한 문제의식이 없는 것이며 체계적인 분석과 사고의 전개를 이끌어줄 틀이 없는 셈이다.

출판학 연구의 각 영역에서도 패러다임의 변화를 수용하면서 진전되고 있으며 특히, 전자출판과 멀티미디어에 대한 연구는 2000년 이후에 급속히 증대되고 있다. 어떤 사물이건 어느 학문이건 각각의 근본 원리가 있는데 이를 원론이라고 말한다. 이처럼 근본이 되는 원리인 원론을 출판학 연구에서는 '출판학 원론'이라고 한다. 패러다임이 바뀜에 따라 출판학 연구에서 많은 변화가 있고 각 연구 영역도 마찬가지다. 출판학 연구자들은 각 영역에서 연구는 활발하지만 왜 그런지 원론적인 연구는 거의 방관하여 왔다. 이러한 이유는 인식의 문제도 있겠지만, 원론적 연구의 어려움과 더불어 연구 효과의 불확실성도 있기 때문으로 보인다. 그렇지만 출판학 연구의 근본이 되는 원론이나 개론도 시대와 패러다임의 변화에서 부합되지 않는 점이 있다면 새롭게 재논의 되면서 학문적인 발전이 이루어져야 할 것이다.

이 연구는 출판학 원론의 새로운 관점에서 당면한 네 가지의 대상들을 논의하는데 목적이 있다. 이는 출판학의 학문적 체계의 재논의, 출판의 매스 커뮤니케이션적 성격과 비 매스 커뮤니케이션적 성격 검토, 출판활동 순환 과정의 발전적 개선, 출판학 연구방법론의 발전 방안이다. 제시한 논의 대상들은 출판학 연구에서 중요한 과제이므로 시도가 되었거나 검토가 되어왔던 주제들이기도 하다. 그러나 논의가 이루어져서 정립에는 다다르지 못한 체 지금에 이르게 된 면이 많다. 이 주제들은 시대와 패러다임의 변화에서 새롭게 재논의가 되어야 하거나 혹은 분명한 논의 대상이 되지만 관심이 부족했던 문제들이다. 이 연구는 네 가지의 논점에 대해서 논의에만 그치는 것이 아니라 타당하다고 생각하는 대안을 제시하는데 까지 두고자 한다.

첫째, 출판학의 학문적 체계의 재논의 문제이다. 출판학은 출판현상을 체계화하여 과학적으로 연구하는 학문이다. 출판현상을 체계화하고 과학화하려면 출판학의 연구 영역과 대상의 체계화부터 이루어져야 한다. 놀랍게도 초창기부터 출판 이론과 학문적인 체계가 모색되어 왔으나 주로 저작물의 선택·제작·분배의 세 부문을 중심으로 다루어져 왔다. 이 체계화는 출판의 미시적 관점 연구에서는 유익한 구조이지만, 거시적 관점과 불균형을 이루고 있는 구조이기도 하다. 이 구조는 출판의 내적 환경인 미시적 관점에 치중되어 출판의 거시적 관점은 범주에 포함되지 않는 체계를 갖고 있다. 출판학의 학문적 체계는 출판현상을 종합하여 과학적이고 구조적으로 체계화되어야 할 것이다.

둘째, 출판의 매스 커뮤니케이션적 성격과 비 매스 커뮤니케이션적 성격에 대한 검토이다. 이 주제는 출판학의 정체성과도 관련되기 때문에 더욱 논의가 필요한 대상이기도 하다. 출판은 커뮤니케이션 현상의 하나이면서 매스 커뮤니케이션적인 측면과 비 매스 커뮤니케이션적인 측면의 기능도 함께 갖고 있다. 이 현상에 대하여 지금까지 부분적 제기는 있어 왔으나 구체적으로 논의한 적은 없었다. 이 주제는 다음의 물음에서 해답을 찾아야 할 것으로 보인다. 매스 커뮤니케이션학에 출판이 포함된다 하더라도 출판현상이 모두 매스 커뮤니케이션이라고 볼 수 있느냐 동시에 매스 커뮤니케이션학의 이론만을 가지고 출판현상의 모든 것을 분석할 수 있느냐하는 물음이다.

셋째, 출판 순환과정의 발전적 개선이다. 출판의 순환과정이란 출판콘텐츠(텍스트)가 저작자에서 소비자에게 전달되는 출판활동의 과정적인 모형이다. 지금까지 출판의 과정적 회로는 출판물의 선택·제작·분배의 세 부문의 흐름으로 이루어져 왔다. 그러나 이 세 부문의 과정적 흐름으로 출판의 순환과정을 모두 설명할 수는 없는 한계성이 있다는 점이다. 출판물의 생산과 유통의 목적은 독자와 이용자에게 있으며, 이로 인한 사회와 시대적 영향과 상호작용이 중요하다. 이 과정은 출판의 내적 환경인 미시적 관점에 중점을 두고 있어 출판의 외적 환경인 거시적 관점에서는 유용하지 못하다. 즉, 선택과 제작은 있되, 분배 이후의 과정이 규정되어 있지 않은 순환구조를 갖고 있다는 점이다.

넷째, 출판학 연구방법론의 발전 방안이다. 출판학 연구는 질적 연구 방법과 양적 연구 방법 등으로 연구되어 왔다. 그러나 주로 질적 연구와 더불어 설문조사, 자료 분석 등의 방법론이 많이 다루어져 온 것도 사실이다. 연구방법론에서 질적 연구의 향상과 양적 연구가 증대하여 다양한 연구방법론이 모색되어야 한다. 다양한 방법론이란 출판학이 인문과학만이 아니라 사회과학적 인식에서 보다 나은 연구방법론의 개선이 필요하다. 더불어 관련 학문인 커뮤니케이션학, 지식사회학, 문화사회학 등에서 모색하여 출판학 연구에 적합한 방법론의 개발과 적용은 매우 당면한 문제이다. 이는 출판학 연구가 미시 출판학에 치중되어 왔으므로 연구 공간이 협소하였고, 연구 방법의 적용에도 한계성이 드러나는 현상과도 관련성이 있다.

이 연구는 시대와 패러다임의 변화에서 새로운 관점을 가지고 출판학 원론의 네 가지의 당면한 대상들을 논의하는데 목적이 있다. 네 가지의 대상은 출판학의 학문적 체계의 재논의, 출판의 매스 커뮤니케이션적 성격과 비 매스 커뮤니케이션적 성격 검토, 출판 순환과정의 발전적 개선, 출판학 연구방법론의 발전 방안이다. 출판의 학문적 체계는 미시적이고 거시적인 관점을 종합하는 과학적인 체계화에 두어야 한다. 출판의 매스적인 성격과 비 매스적인 성격은 출판현상과 매스 커뮤니케이션 현상을 구별할 수 있는 타당한 기준에 있다. 출판의 순환과정 역시 미시적이며 거시적인 과정이 종합되어야 하며 출판매체의 특성에서 찾아야 할 것으로 보인다. 출판학의 연구방법론은 개선되어 왔으나 출판학에 적합한 방법론의 개발과 적용이 더욱 필요해 보인다. 논의 대상인 네 가지의 주제들은 통합된 의견이 어렵고 논의도 부족하였다. 여러 문제들을 한꺼번에 토의하기도 쉽지 않다. 그러나 당면한 이 주제들에 대해 출판학 원론의 관점에서 좀 더 진전된 방안을 찾고자 하는 것이 이 연구의 목적이다.

2. 출판학의 체계론

1) 출판학 체계의 개념

체계(system)는 일정한 원리에 따라서 낱낱의 부분이 짜임새 있게 조직되어 통일된 전체를 말한다. 지식(knowledge)은 어떤 대상에 대한 명확한 인식이나 이해이다. 일반적으로 지식 체계(知識體系, knowledge system)란 여러 개별적 지식들이 일관된 논리에 따라 조직됨으로써 각 부분이 전체 또는 다른 부분과 관련하여 이해될 수 있도록 통일적 전체를 이루고 있는 것을 말한다. 특정 학문의 지식체계는 그 학문의 체계(academic system)가 된다. 학문적 체계란 그 학문의 영역에서 대상이 되는 지식들이 다른 부분과 유기적으로 짜임새 있게 조직되어 그 학문이 전체적으로 통일적인 구조를 가지는 것을 말한다.

차배근은 커뮤니케이션학의 학문적 체계의 개념과 기능에 대해 다음과 같이 말한다. "체계(system)란 커뮤니케이션학이라는 학문에 관한 전반적인 연구문제를 개관하는 창문(paradigm)이요, 커뮤니케이션 이론의 골격(theoreretical framework)이요, 또는 커뮤니케이션 현상에 관한 여러 가지 연구와 사색의 결과를 종합, 조합할 수 있는 설계도(blue print)를 뜻한다고 하겠다. 다시 말해서 커뮤니케이션학의 체계란 커뮤니케이션학의 연구 범위와 영역과 입장(approach)을 말한다"(차배근, 1986,『커뮤니케이션학개론(상)』, p. 173). 라고 하였다. 이어서 한 학문이 독립된 과학으로서 정립되기 위해서는 학문적 체계가 먼저 이루어져야 한다. 체계 없이 학문의 궁극적 목적인 이론이라는 집을 지을 수 없기 때문이라고 말한다. 학문에 있어서도 우선 체계를 세워놓고 여러 학자들이 각 영역별로 연구하고 그 결과를 종합, 조립하여 그 학문의 이론을 형성해 나가게 되는 것이라고 부언한다. 이처럼 한 학문이 하나의 독립과학으로 정립하려면, 먼저 학문적 체계의 정립이 반드시 필요하게 된다.

출판학의 학문적 체계는 출판학의 영역에서 대상이 되는 지식들이 다른 부분과 유기적으로 짜임새 있게 조직되어 출판학의 전체적이고 통일적인 구조를 가지는 것을 말한다고 하였다. 출판학의 학문적 체계란 출판학의 연구범위와 영역과 관점을 말한다. 따라서 출판학의 학문적 체계는 출판학 연구의 영역과 대상을 종합하는 통일된 구조라 할 수 있다. 한국에서 출판학의 학문적 체계에 대한 초창기적 시도는 1960년대부터 모색되어 왔다. 이 시기에 와서 전집출판이 성행되고 출판의 산업화가 진전되면서 뜻있는 소수의 출판 종사자들은 출판업의 과학화를 위한 출판이론 정립의 시급함을 인식하였고, 학문적 시도는 안춘근의 「출판학원론」(1963)에서부터 시작되었다.

안춘근은 「출판학원론」에서 출판의 선택·제작·분배의 기능을 제시하였다. 『출판개론』(1963)에서도 "유동하는 출판현상을 이론에 적용하는 동안 계통이 서는 저술을 하고 싶었다"는 점을 서문에서 밝히고 있는 것으로 보아 출판이론의 체계화의 관점을 보인 것이다. 7인의 회원으로 시작된 한국출판학회는 창립(1969)에 이어 간행된 최초의 출판 학술저널 『출판학』에 민병덕의 「출판학 서설」(창간호, 1969.8)

이 게재되었는데 이는 출판의 과학화와 학문적 체계화를 위한 모색이었다. 이처럼 한국 출판학 연구에서 출판학의 학문적 체계는 학회 창립 이전과 초기부터 절실하게 인식된 과제이기도 하였다.

2) 출판학 체계의 선행연구

(1) 안춘근의 출판 현상적 체계화

안춘근은 『출판개론』을 통하여 출판현상의 이론화를 모색하였다. 제1장 서적의 발달, 제2장 출판의 이론, 제3장 출판의 형성, 제4장 출판의 실제, 제5장 판매정책 등 5개장으로 간결하게 구성되어 있다. 제1장은 출판역사, 제2장은 출판 이론, 매스컴과 출판, 출판윤리, 출판독자, 출판비평, 저작권법 등으로, 제3장은 출판물의 형태론, 제4장은 출판실무론, 제5장은 서점, 선전, 판매 등으로 구조화되어 있다(안춘근, 1963, 출판개론』 참조). 이 책은 한국 최초의 출판 개론서로서 출판현상에 대한 체계적 저작임을 알 수 있다.

안춘근의 『출판개론』은 학문으로서 체계화보다 출판의 과학화와 이론화에 비중을 두고 있음을 볼 수 있다. 한편으로 "체계가 세워진 지식이 학(學)이다. 일단 체계가 이루어지면 완고해지며 이 같은 경향이 계속되는 되면 보수성을 띠는 것이다. 그런데 이 같은 체계가 서 있지 않은 새로운 사실이나 법칙이 발견되거나 아니면 새로운 영역이나 경계 영역이 개척되거나 하면, 학문의 진보적이며 혁신적인 성격이 눈에 뜨이게 나타나게 된다"고 하였다. 그는 출판학 연구의 선구자로서 학문적의 체계에 대한 이해 관점과 출판이론을 통하여 출판 전문 인력의 양성을 역설하고, 대학의 출판학과 설치를 주장하며 교과목 일람을 제시하였다(안춘근,1981, pp. 38~46).

(2) 민병덕의 출판학적 체계화

민병덕에 의해서 출판학적 이론과 학문적인 체계화가 시도되었다. 출판학을 역사적, 사회적, 실제적인 존재로서의 출판현상을 문화적인 관점에서 객관적으로 인식하는 '문화과학'을 강조한 방법론이 두드러져 보인다. 이어서 역사적으로 출판은 처음에는 복제의 기능에 치중했으나 복제의 기술이 발달하고 문맹자가 줄어 도서 수요량이 늘어 감에 따라 저작자와 독자의 공명을 위한 커뮤니케이션 기능이 증대되고 기업성이 강조되었다고 하였다. 한편으로 "출판학이란 사회 현상으로서의 출판을 과학적으로 조사 연구함을 목적으로 하는 학문으로서 저작물의 선택·제작·분배를 통한 출판의 경영과 그 사회적, 문화적 영향 및 법규와 정책, 그리고 출판의 발달사를 연구하는 학문"으로 정의하고 있다(민병덕, 1969, pp.7~11). 이러한 초창기 시대의 출판학의 정의는 지금에도 통용되는 정의에 해당한다.

민병덕은 출판 행위를 크게 선택·제작·분배의 세 부문으로 나눈다. 이 세 가지 활동은 서로 연대적인 것으로서 각각의 활동은 다른 활동에 의존하면서 또 다른 활동을 제약하기도 한다. 따라서 이 세 가지 기능이 순환 작용을 함으로써 출판 행위가 구성되는 것이라고 하였다. 그는 선택·제작·분배의 이론을 바탕으로 출판의 이론화와 더불어 출판학의 학문적인 체계화를 시도하였는데 주요 내용은 〈표1〉과 같다(민병덕,1969,「출판학 서설」참조).

〈표1〉 민병덕의 출판학의 학문적인 체계화

1. 총설	4) 레이아우트론
1) 문화과학으로서의 방법론	5) 교정론
2) 출판현상, 출판행위와 출판학	6) 장정론
3) 출판의 각 분야	7) 출판물 재료론
2. 선택	8) 제작진행 관리론
1) 출판기획론	**4. 분배**
2) 저작물론	1) 판매론
3) 저작자론	2) 출판물광고론
4) 독자론	3) 서점론
5) 출판회계론	**5. 출판경영론**
6) 출판권론	**6. 출판역사론**
3. 제작	
1) 편집자론	
2) 출판미학	
3) 편집론	

민병덕은 출판행위의 선택·제작·분배의 이론적 배경은 프랑스 문학사회학자인 로베르 에스까르삐(Robert Escarpit)의 『문학사회학』(Socologie de la litteruture)에 힘입은 바가 컸다고 『출판학개론』(1985)의 머리말에서 밝히고 있다. "에스까르삐에 의해 주도되었던 문학연구는 생산·분배·소비의 문학사회학이이다. 이 관점은 사회적·경제적 현상으로서의 문학을 최대한 규명하려고 하려고 하는 이론이다. 에

스까르삐는 출판의 기능을 작품의 선택·제작·유통으로 정리하면서 개념을 설명 한다"(남석순, 2008, pp.30~32).

　민병덕은 에스까르삐의 선택·제작·유통을 선택·제작·분배로 해석하여 출판학 연구에 활용하면서 풍부한 논의를 생산하였다. 한편으로 이 순환회로에 끊임없이 영향을 주는 요소가 '편집'임을 밝히면서 편집이 출판학 연구에 중요하고 필연적인 존재임을 강조하였다. 이 체계화는 출판학을 선택·제작·분배의 세 부문을 핵심적 영역으로 규정하고 앞에 총설, 뒤에 출판경영론과 출판역사론을 부가하였다. 놀랍게도 출판학의 창립년도(1969)에 이루어진 이 체계화는 출판학 연구의 이론적 배경으로도 작용되고 있으며 지금도 출판학 연구에서 인용되고 있다.

　출판학의 초창기에서 이루어진 체계화란 점에서 유의가 필요하지만, 출판학 연구의 미시적이고 거시적인 균형적 관점에서 볼 때 이미 논의와 개선이 필요했던 체계이기도 하였다. 이를 학문적 체계화로서 논의한다면 다음과 같다.

　첫째, 미시적 관점에 치중되어 있는 점이다. 출판의 내적 환경에 중심을 두는 체계로서 출판의 외적 환경은 거의 범주로 삼지 않았다. 내적 환경은 출판의 미시적 관점이며, 외적 환경은 출판의 거시적 관점이다. 출판물의 생산과 유통이 독자의 수용과 사회문화적 상호작용에 더 큰 목적이 있다면, 미시적 관점으로 출판학의 연구 영역과 대상들을 종합하기에는 한계성이 있다. 둘째, 분배 이후의 과정이 없는 점이다. 분배는 판매, 광고, 서점에서만 머무르고 있다. 이 점도 출판의 관점에서만 보는 출판행위로서 책이 갖는 독자와 사회, 시대적 영향과 상호작용은 논의 대상으로 삼지 않았다.

셋째, 선택·제작·분배를 중심에 두고 총설, 경영과 역사만을 논의 대상으로 하고 있는 점이다. 경영과 역사 또한 출판의 관점에만 서 있을 뿐, 출판에 영향을 주는 테크놀로지, 제도, 윤리, 정책, 국제 등 사회와 시대적 환경은 고려되지 못했다. 넷째, 선택·제작·분배는 출판 활동의 과정적 흐름이다. 출판 과정이 학문적 체계의 구성에는 유익하지만, 이에 치중될 때에는 출판매체, 출판영향, 출판환경 등 중요 영역을 설명할 수 있는 공간이 없어진다. 다섯째, 문학연구에서 비롯된 이론이라는 점이다. 생산·분배·소비는 문학의 연구방법론이다. 이러한 방법론을 출판학에 도입하려면 출판의 미시적, 거시적 현상 전반에 두루 통용될 수 있는 이론이어야 한다.

한편으로 지금 출판학의 미시적 연구의 경향도 이 체계의 영향을 전혀 부인할 수는 없다. 학술적인 인용은 주로 선택·제작·분배라는 출판의 순환 과정적 이해를 위해 이루어진다. 하지만 이 체계화는 출판학의 미시적 관점 연구에 크게 이바지 했으며 지금도 미시적 관점의 연구에서는 여전히 중요하다. 한국 출판학 연구에 상당한 영향을 주었으며 출판학의 학문적인 체계로서의 역할도 수행하여 왔다. 더불어 전자출판의 미시적 관점에도 부합되는 측면이 있다. 이러한 점에서 출판학 연구에 많은 공헌이 있어 왔으며 평가되어져야 한다.

3) 출판학의 체계 제시

체계(system)란 전반적인 연구 영역을 개관하는 창문(paradigm)이며, 골격(framework) 이라고 하였다. 출판학의 학문적 체계란 출판학의 연구 범위와 연구 관점을 말한다. 한 학문이 정립되기 위해서는 반드시 학문적 체계가 있어야 하는데, 체계 없이는 학문의 연구 영역도 설정할 수 없기 때문이다. 학문에 있어서 체계를 세워놓고 여러 학자들이 영역별로 연구하고 결과를 종합하여 그 학문의 이론을 형성해 나가게 되는 것이라 하였다. 하나의 독립학문으로 정립되려면 학문적 체계의 정립이 반드시 필요하게 된다.

민병덕의 「출판학 서설」에서 제시한 출판학의 학문적 체계의 시도는 초창기 출판학 연구에서 매우 당면한 과제가 되었기 때문이었다. 그는 이후 「출판학의 연구방법과 과제」에서 "학문적 초창기에는 어느 경우나 학문의 영역과 범위, 특질 등을 모색하기 위한 전반적이고도 개괄적인 연구가 중요하다"(민병덕, 1983,p.17)라고 했는데 여기에서 초창기 출판학의 학문과 연구의 인식과 자세를 살필 수 있다.

출판학은 출판현상을 체계화하고 과학화하는 학문이다. 출판현상을 체계화하고 과학화하려면 먼저 출판학 연구 영역과 대상의 체계화부터 이루어지는 것이 순차적이다. 체계화란 일정한 원리에 따라 부분이 짜임새 있게 조직되어 통일된 전체가 되는 것을 말한다. 출판학의 학문적 체계는 출판학의 영역에서 대상이 되는 지식들이 다른 부분과 유기적으로 짜임새 있게 조직되어 출판학의 전체적이고 통일적인 구조를 가지는 것을 말한다. 출판학의 연구대상도 출판현상을 종합하여 체계화되어야 한다. 학문적 체계화는 과학적이고 합리적이며 구조적으로 체계화되어야 한다. 이 연구는 출판현상 연구에 있어서 '종합성과 대상성, 체계성과 방향성의 관점'으로 학문적 체계에 접근하고자 한다.

여기에 제시되는 〈출판학의 학문적 체계〉는 앞 장의 〈출판학의 연구 대상〉에서 논의한 내용과 동일 선상에 있다. 다만, 연구대상이 출판현상을 포괄하여 출판학 연구의 대상이 되는 연구 단위라면, 학문적 체계는 이를 학문적으로 체계화하고 구조화시킨 것이다. 연구대상이 출판현상의 종합성과 대상성에 있다면, 학문적 체계는 체계성과 방향성을 강조한 것이다. 다시 말하면, 연구 대상이 무엇을 연구하느냐에 있다면, 학문적 체계는 어떤 범주에서 어느 방향으로 연구하느냐의 관점만 다를 뿐이다.

앞 장에서 출판학의 연구대상을 (1) 이론역사(Theory&History) (2) 출판생산(Publishing Production) (3) 출판매체(Publishing Media) (4) 출판영향(Publishing Effect) (5) 출판환경(Publishing Envirenment) 의 5개 영역으로 대분류한 바 있다. 다시 본다면, 첫째, 이론역사는 출판학의 이론적 배경과 출판의 시대적·사회적인 문화사와 매체사이다. 둘째, 출판생산은 인적 활동인 출판직무 및 출판물을 직접적으로 생산하는 출판제작으로 출판의 핵심적 분야이다. 셋째, 출판매체는 도서매체·전자출판매체·잡지매체의 역할, 기능, 영향 등이다. 넷째, 출판영향은 책의 수용자인 독자(이용자) 연구와 출판의 사회문화적 역할과 상호작용이다. 다섯째, 출판환경은 환경 속의 출판(Publishing in Environment)으로서 출판산업, 출판제도, 국제출판이다.

이러한 대분류에서 각각의 12 영역의 중분류를 설정하고 자세하게 기술한 바 있다. 출판학의 학문적 체계에서 연구단위의 내용은 이를 참조하길 바란다. 아래의 〈표2〉는 출판학의 연구 대상을 출판학의 학문적 체계로 제시한 것이다.

이 체계화는 출판학 연구의 미시적이고 거시적인 관점을 모두 수용한 것이다. 이러한 학문적 체계화는 출판의 모든 분야를 종합하면서 체계성이 있으며 전자출판 시대에도 부합될 것으로 보인다. 즉, 출판학 연구의 종합성과 대상성, 체계성과 방향성을 포괄하여 제시한 것이다. 한편으로 출판학 연구에서 소홀히 해왔던 출판의 외적 현상인 독자(이용자) 및 사회문화적, 시대적 영향 등 거시적 관점도 수용될 수 있을 것으로 믿는다. 이 체계화는 출판학 연구대상에서 연구의 범주와 방향을 고려하여 체계화를 시도한 것이다.

한편으로 〈표2〉에서 제시한 연구 단위들은 2000년 이후 출판학자들의 의한 출판학의 논문 분석과 연구단위의 분류들이 참고가 되었다. 이 체계화도 가장 합리적이고 과학적인 출판학의 학문적 체계라고 할 수는 없다. 앞으로 더욱 보완되어지기를 기대한다.

〈표 2〉 출판학의 체계도

출판학의 체계		
대분류	중분류	주요 내용
이론역사	출판학이론	온오프라인 출판현상의 연구방법론, 출판학 원론과 각론의 이론체계 및 출판학 교육의 체계적 연구
	출판역사론	출판의 발달사와 각 시대별 출판현상과 출판문화 등 역사성에 바탕을 둔 출판의 사회적·문화적 영향 연구
출판생산	출판직무론	출판편집인들의 출판활동에서 직무 수행능력으로 기업성과 문화성을 겸한 지적·기술적·예술적 등의 활동 연구
	출판제작론	온-오프라인 출판물의 생산과정으로 선택-제작-분배에 직접 관련되어 진행되는 출판제작 업무 연구
출판매체	도서매체론	관련 법률(출판문화산업진흥법)의 정의에 따른 간행물과 관련된 출판현상의 연구
	전자출판론	관련 법률(출판문화산업진흥법)의 정의에 따른 전자출판물과 관련된 출판현상 연구
	잡지매체론	관련 법률(잡지 등 정기간행물의 진흥에 관한 법률)의 정의에 따른 정기 간행물과 관련된 출판현상 연구
출판영향	이용독자론	온-오프라인 출판의 도서·잡지·전자적 출판물의 독자와 이용자(개인·집단·사회) 및 독서현상 연구
	출판사회론	출판물의 공표와 수용현상으로 책이 인간과 사회에 미치는 영향에 관련된 사회적 및 문화적 현상연구
출판환경	출판산업론	산업환경, 출판산업, 출판매체 등 산업적 연구 및, 출판물의 기획, 생산, 유통, 판매, 관리 등 경영적 연구
	출판제도론	출판 저작권법과 관련 법규 및 출판정책과 출판윤리 등을 포함한 제도적이며 규범적인 연구
	국제출판론	국제 출판 학술교류와 연구 및 국제출판, 번역출판, 출판무역 등 출판산업에 관련되는 국제적 연구

3. 출판 순환 과정론

1) 출판의 매스 커뮤니케이션적 성격과 비 매스 커뮤니케이션적 성격

커뮤니케이션학이 고대 그리스의 수사학에서 시작되었다고 한다면, 역사는 2,300여년으로 올라간다. 고대 그리스의 수사학은 로마시대와 중세시대의 수사학으로 발전하고 쇠퇴하였다. 미국에서 수사학은 스피치학으로 정립되었다가 20세기에 와서 저널리즘학과 스피치학이 통합되어 1950년대부터 매스 커뮤니케이션학으로 1960년대부터는 다시 커뮤니케이션학으로 발전하고 있다.

출판의 매개인 문자는 약 6천년전 메소포타미아 지역의 설형문자에서 시작되었으며 책의 출발점으로 인정되는 점토판책은 약 5천년의 역사가 있다. 커뮤니케이션이 '말의 미디어'라면, 출판은 '문자의 미디어'라고 할 수 있다. 이처럼 말과 글로 '소통'한다는 유사성이 있으나 성격과 발달 과정은 서로 달랐다. 이러한 현상들을 연구하는 출판학과 커뮤니케이션학도 유사성을 갖고 있지만 다른 점도 아울러 갖고 있다.

이 연구는 출판매체의 매스 커뮤니케이션적 성격은 무엇이고, 비 매스 커뮤니케이션적 성격은 어떤 것인가에 대하여 논의한다. 출판의 매스와 비 매스적인 성격은 출판학의 정체성과 결부되기 때문에 더욱 논의가 필요한 부분이다. 이어지는 출판의 순환과정과 관련성이 있기에 앞서 논의하게된 것이다. 먼저 출판의 매스 커뮤니케이션적인 성격을 살핀 다음, 비 매스 커뮤니케이션적 성격을 찾아본다. 이 문제에 대하여 논의했던 연구자들은, 채백·이강수·민병덕·김성재 이며 각각 논문들을 모아서 간추려 보면서 현상적, 학문적 측면으로 나누어 살펴본다.

현상론의 관점은 채백과 김성재로서, 채백은 출판의 매스와 비 매스적인 성격을 아울러 갖고 있다고 보며, 김성재는 매스적인 것과 비 매스적인 점을 구분하는 입장이다. 학술적으로 이강수와 민병덕이 있는데 이강수는 출판학이 매스 커뮤니케이션의 한 영역으로 연구 되어야 함을 역설한다. 반면에 민병덕은 출판현상도 커뮤니케이션의 한 영역이긴 하지만 독립적인 연구를 주장한다.

첫째, 현상적인 측면에서 채백(1999,pp.45~68)은 출판에서 대표성을 갖고 있는 도서는 매스 커뮤니케이션적인 측면과 비 매스 커뮤니케이션적인 측면의 기능을 함께 갖고 있다고 한다. 먼저, 출판의 매스 커뮤니케이션적인 성격에 대하여 도서는 기술적인 복제 수단을 사용하여 상당한 양을 복제한다. 이는 불특정 다수의 사람들을 대상으로 하는 커뮤니케이션의 형태이며 이러한 면에서 출판은 매스 커뮤니케이션의 특성을 지닌다고 주장한다.

더욱이 컴퓨터 사용이 보편화되면서 출판제작에 소요 시간이 대폭 단축되어 출판매체가 시의성 있는 주제를 다룰 수 있게 되면서 출판의 저널리즘적 측면이 보다 부각되고 있다고 본다. 현대에 와서 출판 매체는 대량생산과 대량보급이 가능해 짐으로써 대중 매체로서의 필요조건도 갖추었다고 한다. 많은 양의 복제를 행하며 다수의 독자를 지향하고 다수의 독자가 존재한다는 사실을 부인할 수 없기 때문에 저널리즘이 될 수 있다고 하였다.

한편으로 밀리언셀러가 등장함으로써 저널리즘으로서 출판이 갖는 기능을 잘 보여 준다는 것이다. 도서는 긴 생명을 지닐 수 있는 매체이며 문화적 가치가 인정되면 시간의 제약을 받지 않는다. 공간적으로도 신문이나 잡지에 비해 제약을 덜 받는다. 번역이 활발하고 출판이 국제화되어 감에 따라 인종과 문화를 초월하여 널리 읽히고 있다는 점에서도 매스 커뮤니케이션적 특성이 있다고 보았다. 출판매체는 매스 커뮤니케이션의 사회적 기능도 갖고 있다고 말한다. 따라서 출판의 매체 성격으로 보아 현대사회에서 출판이 대중매체의 일종으로서 매스 커뮤니케이션의 기능을 수행함에는 재론의 여지가 없다고 단언한다.

둘째, 이강수(1991,pp.167~189)는 학술적 관점에서 출판현상이 매스 커뮤니케이션의 이론적 체계에서 연구되어야 함을 역설한다. 이강수는 그동안 '사회학자·매스 커뮤니케이션학 연구자·출판학 연구자' 등 세 분야 연구자들의 '편견(bias)'때문에 출판의 학문적 이론체계가 이루어지지 못하고 있다고 진단한다. 인류역사상 출판매체만큼 오랜 기간에 걸쳐 커뮤니케이션에서 중요한 역할을 해 온 미디어는 없으며, 출판매체는 어떤 미디어와도 비교할 수 없는 기능을 해왔다. 그럼에도 불구하고 아직까지 출판매체에 대한 학문적 이론체계가 부진한 가장 큰 이유는 바로 이러한 편견 때문이라고 주장한다.

이강수는 출판현상 연구는 사회과학적인 이론의 틀에 입각해서 체계화되어야 한다면서 이를 위해 여섯 가지를 주장하였다. 첫째, 사회과학적 인식으로부터 출발해야 하고 둘째, 출판매체도 매스 미디어라는 인식으로 시작해야 하고 셋째, 매스 커뮤니케이션의 이론적 틀로 체계화되어야 하며 넷째, 매스 커뮤니케이션의 매체별 연구에서 신문론과 방송론 처럼 출판론이 가능하다는 점이다. 다섯째, 출판 커뮤니케이션 이론의 체계화를 위해서는 출판매체가 전달하는 커뮤니케이션의 내용을 명확하게 개념화 시킬 필요가 있고, 여섯째, 출판 커뮤니케이션에 대한 이론적 접근은 전통적 커뮤니케이션의 이론적 접근과 지식사회학적인 이론적 접근으로 크게 양분될 수 있다고 주장하였다. 다음은 출판매체가 가지고 있는 비 매스 커뮤니케이션적 성격의 논의들을 살핀다.

첫째, 현상적인 측면에서 채백은 출판이 대중매체와 구별되는 점은 다른 매스 커뮤니케이션 매체와 달리 일 대 일(1:1)의 커뮤니케이션(one to one communication)이 극도로 중요함을 든다. 이러한 점은 전문도서나 학술도서의 경우에는 소수나 특정 집단만을 대상으로 한다. 문학도서도 작가와 독자가 소통한다는 점에서 한 사람의 독자라도 참다운 이해가 있는 사람이어야 창작의 의미가 달성된다고 하였다. 아동도서 등도 적정 연령을 대상으로 한다는 점에서 책은 일 대 일의 커뮤니케이션적인 특성이 매우 강하다는 것이다. 또한 현대의 도서나 잡지도 고도로 전문화, 세분화되는 것이 특징이다. 따라서 일 대 일의 커뮤니케이션의 의미를 끝까지 상실하지 않기 때문에 일 대 다수(one to many)는 관점에서만 파악되는 매스 커뮤니케이션 접근 방법만으로 메울 수 없는 요소를 가지고 있는 것이 큰 특징이라 하였다.

한편으로 저널리즘에 출판이 포함된다 하더라도 출판이 곧 저널리즘이라고 말 할 수 없다고 한다. 동시에 저널리즘의 측면만 가지고 출판의 모든 것을 다루는 것은 매우 곤란하다고 한다. 이는 비 저널리즘으로서의 도서가 오늘날까지 그대로 존재하고 있을 뿐 아니라, 매스커뮤니케이션의 발달이 현저해지면 현저해 질수록 비 매스 커뮤니케이션적 출판의 역할도 중시되고 있다고 하였다. 한편으로 출판의 기능 가운데 다른 매체가 추종할 수 없는 탁월한 기능이 있다고 하였다. 이를 문화의 보전·전달·창조의 특수한 기능이라 하였다. 출판은 문화의 항구적인 보존과 광파성(廣播性)인 전달 기능이 있다. 문학과 예술, 다른 매체를 통한 재창조의 역할도 크며, 출판 없이 재창조는 이루어질 수 없다고 해도 과언이 아니라고 말한다.

둘째, 현상적인 측면에서 김성재(1989, p.8)는 서적에 따라서 매스커뮤니케이션으로서의 구실을 하는 것도 있으나, 반드시 매스 미디어 라고 할 수 없는 요소가 있는 것도 그 특성의 하나라고 하였다. 비 매스적인 측면이 있는 것은 서적들이 매스 미디어와 비교하여 평균성과 일반성의 요소가 결핍되어 있다는 증좌이며 이는 오히려 수용자의 선택성이 풍부함을 입증하여 준다고 하였다. 그는 서적(도서)의 독자가 특정이냐 아니면 불특정이냐에 따라서 도서를 분류하고 있는데, 불특정과 특정은 도서의 매스와 비 매스를 구분하는 데에 있어서도 유의미한 기준으로 삼을 만하다.

셋째, 학문적인 측면에서 민병덕(1983, pp.8~9)은 출판학은 신문, 방송 등 매스 커뮤니케이션을 대상으로 하는 신문방송학에 가까우나 반드시 출판이 매스미디어의 하나로 존재하는 것이 아니다. 다른 특질을 지니고 있으므로 커뮤니케이션학의 한 분야이기는 하나 독립적으로 연구되어야 할 가치가 있다고 주장한다. 출판학의 연구영역에 대해서 출판학 연구는 그동안의 모색단계를 거쳐 커뮤니케이션학의 한 분야로서 출판 커뮤니케이션 현상의 탐구로 흐르는 경향이 있다. 물론 출판현상도 광의의 커뮤니케이션 현상의 한 영역이긴 하지만, 신문이나 방송, 스피치 등의 분야가 다룰 수 없는 도서매체의 특성을 다루는 특수영역을 보유하고 있다. 출판학은 신문학의 한 분야로 보는 견해가 성립될 수 있으나 출판은 신문에 앞서 발생된 것이며, 문화를 전달할 뿐만 아니라 문화를 창조, 체계화, 보존, 전수한다는 특성을 지니고 있어 신문과는 관련은 가지되 독립적으로 연구되어야 하는 학문이다 이라고 신중한 주장을 하고 있다.

위와 같이 출판매체의 매스 커뮤니케이션적 성격과 비 매스 커뮤니케이션적 성격을 각각 구분하여 살폈다. 다음은 출판매체의 매스와 비 매스적인 성격을 판단할 수 있는 '범주'에 대해 논의한다. 첫째, 미국의 피터슨(Peterson, 1964, p.257)은 텔레비전과 대중잡지는 전 인구의 대부분을 대상으로 하기 때문에 대다수의 사람들이 갖는 취미, 관심, 신념에 속박되어 있다. 이러한 매체는 소수의 사람들이 관심을 가지는 내용을 광범위하게 파헤쳐서 깊이 탐구하는 일을 할 수는 없다고 하였다(Peterson, Theodore, 1964). 피터슨의 말처럼, 텔레비전과 대중잡지, 신문은 해당 언어를 사용하는 전 인구의 대부분을 대상으로 이들이 관심을 갖는 보편적 정보 전달에 치중하는 것을 대중 매체로 보고 있다. 피터슨의 표현을 정리한다면, 대중매체의 구분은 다수의 사람들이 관심을 갖느냐 혹은 소수의 사람들이 관심을 갖느냐에 기준이 있음을 알 수 있다.

둘째, 채백에 의하면 출판이 대중매체와 구별되는 점은 다른 매스 커뮤니케이션 매체와 달리, 일 대 일(1:1)의 커뮤니케이션이 극도로 중요함을 든다. 출판매체는 특성상으로 일 대 일의 커뮤니케이션의 의미를 상실하지 않기 때문에 일 대 다수(one to many)라는 관점에서만 파악되는 매스 커뮤니케이션 접근 방법만으로 메울 수 없는 요소를 가지고 있다고 하였다. 채백의 말을 정리한다면, 출판매체가 일 대 일의 커뮤니케이션 인가 혹은 일대 다수의 커뮤니케이션 인가에 있다.

셋째, 김성재에 의하면, 서적에 따라 매스 커뮤니케이션으로서의 구실을 하는 것도 있으나 반드시 매스 미디어 라고 할 수 없는 것도 있다고 하였다. 비 매스적인 측면이 있는 것은 서적들은 매스 미디어에 비하여 내용의 평균성과 일반성의 요소가 결핍되어 있기 때문이다. 또한 출판독자들의 구분이 특정이냐 아니면 불특정이냐는 점도 있다. 김성재의 말을 정리하면, 도서가 매스 미디어의 평균성과 일반성 요소가 있느냐 혹은 없느냐와 더불어 독자들이 특정(特定)이냐 혹은 불특정(不特定)이냐 하는 점은 중요하다.

다시 이 범주를 정리하여 본다면, 출판매체의 매스 커뮤니케이션적 성격과 비 매스 커뮤니케이션적 성격의 구분은 (1) 해당 언어권에서 대다수 사람들이 관심을 갖느냐 혹은 소수 사람들만 관심을 갖느냐 (2) 도서가 일 대 일의 커뮤니케이션 혹은 일대 다수의 커뮤니케이션 인가 (3) 도서가 매스 미디어의 평균성과 일반성 요소가 있느냐 혹은 없느냐 (4) 독자 대상이 특정(特定)이냐 혹은 불특정(不特定)이냐 하는 점에도 있음을 본다.

한편으로 이러한 범주 위에서 지금의 종이책과 전자책의 독자와 이용자들의 규모를 살필 필요가 있다. 컴퓨터와 앱 등의 디바이스를 이용한 전자출판물은 새로운 영역을 만들고 있다. 전자책들은 광파성을 기반으로 공표되고 있으며 팽창하고 있기 때문에 매스 커뮤니케이션적인 성격이 강화되고 있다. 다만, 종이신문의 구독 감소가 전자신문에서는 만회되고 있지만, 종이책의 감소만큼 전자책의 구독이 크게 증가되지 않고 있는 현실이다. 하지만 전자책, 앱북, 웹소설, 오디오북, 웹진, 웹툰, 증강현실(AR)과 가상현실(VR) 등으로 세분화되어 발전하면서 영역을 넓혀나가고 있기 때문에 출판매체의 매스 커뮤니케이션적인 성격은 점차로 커지고 있다고 보여 진다.

그렇다면, 출판매체의 매스 커뮤니케이션적 성격과 비 매스 커뮤니케이션적 성격의 구분할 수 있는 '기준'은 무엇인가 하는 점이다. 위에서 살펴본 출판매체의 매스와 비 매스적인 성격과 범주에서 출판의 결과물인 도서의 매스와 비 매스적인 성격을 가를 수 있는 최소한의 기준이 필요해진다. 여러 가지 방법이 있겠지만 실제적인 것은 출판물의 분류에서 나와야 된다고 보여 진다. 도서의 분류는 책의 성격과 내용, 대상 독자들이 대체로 구분되기 때문이다.

미국의 경우에 스타인버그(C. Steinberg)는 도서를 매스미디어 카테고리에 포함시키고 있으나 페이퍼백(paperbacks)에 한정하고 있다. 행콕(A. Hancock) 역시 매스 미디어의 카테고리에 일반적인 도서 대신 페이퍼백만 포함시킨다(이강수,1991, p.178 재인용). 도서 분류에서 마이클 레인(Michael Lane)은 (1) 일반도서 (2) 소설류 (3) 순수 문학도서 (4) 교육도서 및 기술도서 (5) 학술도서이다. 한국에서 유통에 의한 분류는 (1) 일반 단행본 (2) 학술전문서 (3) 교과서 및 초·중·고 학습참고서 (4) 아동도서 (5) 학습지 (6) 전집 (7) 전자출판물로 구분되고 있다. 일반대중서 시장은 (1) 소설·시 (2) 에세이 (3) 인문학 (4) 사회과학 (5) 역사 (6) 과학 (7) 경제경영 (8) 자기계발 (9) 좋은부모 (10) 유아 (11) 어린이로 구분하는 등 여러 방법들이 있다.

한편으로 일본의 출판학자 미노와 시게오(箕輪成男) 교수의 구분이 출판매체의 매스와 비 매스적인 성격을 가르는데 있어서 가장 유용해 보인다. 이 방법은 독자가 불특정(不特定)이냐 특정적(特定的)이냐에 따른 구분이므로 이 연구에 부합되며 비교적 명료하다. 그에 따르면, 불특정 독자를 대상으로 하는 도서는 '일반서(general book)'이며, 특정독자를 대상으로 하는 도서는 '전문서(professional book)'라고 대별한다. 일반서는 소설집, 시집, 수필집 등의 문학서를 비롯하여 실용서 등의 대중적인 넌픽션 등 전문가가 아닌 일반적 독자 대중에게 영합되는 읽을거리의 도서로서 넓게는 아동도서와 일반 참고도서까지 포함한 개념으로 쓰고 있다.

반면에 전문서는 특정 전문가를 위한 기술서나 학술서 또는 전문적인 참고도서를 일컫는다. 전문서는 수많은 전문 분야로 나뉘는데, 이것들은 정보로서의 출판의 가장 큰 부분을 대표하게 된다. 전문서 중 학술적인 정보를 담은 학술서와 전형적인 것은 전문적인 학술서로서 1차 문헌을 다룬 것이다. 이것은 오리저널한 연구 성과를 발표한 논문으로 된 것으로 특히 학술전문서 라고 일컫는데 비상업적인 도서이다. 대학 레벨의 교과서(textbook)나 학문적인 배경을 가진 정도가 높은 해설을 한 계몽서 등도 넓은 의미에서는 학술서에 드는데 이러한 것을 해설적 학술서 라고 하기도 한다(箕輪成男, 1982, pp. 128~130).

도서의 분류 방법으로 특이한 것은 프랑스의 로베르 에스까르삐(Robert Escarpit) 교수가 행한 기능적 면에서의 분류이다. 그에 의하면, 듀이 십진법에 의한 10부문 중에서 4개(사회과학, 어학, 순수과학, 기술과학)는 순수한 기능적인 것이고, 5개(총류, 철학, 종교, 예술, 역사)는 그 일부가 기능적인 책(기능서, functional book)이라는 것이다. 비 기능서로는 문학만을 들었다. 기능적이 아닌 독서, 즉 실용적이 아닌 문화적 필요를 만족시키는 독서는 모두 문학적인 독서로 보는 것이다. 그리고 교육도서를 도구로서의 책인 기능서의 전형으로 보고 있다(Robert Escarpit, 1965, 임문영 역, pp. 42~43).

출판매체(도서)는 매스 커뮤니케이션적 성격과 비 매스 커뮤니케이션적 성격을 아울러 갖고 있다. 이 연구에서는 매스 커뮤니케인션의 성격을 갖고 있는 도서들이 대중 매체의 성격을 갖고 있다고 본다. 이러한 구분을 위해서 각각의 도서 분류들을 참고로 하였다. 구분을 위한 합리성과 타당성을 고려한 최소한의 기준은 (1) 해당 언어권에서 대다수 사람들이 관심을 갖느냐 (2) 일대 다수의 커뮤니케이션 인가 (3) 매스 미디어의 평균성과 일반성의 요소가 있느냐를 일차적 기준으로 삼았다.

다음으로 독자 대상이 불특정(不特定)이냐 하는 점에 가장 중점을 두었다. 매스 커뮤니케이션의 성격을 가진 도서는 미노와(箕輪成男) 교수가 구분한 '불특정(不特定) 독자'들을 대상으로 하는 일반서(general book) 분야가 해당된다고 보았다. 다만, 일반서에 대한 구체적인 분류는 필요하다. 저자는 이 구분 방법이 명확성에 도달하지는 못하지만, 출판매체가 매스적 인가 아니면 비 매스적 인가에 대하여 구체화된 실체에는 가까이 갔다고 생각된다. 다른 분류에서도 이러한 기준에 충족된다면 대중매체로 볼 수 있다. 따라서 출판매체에도 매스 커뮤니케이션적인 성격은 분명히 있다고 하겠다.

한편으로 전자출판물에서도 이러한 기준이 그대로 적용될 수 있을 것이다. 웹소설이나 웹툰 등은 대개 대중매체의 성격을 갖고 있으며 앞으로 매스 커뮤니케이션적인 성격이 더욱 강화될 것으로 생각된다. 다만, 전자책(e-BOOK)에는 일반서 만이 아닌 전문서 분야가 가장 많이 있다. 전자책에서도 전문서가 아니고 일반서에 해당되는 책들은 매스 커뮤니케이션적인 성격이 있다고 판단한다.

다른 한편으로 출판매체도 독자와 이용자들과의 상호작용을 위한 커뮤니케이션 활동이 분명하지만 온전히 매스적이라 볼 수는 없는 것이다. 왜냐 하면 매스 커뮤니케이션에 출판이 포함된다 하더라도 출판이 모두 매스 커뮤니케이션이라고 볼 수는 없다. 동시에 매스 커뮤니케이션의 이론만을 가지고 출판현상의 모든 것을 분석할 수는 없는 것이다. 출판매체는 매스 커뮤니케이션적인 성격과 더불어 대인 커뮤니케이션에서 더욱 효과적인 영향력을 갖고 있다.

출판의 매스적과 비 매스적인 성격의 부각도 한국의 커뮤니케이션 연구가 지나치게 매스 커뮤니케이션 연구로 기울어져 커뮤니케이션 연구라면 매스 커뮤니케이션을 의미하는 경향에서 나타난 현상이기도 하다. 반면에 개인 및 집단커뮤니케이션 연구의 관심은 상대적으로 적은 것이 학문적 현실이라고 하겠다.

결론적으로 본다면, 출판은 일 대 다수(one to many)의 매스 커뮤니케이션 특성을 갖고 있지만, 일 대 일(1:1) 커뮤니케이션(one to one communication)으로서 개인 및 소수 집단을 대상으로 하는 커뮤니케이션이 비중 있게 작용되는 매체라고 볼 수 있다. 이러한 특성은 출판 본질성의 바탕에서 출판물(텍스트 혹은 콘텐츠)이 매체적 테크놀로지와 융합해서 비롯된 것으로 출판의 본질성이 출판현상으로 드러난 것이다.

2) 출판의 순환과정 선행연구

출판은 의미 있는 텍스트와 콘텐츠를 생산·제작·유통하여 독자(이용자)와 상호작용하는 커뮤니케이션 활동이다. 출판물은 독자와 소통할 뿐만 아니라 다시 피드백 됨으로써 순환적인 과정도 함께 갖고 있다. 커뮤니케이션 학자인 딘 C. 반런드(Dean C. Barnlund)는 "커뮤니케이션 현상에 대한 모든 연구는 그 과정에서 비롯되어야 한다"

(차배근 (상),1986, p. 185) 고 말하고 있다. 다시 말하면 커뮤니케이션의 연구 체계는 커뮤니케이션 과정에 따라 세워져야 한다는 것이다. 실제로 라스웰(Harold Lasswell), 버로(David K. Berlo), 호브랜드(Carl Hovland), 앤더슨(Kenneth Andersen) 등의 학자들과 차배근도 커뮤니케이션 과정모형에 따라서 커뮤니케이션의 학문적 체계를 정립하여 왔다.

한편, 초창기의 커뮤니케이션 연구도 기호학에서 연구체계를 세워오기도 하였는데, 모리스(Charles Morris), 체리(Colin Cherry), 스미드(Alfred G.Smith) 등이다(차배근, 1986, pp. 174~176). 이를 본다면 커뮤니케이션의 학문적 체계도 커뮤니케이션 과정 혹은 인접 학문 영역에서 연구가 시도되어 왔음을 알 수 있다. "한국에서도 신문학이 커뮤니케이션학으로 변화되면서 종래의 취재보도론, 편집론, 경영론 등을 지양하고 신문현상을 커뮤니케이션 과정에 따라 체계를 모색하며 범위를 규정하여 왔었다"(박유봉 외, 1980, p.22)는 말은 종래의 실용적인 신문방송학이 커뮤니케이션 과정에 따른 체계를 수용함으로써 커뮤니케이션학으로 정립되어져 왔다는 것이다.

출판은 매스적인 성격과 비 매스적인 성격을 함께 갖고 있는 미디어로서 매스 커뮤니케이션과 완전히 부합되지 못하는 특성도 가지고 있다고 하였다. 안춘근은 「출판학원론」(1963, p. 163)에서 "출판의 이론은 출판을 합리적으로 가능케 하는 모든 요소의 지식을 통틀어서 조정하고 이를 다시 종합한 것이라고 하면서, 출판활동은 선택·제작·분배를 통한 출판물의 생산과 공표활동이므로 상호간 연대작용의 중요함"을 강조하였다.

안춘근이 주장한 선택·제작·분배활동은 민병덕(1969, p. 11)에 의하여 구체화되면서 출판학의 이론과 학문적인 체계로 제시 되었다. 민병덕은 앞의 출판학의 학문적 체계에서 본 바와 같이 출판학을 정의하면서 선택·제작·분배를 그 중심에 놓았다. 출판물의 선택·제작·분배활동은 출판학의 학문적 체계 수립에 골격으로 활용되었고 출판학 연구에서 기본 인식으로 작용되어 왔다.

안 교수는 "출판문화의 향상은 (1) 무엇을 출판할 것인가의 선택문제로서의 저술개발 (2) 그것을 어떻게 만들어 내느냐 하는 생산문제로서의 기술개발 (3) 이를 어떤 경로를 통해 독자들에게 전달하느냐의 분배문제로서의 유통개발이 조화 있게 발전되어야 할 것이다"(안춘근, 1981, p.11)라고 하면서 출판활동의 선택·제작·분배과정의 핵심을 제시한 바 있다.

안교수가 제시했던 출판활동의 선택·제작·분배의 과정은 이종국에 의해 재해석됨으로써 3대 회로의 성격이 자세히 드러난다. "선택이라 함은 제반 사상(事象)속에서 소재를 취재하여 출판기획에 이바지해야 한다는 것이고, 제작의 경우는 체계화되지 않은 소재를 편집의 부가기능에 힘입어 성편활동을 수행하는 기술적, 창의적인 행위를 말한다. 그리고 분배(유통)의 경우는 서적을 중심으로 한 출판물의 사회적 보급행위를 지목한 것이다. 따라서 3대 회로를 통한 제반 출판적인 현상이 출판행위(publishing)와 출판물(publication)로 양립되므로 이 두 가지의 범주가 연구대상을 형성하는 중심축으로 보고자 했다"(이종국, 2001, p.333) 라고 하였다.

한편으로 이종국은 "출판학 연구의 첫 단서로 제기된 선택(selection, planning), 제작(production), 분배(disstribution)라는 것도 엄밀한 의미에서 볼 때 경험과 실기(출판물의 생산, 보급)에 따른 연대구조를 이론적으로 분화한 것에 다름 아니다. 여기에 '왜'의 구명(究明)이 학문적 접근으로서 적절하다는 발전적 해명을 낳게 한 것이다"(이종국, 2001, p.7)고 하였다. 근래에 와서 이종국의 글에 의하면 "안춘근은 에스카르피(Escarpit.R.)의 선택·생산·유통론을 예시하면서 이것은 단순히 과정적 회로이므로, 마땅히 기획선택·생산제작·유통분배·문화효과로 설정되어야 한다고 주장했다"고 기록하고 있다. 이를 영문 어휘의 이니셜로 과정적 회로를 기호화 한다면, S(selection), P(production), D(disstribution), E(effect), 즉, SPDE로 통제되고 순환되는 개념이라고 덧붙여 설명하고 있음을 본다(이종국, 2015, p.10 참조).

이와 같은 패러다임의 변화는 출판학 연구에서 매우 의미 있는 개념으로 진전될 수 있다. 선택·제작·분배는 출판의 내적 환경에 중심을 두는 미시적 관점으로 이해되고 있다. 그러나 출판의 '기획선택·생산제작·유통분배·문화효과'의 순환 개념은 미시적 관점과 거시적 관점을 아우르는 개념이 될 수 있기 때문이다. 한편, 인접학문에서 학문의 범주와 연구방법론에서 문제가 있어 왔던 라스웰의 모형에 근거한 '커뮤니케이션 과정'과 구별되는 출판현상에 바탕을 두는 순환개념이다. 이러한 패러다임은 출판학의 독립적인 연구 차원에서도 바람직한 개념이다. 다만, 출판의 내적 환경과 외적 환경, 즉 미시적이고 거시적인 현상을 종합한다면 '유통분배·문화효과' 사이에 독자와 이용자의 존재가 없다. 물론, 문화효과에서 논의할 수 있지만, 가장 중요한 인적 요소인 수용자의 존재가 불명확하면 문화효과의 불명확성도 높아지며 아울러 실증성도 부족해진다는 문제가 있다.

한편으로 "출판학 연구는 실무와 실용적 연구가 계속되어 왔으므로 이후 단계로 학제간 연구와 방법론도 원용해야 한다는 의견이 꾸준히 제시되었다. 이러한 추구는 출판도 사회적 현상으로서의 '출판커뮤니케이션'이므로 사회과학적인 이론의 틀에 주안 하여 연구해야 바람직하다는 의견이기도 했다. 이강수, 차배근의 연구들이 그런 사례이다. 개별매체의 영역으로서의 출판론에 기반을 둔 절충형 논의도 계속되었는데, 박유봉·채백, 오경호, 노병성, 김정숙 등의 연구들이 그에 해당 한다"(이종국, 2001, p.338)고 하였다.

차배근은 커뮤니케이션학의 입장에서 출판커뮤니케이션 현상을 '커뮤니케이터론-메시지론-매체론-수용자론-효과론'으로 나누고 있다. 오경호(1990)는 "출판행위에는 커뮤니케이션 행동이 취해지고 있고 출판업무 과정을 보아도 실감 한다"(오경호, 1996, p.29)면서 출판학의 연구영역을 커뮤니케이션 과정에 따라 6영역을 구분한다. 즉, 출판커뮤니케이터-출판메시지·매체-출판유통-출판독자-출판효과-출판상황의 과정으로 온전히 커뮤니케이션학의 입장에서 설정하고 있다. 김희락(1991, p.31)은 저작-제작-분배-수용-상황으로 출판과정을 구분하는데 이는 절충형의 과정이라고 볼 수 있다. 위에서 논의한 선행적인 출판커뮤니케이션 과정들을 정리하면 〈표3〉과 같다.

〈표3〉 출판의 순환 및 커뮤니케이션 과정의 선행연구

안춘근	선택-제작-분배 / 기획선택-생산제작-유통분배-문화효과
민병덕	선택-제작-분배
차배근	출판커뮤니케이터론-메시지론-매체론-수용자론-효과론
오경호	출판커뮤니케이터-출판메시지·매체-출판유통-출판독자-출판효과-출판상황
김희락	저작-제작-분배-수용-상황

3) 출판의 순환과정 제시

여기에 제시되는 '출판의 순환과정'이 출판의 커뮤니케이션 과정이라면 앞에서 논의된 '출판학의 학문적 체계'는 출판학 연구의 범주와 대상을 제시한 것이다. 출판학의 학문적 체계와 출판의 순환과정은 모두 출판학 연구에서 활용될 수 있을 것이다. 출판의 순환과정이란 출판콘텐츠(텍스트)가 저작자에서 소비자에게 전달되는 출판활동의 과정적 모형이다. 각 과정은 출판커뮤니케이션의 흐름을 보여주면서도 동시에 출판학에서 영역의 연구도 이루어질 수 있다.

앞에서 출판의 순환과정에 대한 여러 관점들을 살펴 왔다. 이는 출판의 선택·제작·분배과정, 커뮤니케이션적 과정, 절충형의 과정들이 있었다. 여기에서 '기획선택-생산제작-유통분배-문화효과'의 과정은 출판의 미시적, 거시적 관점에서 통용될 수 있다는 점에서 의미 있는 과정이다. 이 연구에서는 안춘근 교수의 '기획선택-생산제작-유통분배-문화효과'의 순환 개념을 더욱 발전시켜 이른바, '출판 순환과정 모형'으로 개선하여 제시하고자 한다.

출판의 '기획선택-생산제작-유통분배-문화효과' 과정에서 다음과 같이 발전적인 개선을 시도하였다. (1) 기획선택 과정은 거시적 편집 영역이라고 볼 수 있다. (2) 생산제작은 미시적 편집 영역의 성격을 갖고 있다. (3) 유통분배에서 분배보다는 '공표유통'이 디지털 시대에서 더욱 적절해 보인다. 그리고 유통분배-문화효과 사이에는 가장 중요한 대상으로 독자의 존재가 없다. 이 과정 사이에 '독자수용'을 추가함으로써 순환과정이 완결되어진다. (4) 문화효과는 '영향효과'로 수정함이 적절하다. 출판의 역할이 문화효과에만 있는 것이 아니다. 독자·집단·사회가 책을 수용함으로써 사회적으로 영향을 미치게 되고 지식·정보·문화의 향상 효과를 줄 수 있기 때문이다. 한편으로 중요한 점은 출판의 순환과정이 전자출판 시대에서 온라인출판과 오프라인 출판에서 두루 적용될 수 있도록 구조화되어야 한다는 점이다.

위의 수정 결과를 적용하여 이 연구에서 출판의 순환과정은 '기획선택-생산제작-공표유통-독자수용-영향효과'의 5단계로 이어지는 구조 과정으로 연결하였다. 출판의 순환과정은 이 5단계로서 완전성을 갖는다고 보았다. 5단계의 구분에 명확성을 기하면서도 순환과정의 영역에서 주요 내용을 설명한다. 이는 단순한 순환과정 구분에만 머물지 않고, 출판학 연구에 도움을 위하여 주요 내용과 탐구 대상까지 설명한 것이다. 순환과정과 주요 내용을 본다면 다음과 같다.

첫째, '기획선택' 과정은 온라인과 오프라인 출판에서 각각의 출판물 생산을 위한 저작자와 저작물의 선정과 대상 독자층의 선택 과정이다. 더불어 생산제작과 공표유통, 독자수용 및 경제성과 문화성 및 윤리성 등 세부적인 기획선택의 지침을 정하는 기업적이며 전반적이고 거시적인 편집 과정을 말한다.

둘째, '생산제작' 과정은 온라인과 오프라인 출판에서 각각의 콘텐츠의 검토와 분석, 편집과 제작 공정이다. 세부적으로 생산제작(인쇄출판, 디지털출판)에 따르는 편집 및 디자인(인쇄출판, 디지털출판) 업무와 외부에 생산과 제작 의뢰를 위한 아웃소싱 과정이다. 아울러 전자편집 인프라의 구축, 편집과 문장, 제작의 전문성 등 미시적인 편집 과정과 제작 과정을 말한다.

셋째, '공표유통' 과정은 온라인과 오프라인 출판에서 각각 출판물의 공표와 독자들의 구매와 이용과정이다. 세부적으로 유통과 마케팅(광고·홍보·PR), 영업, 출판물의 관리와 유통사(온-오프라인 서점, 포털, 앱 스토어, 이동통신사 등)에 아웃 소싱이 중요하다. 더불어 판매 방식(B2C, B2B, B2BC) 등 공표·접속·유통·판매방식·마케팅의 과정들이 포함된다.

넷째, '독자수용' 과정은 온라인과 오프라인 공표와 유통에서 독자들의 구매의사의 결정과정(니즈인식-정보탐색-관여도-대안평가-구매)의 연구가 중요하다. 한편으로 이용의 편의성(도서정보와 북 큐레이션, 온라인 리더기와 앱 등 독서 인프라), 독자연구와 독서환경, 독서이론과 독서클럽, 서점과 도서관 등 책의 수용과 이용에 관한 분야들이다.

다섯째, '영향효과'과정은 출판물을 수용한 독자(개인, 조직, 집단, 사회 등)들의 반응과 현상의 조사와 분석이 중요하다. 더불어 온-오프라인의 판매 상황 및 구독 추이, 독서비평과 독자 확산, 독자의 피드백, 책의 사회적, 문화적, 시대적 영향과 효과 등 사회적 영향 영역도 중요하다. 이러한 출판의 순환과정을 〈표4〉로 나타낸다면 다음과 같다.

〈표4〉 출판의 순환과정(출판커뮤니케이션 과정)

출판의 순환과정	
기획선택	온-오프라인 출판에서 각각의 출판물 생산을 위한 저작자와 저작물의 선정, 독자층의 선택 및 생산제작, 공표유통, 독자수용과 경제성, 문화성, 윤리성 등 세부적인 기획선택 지침을 정하는 거시적 편집 과정
생산제작	온-오프라인 출판에서 각각의 콘텐츠 검토분석, 생산제작(인쇄, 뉴미디어)에 따른 편집 및 디자인(인쇄출판, 디지털출판), 외부 생산제작 아웃소싱, 전자편집인프라, 편집론, 문장론,제작론 등 미시적 편집 과정
공표유통	온-오프라인 출판에서 각각 출판물의 공표, 접속, 유통, 마케팅(광고, 홍보, PR), 영업, 출판물의 관리와 유통사(온-오프라인 서점, 포털, 앱스토어, 이동통신사 등) 아웃 소싱 등 공표·접속·유통·마케팅 과정
독자수용	온-오프라인 유통에서 독자 구매과정(니즈인식, 정보탐색, 관여도, 대안평가, 구매) 및 이용 편의성(온라인 리더기, 앱 등 독서 인프라), 독자연구, 독서환경, 독서이론, 독서모임, 서점, 도서관 등 독자수용 과정
영향효과	출판물을 수용한 독자(개인, 조직, 집단, 사회 등) 반응현상의 조사분석, 온-오프라인의 판매상황 및 구독추이, 독서비평, 독자확산, 독자 피드백, 책의 사회적, 문화적, 시대적 영향과 효과 등 사회적 영향 영역

다음은 〈표4〉에서 정리한 출판의 순환과정 흐름의 이해를 위해 〈그림1〉로 다시 나타낸 것이다. 여기에는 출판콘텐츠(텍스트), 편집, 피드백, 출판환경이라는 용어들이 있다. 첫째, 텍스트(text)는 문장이 모여서 이루어진 덩어리의 글을 말한다. 콘텐츠(contents)란 인터넷 등을

통하여 제공되는 각종 정보나 내용물을 이른다. 두 가지 내용들이 성격은 다르지만 디지털 시대의 출판에서는 혼용되고 있다. 텍스트가 변용과 혼용이 일어나기 이전의 오리지널리티(originality)가 강하게 보존된 개념이라면, 콘텐츠는 변용과 혼용으로 새로운 콘텐츠를 끊임없이 생산하는 개념이다. 텍스트가 단일성과 아날로그적, 선형성과 폐쇄적이라면, 콘텐츠는 다양성과 디지털적이고 비선형적이며 열려 있다는 특성이 있다.

출판의 순환과정

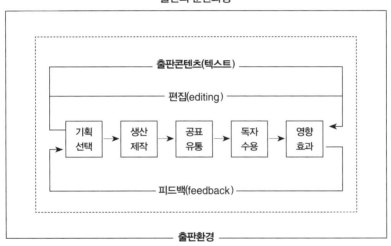

〈그림1〉 출판의 순환과정 흐름도

둘째, 민병덕은 '편집'이 선택·제작·분배로 이루어지는 출판의 기능 중에서 선택과 제작뿐만 아니라 분배(독자)에까지도 깊이 관여하며 편집이 출판문화 현상에서 핵심적 존재라고 하였다. 편집은 저작물과 독자와의 관계에서 가교의 장치이기 때문이다. 이종국은 '훌륭

하게 편집된 것은 좋은 출판물이라는 합리성이 설정되어 있다고 하였는데 이 둘은 상보관계에 있기 때문'이라 하였다. 이처럼 편집을 통해서 저작된 출판물의 가치와 의미는 '편집성'을 그대로 유지하면서 제작되고 공표되며 수용됨으로써 사회적 논의를 촉발하고 활성화시킴으로써 사회의 전반적인 지적, 문화적 공감과 수준 향상에 기여하게 된다. 따라서 편집은 출판물의 기획선택-생산제작-공표유통-독자수용-영향효과에 이르기까지 전반에 걸쳐 작용되는 중요한 개념이 된다.

셋째, 피드백이란 쌍방향이다. 저작자에게서 소비자에게로, 다시 소비자에서 저작자에게로 환류 되는 것이다. 오프라인 출판에서도 피드백이 일어나지만, 온라인 출판에서 피드백은 일상적인 일이 되었다. 이럼으로써 출판물은 생산자와 소비자뿐만 아니라 이러한 콘텐츠에 접속하는 모든 사람들에게도 영향을 미치게 되는 중요한 개념이 된다.

넷째, 출판은 환경의 소산물이다. 출판은 시대 환경의 영향을 받지만 시대의 영향도 준다. 출판은 역사적으로 시대의 영향을 주면서도 받아온 지식과 정보체계에서 중심적 매체였다. 출판은 시대적 환경에서 성장되어 왔고 발전함으로 '환경 속의 출판(Publishing in Environment)'으로 존재하기 때문에 출판의 순환과정 5단계 및 출판콘텐츠, 편집, 피드백도 출판환경의 영향을 받게 된다.

안춘근의 출판의 순환 개념인 '기획선택-생산제작-유통분배-문화효과'를 '기획선택-생산제작-공표유통-독자수용-영향효과'의

'출판의 순환과정'으로 개선하였다. 5단계의 순환과정은 출판의 미시적 관점만이 아니라 거시적 관점의 수용도 가능해 졌으며 순환과정의 완전성도 커졌다고 할 수 있다. 한편으로 전자출판 시대에서 온라인 출판과 오프라인 출판 모두에서 적용될 수 있을 것이다. 출판학 연구에서도 출판학의 학문적 체계와 함께 순환과정이 활용될 수 있다. 따라서 매스 커뮤니케이션적인 성격의 출판물은 커뮤니케이션학의 '커뮤니케이션 과정'과 연계될 수도 있고 출판의 순환과정으로도 논의할 수 있을 것으로 본다.

4. 출판학의 연구 방법론

1) 사회과학 연구 방법

출판학은 출판현상을 연구 대상으로 한다. 출판현상은 커뮤니케이션 현상의 하나이지만, 매스 커뮤니케이션(one to many)적 이론만으로 메울 수 없는 일 대 일의 소통현상(one to one communication)도 아울러 가지고 있음을 보았다. 출판현상을 연구하기 위해서 특정의 연구문제를 설정하고 이를 설계하는 과정이 필요하고, 분석하고 해석하는 적절한 연구 방법은 필수적으로 요구된다. 한편으로 책과 출판은 독자 및 이용자와 소통과 문화적·경제적 교환회로를 갖고 있는 매체이다. 이처럼 독자와 이용자와 소통은 사회문화적으로 영향을 주게 됨으로써 출판학 연구가 사회과학 영역에 비중을 두게 됨은 자연스런 현상이다. 이 연구에서는 출판학 연구 방법의 발전을 위해 사회과학 연구방법, 출판학의 연구방법, 관련학문 연구방법으로 구분하여 기술하고자 한다.

첫째, 출판학에서도 사회과학 연구 방법은 두루 알려져 있으며 활용되고 있는 것처럼 양적 연구(quantitative research)와 질적 연구(qualitative research)를 중심으로 이루어져 왔다. 최근의 경향으로 양적과 질적 연구를 서로 보완한 통합 연구(mixed method)가 다양한 영역에서 이루어지고 있으므로 이 세 가지의 연구 방법을 개관적으로 제시한다. 이어서 세 가지의 연구 방법 중에서 어떤 방법에 접근하는 것이 적절성이 있는가에 대해서 보다 자세히 기술한다.

둘째, 출판학의 연구방법은 선행연구(민병덕, 1995, 이강수, 1991)를 발전적인 관점에서 분석하고 연구자들의 출판학 연구 방법에 대한 분석과 대안 제시를 살핀다. 그리고 출판학 연구 방법의 개선과 방향에 대하여 논의한다. 셋째, 관련학문 연구 방법은 출판과 관련되는 (1) 커뮤니케이션 연구 방법 (2) 지식사회학 연구 방법 (3) 문화사회학 연구 방법을 개관적으로 제시하고자 한다.

어떤 연구 방법이든지 특정한 주제에 맞는 과학적이고 타당한 논증 과정과 결론 도출이 중요하다. 여기에 논의되는 연구방법론으로 특정한 출판현상과 특정한 주제에 적합한 방법론을 선택할 수도 있다. 그러나 주제에 따라 인문과학, 문화예술, 기술과학 등 더 다양한 연구방법에 의한 연구도 이루어질 수 있다. 다만, 주제에 적합하고 타당한 연구 접근과 연구 설계, 연구 방법의 선택은 연구자들의 몫이다.

(1) 양적 연구 방법

앞서 현상론에서 언급이 된 적은 있으나 일반적으로 본다면 양적 연구방법(quantitative research)은 자료에서 산출된 수치에 어떤 의미를 부여하여, 일정한 통계적 방법을 사용하여 객관적인 틀 속에서 결론을 도출하는 연구 방법이다. 연구자가 새로운 사실이나 연구의 관심 분야에 가설을 세우고 통계적인 방법을 통하여 검증하며 그 사실을 증명하거나 설명하는 것이다. 정량적 연구 방법이라고도 한다. 양적 연구방법의 경우에는 숫자를 이용하여 타당성, 신뢰성, 과학성 등을 강조한다. 따라서 측정 가능한 객관적인 자료를 바탕으로 결론을 도출하는 실증적인 연구 방법을 말한다. "양적 연구방법은 관찰 자료가 숫자로 표시된다. 양적 연구의 대표는 조사연구와 실험연구이다. 양적 연구는 통계적 연구방법이라고 하는데 이 통계는 설명의 힘을 갖는다. 유형으로는 서베이 방법, 기술 혹은 관찰조사, 내용분석, 여론조사, 실험적 방법 등이 있다"(김우룡 외, 2008, pp. 30~31).

양적 연구는 숫자로 계량화될 수 있는 자료를 사용해서 이루어지는 연구이다. 경험적 연구는 자료의 성격에 따라 크게 양적 연구와 질적 연구로 구분된다. 양적연구는 다루어지는 자료가 양적인 경우(예, 서베이 연구 및 실험연구의 통계자료)이며, 질적 연구는 자료가 질적인 경우(예, 역사연구를 위한 서술적 기록물)이다. 이를 테면 설문조사를 통해 학생들의 성별과 음주량을 각각 파악하고 이들 간의 관련성을 수치화해서 분석하는 것은 양적 연구의 전형적인 예가 된다. "수량화와 양적 방법이 과학적인 것으로 등장한 이유는 숫자가 정확성과 객관성을 담는 기호로 인정받기 때문이다. 특히 지금에서 가장 논문의 표준적 구성으로 쓰이는 이론→가설→관찰→경험적 일반화로 구성되는 회로는 유일의 방법론으로 양적 방법을 꼽는다"(한국언론정보학회, 2015, pp.21~24)와 같이 양적 연구는 숫자와 통계의 정확성과 객관성으로 설명되는 방법이다.

한편으로 "양적 연구는 변인 사이의 관계를 조사하여 객관적 이론을 검증하는 접근이다. 이러한 변인은 검사 도구에 의해 측정될 수 있으며 수량적 자료가 통계적 절차를 이용하여 분석될 수 있다. 최종 작성된 보고서는 서론, 문헌과 이론, 방법, 결과, 논의로 이루어진 일련의 구조를 갖고 있다. 이러한 탐구 형태를 선호하는 연구자는 편견을 경계하면서 연역적으로 검증 이론에 관해 가정하고, 대안적 설명을 통제하며, 연구결과를 일반화하고 반복할 수 있다"(John W. Creswell, 2014, 4th edition, 정종진외 역, 2017, p.4)고 하였다.

(2) 질적 연구 방법

질적 연구방법(qualitative research)은 연구대상에 대한 심층적이고 상세한 정보를 얻고자 연구자의 풍부한 경험과 직관적인 통찰을 이용한 연구방법이다. 질적 연구방법은 숫자로 처리할 수 없는 연구 자료들을 다루게 된다. 정성적 연구 방법이라고도 한다. 질적 연구방법은 측정 가능한 자료의 양보다는 직접 관찰한 자료의 질을 바탕으로 결론을 도출하는 해석적 연구 방법이라고 할 수 있다. 질적 연구는 숫자로 표현할 수 없는 현상이나 사건을 다루기 위해서 고안되었다. 유형으로는 역사비평적 방법, 질적 관찰연구, 면접법, 사례연구, 해석적 연구, 참여 관찰연구 등이 있다(김우룡 외, 2008, pp. 28~31). 미국의 교육심리학자인 존 크레스웰(John W. Creswell, 2014, p.4)은 "질적 연구는 개인이나 집단에서 사회적 또는 인간적 문제 때문에 고려하게 되는 의미를 이해하고 탐구하기 위한 접근이다. 연구의 과정은 질문의 생성과 절차, 연구 참여자의 상황에서 자료 수집, 특정 주제에서 보편적 주제까지 자료의 귀납적 분석, 자료의 의미에 대한 해석을 거친다"라고 하였다.

질적 연구는 주로 탐구적인 연구로서 연구자의 직관적인 통찰로 현상의 의미를 해석하고 이해하려는 연구 방법이다. 주로 어떤 현상에 대해 근본적인 이유, 의견 및 동기를 이해하는데 사용된다. 잠재적으로 양적 연구를 위한 아이디어나 가설을 개발하는데 도움이 된다. 질적 연구는 주관적, 해석적 인식론에 근거를 두고 되도록 인위적으로 조작되지 않는 자연스러운 삶의 세계에서 연구대상 스스로의 말과 글, 행동, 그들이 남긴 흔적들을 집중적으로 연구하여 해석하고 의미를 찾으려는 연구방법을 말한다.

질적 연구는 인간이 생활하고, 경험하고, 상호작용하는 등 인간의 삶을 이해하고 그 의미를 발견하는 것이 일차적 목적이다. 질적 접근을 하는 연구자들은 개인이나 단일한 환경, 한 집단의 문화적 모형과 관점, 한 집단 구성원들의 일상적인 활동과 사회적 구조 사이의 관계,

상호작용을 통하여 습득하는 관점과 의미, 사람들이 경험하는 현상 등에 관심을 둔다.

(3) 통합 연구 방법

양적 연구는 방법론적 일원론에 기반을 두고 있으며 계량화를 통한 실증주의를 강조한다. 이에 비해 질적 연구는 방법론적 이원론을 강조하며 인간의 행위 이면에 존재하는 동기나 목적은 계량화가 불가능하고, 이면에 숨겨진 행위를 읽어내는 것이 중요하다고 보았다. 이에 따라 두 연구 방법은 상호 간에 문제점을 지적하였다. 질적 연구는 양적 연구에 대하여 인간 행위에 대한 심층적 이해가 어렵다는 문제를 제기하였고, 양적 연구는 질적 연구에 대하여 몇몇 사례를 대상으로 연구한 결과를 가지고 일반화하는 것은 힘들다고 비판해 왔다.

최근의 경향으로 혼합적 연구방법(mixed methods research)이 다양한 영역에서 이루어지고 있다. 혼합 연구는 통합 연구(integrating), 양적·질적 연구(quantitative and qualitative methods), 다중연구방법(multi-method), 혼합 방법론(mixed methodology) 등의 다양한 용어로 불리지만 최근 들어 통합 연구(mixed method)라고 불리고 있다. 연구의 객관성과 정확성이 높은 양적 연구 방법과 사회 현상에 대한 심층적 이해가 가능한 질적 연구 방법을 동시에 사용하는 연구 경향이다.

통합 연구의 개념에 대하여 "양적 연구 방법의 한계는 질적 연구 방법의 장점이 보완하고, 질적 연구 방법의 한계는 양적 연구방법의 장점이 보완하는 연구방법이다. 사회 현상이 복잡해지면서 연구 대상에 대한 보편적인 이해와 더불어 심층적인 분석을 통해 연구 결과를 좀 더 객관화하고 세밀화 하는 것에 관심이 증가하면서 양적 연구와 질적 연구를 같이 하는 혼합적 연구방법이 이용되고 있다. 이처럼 사회현상에 대한 설명은 연구 방법을 엄밀히 구분하여 적용하기보다는 혼용되는 경우도 많다"(최준혁, 2014, pp. 171~174) 라고 개념과 혼합 적용 배경을 말하고 있다.

한편으로 "통합 연구는 양적 자료와 질적 자료를 수집하고 두 가지 형식의 자료를 통합하며, 철학적 가정과 이론적 틀을 포함하는 다른 설계를 이용하여 탐구하기 위한 접근이다. 이 탐구 형식의 핵심 가정은 독자적 접근보다는 연구문제를 더 완벽하게 이해하도록 하는 질적 접근과 양적 접근의 결합이다"(John W. Creswell, 정종진외 역, 2017, pp.4~5) 라면서 보다 효율적인 연구를 위한 방법이라고 말한다.

(4) 양적·질적·통합 접근의 선택 방법

① 연구 접근

위에서 기술한 세 가지의 연구 방법에 대하여 미국의 교육심리학자이며 연구 설계자 존 크레스웰(John W. Creswell, 2014)은 특정 주제를 연구하기 위해 어떤 접근을 해야 하는 가에 대해 매우 실용적인 방법을 제시한다. 연구 과정은 〈연구접근·연구설계·연구방법〉이 핵심이라고 말한다. 이를 간략히 소개한다면 다음과 같다. 연구의 세 가지 접근으로 (1) 질적 방법 (2) 양적 방법 (3) 통합 방법을 제시하고 설명한다. 질적·양적 접근은 하나의 연속체 위에서 양쪽 끝에 위치해 있지만, 정반대의 접근으로 보거나 이분법적으로 보아서는 안 된다고 한다. 통합 연구는 이 연속체의 중간에 위치하는데 이는 양적 접근과 질적 접근의 모든 요소를 결합한 것이기 때문이라고 한다.

질적 연구와 양적 연구의 구별은 숫자(양적)보다는 어휘(질적)를 사용하여 구성하는지 또는 개방형 질문(질적 면접질문)보다는 폐쇄형 질문(양적 가설)을 사용하여 구성하는지를 보면 알 수 있다고 하였다. 이 방법 간 차이의 정도를 이해하기 위해서는 연구자가 연구에 이용하는 기본 철학적 가정, 연구에서 사용하는 연구 전략의 유형(예, 양적 실험이나 질적 사례연구), 이러한 전략을 실행하는 데 이용하는 특정방법(예, 양적 자료는 도구로 수집하는 데 비해, 질적 자료는 하나의 상황을 관찰하여 수집)을 차례로 살펴보는 것이라 하였다. 또한 두 접근은 역사적으로 진화했으며 19세기 말부터 20세기 중반까지 사회과학 분야의 연구 형식은 양적 접근이 지배했다고 한다. 20세기 후반에 질적 연구에 대한 관심이 증가하면서 통합 연구가 발달했다고 말한다.

연구 접근은 광범위한 가정에서부터 구체적인 자료 수집과 분석 및 해석 방법에 이르는 연구의 절차와 계획을 말한다고 하였다. 이 계획은 여러 가지 결정사항을 포함하며, 전반적으로 내릴 결정사항은 주제를 연구하기 위해 어떤 접근을 이용해야 하는가에 대한 것이다. 결정 사항이란 연구자가 연구에 사용하게 될 철학적 가설인(연구 설계라 불리는) 탐구 절차, 자료를 수집할 특정 연구방법, 분석과 해석이다. 또한 연구접근을 선택할 때 다루는 연구문제나 이슈의 성격, 연구자의 개인적 경험과 선호도, 연구물의 독자도 선택의 근거로 삼는다고 하였다(John W. Creswell, 2014, 정종진 외 역, 2017, pp. 3~12).

② 연구 설계

경험적 사회과학의 핵심이 연구 설계(research design)에 있다는 것은 학계에서 거의 보편적으로 수용되는 상식으로 알려져 있다. 연구 설계는 연구자가 연구를 수행하기 위해 질적 방법, 양적 방법, 통합 방법을 선택할 뿐만 아니라 선택한 각각의 방법 내에서 연구 유형도 결정하게 된다고 하였다. 첫째 양적 방법은 조사와 실험의 두 가지의 설계가 중심이라 하였다. (1) 조사연구(survey research)는 모집단의 표본을 연구함으로써 모집단의 경향, 태도, 의견에 대한 양적 또는 수량적 설명을 제공한다. (2) 실험연구(experimental research)는 어떤 특별한 처치가 결과에 영향을 미치는가를 결정하기 위한 것이다. 이 영향은 한 집단에는 특정 처치를 하고 다른 집단에는 하지 않은 다음, 두 집단에서 어떤 결과가 나오는가를 결정함으로써 평가된다고 하였다.

둘째, 질적 방법에는 다섯 가지의 설계 방법이 많이 쓰인다고 하였다. (1) 내러티브 연구(narrative research)는 개인적 삶을 연구하는 인문학의 탐구 설계이다. (2) 현상학적 연구(phenomenological research)는 현상에 관련된 생애 경험을 서술하는 방법으로 전형적으로 면접을 수행하게 된다. (3) 근거이론(grounded theory)은 해결하고자 하는 문제나 현상을 설명할 수 있는 인과관계가 있는 모형(이론적으로 설명이 가능한)의 이론을 체계적인 과정을 적용하여 설명한다. (4) 민족지학적 연구

(ethnography) 또는 문화기술지 연구는 문화 공유 집단이 생활하는 방식에 대한 관점의 연구로서 개인에 대한 이야기도 문화나 집단속에서 해석된다. (5) 사례연구(case study)는 특정한 개인이나 집단체에 초점을 두고 검사·관찰·면접 등의 방법으로 자료를 수집하여 종합적으로 사례의 문제를 이해하고 해결하려는 연구 방법이다(John W. Creswell, 2014, 정종진외 역, 2017, pp. 13~16). 크레스웰은 다섯 가지 연구 설계 방식에 대해서 각각 다른 학자들의 글들을 인용하면서 요약하였다. 한편, 질적 연구방법에는 역사연구, 참여 관찰, 텍스트 분석, 해석학, 페미니즘, 정신분석학, 기호학, 서사 분석, 담론 분석, 대화 분석, 퀴어 연구 등을 포함시킬 수 있다"(Denzin&Lincoln eds, 2014, 한국언론정보학회, 2015, pp.21~24)고 하였다.

셋째, 통합 방법의 설계이다. (1) 수렴적 병렬 혼합 방법(convergent parallel mixed method)은 연구자가 연구문제의 종합적 분석을 위하여 양적 자료와 질적 자료를 수렴 또는 합병하는 형태이다. (2) 순차적 설명 혼합 방법(explanatory sequential mixed method)은 연구자가 처음 양적 연구를 수행하고 결과를 분석한 다음에 그것을 질적 연구와 함께 더 자세히 설명하여 결과를 굳건히 하는 방법이다. (3) 순차적 탐구 혼합 방법(exploratory sequential mixed method)은 순차적 설명 설계와는 순서가 반대가 된다. 이 세 가지 기본 모델들은 더욱 진전된 혼합 방법인 변형적 혼합 방법(transformative mixed methods), 내재적 혼합방법(embedded mixed method), 다단계 혼합방법(multiphase mixed method)의 설계 전략에 이용될 수 있다고 하였다(John W. Creswell, 2014, 2017, pp. 16~18).

③ 연구 방법

연구 구조에서 세 번째로 중요한 요소는 연구자가 연구를 위해 제안하는 자료 수집의 형태, 분석, 해석에 대한 구체적인 연구방법이라고 하였다. 자료수집의 가능성을 다양한 범위에서 고려하는 것이 유용하다는 것이다. 예컨대, 폐쇄형 또는 개방형 질문, 수량적 자료 또는 비 수량적 자료 분석에 초점을 두느냐에 따라 연구방법을 설정하는 것이 유용하다. 연구도구(검사도구) 또는 행동 체크리스트로 자료를 수집하기도 한다. 연구방법의 선택은 연구자의 의도가 연구하기 전에 수집된 정보 유형을 구체화할 것인가 아니면 연구 진행 중에 연구 참여자로부터 나타나도록 할 것인가에 달려있다고 하였다. 크레스웰은 세 가지 접근 방법에서 자료 수집과 연구도구, 연구방법에 대하여 다음의 〈표5〉를 제시하고 있다(John W. Creswell, 2014, 2017, p.19).

〈표5〉 양적, 질적, 통합적 연구의 접근 방법

양적·질적·통합적 방법		
양적 방법	질적 방법	통합적 방법
사전 결정	생성적 방법	사전 결정과 생성적 방법
질문에 기초한 검사도구	개방적 질문	개방형 질문과 폐쇄형
성취도 자료, 태도자료, 관찰자료, 여론조사 자료	면접자료, 관찰자료, 문서자료, 시청각자료	모든 가능성을 이끌어내는 다양한 형태의 자료
통계적 분석	텍스트와 영상분석	통계적 분석과 텍스트 분석
통계적 해석	주제, 패턴해석	데이터베이스를 망라한 해석

2) 출판학의 연구 방법

(1) 선행 연구방법의 논의

출판학의 연구방법에 대한 체계적인 논의는 민병덕(1983, 1986)에 의해 시작되어 종합적인 제시(1995)에 이른다. 그는 먼저 출판학의 학문적 성격을 (1) 종합 학문적 성격 (2) 복제기술 연구를 전제로 하는 출판학 (3) 편집을 고유의 연구대상으로 하는 출판학으로 규정하였다. 다음으로 출판학의 연구방법의 체계는 (1) 출판학의 연구방법론 (2) 편집학의 연구방법론 (3) 도서발행학의 연구방법론을 중심으로 이루어져야 함을 말하였다. 이러한 범주에서 출판학의 주요 연구방법론을 구체적으로 논술하였다. 연구방법론은 (1) 역사적 연구방법 (2) 사회과학적 연구방법(문학사회학 방법, 커뮤니케이션학적 방법, 사회조사방법, 경영·경제학적 방법) (3) 인문과학적 연구방법(문화과학적 방법, 수용미학적 방법, 도서관 서베이 연구방법, 매스컴 이론 방법, 내용분석 방법) (4) 예술·기술론적 연구방법을 제시하였다(민병덕, 1995, pp.14~56, 참조).

민병덕에 의한 연구방법론은 선행적인 연구라는 점에서 매우 의미가 있다. 그리고 출판학의 초창기부터 학문적 체계와 연구방법론의 꾸준한 논의와 시도로 출판학의 정립을 위해 많은 공헌이 있어왔다는 점에서 의의가 있다. 더욱이 이 중에서 사회과학적 연구방법은 지금도 유용한 연구방법이라고 볼 수 있다. 반면에 민병덕의 연구방법의 관점은 출판학을 독립학문보다는 종합학문적인 성격으로 인식하면서 관련되는 다양한 학문분야의 연구방법 중에서 적합한 방법을 활용해야 한다는 방향으로 정리한다.

저자는 이미 말했지만, 출판학의 성격이 학제학 혹은 종합학문이 아니고 독립학문으로서 학제간의 다원적인 연구가 필요한 학문이라고 하였다. 출판의 생산과정인 미시적 관점에서는 종합학문의 성격이 짙지만, 출판을 사회현상으로 보는 거시적 관점으로 본다면 출판학은 독립학문이다. 종합학문이라기 보다 출판학을 독립학문으로 놓고 관련 학문과의 학제간의 연구가 필요하다. 즉, 관련 학문에서 연구 방법의 연계를 더욱 찾으면서도 출판학 특유의 방법론의 개발과 적용이 이루어져야 한다는 점이다.

이강수(1991)는 출판매체 내지 출판현상에 대한 연구를 정보·지식 전달이라는 커뮤니케이션 개념의 이론적 틀에 입각해서 체계화하는 것이 가장 적절한 사회과학적 방법이 되는 것이라고 말한다. 출판매체 내지 출판현상에 대한 연구를 지식·정보 커뮤니케이션의 개념적 틀로 접근할 경우는 두 가지의 방법이 있다고 하였다. 첫 번째 이론적 접근방법으로 전통적인 커뮤니케이션 이론의 접근 방법을 들 수 있다. 여기에는 라스웰(H. Lasswell)의 모델이다. 벌로(O. Berlo)의 모델을 도입할 수 있고, 로저스(E. Rogers) 등의 확산모델도 유용한 접근모델이 된다. 두 번째, 이론적 접근방법으로 출판연구에 대한 지식사회학적 접근을 들 수 있다. 지식사회학적 맥락에서는 출판매체의 내용 즉 텍스트(text) 연구와 미디어 이용자로서의 독자연구 그리고 독자와 텍스트간의 관계에 대한 연구도 가능하다고 하였다.

그러나 고려할 것은 지식의 명확한 개념화이다. 즉 지식과 정보의 차이가 무엇인가를 분명히 개념화해야 한다는 것이다(이강수, 1991, pp. 169~186). 이강수는 커뮤니케이션 관점으로 출판학 연구와 방법론을 논의하였는데 디지털 시대에서 패러다임의 변화가 있었지만 방법론의 활용에서는 타당성을 가지고 있다. 다만, 출판이 지식과 정보만이 아니라, 지식 또는 문화의 측면이 강하기 때문에 이에 대한 고려가 없다는 점을 지적할 수 있다.

한편으로 김정숙(2000)은 출판학 연구의 내실화 과제를 출판학의 학제간 연구체계의 활성화, 다원주의적 패러다임의 수용, 학문적 독자성 보전, 연구방법의 균형발전 등을 들고 있다. 첫째, 한국 출판학의 연구 토양이 미시출판학에 편중되면 연구영역과 연구방법이 한정될 수밖에 없다는 점을 지적한다. 학제간의 연구 체계란 출판학을 사회과학적 시각이 아닌 사회과학으로서 수용해야 하고, 인식론을 점검하는 등 제반 사회과학의 본질과 과학의 성과를 전폭적으로 입력과 출력해야 한다고 말한다. 둘째, 방법론의 배타성을 타파하고 영역을 넘나드는 다원주의가 21세기 출판학에는 필요하다. 셋째, 기초연구와 응용연구, 거시연구와 미시연구가 고르게 균형 발전을 이루어야 한다. 계량적 연구와 방법론을 한 단계 발전시키고 개념화나 집계의 과정을 검증과 통계의 과정으로 전환시킬 필요가 있다고 하였다.

한편 김정숙과 배현미는 604편의 출판학 관련 논문들을 매트릭스 분석을 한 결과, 다수의 논문은 문헌연구가 대부분이어서 방법론의 다양한 실험과 시도의 노력이 더욱 필요하다고 보았다(2009, p.98). 김정숙은 출판학의 연구방법을 미시적 관점과 거시적 관점의 균형이 필요하며, 사회과학의 영역과 관점에서 학제간 연구와 다원주의적 연구가 출판학의 내실을 위해 중요하다고 본 것이다.

강진숙(2011)은 2000년부터 2011년까지 출판학의 학술저널인『한국출판학연구』에 실린 전자책 및 전자출판 관련 연구 성과를 분석하면서 이 분야 연구는 다양한 양적 연구를 도입할 것과 함께 질적 연구의 보완을 통해 정보의 심층화(thickness)를 확보하는 것이 시급하다고 주장하였다. 김선남(2013)은 2005년부터 2012년까지『한국출판학연구』에 실린 155편의 논문을 분석한 결과 가장 많이 활용된 연구방법론은 단순 문헌고찰(33.5%)이었고, 1차·2차 자료분석(17.4%), 설문조사(16.8%), 역사문헌연구(11.6%), 내용분석(9.0%), 심층인터뷰(5.2%) 순이었음을 밝히고 있다(2013, p.63). 연구방법에서 양적, 질적 연구가 혼용되고 있지만 문헌 고찰과 자료 분석이 중심을 이루고 있다고 하였다.

(2) 출판학 연구방법의 논의

선행 연구에서 적용이 가능한 방법과 논의들을 살펴본다면 다음과 같다. 민병덕의 커뮤니케이션학적 방법, 사회조사 방법, 내용분석 방법은 지금도 유용하다. 이강수의 지식사회학적 맥락을 커뮤니케이션의 관점에서 논의하는 것도 연구 방법론의 발전에서 유익하다. 김정숙의 연구방법 관점은 출판학 연구가 지향해야 하는 방향이었으며, 저자가 주장해온 관점과 거의 동질성을 가지고 있음을 본다. 강진숙과 김선남의 출판학의 논문을 통한 연구방법의 분석은 출판학의 연구방법을 파악할 수 있는 실증적인 자료로서 가치를 가지고 있다.

저자가 강조하고 싶은 출판학의 연구방법은 몇 가지 전제위에서 논의되고 이루어질 때 더욱 발전되리라 본다. 첫째, 출판학은 근본적으로 사회과학 영역에 중심을 두고 연구되어야 한다. 둘째, 출판학 연구의 영역과 대상은 미시적 출판학과 거시적 출판학이 균형 있게 이루어져야 한다. 셋째, 관련 학문과의 공동연구 내지 연구방법에 대한 학제간의 연구가 필요하다. 넷째, 출판 연구자 간의 학문적 정체성과 연구방법에 대한 인식론(패러다임)의 확산과 공유가 필요하다. 이 같은 바탕위에서 출판학의 연구방법에 대한 방향은 먼저 출판학의 영역과 대상을 다시 살펴본 이후 연구방법에 대하여 논의한다.

출판학의 연구영역과 대상은 앞에서 논의된 「출판학의 영역과 대상」과 「출판학의 학문적 체계 및 출판 순환과정」(현재의 chapter)에서 논의하였다. 다시 말하면 (1) 출판학의 영역은 도서출판·전자출판·잡지출판으로 구분하였다. (2) 출판학 연구의 대상은 이론역사, 출판생산, 출판매체, 출판영향, 출판환경으로 체계화하여 제시하였다. (3) 출판의 순환과정은 기획선택-생산제작-공표유통-독자수용-영향효과의 5단계 순환과정으로 나누어 출판의 순환과정의 흐름을 개선하였다.

제시한 것처럼, 출판학의 연구 영역, 연구 대상, 출판의 순환과정은 출판의 미시적 관점만이 아니라 거시적 관점의 수용도 가능해 졌으며 출판학 연구의 영역과 대상, 순환과정의 완전성도 커졌다고 할 수 있다. 이러한 학문적 패러다임의 시도는 전자출판 시대에서 온라인 출판과 오프라인 출판 모두에서 적용될 수 있을 것이다. 다음은 출판학의 연구방법에 대하여 세 가지의 방향으로 모색하고자 한다.

첫째, 출판학의 연구방법은 양적 연구, 질적 연구, 통합 연구로 다양화되어야 한다. 주지하다시피 양적 연구는 수량적으로 측정할 수 있는 연구문제나 가설에 대해 답하거나 검증하는 탐구방법을 말한다. 이는 미시적 출판학에서도 적용되지만 거시적 출판학에서 더욱 활용되는 연구방법이 된다. 예컨대, 독자와 이용자 연구, 책과 출판의 사회문화적 영향 연구에서는 활용 가치가 높다.

질적 연구에서 처리되는 자료를 무형 자료라고도 한다. 질적 연구는 수치화 되지 않는 자료(비통계적, 비수학적, 비수치적)를 다룬다. 예를 들면, 근거이론, 역사비평적 방법, 참여관찰 연구, 면접법, 사례연구, 해석적 연구, 텍스트 분석, 서사 분석, 담론 분석 등에 활용되고 있다. 통합 연구방법은 단일 연구나 조사 프로그램에서 질적인 접근과 양적인 접근을 함께 활용하여 자료를 수집하거나, 분석하고 결과를 통합하여 추론을 이끌어내는 연구방법이다.

다음으로 양적·질적·통합 세 가지의 연구방법에 대하여 실제적으로 접근한 존 크레스웰(John W. Creswell, 2014, 4th ed)의 견해를 중심으로 살핀다면 다음과 같다. 연구에서 전반적으로 내릴 결정 사항은 주제를 연구하기 위해 어떤 접근을 이용해야 하는 가에 있다고 하였다. 연구방법의 선택은 양적·질적·통합적 방법을 말하며 연구의 과정은 연구접근-연구설계-연구방법이 핵심적이라고 하였다.

(1) 연구 접근은 주제의 접근에서부터 구체적인 자료의 수집과 분석 및 해석 방법에 이르는 연구의 절차와 계획을 말한다. 이 계획은 여러 결정사항을 포함하며 주제를 연구하기 위해서 어떤 접근을 해야 하는가에 대한 것이다. 연구접근을 선택할 때 다루는 연구 문제, 이슈 성격, 연구자의 개인적 경험과 방법의 선호도, 연구물의 이용자들도 선택의 근거로 삼는다고 하였다.

(2) 연구 설계는 연구자가 연구를 수행하기 위해 질적 방법, 양적 방법, 통합 방법을 선택할 뿐만 아니라 선택한 각각의 방법 내에서 연구 유형도 결정하게 된다고 하였다. (3) 연구방법은 연구 과정에서 세 번째로 중요한 요소로서 연구자가 연구를 위해 제안하는 자료 수집의 형태, 분석, 해석에 대한 구체적인 방법이라고 하였다. 이미 세 가지의 연구 방법과 이에 대한 연구 접근은 앞에서 살펴 본 바 있다.

둘째, 분야별 연구방법은 (1) 출판학 연구의 여러 연구 방법과 더불어 학제간의 연구 방법의 활용과 관련되는 (2) 커뮤니케이션 연구 방법 (3) 지식사회학 연구 방법 (4) 문화사회학 연구 방법들을 살펴보기로 한다. 그러나 주제에 따라 인문과학, 문화예술, 기술과학 등 다양한 연구방법에 의한 연구도 이루어질 수 있지만 여기에서는 사회과학적 연구 방법을 중심으로 논의한다.

셋째, 한국의 출판학 연구가 토착적이고 자생적으로 발전해온 학문이므로 과학적인 연구 방법론의 적용이 더욱 요구된다. 중요한 점은 과학적 이론체계의 토대에서 타당한 연구 절차와 방법에 따라 이루어져야 한다. 거듭 강조되지만, 지금까지 한국의 출판학 연구는 내적 환경 중심인 미시적 관점의 연구에 치중되었다. 책과 출판의 외적 환경인 거시적 관점과 연구가 소외되어 온 점은 부인될 수 없다. 이러한 이유와 관점으로 인하여 출판학 연구에서 방법론의 협소를 불러왔으며, 발전적 지향을 할 수 있는 연구 공간이 매우 부족하였던 것이다. 출판학 연구에 있어서도 미시적 관점과 거시적 관점이 균형을 이루어야져야 하며 특유의 방법론 개발과 적용이 더욱 진전되어야 한다는 점이 중요하다.

앞으로 출판학의 연구방법은 사례조사, 실험조사, 설문조사, 욕구조사, 프로그램 평가조사 등의 양적 접근 방법이 더욱 필요해 보인다. 더불어 현상적 조사, 근거이론 탐구, 문화기술지 조사, 사례조사, 내러티브 조사, 역사적 접근 등 질적 접근 방법 등의 방법론이 개발되고 활용되면서 적용되어야 할 것으로 보인다. 연구의 영역과 대상도 출판의 내적 환경, 외적 환경, 출판의 순환과정, 매체연구, 독자와 이용자 연구, 사회적·시대적 영향 연구이냐에 따라서 다양한 방법론 활용할 수 있을 것이다.

3) 관련학문 연구 방법

(1) 커뮤니케이션학 연구 방법

출판매체는 독자(이용자)와 소통을 위한 커뮤니케이션 활동이 분명하지만, 온전히 매스 커뮤니케이션적 이라고 볼 수는 없다. 만약, 매스 커뮤니케이션에 출판이 포함된다 하더라도 출판이 모두 매스 커뮤니케이션이라고 볼 수는 없다. 동시에 매스 커뮤니케이션의 이론만을 가지고 출판현상의 모든 것을 분석할 수는 없는 것이라고 하였다. 출판매체는 매스 커뮤니케이션적인 성격과 더불어 대인 커뮤니케이션에서 더욱 효과적인 영향력을 갖고 있다. 따라서 출판학 연구에서 커뮤니케이션학의 연구 방법의 적용은 주제와 성격에 따라 대인 및 집단 커뮤니케이션과 매스 커뮤니케이션으로 병행하여 활용되는 것이 합리적이라 보여 진다. 여기에서는 일반화된 커뮤니케이션 연구방법으로 논의하기로 한다.

이강수(1991)는 출판매체 내지 출판현상에 대한 연구를 정보·지식전달이라는 커뮤니케이션 개념의 이론적 틀에 입각해서 체계화하는 것이 가장 적절한 사회과학적 방법이 되는 것이라고 말한다. 이에 대한 이론적 접근방법은 전통적인 커뮤니케이션 이론의 접근 방법을 들 수 있다고 하였다. 여기에는 라스웰(H. Lasswell), 벌로(O. Berlo), 로저스(E. Rogers) 등의 모델이 유용한 접근모델이 된다고 하였다. 디지털 시대에서 패러다임의 변화가 있지만 적용 가능한 커뮤니케이션 모델이며 출판학 연구와 방법론의 기여에도 타당성을 가지고 있음으로 이를 중심으로 논의한다.

첫째, 미국의 정치학자 라스웰(Harold D. Lasswell)은 커뮤니케이션 연구 사상 가장 유명한 구절이 실린 논문을 발표하였다(1948). 커뮤니케이션 행위를 기술한 그의 공식은 다음과 같은 질문에 대한 응답 형식으로 되어 있다.'who says what in which channel to whom with what effect?' 즉, 누가(송신자) → 무엇을(메시지) → 어떤 채널을 통해

(매체) → 누구에게(수신자) → 어떤 효과(효과)를 가지고 소통이 이루어지는 지에 대한 S-M-C-R-E 모델이다. 당시에는 커뮤니케이션을 설득적인 과정으로 간주했기 때문에 영향력의 행사는 당연시되던 시기였다. 이 공식은 효과 위주의 모형으로 피드백이 없고, 탄력성보다 단선적이지만 간편하면서도 포괄적인 연구 방법으로서 평가되고 있다(D.McQuail & Sven Windahl, 임상원 역, 1991, pp. 33~35).

이러한 라스웰의 공식은 한국에서 차배근에 의해 일찍이 적용되어 출판을 정의하고 출판 전반의 체계화가 시도되었다. 출판을 출판커뮤니케이션으로 이름 하면서 정의를 (1) 출판커뮤니케이터(communicator) 즉, 저작자나 출판사가 지식이나 정보·사상·감정·문화 등의 정신적 내용을 문자나 도형 등으로 기호화하고 처리해서 그것, 즉 메시지(message)를 (3) 도서 또는 서적이라는 인쇄매체(printed medium)를 통하여 (4) 그 수용자(receiver)인 독자들에게 전달·전수해서 (5) 그들의 정신적 욕구를 충족(effects)시켜 주고 그 대가로 이윤을 추구하는 문화적·경제적 커뮤니케이션 행위라고 말할 수 있다고 하였다.

차배근은 커뮤니케이션학의 이론적 배경으로 출판커뮤니케이션론 총설과 출판커뮤니케이션의 각론으로 체계화하였다(차배근, 1991,p.222). 차배근에 의한 출판의 체계화는 한국 출판학 연구의 큰 영향을 주었다. 반면에 신문, 잡지, 출판, 방송, 영화에 이르기까지 송신자론, 메시지론, 매체론, 수용자론, 효과론으로 균등하게 적용되었고, 각 미디어의 특수 환경은 고려되었으나, 출판의 경우에 매스적인 성격과 비 매스적인 성격의 규명이 부족한 가운데 커뮤니케이션의 관점에서만 포괄적으로 논의되었다는 점이다.

둘째, 벌로(David K. Berlo)의 SMCR 모형(1960)이다. 이 모형은 의사소통의 모델을 확장하고 정교화한 대표적인 모형으로 알려져 있다. 이 모형에서는 의사소통의 요인을 정보원(Source)-메시지(Message)-매체(Channel)-수용자(Receiver)의 넷으로 구분하고 각 요인을 구성하는 요소들을 제시하였다. 이 모형에서 정보원의 요인을 구성하는 요소에는 발신자의 의사소통 기능, 태도, 지식, 사회 체제, 문화 등이 있으며. 메시지의 요인을 구성하는 요소에는 내용, 요소, 처리방식, 구조, 부호 등이 있다. 그리고 의사소통 통로를 구성하는 요인에는 시각, 청각, 촉각, 후각, 미각 등이 있으며, 수신자 요인을 구성하는 요소에는 의사소통 기능, 태도, 지식, 사회 체제, 문화 등이 있다.

SMCR 모형에서는 발신자와 수신자가 메시지를 지각할 수 있는 모든 감각 기제를 의사소통의 채널 속에 포함시키고 있으며, 의사소통을 구성하는 각 요인들의 상호작용적 특성을 강조하고 있다. 이 모형은 송신자로부터 수신자에게로 전달되는 소통과정과 그 과정속의 요소들 간의 상호관계를 나타낸다. 즉 소통의 기본요소인 송신자 또는 수신자(교사와 학습자), 학습내용으로 구성된다. 따라서 교수-학습자 간의 상호작용 관계로 이해된다. 이 모형은 단순하면서도 유용한 모형으로 알려져 있다. 이 모형은 송신자로부터 수신자에게 메시지가 전달되는 통신과정과 그 과정 속의 요소들 간의 상호관계를 나타낸다. 즉 교수와 학습장면을 통신과정이라는 점에서 교육공학의 일부로 활용되기도 한다. 지식과 정보전달 체계로 활용되기 때문에 이러한 점에서 출판과의 관련성이 있으며 출판학 연구와 연계성을 가지고 있다고 볼 수 있다.

셋째, 로저스와 슈메이커(Rogers & Shoemaker)의 개혁확산이론(Diffusion of Innovation theory)이다. 많은 미디어 연구들이 새로운 미디어 혹은 커뮤니케이션 기술이 수용되고 확산되는 과정을 설명하는 접근 방법으로 개혁확산이론을 채택하고 있다. 개혁확산이론에서 중심요소는 개혁(innovation) 또는 기술혁신이 된다. 기술혁신의 확산과정을 Rogers & Shoemaker(1973)는 크게 선행(antecedents), 진행(process), 결과(consequence)의 3단계로 구별한다. 첫 단계인 선행단계는 기술혁신 채택의 환경 또는 기술혁신을 채택하는 당사자들의 특성으로, 다시 말해서 기술혁신에 관한 정보에 대해 어느 정도 노출 성향이 있는 가 또는 욕구를 가지고 있는 가 등을 가리킨다. 둘째, 진행 단계는 학습, 태도 변용 및 결정 단계이다. 여기에는 사회체계의 규범과 가치, 그리고 기술혁신의 특성에 대한 인식이 중요한 역할을 한다. 셋째, 결과 단계는 채택이 이루어질 경우, 기술혁신에 대한 사용과 중단에 대한 과정을 기술한다.

이 가운데 기술혁신의 두 번째 단계인 진행 단계는 또다시 지식(knowledge), 설득(persuasion), 결정(decision), 실행(implement), 확인(confirmation)의 5가지 과정으로 나뉜다. 지식은 개인이 기술혁신이라는 존재에 노출과 지각 그리고 그것의 기능에 대한 이해도, 설득은 기술혁신에 대해 호의적 또는 비호의적 태도, 결정은 기술혁신을 채택하거나 기각하는 행위, 실행은 수용자가 기술혁신을 채택함에 따라 이에 대한 실생활 사용 여부, 확인은 기술혁신에 관한 자신의 결정에 대해 강화를 추구하는 것을 의미한다. 즉, 기술혁신의 채택은 개인이 기술혁신에 대한 지식으로부터 이에 대한 태도를 형성하고, 채택 혹은 거부를 결정하며, 새로운 개념을 실행하고 결정을 확인하는 전 과정으로 설명될 수 있다(임상원, 1994; Rogers, 2003).

이 이론은 지식과 기술에 관련되어 있다. 기술의 혁신 등이 수용하는 전파 과정에 대한 이론이다. 일반적으로 새로운 지식을 알려주는 것은 주로 대중매체이지만, 그 지식을 평가하고 채택하는 단계에서는 대인커뮤니케이션의 영향이 크다는 것이다. 출판매체가 일 대 다수의 영향도 있지만 일 대 일의 커뮤니케이션 영향이 크다는 점에서 이 이론의 의미가 있다. 그러나 이 이론은 비판도 많고 개혁확산 과정에서 완전하다거나 유일한 패러다임은 아니라는 점이 강조되기도 한다. 이러한 세 가지의 연구 모형 내지 이론 이외에도 커뮤니케이션 연구 방법에서 출판매체에 접근할 수 있는 방법론은 연구 주제와 내용에 따라 다를 수 있다.

(2) 지식사회학 연구 방법

이강수(1991)는 앞에서 출판매체 내지 출판현상에 대한 연구를 정보·지식전달이라는 커뮤니케이션 개념의 이론적 틀에서 체계화하는 것이 가장 적절한 사회과학적 방법이 되는 것이라고 주장했다. 이 경우는 두 가지의 방법이 있다고 하였다. 두 번째의 방법으로 출판연구에 대한 지식사회학적 접근을 들 수 있다고 하였다. 지식사회학은 지식에 대한 사회적 근원을 규명하고 지식과 사상이 사회구조에 의해서 어떻게 영향을 받으며, 또한 그것이 사회구조에 어떤 영향을 미치는가를 연구 대상으로 한다고 말한다.

지식사회학적 시각에서의 출판매체와 출판현상에 대한 접근은 지식생산자 또는 문화생산자인 저자 내지 지식인, 그리고 지식 매개자인 출판인(출판편집자)에 대한 연구가 가능하다. 그리고 지식사회학적 맥락에서 출판매체의 내용 즉 텍스트(text) 연구와 미디어 이용자로서의 독자연구 그리고 독자와 텍스트간의 관계에 대한 연구도 이루어질 수 있다고 하였다. 그러나 고려할 것은 지식의 명확한 개념화이다. 즉 지식과 정보의 차이가 무엇인가를 분명히 개념화해야 한다는 것이다(이강수, 1991, pp. 169~188). 이강수가 말하는 지식사회학적으로 접근한다면 출판학의 연구 영역과 대상이 출판의 내적 환경과 외적 환경으로 넓어질 수 있다. 출판물은 지식과 정보, 사상과 문화를 깊고 넓게 담는 매체로서 그 내용은 크게 지식과 문화로 대별될 수 있다. 때문에 지식사회학과 더불어 문화사회학 접근은 출판학 연구에서 적절한 연구방법이 될 수 있다.

지식사회학(Sociology of knowledge)은 지식 또는 정신문화 일반을 역사적·사회적 요인과의 관련 속에서 연구하는 학문으로 사회학의 한 분야이다. 1920년대 이후 독일의 철학자 막스 셸러(Max Scheler)와 사회학자 칼 만하임(Karl Mannheim) 등에 의하여 수립되었다. 만하임은 지식사회학을 창시한 셸러의 연구를 정태적이라고 규정하고 자신의 동태적인 지식사회학을 날카롭게 대조시킨다. 그러나 두 사람은 지식사회학의 실천적, 정치적 기능에 대해 공통된 견해를 가지고 있었다(전태국, 2013, p. 370). 지식사회학이란 지식 또는 학문이 사회적 요인과 긴밀한 관계를 맺고 있다는 전제 아래 그것을 분석하고 이해하는 사회학의 한 분야다.

지식사회학에 따르면 지식은 사회로부터 생성된다. 때문에 지식은 반드시 사회적인 맥락 속에서 사회적 요인을 통해 분석되어야 한다. 지식 속에 내포된 사회 요인이 사회에서 어떠한 기능을 수행하는가를 확인하는 것도 지식사회학의 중요한 목표이다. 지식사회학의 원류는 칼 마르크스에서 시작되었지만, 셸러와 만하임에 의해 마르크스주의에서 벗어나 독일을 중심한 학문주의로 전개되고 근래에는 실제적인 지식사회학으로 흐르고 있는 것으로 보인다. 최근에 지식사회학은 자연과학적 접근, 즉 과학사회학으로 확대되어 갔다. 이러한 새로운 경험적 자료에 대한 새로운 지식이 지식사회학의 상당한 부활을 가져왔다(고영복 편, 2000, p. 366)고 하였다.

지식사회학 연구방법의 하나로서 계량적 연구로서 인용분석 방법이 있다. 인용분석은 원 문헌에서 선행 문헌들을 인용하는 현상에 근거하는 정보분석 방법이다. 이를 테면 미국의 데이터베이스 전문기관인 ISI가 전 세계 전문 학술저널에 수록된 논문들을 대상으로 제작한 인용색인이 한 예가 된다. 이는 정보나 지식자원(학술문헌)의 효용성과 영향력을 평가하는데 아주 적절한 도구가 된다. 인용문헌에 나타나는 출처는 단행본, 학술잡지, 연구보고서 등 다양하다. 인용분석은 인용문헌으로 활용된 지식자원의 질적 가치를 사회적 영향력의 차원에서 분석하고 평가하는 방법이다. 지식자원에 대한 질적 평가의 유일한 방법은 아니지만, 많은 사람들이 공감할 수 있는 통계적 방법으로 분석하는 것이 설득력이 있다(이수상, 1999, pp.155~171 참조).

인용분석 방법은 특정한 문헌이나 지식(또는 지식인)이 사회(지식사회, 지식공동체)로부터 어떠한 영향을 받았으며, 그것이 어떠한 영향을 미치는가에 대한 설명이 가능하기에 지식사회학의 연구방법으로서 적절하다 하겠다. 이처럼 계량적 지식사회학의 응용은 지식자원의 유통, 지식자원의 평가, 지식공동체의 분석, 지식정책의 활용에서 유용하다. 지식사회학과 관련되는 문화사회학에서도 이러한 통계적이고 계량적 분석이 이루어진다면 출판학 연구에서도 책과 출판의 사회적 영향과 상호작용의 연구에서 좋은 방법론이 될 것이다.

(3) 문화사회학 연구 방법

문화사회학(Cultural Sociology)은 일반적으로 문화의 여러 요소나 문화 전체의 성격을 사회와 연관하여 연구하는 학문으로 사회학의 한 분야이다. 제1차 세계 대전 이후 독일에서 베버·만하임·셀러 등이 수립하였으며 형식 사회학이나 심리학적 사회학에 반대하여 문화를 역사적이고 객관적인 대상으로 접근한다. 지식의 성립·구조·내용 등에 관해, 즉 지식과 사회의 관계를 사회학적인 방법으로 파악하는 연구이다. 문화론의 영역에 관한 연구를 문화사회학 이라고 하는데, 지식에 대한 연구에 중심을 두는 지식사회학과 동질시 되기도 한다. 이러한 일반적인 정의를 보면서 문화사회학의 개념과 연구 경향을 살펴보고자 한다.

한국사회학회 분과 학회인 한국문화사회학회가 직접 펴낸 개론서 『문화사회학』(2012)의 목차 구성을 보더라도 문화와 사회를 바라보는 관점은 다양하다. 이를테면, 예술, 대중문화와 미디어, 일상생활, 계급, 세대, 젠더, 담론, 정치, 경제, 민족주의, 세계화와 다문화 등에 이른다. 여기에는 문화사회학이란 무엇인가 혹은 무엇이어야 하는가에 대한 합의가 쉽지 않았던 탓도 있어 보인다. 지금도 이 문제는 여전히 논쟁 중인데, 아마도 가장 덜 논쟁적인 정의는 '문화사회학이란 사회학의 주요 관심 대상인 사회적 자아, 사회적 관계, 사회 제도, 사회 구조와 문화 간의 상호작용을 다루는 학문'이라고 서문에서 밝히고 있다(한국문화사회학회 편, 2012). 출판학과 관련되는 문화사회학에서의 연구 분야는 주로 대중문화와 미디어의 사회적 의미로 귀결되는 듯하다.

지식사회학이 지식의 역사적, 사회적 관련에 관심을 둔다면, 지식산업은 지식상품의 생산과 유통에 관련되어 있다. 문화사회학이 문화를 사회와 연관하여 연구한다면, 문화산업은 경제적 논리에서 문화상품의 생산과 유통을 말한다. 같은 이유로 출판산업이 출판물의 생산과 유통에 있다면, 출판사회학은 출판물과 독자와 이용자 그리고 사회와 제도 등과 상호 작용에 대한 연구에 있는 것이다. 이처럼 지식사회학 또는 문화사회학은 지식산업과 문화산업과의 관계보다는 오히려 사회와의 관련에서 연구되는 방향이라고 볼 수 있다.

한편으로 지식사회학과 문화사회학이 서로의 동질성이 있는 학문이라고 보는 관점이 있다. 이러한 이유는 지식, 정보, 문화가 엄밀하게 구분하기 어려운 점이 있기 때문이다. 여기에서 지식사회학과 문화사회학을 가르는 이유는 출판물의 성격 때문이다. 이는 출판물을 모두 지식 체계에 넣을 수 없는 것처럼, 모두 문화 체계에 포함할 수도 없다. 출판물에서 본다면, 지식과 문화적 성격의 구분은 가능해 질 수 있다. 지식 측면에서는 특정독자를 대상으로 하는 전문학술서, 문화 측면은 불특정 독자를 대상으로 하는 일반대중서로 대별해 볼 수 있다. 이는 미노와 시게오(箕輪成男) 교수가 분류했던 방식이기도 하다. 따라서 지식사회학의 관점은 전문학술서 영역으로, 문화사회학의 관점을 일반대중도서의 분야로 구분하되 각각의 연구 대상과 연구 방법을 모색할 필요가 있다.

문화사회학은 사회학의 분과 학문이기 때문에 연구방법도 사회과학의 방법론에 따르게 된다. 사회과학의 일반적인 연구 방법인 질적, 양적 접근 방법이 연구의 바탕을 이루게 된다. 다만, 문화와 사회라는 좀 더 분명한 고리가 있기 때문에 연구 방법은 광범한 사회학보다는 좁혀지는 것이 일반적이라 하겠다.

한편으로 문화 연구자들에게 기본적으로 질적 연구의 지향과 정신이 깃들어 있는 것은 우연이 아니다. 질적 연구는 여러 학문 분야, 여러 연구 주제를 넘나드는, 즉 학제적 또는 학문적 연구 분야이다. 다양한 이론들을 인접 학문분야에서 선택적으로 자유롭게 가져다 쓰는, 즉 언제 어디서나 생산적 절충주의를 지향하는 문화연구의 특성과 닮아 있다"(한국언론정보학회편, 2015, pp.43~45) 고 하였다. 이는 문화

사회학에서 질적 연구 분야는 특정한 하나의 연구 방법만을 우선하지 않는 일련의 해석적 활동이라는 점이다. 이처럼 출판학의 연구 방법과 관련되는 분야별 연구 방법에 대해 살펴보았다.

출판학의 연구방법론을 논의하기 위해서 사회과학 연구 방법과 분야별 연구 방법으로 나누었다. 사회과학 방법에서는 질적·양적·통합적 접근 방법을 제시하였고, 분야별 방법에서는 출판학 연구의 여러 방법, 커뮤니케이션·지식사회학·문화사회학으로 구분하여 논의하였다. 이러한 방법론의 제시는 출판학이 사회과학 영역을 중심으로 연구되어야 하며, 미시출판학과 거시출판학의 균형 발전을 위한 것이다. 선행연구에서 제시되었던 방법을 중복적으로 논의하지는 않았다. 이는 다양한 연구 접근으로 출판학의 발전을 바라기 때문이다. 한편으로 한국과는 연구 방법의 차이가 있지만 중국·일본·미국·프랑스·독일·영국 등의 출판학 관련 학문의 연구방법 조사와 비교 연구가 더욱 이루어지기를 기대한다.

5. 결론 : 출판학의 학문적 체계와 연구 방법

이 연구는 디지털의 변혁에 의한 출판 패러다임의 변화에 따라 출판학 원론의 당면한 네 가지 대상에 대해 새로운 관점에서 논의하는데 목적을 두었다. 네 가지의 대상이란 (1) 출판학의 학문적 체계의 재논의 (2) 출판의 매스 커뮤니케이션적 성격과 비 매스 커뮤니케이션적 성격 검토 (3) 출판 순환과정의 발전적 개선 (4) 출판학 연구방법론의 발전 방안이다. 이 연구에서는 네 가지의 당면한 대상에 대하여 논의에만 그치는 것이 아니라 타당하다고 생각하는 대안을 제시하였다.

첫째, 출판학의 학문적 체계의 재논의 문제이다. 지금까지 출판학의 학문적인 체계는 〈선택-제작-분배〉의 구조를 갖고 있었다. 이 연구는 출판학의 학문적 연구의 영역과 대상의 구조화를 위해 다음과 같은 체계화를 시도하였다. 대분류는 (1) 이론역사(Theory&History) (2) 출판생산(Publishing Production) (3) 출판매체(Publishing Media) (4) 출판영향(Publishing Effect) (5) 출판환경(Publishing Environment)의 5개 영역으로 분류하였다. 첫째, 이론역사는 출판학의 이론적 배경과 출판의 문화사와 매체사로서 근본적인 것이다. 둘째, 출판생산은 출판산업의 핵심적인 분야이다. 셋째, 출판매체는 도서매체·전자출판매체·잡지매체이다. 넷째, 출판영향은 책의 수용자인 독자(이용자) 연구와 출판의 사회적, 문화적, 제도와의 상호작용이다. 다섯째, 출판환경은 환경 속의 출판(Publishing in Environment)으로 시대와 기술의 관점이 된다. 이 중에서 출판생산-출판매체-출판영향은 출판의 중심적인 영역이다. 이론역사는 명제와 근본의 체계이며, 출판환경은 시대와 사회, 테크놀로지의 영역이다.

대분류에서 각각의 중분류는 (1) 이론역사에서 ⓐ 출판학 이론 ⓑ 출판역사 (2) 출판생산에서 ⓐ 출판직무 ⓑ 출판제작 (3) 출판매체에서 ⓐ 도서매체 ⓑ 전자출판매체 ⓒ 잡지매체 (4) 출판영향에서 ⓐ 독자(이용자) ⓑ 사회문화적 영향 (5) 출판환경에서 ⓐ 출판산업 ⓑ 출판제도 ⓒ 국제출판을 각각의 12 개 중분류로 구조화하고 체계화 하였다. 따라서 출판학의 학문적 체계를 5영역 12개 분야로 체계화를 시도하였다.

둘째, 출판의 매스 커뮤니케이션적 성격과 비 매스 커뮤니케이션적 성격에 대한 검토이다. 이 주제는 출판의 정체성과도 관련되기 때문에 더욱 논의가 필요하였다. 출판매체도 커뮤니케이션 활동이 분명하지만, 온전히 매스 커뮤니케이션적이라 볼 수는 없는 것이다. 왜냐 하면 매스 커뮤니케이션에 출판이 포함된다 하더라도 출판이 모두 매스 커뮤니케이션이라고 볼 수는 없다. 동시에 매스 커뮤니케이션의 이론만을 가지고 출판현상의 모든 것을 분석할 수는 없는 것이다. 출판매체는 매스 커뮤니케이션적인 성격과 더불어 대인과 집단 커뮤니케이션에서 더욱 효과적인 영향력을 갖고 있다. 결론적으로 본다면, 출판은 일 대 다수(one to many)의 매스 커뮤니케이션 특성을 갖고 있지만, 일 대 일(1:1) 커뮤니케이션(one to one communication)으로서 개인 및 소수 집단을 대상으로 하는 커뮤니케이션이 비중 있게 작용되는 매체이다.

셋째, 출판의 순환과정의 발전적 개선이다. 출판의 순환과정은 출판콘텐츠(텍스트)가 저작자에서 소비자에게 전달되는 출판 활동의 핵심적이고 과정적 모형이다. 이러한 순환적인 활동이 이루어지면서 출판활동은 완성된다. 그동안 출판의 과정적 회로는 출판물의 (1) 선택-제작-분배의 세 부문의 흐름으로 이루어져 왔다. 이를 개선한 (2)

기획선택-생산제작-유통분배-문화효과로 출판의 순환개념으로 변화되었다. 이 연구는 출판의 기획선택-생산제작-유통분배-문화효과의 4 과정의 출판의 순환 개념을, 5과정의 출판의 순환과정으로 발전적 개선을 시도하였다. 출판의 순환과정은 (3) 기획선택-생산제작-공표유통-독자수용-영향효과의 5단계로 이어지는 순환구조 과정으로 연결하였다. 출판의 순환과정은 이 5단계로서 완전성을 갖는다고 보았다. 출판의 순환과정이 미시출판과 거시출판을 포괄하며, 전자출판 시대에서 온라인출판과 오프라인 출판에서 두루 적용될 수 있도록 구조화를 시도 하였다.

넷째, 출판학 연구방법론의 발전 방안이다. 그동안 연구 방법은 출판학 연구에서 논의가 부족했던 분야이다. 출판학 연구가 내적 환경인 미시적 출판학에 치중되었기 때문에 연구의 공간이 협소하였고 연구의 방법에서 한계성이 있었다. 이 연구는 출판학을 사회과학의 영역에 중심을 두면서 거시적인 연구방법을 적용해야 함을 강조하였다. 출판학의 연구 방법을 사회과학 연구 방법과 분야별 연구 방법으로 대별하였다. 먼저, 사회과학 연구 방법에서는 양적연구 방법, 질적 연구 방법, 통합적 연구 방법을 살피고, 양적·질적·통합접근의 선택 방법을 논의하였다. 다음으로 분야별 연구 방법은 (1) 출판학 연구의 여러 방법을 선행연구 방법의 논의와 출판학 연구 방법의 개선으로 구분하여 새로운 방향을 제안하였다. (2) 출판학 연구의 적합한 커뮤니케이션학 연구 방법을 별도로 제시하였다. (3) 출판학 연구 방법에서 지식사회학 연구방법을 제안하였다. (4) 문화사회학의 연구를 출판학 연구에 활용하는 방안을 제시하였다.

이 연구는 시대와 패러다임의 변화 속에서 새로운 관점으로 출판학 원론의 네 가지의 당면한 대상들을 논의하는데 목적이 있었다. 네 가지의 대상은 출판학의 학문적 체계의 재논의, 출판의 매스 커뮤니케이션적 성격과 비 매스 커뮤니케이션적 성격 검토, 출판 순환과정의 발전적 개선, 출판학 연구방법론의 발전 방안이었다. 논의 대상인 네 가지의 주제들은 통합된 의견이 어렵고 논의도 부족하였다. 그러나 당면한 이 주제들에 대해 출판학 원론의 관점에서 좀 더 진전된 논의와 대안을 찾아보고자 힘썼다.

이 책의 〈제1부 출판학 원론〉에서는 원론적 관점에서 여덟 가지의 당면한 주제들을 선정하여 논의하고 대안을 제시하고자 하였다. 이는 출판의 본질론, 출판의 현상론, 출판학 연구의 영역, 출판학 연구의 대상, 앞에서 논의된 출판학의 학문적 체계의 재논의, 출판의 매스적인 성격과 비 매스적인 성격 검토, 출판 순환과정의 개선, 출판학 연구방법의 발전 방안이다. 출판의 본질론과 현상론, 출판학 연구의 영역과 대상은 내용의 긴밀성으로, 위의 네 가지 주제들은 내용의 관련성으로 인해 함께 묶어 3편의 논문으로 제시하였다. 여기에서 제시된 대안들도 완전하다고 생각하지 않는다. 더욱 논의하여 정립되어 갔으면 한다.

참고문헌

강진숙(2011), 「국내 전자책(e-BOOK) 및 전자출판 연구의 주제와 방법에 대한 메타 연구」, 『한국출판학연구』 통권 제61호(서울 : 한국출판학회)

고영복 편(2000), 『사회학사전』(서울 : 사회문화연구소출판부)

김선남(2013), 「출판학 분야의 연구 경향과 특성」, 『한국출판학연구』 통권 제64호(서울 : 한국출판학회)

김성재(1989), 『출판의 이론과 실제』(서울 : 일지사)

김우룡외(2008), 『커뮤니케이션 연구와 방법』(서울 : 나남)

김정숙(2000), 「21세기 출판학연구의 전망과 출판교육의 방향」, 『한국출판학연구』 통권 제42호(서울 : 한국출판학회)

김정숙·배현미(2009), 「한국출판학연구의 동향과 진전에 대한 매트릭스 분석」, 『한국출판학연구』 통권제57호(서울 : 한국출판학회)

김희락(1991), 『한국출판학 논고』(서울 : 태성)

남석순(2008), 『근대소설의 형성과 출판의 수용미학』(서울 : 박이정)

_____(2013), 「전환기 미디어로서의 출판의 공간 확장 : 본질적·산업적·교육적 관점에서 본 출판」, 『출판잡지연구』(서울 : 출판문화학회)

_____(2019), 「출판학 원론」, 한국 출판학 연구 50년 : 한국출판학회 반세기 궤적, 사단법인 한국출판학회

노병성(1992), 「출판학 정립을 위한 패러다임 고찰」, 『출판잡지연구』 창간호(서울 : 출판문화학회)

민병덕(1969), 「출판학 서설」, 『출판학』 창간호(서울 : 한국출판학회)

_____(1983), 「출판학의 연구방법론과 과제」, 『83출판학연구』(한국출판학회)

_____(1985), 『출판학 개론』(서울 : 지식산업사)

_____(1993), 『출판학연구 방법론』(서울 : 팔복원)

박선웅외(2012), 『문화사회학』(서울 : 살림)

박유봉외(1980), 『신문학이론』(서울 : 박영사)

안춘근(1963), 「출판학원론」, 『성균』제17호, 성균관대학교

_____(1963), 『출판개론』(서울 : 을유문화사)

_____(1981), 『한국출판문화론』(서울 : 범우사)

오경호(1996), 『출판커뮤니케이션론』(서울 : 일지사)

이강수(1991), 「출판학의 학문적 성격과 연구방법론」, 『출판연구』제3호(서울: 한국출판연구소)

_____(1987), 『한국대중문화론』(서울 : 법문사)

이범수(2015), 『커뮤니케이션학과 현상학』(서울 : 커뮤니케이션북스)

이수상(1999), 「지식사회학의 연구방법으로서 인용 분석」, 『한국도서관정보학회지』30권2호, 한국도서관정보학회

이종국(2001), 「출판학연구의 진전과 그 과정적 이해 : 한국의 출판학연구 과정에 나타난 연구경향을 중심으로」, 『한국출판학연구』통권제43호(서울:한국출판학회)

_____(2015), 『편집 출판학 연구 총설』(서울 : 패러다임)

전태국(2013), 『지식사회학 지배, 이데올로기, 지식인』(서울 : 한울아카데미)

조항제외(2015), 『미디어 문화연구의 질적 방법론』, 한국언론정보학회(서울 : 컬처룩)

차배근(1986), 『커뮤니케이션학 개론(상)』(서울 : 세영사)

_____(1991), 『커뮤니케이션학 개론(하)』(서울 : 세영사)

채 백(1991), 『출판학』(서울 : 한나래)

최준혁(2014), 「혼합적 연구방법을 활용한 상황분석의 일례」, 『홍보학연구』18권4호, 한국PR학회

한국문화사회학회(2012), 『문화사회학』(서울 : 살림)

_____(2015), 『미디어 문화연구의 질적 방법론』(서울 : 컬처룩)

철학사전편찬위원회(2012), 『철학사전』(서울 : 중원문화)

Thomas Kuhn(1980), 『과학혁명의 구조』, 조형 역(서울 : 이화여자대학교출판부)

箕輪成男(1982),『情報としての出版』(동경 : 弓立社)

Robert Escarpit(1965),『Le Revolution du Livre』, UNESCO, 임문영 역, 책의 혁명
　　(서울 : 보성사)

McQuail, D. & Windahl, S. (1981). Communication model for the study of mass
　　communication. 임상원 역 (1994).커뮤니케이션 모델(서울: 나남)

Jojn W. Creswell(2014),『Research Design : Qualitative, Quantitative, and Mixed
Methods Approaches』(4th Edition), SAGE Publications Inc.,『연구방법 : 질적 양적
　　및 혼합적 연구의 설계』, 정종진 외 역, 2017(서울 : ㈜시그마프레스)

J. Passmore & T. Theeboom(2015),「Coaching Psychology : A Journey of Develop
　　ment in Research」. L.E. Van Zyl, M.W. Stander & A. Oodendal (ed.)

Peterson, Theodore(1964),『From Mass Media to Class Media』L.A. Dexter & D.M
　　White(eds), People, Society and Mass Communications, NY : The Free Press.

제2부

출판 현상론

출판정책 과정의
이론모형 개발 연구[1]

1. 문제의 제기

정책학 연구의 개척자인 라스웰(H. D. Lasswell)은 정책을 "사회변동의 계기로서 미래 탐색을 위한 가치와 행동의 복합체"이며 "목표와 가치, 그리고 실체를 포함하고 있는 고안된 계획"이라고 정의한 바 있다(H.D.Lasswell, 1951,pp.11~13). 이는 정책의 특성이 계획성·목표성·가치함축성·실제성에 있음을 강조한 것이다. 이스턴(D. Easton)은 정책을 "정치체계가 내린 권위적 결정"이라고 정의하였다(Davied

---

1 이 논문은 『한국출판학연구』통권 제52호(2007)에 게재한 것을 일부 수정한 것임.

Easton,1965,p.32). 이외 다수의 학자들의 다양한 정의에도 불구하고 '정책이 정부기관의 활동' 이라는 점에서는 일치된 견해를 보이고 있다. 정책학의 연구 토대 위에서 볼 때 정책은 '국가 또는 정부기관의 미래 지향적인 활동 방침 또는 활동 목표로서 고안된 계획' 임을 강조하고 있다. 동시에 정책이 정치적인 영향권에 있다는 것을 알 수 있는데, 이는 우리나라 출판정책의 변천에서도 그대로 드러나고 있다.

우리나라의 출판정책의 발전은 제6공화국에 와서야 점진적으로 전환되기 시작하였다.[2] 6공 1기(노태우 정부)에는 출판사 등록 개방과 판금도서 해제 이후, 규제와 권위주의에서 벗어나기 시작하였고, 6공 2기(문민정부) 초기인 〈책의 해〉(1993)를 기점으로 조성과 진흥 위주의 정책으로 크게 전환되기 시작하였다. 6공 3기(국민의 정부)에서 문화산업으로서 출판산업에 대한 인식에서 적극적인 지원책이 이루어지고, 6공 4기(참여정부)에서는 〈출판 및 인쇄진흥법〉에 근거한 진흥책이 본격적으로 가동되었다. 〈출판 및 인쇄진흥법(이하 진흥법)〉은 이미 국민의 정부에서 제정(2002.8)되었지만 참여정부에 와서 시행(2003.2)된 법이다.

이 진흥법에 근거한 출판인쇄문화산업 진흥시책으로 〈제1차 진흥

2　제6공화국에서 정권의 통치이념은 출판정책에 다대한 영향을 미친다. 제1기-노태우정부 (1988.2-1993.2), 제2기-김영삼정부(문민정부,1993.2-1998.2), 제3기-김대중정부(국민의 정부, 1998.2-2003.2), 제4기-노무현정부(참여정부, 2003. 2-2008. 2)이다. 해방 이후 출판정책의 흐름은 제1, 2공화국에서는 관리행정에 머물던 것에서 제 3,4,5공화국에 와서는 적극적인 규제기능으로 바뀌었다. 규제는 3, 4, 5공화국 순으로 심해지는데 권위주의 체제의 정도와 비례하고 6공화국부터 진흥책으로 변화된다.

계획(2003-2007)〉이 시행되고 있으며 〈제2차 진흥계획〉(2007-2011)
이 발표(2007. 4.4)된 바 있는데[3] 참여정부의 출판정책은 이전의 정책
과는 성격적으로 다른 점이 있다. 이는 진흥법에 따른 법적 근거에 명
확성, 정부 부처 간 MOU 체결[4]로 인한 정부 정책협업(collaboration)
시스템의 조성, 중장기적인 출판진흥계획과 비전의 제시, 진흥계획
에 대한 출판 산업계의 의견수렴 과정이 있었다는 점에서 참여정부
의 문화산업과 출판 진흥정책에 대한 의지를 읽을 수 있다.

  하지만 정부의 출판정책의 결정과정은 문제점과 과제를 동시에 안
고 있는데, 이러한 과제와 문제점을 인식한 기반위에서 정책이 수립
되어야 우리나라 출판정책의 발전이 선진적인 토대를 이룰 수 있다.
첫째, 출판정책 과정(정책형성-결정-집행-평가)이 명확하지 않으며, 둘
째, 정책과정의 효율성·효과성·형평성·명확성·실현가능성 등에
서 비전문성이 내재되어 있다. 셋째, 출판정책의 평가(총괄평가·과정평
가·형성평가)가 불비하거나 부족하다는 점이다. 넷째, 출판정책의 목
표를 소비자인 사회 구성원들에 대한 '지식문화욕구 충족과 복지 향
상' 보다 '국가 경쟁력 제고' 에 중심을 두어왔다는 점이다. 한편, 출판
학계에서 출판정책 연구의 이해 부족과 한계가 있어왔다. 첫째, 출판
정책 이론의 불비이다. 정책과정에 대한 과학적 관점보다는 발표된

---

3 「출판지식산업 육성방안 : 출판인쇄문화산업 진흥계획(2007-2011), (문화관광부, 2007. 4.)

4 양해각서(諒解覺書, memorandum of understanding) 원래 당사국 사이의 외교교섭 결과
서로 양해된 내용을 확인·기록하기 위해 정식계약 체결에 앞서 행하는 문서로 된 합의서
를 말한다. 이는 국가 대 국가뿐 아니라 국가기관, 일반기관, 일반기업 사이 등에서도 다양
한 문서의 형태로 이루어질 수 있다.

진흥계획이나 이슈성의 문제에 대한 현실적·기술적인 분석에만 치중되어 왔다. 둘째, 출판정책의 기본방향 및 정책이론에 대한 제시가 적었다.[5] 셋째, 출판정책 과정에 대한 이론적 정립이 없었고 분석방법과 평가방법에 대한 방법적인 토대도 불비하였다.

이 연구는 우리나라 출판정책 과정의 발전을 위한 시론으로서의 성격이 짙다. 출판정책의 문제점들과 과제 중에서도 근원적 문제인 '출판정책의 과정(process)'을 개선하는데 목적을 두었다. 연구의 과정은 출판정책 과정의 이론적 구조를 제시하기 위하여, 정책학 이론에서 정책과정에 관한 배경을 고찰한 후, 정책과정의 기본틀을 도입, 출판정책에 적용하여 출판의제형성→출판정책결정→출판정책집행→출판정책평가로 이루어지는 출판정책 과정의 이론모형을 제시하고자 한다.

2. 출판정책 과정의 이론적 배경

"정책과정(policy process)이란 정책의 형성·결정·집행·평가 등 모든 단계를 포함하는 동태적인 개념"이며 정책학(Policy Science)은 정책과정에 관한 학문이라 말할 정도로 정책과정을 중심으로 이루어진다

---

5   출판정책의 기본방향, 정책기준, 과제 제시에 관한 연구는 이두영(『한국출판학연구』통권 45호,2004),노병성(『99출판학연구』통권41호,1999), 이용준(『한국출판학연구』통권50호, 2006), 부길만(『한국출판학연구』통권45호, 2003) 등이 있을 뿐이다.

(안해균,제3판, 2004, p.131). 정책은 단계를 거쳐 이루어지고, 정책과정은 각 단계가 논리적으로 구분되며, 시간적 선후 관계가 분명하지만, 실제 운용과정에서는 서로 복합적이고 동태적으로 얽혀 있다는 사실이다. 중요한 것은 정책과정에 대한 학자들의 관점이 다양하기 때문에 그 과정을 구성하는 세부단계에 대해서도 견해가 통일되어 있지 않다는 점이다.

정책과정에 대한 라스웰(H.D. Lasswell)의 고전적인 견해와 이를 토대로 구분하는 존스(Charles O. Jones), 앤더슨(James E. Anderson), 리플리와 프랭클린(R. B. Ripley & G.A. Franklin) 등의 견해가 서로 다름을 볼 수 있다. Lasswell은 정책과정이 정보수집→건의→처방→발동→적용→평가→종결로 이루어진다는 견해를 밝혔다. 하지만 Jones는 정책과정 단계를 5개 하위 체제인 문제정의→형성·합법화→집행→평가→종결로 분류하였다. Anderson의 경우는 정책의제설정→정책형성→정책채택→정책집행→정책평가로 구분하였으며, Ripley & G.A. Franklin은 형성·합법화→집행→평가→변동으로 정책단계를 설명하는 것처럼 각자 정책과정에 대한 관점에 따라 다양하게 분류하고 있다(안해균, 2004,p132). 근래에 마이클 하울렛과 레메쉬(Micheal Howlett & M. Ramesh)[6]는 정책의제설정(Agenda Setting), 정책형성(Policy Formulation), 정책결정(Policy Decision-Making), 정책집행(Policy Implemen-

---

6   Micheal Howlett & M. Ramesh 『Studying Public Policy』, Oxford Univ. Press, 1995, pp. 140-145.

tation), 정책평가(Policy Evaluation)과정으로 구분하고 있다. 이러한 구분은 정책형성 과정에서 의제설정은 별도의 단계로 인식하고 있음을 볼 수 있다(Micheal Howlett & M. Ramesh 1995, pp. 140~145).

이들의 견해들도 세밀히 비교, 검토하면 공통적인 관점을 도출할 수 있는데 이를 정리한다면 다음과 같다. ① 정책과정 내의 각 단계(형성-결정-집행-평가)는 모두 동태적인 활동이다. ② 정책과정은 갈등과 타협이 존재하는 정치적 과정이다. ③ 정책과정은 순환적 과정이다. ④ 참여자들의 세력과 이해관계 등에 따라 정책의 방향과 내용이 변하는 경우가 많다. ⑤ 정책과정에는 상이한 집단들이 조직적으로 연대하여 참여하는 경우도 있다는 것으로 정책과정에 대한 공통점을 도출할 수 있다(안해균, 2004, pp. 132~133).

정책학자들의 견해를 검토하여 공통적으로 드러나는 구성단계는 정책형성(정책의제형성)→정책결정→정책집행→정책평가의 4 단계의 기본틀을 갖추고 있다. 하지만 모든 정책이 실무에서 4단계를 모두 거치는 것이 아니고 생략되거나 실제 운용과정에서 각 단계가 서로 복합적이고 동태적으로 얽혀 있다는 점에 유의해야 한다. 정책학에서 일반적으로 정리되고 있는 정책과정의 기본틀을 나타낸다면 〈그림1〉과 같다(안해균, 2004, p. 127).

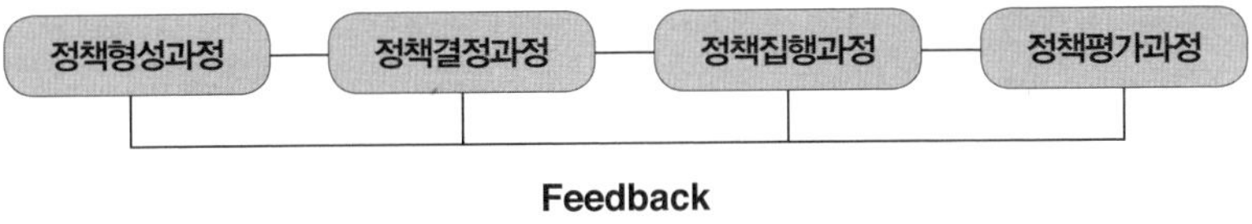

Feedback

〈그림1〉 정책과정의 기본틀

정책과정은 제도와 현실 간에 큰 괴리 현상이 존재하였다. 그 결과로서 정책과정과 집행, 평가와 통제에서 소중히 지켜야 할 합법성·효율성·민주성·공정성·형평성은 희석되고 불법·불합리·반민주·불공정·불형평성 등이 더 큰 비중을 차지해 왔다. 정책은 어떤 가치를 실현시키기 위한 것이며, 바람직한 공익은 어떤 것이고, 그러한 공익과 정책은 어떤 관계에 있는지를 진지하게 설정해야 정책과정이 바르게 작용한다고 볼 수 있다.

정책을 연구하는 목적은 정책 자체와 나아가 사회적으로 '바람직한' 또는 '올바른' 정책을 실현하는 데 있으며, 과학적 연구방법에 입각하여 정책의 인과관계를 주도면밀하게 탐구하여, 상이한 공공기관과 공공부문에 일반적으로 적용될 수 있는 신뢰성 있는 일반이론을 개발하는데 있다. 이와 같이 정책연구의 필요성은 정책과정의 바람직한 당위성을 확보하자는 데서 비롯되고 있으며 당위성은 정책이 갖는 공익에 바탕을 두어야 한다는 것이다.

우리나라 출판정책에도 일반화된 정책과정 이론을 도입하여 정책과정에 올바르게 적용한다면 출판산업의 바람직한 진흥에 많은 도움이 될 것이며, 출판정책이 합법성과 효율성, 공정성과 형평성에서 정책적 타당성을 더욱 확보하게 되고, 출판정책의 기본이념인〈국민 지식문화복지의 향상〉이라는 공익을 실현할 수 있을 것이다.

3. 출판정책 과정의 모형과 이론

1) 출판정책 과정의 모형 개발

과거의 출판정책(제1공화국~제5공화국)은 출판행정의 차원에 머물렀고, 행정마저도 출판문화에 대한 인식의 부족, 성격의 모호, 규제중심, 조성, 조정기능 미흡하였다고 평가되고 있다(이용결,1988, pp.63~77). 제6공화국 3기 이후부터 출판의 조정과 진흥으로 전환되고 있지만, 정책과정의 관점에서 본다면 크게 미흡하다고 볼 수 있다. 정책학과 사회복지학에서 말하는 정책과정의 고찰을 통하여 과학적이고 합리적인 출판정책의 과정이 부족한 가운데, 유의미한 이론적 배경과 방법이 무엇인가를 발견할 수 있을 것이다.

위에서 고찰한 정책과정의 기본틀을 출판정책 환경을 고려하여 도입함으로써 출판정책이 보다 과학적인 방법으로 개선되는데 이바지할 수 있을 것이다. 물론 출판산업이 문화적인 성격을 많이 가지고 있으며, 동시에 경제적인 논리에서 작용된다는 점에서 일반정책 과정과의 차이(정철현, 2004, pp.145~155)도 있지만 다음과 같이 출판정책 과정의 이론모형을 개발하여 〈그림2〉와 같이 제시하고자 한다.

아래 〈그림2〉에서 출판정책의 주요 과정인 출판정책 의제형성, 출판정책결정, 출판정책집행, 출판정책평가의 4단계는 점선으로 테를

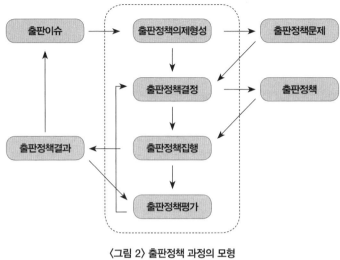

〈그림 2〉 출판정책 과정의 모형

둘렀으며, 이들 활동 앞에는 주요 투입(input)이 되는 것이 있고, 이들 활동 뒤에는 결과로서 나타나는 산출(out put)이 되는 것들이 있다.

첫째, 출판정책 의제형성(publishing policy agenda setting)은 많은 출판 문제 중에서 일부를 정책문제로 채택하는 활동을 의미한다. 즉 우리 나라 출판산업에는 해결해야 할 많은 문제가 존재하는데, 이들 중에 서 일부를 정부에서 해결하기로 결정한 문제가 정책문제로 되는데, 이때 출판에 관련된 문제 중에서 일부를 정책문제로 결정하는 행위 를 정책의제 형성이라고 한다.[7]

둘째, 출판정책결정(publishing policy-making)은 정책문제의 해결을 위한 여러 대안을 모색하고 그 중 최선의 대안 하나를 의도적으로 선 택하는 행위로서, 어떤 문제가 정책문제로 거론되면 이를 해결할 수 있는 여러 가지 대안들을 고안·검토하여 하나의 정책대안을 채택하게 되는데, 이 활동이 정책결정이며 그 결과로서 나온 산출물이 정책이다.

셋째, 산출된 정책은 보다 구체화되어 현실적으로 실현이 되어야 하는데, 이러한 정책의 실현 활동을 출판정책집행(publishing policy implementation)이라고 부른다. 정책집행이 있으면 정책결과가 행위체계의 외부인 환경으로 산출되는데, 이것은 정책효과와 정책비용으로 나누어지고 이 양자를 합해서 정책결과(policy outcome)라고 부르거나 정책충격(policy impact) 또는 정책영향이라고 부르기도 한다.

넷째, 출판정책 집행결과로 나타난 것을 정책목표에 따라 비교·분석하여 보아야 하는데, 이 단계를 정책평가 라고 하며 평가는 총괄평가·과정평가·형성평가로 구분되기도 한다.[8] 이러한 정책평가의 결과는 다시 정책과정에 피드백이 된다.

위에서 살펴본 바와 같이 정책과정에서 분석변수들 간의 상호작

---

7 아젠다(agenda)는 공공정책으로 전환되기 위해 정책 결정자들의 관심을 받고 논의될 수 있는 상태에 있는 문제나 이슈, 곧 의제들의 목록을 의미한다. 이런 점에서 아젠다는 의제와 서로 구분된다. 일반적으로 의제라고 번역하여 사용하지만, 엄격하게 말하면 아젠다는 '의제나 이슈들의 모음 또는 목록'이고 의제는 '정책문제로서 논의되는 문제나 이슈' 이며 아젠다를 구성하는 항목이라고 보는 것이 정확한 구별이다(송근원 외, 『사회복지정책론』,2005. p.62).

8 (1) 총괄평가는 정책집행 후 정책이 사회에 미친 영향(정책효과)을 추정하는 판단활동으로, 정책영향평가라고도 한다. 정책효과만이 아니라 부수효과나 부작용까지 포함하여 정책이 사회에 끼친 영향이나 충격을 확인하는 사실 판단적 활동이다. (2) 과정평가는 정책집행이 정책집행 과정에 나타난 활동을 분석하여 평가하는 방법이다. (3) 형성평가는 정책집행의 관리와 전략의 수정, 보완이 목적으로 정책집행 과정에 이루어지며, 과정평가와는 중복되기도 한다.

용이 정책의 과정이 되며 각 과정들은 일정한 순서 안에서 진행된다. 지금까지 정책학의 이론적 고찰을 통하여 나타난 정책과정의 기본적인 분석틀은 출판정책에서도 유의미하며 이를 출판정책 과정이론으로 하여 도입하여 적용을 시도하고자 한다.

2) 출판정책 과정의 이론 적용

정책과정의 시작은 이슈(issue)인 사회문제에서 비롯되어 정책문제가 채택되는 〈형성과정〉, 여러 대안을 모색하고 최선의 대안을 선택하는 〈결정과정〉, 결정된 정책을 현실적으로 실현하는 〈집행과정〉, 집행과정의 결과를 정책목표와 비교, 분석하는 〈평가과정〉으로 이어지는 과정이다. 정책과정은 논리적으로는 합리적 과정이지만, 실제는 여러 이해 관계자들의 복잡한 상호작용이 존재하는 정치적 과정이기 때문에 광범위하고 복잡한 과정을 거치게 된다. 따라서 이 연구에서는 이러한 정책과정의 거대 체계를 논의하기에는 한계가 있으므로, 일반정책 과정에 대한 개념적 고찰을 선행하고, 이어서 출판정책 과정을 논의하는 것으로 범위를 한정하고자 한다.

(1) 출판정책 의제형성

① 정책의제 형성과정

정책문제가 어떻게 형성되고 또 어떻게 의제로 채택되는가 하는

사회문제 → 사회적 논제 → 공중의제 → 정부의제

〈그림3〉 Eyestone의 아젠다 형성과정에 관한 이론모형

과정을 설명하는 이론모형으로 아이스톤(Eyestone)과 콥과 로스 & 로스(Cobb, Ross & Ross)의 모형 등이 있다.

첫째, 아이스톤(Eyestone)의 아젠다 형성 과정에 관한 이론모형을 제시하면 〈그림3〉과 같다(송근원외,2005, p. 75).

〈그림 3〉에서 사회문제란 정책형성의 출발점으로 어떤 문제가 관련된 사회집단에 의해 사회문제로 인지되는 상태이다. 사회적 논제(social issue) 또는 사회적 쟁점이란 문제의 성격이나 문제의 해결방법에 대해서 집단들 사이에 의견의 일치를 보기 어려운 사회문제로서 집단들 간에 논쟁의 대상이 되어 있는 사회문제를 말한다. 공중의제란 일반대중(public)의 주목을 받을 가치가 있으며, 정부가 문제해결을 하는 것이 정당한 것으로 인정되는 사회문제이다. 곧 많은 사람들의 관심이 집중되어 있으며 정부가 그것을 해결할 수 있는 것으로 인정하는 사회문제인 것이다. 정부의제는 제도적(institutional)의제, 또는 공식의제(formal agenda)라고도 부르는데, 정부의제는 정부의 공식적인 의사결정에 의하여 심각하게 고려하기로 명백히 밝힌 문제들이다. 공중의제가 정부의제로 전환하는 과정이 바로 정책의제 설정이론의 핵심부분이 된다(송근원외, 2005, pp.74~75).

둘째, 콥과 로스 & 로스의 이론모형이다. 이 모형은 정책의제의 형성과정의 단계를 의제제기단계, 구체화 단계, 확산단계, 진입단계의

<표 1> Cobb, J.Ross & M. Ross의 정책의제 형성이론

모형 과정	외부주도모형	동원모형	내부접근모형
제기 과정	환경으로서의 한 개인이 나 집단에 의한 고충 표명	정부정책 결정자에 의한 새로운 정책의 공표	정책 결정자나 측 근자에 의한 제시
구체화 과정	고충의 특정 요구화	공표된 정책의 세목결정	구체적 제안제시
확산 과정	여타 환경집단이나 논제 의 중요성 인식(대중매체 와 상징 이용)	환경집단으로서의 공중에게 정부정책의 중요성과 유용성 인식(대중매체와 상징이용)	-
진입 과정	체제의제의 정부 의제화 (정부기관의 관심 표명)	정부의제의 체제의제화(정책 에 대한 공중의 지지표명)	-
문제전환의 방향	환경→정책결정자	환경←정책결정자	양자관계 무

네 단계로 나누고, 모형으로 외부주도형, 동원모형, 내부접근모형으로 구분하여 설명하는데 이를 나타내면 〈표 1〉과 같다(안해균, 2004, p.219).

〈표1〉에서와 같이 외부주도형은 정부 밖의 개인이나 집단들에 의하여 이슈가 창출되고 그것이 공공 아젠다를 거쳐 정부 아젠다에 오르는 경우를 잘 설명해주는 모형으로 다원론을 이론적 배경으로 하고 있다. 이 모형은 여론정치의 설명에 매우 유용하다. 동원모형에서는 정부기관 내에서 먼저 이슈가 창출되고 국민들의 지지를 획득하기 위하여 공공화 된다. 곧 정부 아젠다에서 공공 아젠다로 이슈가 이동되는 경우를 잘 설명해 주는 모형인데, 정부 내의 엘리트들에 의해서 이슈가 창출된다고 본다.

내부접근모형은 정부기관 내에서 이슈가 창출되지만 일반 공중에게 확산되지 않고 처리되는 경우를 설명해주는 모형이다. 이런 경우는 정책 결정자나 측근자에 의한 정책안의 제시가 많다. 곧, 정부 아젠다 지위를 획득한 정책의제로 채택되지만 공공 아젠다에서 이슈화하지는 않는 경우이며, 소수의 특수한 이익집단이 관련된다 하더라도 이슈가 일반 국민에게 확산되지는 않는다. 예를 들면 '신무기 구입에 관한 이슈' 등 비밀을 요하는 이슈가 대표적인 예이다.

② 출판정책의 형성과정과 대안형성

정책학이나 사회복지학에서 정책의 형성과정들을 살펴보았다. 이를 출판정책에 활용하기 위하여 출판정책 체계를 둘러싼 형성과정을 정책환경·영향요인·대안형성으로 나누어 논의한다.

첫째, 정책 환경이다. 정책연구에 있어 정책 환경의 연구가 중요시되는 이유는 정책 비교의 준거를 제시해 준다는 데 있다. 즉, 미국, 독일, 일본, 중국, 한국 등에서의 정책 활동들이 어떤 점에서는 같고 어떤 점에서는 다르다고 할 경우의 이유로서 정책 환경의 차이를 지적할 수 있는 것이다.

출판정책의 환경은 정치, 경제, 사회문화, 기술변화라는 네 가지 층위를 지니고 있다. (1) 정치적 환경이다. 민주주의 국가에서 출판은 언론, 출판의 자유로운 공개시장 원칙에 의하여 누구나 출판을 자유롭게 할 수 있다. 하지만 우리나라에서는 〈국가보안법〉, 〈신문 등의 자유와 기능에 관한 법률〉 등은 언론과 출판 자유의 한계는 정치적 측면이 강하게 작용하고 있다.

(2) 경제적 환경이다. 출판은 문화상품으로서 출판물의 생산과 유통, 소비로 이어지는 시장 지향적 산업으로 발전되어 왔다. 하지만 다매체 경쟁사회에서 텔레비전, 인터넷, 모바일, 라디오, 신문, 잡지와 같은 대중매체들은 기업광고의 혜택을 보지만, 출판은 광고의 특혜가 없다(이정춘, 1993,p.146). 대중매체의 소비자들은 비용을 부담하지 않거나 일부만 부담하는 대신, 책의 소비자는 책의 가격을 모두 부담하고 있다. 출판산업의 특성이 시장실패와 공공재적 성격이 강하며 (노병성, 1999,pp.242-254) 이는 국가의 지적(知的) 기간산업이란 점에서 출판에 대한 정부의 지원책이 필요한 이유의 하나이다.

(3) 사회문화적인 환경이다. 출판문화는 정신문화의 중심이 된다. 사회 전반이 디지털 기반의 패러다임으로 급변하면서 대중적·표피적인 문화가 팽배하고 있는 가운데 출판에서도 대중 지향적 분야는 이에 편승하는 조짐도 있지만, 대다수는 출판문화의 본질적인 의미망의 심연과 외연을 확충시키지 못하고 있는 상황이다. 이러한 대응책의 하나로서 출판의 문화적 잠재력과 가치를 더욱 개발하고 육성하는 일이 중요하게 부각되고 있으며 이 일의 중요 부분은 국가가 나서서 맡아야 한다는 인식이 보편화되고 있다. (4) 기술적 환경이다. 디지털 기반사회의 다매체 경쟁구도 속에서 개인휴대 복합단말기, 인터넷의 급속한 보급은 영상 중심의 문화산업 구조로 개편되었다.

이와 같은 매체 환경의 기술적 변화는 문자 중심인 출판의 성장 동력을 매몰시켜가고 있으며, 출판매체 또한 유비쿼터스 환경에 부응하는 디지털출판의 기반은 미 성숙되어 있는 상황이다. 거시적인 기술적 환경변화와 소비자들의 의식적, 기호적 변모 속에서 출판자본만으로 이러한 환경에 스스로의 대응한다는 것이 한계에 부닥칠 수밖에 없는 상황이다. 출판산업이 자생력을 갖기 위해서는 인프라 구성에 대한 국가의 지원과 정책적인 진흥 장치가 필요한 것은 이러한 매체적 특성에 기인하기 때문이다.

둘째, 영향요인이다. 출판정책 형성에 영향을 미치는 참여(이익)조직들이 정책형성 과정에서 중요한 위치를 점하고 있다. (1) 행정부이다. 우리나라에서 시행되는 출판진흥 정책은 행정부의 주도로 이루어지고 있고 정책 시스템에서 중요한 행위자의 역할을 한다. 정책의 결정체계인 행정부에서도 정치적, 사회적 환경, 정부정책의 환경, 정부부처의 정책 내부조정 환경과 예산 확보에 대한 변수들을 안고 있으며 정책결정 체계 선상에 있는 실무자, 중간 전달자, 결정자들의 전문성도 중요한 변수가 된다.

(2) 입법부이다. 대부분 법률안은 입법부보다는 행정부에 의해 제안된다. 실제 입법부는 정책 하부 시스템에서 큰 역할은 하지 못하고 큰 흐름 속에서 또는 논쟁 이슈가 되는 중요 사안을 중심으로 그 역할을 발휘한다. 이는 오늘날 행정부 우위의 현대 행정국가적 현상으로 인한 불가피한 현상이라고 파악할 수도 있다. 하지만 입법부가 항상 행정부가 제시한 정책에 대해 수동적으로 반응하는 것은 아니다. 출판산업 전반에 걸친 큰 정책 흐름이나 범국민적으로 이해관계가 있는 정책 이슈에서는 중요성을 나타낸다. 〈출판 및 인쇄 진흥법〉, 〈도

서정가제)등을 그 예로 들 수 있다.

(3) 이익집단들이다. 현대사회는 조직사회라는 말과 같이 개인이 정책결정 과정에 미치는 영향이 미미해짐에 따라 이를 극복하기 위하여 등장한 것이 이익집단이다(Micheal Howlett & M. Ramesh, 1995, pp. 57~58). 출판산업의 이익집단은 크게 출판업계, 서점업계, 인쇄업계, 연구 조직, 대중매체들로 나눠볼 수 있다. 한편으로 조직화 되지 못하고 흩어져 있지만 출판산업 진흥을 위한 중요한 자원으로서의 독자를 들 수 있다.

① 출판업계는 대한출판문화협회가 대표적이고 한국출판인회의 등 여러 이익단체들이 있다(이동성, 1995,pp 54-55). 출판업계는 당면한 이슈들이나 업계의 이익과 과제에 대하여 출판 산업계의 의견을 결집시키고 관철시키기 위한 여러 활동을 벌인다. 최근에는 출판업계는 〈출판진흥위원회〉 설립 추진을 하려한다. ② 서점업계(온·오프라인)이다. 국내 서점업계의 대표적인 집단은 '한국서점조합연합회(한서련)' 라는 이익집단 이라고 볼 수 있으며, 이들은 도서정가제에 대해 큰 관심을 보이고 있다. ③ 인쇄업계는 현재 시행 중인 〈출판 및 인쇄진흥법〉은 제정 당시 〈출판진흥법〉으로 명칭을 지었지만, 인쇄업계의 요청에 따라 〈출판 및 인쇄진흥법〉으로 제정되어 이들의 요구가 받아 들여졌다. 나아가 인쇄업계는 별도의 〈인쇄문화산업진흥법(안)〉이 작성하여 국회에 공식적으로 제출(2006.3.9.) 하기도 하였다.

(4) 연구조직(Think Tank)들로서 (사)한국출판학회가 대표적이고 출판문화학회, 인쇄학회 등이 있으며 정부산하기관인 한국문화관광정

책연구원이 있다 (5) 대중매체들이다. 정책결정에는 여론이 반영될 때 그 정책의 실현가능성이 높아지는 것이다. 여론의 형성과정에서는 언론이 중요한 역할을 한다. 정책과정에서 언론의 역할은 수동적인 보도자(passive reporter), 적극적인 분석가(active analyst), 해결책의 제시자(an advocate of a solution)의 역할이 결합된 것이다. 또한 문제를 찾아내고 그 성격과 범위를 정의하고 때로는 해결책을 제시한다. 대중매체는 TV와 신문, 인터넷은 정책과정에 큰 영향력을 발휘하기도 하며 특히 출판산업에서 대중매체가 초점을 두는 것은 도서정가제 등 국민들이 관심을 둘 수 있는 이슈들이다.

셋째, 대안의 형성기법이다. 정책대안의 형성 기법은 점진적 방법, 브레인스토밍, 델파이 기법, 미래예측 방법 등이 있다. 점진적 방법은 기존 정책에 약간의 수정을 가하는 형식이다. 브레인스토밍은 새로운 아이디어, 목표 및 전략창출에 효과 있는 방법이다. 델파이 기법 (Delphi)[9]은 전문가들의 의견을 모으고 교환하여 발전시킴으로써 미래를 예측하는 방법으로 출판산업에서는 필히 활용되어야 할 분석방법이다. 정책학 등에서 미래예측 방법은 유추(유사한 구조를 통해 미래의

---

9   정책 델파이(Delphi, policy Delphi)은 정책분석을 위하여 델파이 기법을 정책문제에 적용하는 것을 말한다. 델파이 기법은 미래를 예측하는 질적 예측방법의 하나로서 여러 전문가들의 의견을 되풀이하여 모으고-교환하고-발전시켜 미래를 예측하는 방법이다. 일반적인 델파이 기법은 전문가들의 '전문적 견해(informed opinion)'를 묻는 초기 단계에서 익명성을 강조하고, 그 결과를 통합하여 다시 되돌려줌으로써 이전의 견해를 수정할 수 있게 해 준다는데 특징이 있다. 정책 델파이의 특징은 자료수집 초기단계에서는 익명성 유지를 강조하되, 상반된 주장이 나온 다음에는 대면에 의한 토론을 하도록 한다는데 특징이 있다.

상황이나 문제 추정), 경향성 분석(과거경향이나 추세를 미래에 연장시켜 추측), 마르코프 모형(어떤 상황이 시간적 흐름에 따라 일정한 확률로 변해갈 경우 확률적 정보 제공), 회귀분석(변수들 사이의 인과관계를 전제로 예측)과 델파이 기법도 사용한다.

다음으로 정책대안의 비교분석의 방법론에는 비용편익 분석과 비용효과 분석방법이 있다. 비용편익 분석(cost-benefit)은 정책의 비용과 편익(이익 또는 효용)이 현재 가치의 화폐량의 형태로 계산한다는 점이다. 문화산업인 출판에서 얻어지는 편익들을 화폐가치로 환산한다는 점은 현실적으로 어려움은 있다. 비용효과 분석(cost-effective analysis)은 대안의 선택과정에서 총비용과 총효과를 비교, 분석하여 한 대안을 선택하는 방법인데, 비용편익 분석과는 다르게 화폐단위로 환산할 필요는 없다는 점이다. 이윤 극대화의 논리에는 따르지 않지만 어떠한 정책이 동일한 결과를 얻기 위해 더욱 적은 비용을 소요하게 되는지는 비교할 수 있게 된다.

(2) 출판정책 결정

① 정책결정의 과정

정책결정은 "민주성·형평성·효율성·합법성 등의 원리에 따라서 공익으로 표현되는 국민의 '생활의 질'의 향상 등과 같은 가치를 구현하기 위해 정부 및 공공기관이 필요하다고 인정한 정책의제를 채택하고 합법적인 절차에 따라 심의과정을 거쳐 최선의 대안을 선택하는 행위"라고 정의할 수 있다(안해균,2004,p.249). 이와 같이 정부와 공공기관의 정책결정은 정책에 대해 정당성과 합법적 권위가 부여된다는 점이다.

정책결정에는 정책목표가 중요하며 이 목표는 정책과정 전반적 성격을 좌우하는 중요한 정책체제 변수이다. 에치오니(A. Etzioni)는 목표란 "실현하려고 하는 장래의 바람직한 상태"라고 정의하였다. 정책은 미래지향적인 성격을 갖으며, 정통성의 근거를 제공하는 기능적 성격을 갖으며, 공통적인 것이라는 속성을 가지고 있으며, 효과성의 기준이 된다는 점이 기능적 성격을 중심으로 하는 정책목표가 된다.

정책결정에 관한 이론모형에는 합리모형·만족모형·점증모형·혼합모형·최적모형·쓰레기통 모형 등이 있다(송근원외, 2005,pp.124~139). 〈합리모형〉은 고도의 합리성에 기반 하여 최선의 대안을 선택한다는 이론이며, 〈만족모형〉은 제한된 합리성에 기반 하여 만족스러운 수준에서 대안선택을 한다는 이론이다. 〈점증모형〉은 기존정책의 문제점을 수정하여 개선을 추구하는 이론이며 〈혼합모형〉은 합리모형과 점증모형의 절충적인 모형이다. 〈최적모형〉은 합리성과 함께 직관 등 초 합리성을 강조하며 〈쓰레기통 모형〉은 정책에 필요한 몇 가지 흐름이 우연한 기회에서 정책을 생산하게 됨을 강조한 이론이다.

정책결정 과정에 영향을 미치는 요인으로 참여자, 정책결정 체계, 대안의 존재, 다른 정책과의 관계이다. 정책과정에의 참여자는 정책결정에 영향을 주는 가장 큰 요인은 인적 요소이다. 특히 이 가운데 정책 결정자의 의지가 큰 영향을 미친다고 할 수 있으며, 정책 결정자를 둘러싼 정책 참모들의 정책 성향이나 능력 및 의지 역시 많은 영향을 미친다. 정책결정 체계가 가지는 구조적 특성이 정책결정을 제약하기도 한다.

예컨대, 조직 내 표준 운영절차가 존재하며 지금까지의 정책이 표준 운영절차에 따라 이루어졌다면 새로운 변화에 부응하는 쇄신적 정책결정은 어려울 것이다. 또한 조직 내 권한의 집중과 분산 정도, 의사전달의 행태, 분화나 전문화 등 행정적 요인들과 정부예산의 편성과 배정 등이 모두 정책결정에 영향을 미치는 요인들이다.

정책대안의 존재로서 출판정책의 결정에 영향을 미치는 또 다른 요인은 정책대안의 존재이다. 출판정책에 관한 정책대안은 이를 담당하는 당국의 실무조직, 중간 결정자, 또는 이익집단, 관련단체 등에 의해서 제시되는 것이 보통이다. 끝으로 다른 정책과의 관계이다. 출판정책에 있어서 밀접한 관계에 있는 정책분야는 경제정책과 안보정책이다. 경제정책에서는 공정거래법(독점규제 및 공정거래에 관한 법률)과 안보정책에서는 국가보안법을 대표로 들 수 있다.

② 출판정책의 결정과정에서 기본방향과 목표

출판정책의 결정과정에 있어서 중요한 두 가지 전제는 기본방향과 목표이다. 첫째, 출판정책의 기본방향은 〈국민의 지식문화복지 향상〉에 두어야 한다고 명확하게 말할 수 있다. "출판정책의 가치는 국민의 기본적 인권으로서 '읽을 권리' 와 '알 권리' 를 충족시켜주고, '출판의 자유' 를 보장하여 공익을 신장시키는 역할이 되어야 한다. 이로서 국민들의 지식과 정보의 획득 편의와 교양을 향상시킬 수 있으며 책에 대한 접근성을 높일 수 있다"(이두영, 2004, p. 141). 사회복지 정책이 국민들의 삶의 질의 향상에 두듯이, 출판정책의 가치는 국민들의 인간다운 삶을 위한 정신적, 교양적 삶의 질에 향상에 두어야 한다.

둘째, 출판정책의 목표이다. 먼저 정책의 목적과 목표의 혼란이다. 정책의 목표가 명확하지 못하게 되는 중요한 이유는 정책의 목적(goal)과 목표(objective)를 혼용해서 사용하는데 있다. 대개 정책의 목적은 일반적이고 추상적이며 광범위한 반면에, 정책의 목표는 세부적이고 구체적이며 조작적이어서 직접 측정이 가능한 것들이다. 정책의 목표를 설정할 때는 그 정책의 대상 집단, 의도하는 결과의 변화 정도, 추구하는 목표를 달성할 수 있는 기간, 목표의 질과 양 등을 구체적으로 설정해야 한다(송근원외,2005,pp.201~204). 출판정책의 목표는 출판정책의 전반을 관통하는 기준이며 핵심가치이다. 출판정책이 집행된 이후 정책평가에서도 목표의 실현과 도달에 대하여 가장 먼저 평가하게 된다.

(3) 출판정책 집행과정

① 정책집행의 성격과 이론

정책집행(policy implementation)이란 일반적으로 볼 때, 의도된 정책 목표를 달성하기 위하여 결정된 사항들을 구체화시키는 활동을 의미한다. 이러한 개념 이외에도 관리 행태적 측면을 강조하는가 아니면 정책집행의 정치적 성격을 인정하는가에 따라 정책집행의 의미는 달라진다.[10] 정책집행의 개념에 대하여 학자들의 다양한 정의를 토대로 한다면 "정책집행은 미리 결정된 정책을 실천에 옮기는 일련의 과정으로서 정책목표를 해석하여 구체적인 지침(정책수단)을 마련하고 자원을 확보하여 정책대상 집단에 편익 또는 제한을 가하는 정치적 성격을 지닌 활동이다."라고 정의될 수 있다(안해균, 2004, p.379).

출판정책은 정책의 집행과정에서 여러 참여자들 사이의 상호작용의 과정이며, 참여자들 사이의 협상과 타협을 통해서 원래의 정책목표를 왜곡시키기도 하고 정책집행을 지연시키기도 한다. 이를 테면 도서정가제는 〈출판 및 인쇄진흥법〉에서 규정되어 있지만, 온-오프라인의 서점과 출판 산업계에서의 다른 주장으로 법률개정이 필요한 현상을 초래하고 있음은 정책의 집행이 단순히 관리 행태적 측면을 지나 정치적 성격을 지닌 것이라 할 수 있다.

정책학에서 가장 많은 관심을 기울인 분야가 정책의 〈성공과 실패〉에 관한 것이다. 특히 정책의 실패 원인을 정책의 잘못 또는 집행과정에서의 문제로 주장한다. 효과적인 정책집행을 위해 개발된 정책집행에 관한 이론모형은 여러 모형이 있지만, 이중에서 매츠매니한과 사바티에(Mazmanihan & Sabatier)는 정책집행 분석의 주된 역할이 정

---

10 정책집행의 개념에 대하여 프레스만과 윌다프스키(Pressman & Wildavsky)는 집행을 수행하고(to carry out), 달성하며(to accomplish), 실현시키고(to fulfill), 생산하며(to produce), 완성하는(to complete)행위' 라 하였고, 판미터와 판호른(D. Van Meter & Van Horn)은 '정책결정에서 미리 설정된 목표를 달성하기 위해 정부부문 및 민간부문의 개인이나 집단이 행하는 활동' 이라 규정한다. 이외에도 학자들의 다양한 정의가 있다.

책집행 과정 속에서 정책목표의 달성에 영향을 미치는 변수들을 찾아내는데 있다고 주장한다. 그리고 정책집행 과정에 영향을 미치는 주요 변수들을 체계화시킨 정책집행 과정의 분석에 필요한 유용한 개념틀을 제시하고 있다(송근원외, 2005, pp,147~158).

정책집행은 결정된 정책을 실천에 옮기는 과정으로서 대체로 4단계로 이루어진다. ① 정책지침의 개발·작성이다. 정책지침(policy guidelines)은 집행자가 따라야 할 것과 정책의 집행에 필요한 사상 등에 대하여 규정한 것을 의미하는 것으로서 정책이 법률의 형태를 띠고 있는 경우에는 이것을 구체화한 대통령령, 부령, 또는 기타 책임자의 지시 등을 모두 포함하게 된다. 외형적으로는 법규, 규정, 명령, 지시뿐만 아니라 안내서(guide book)나 지침서(manual 또는 handbook) 등의 명문화된 것도 있고, 구두로 지시하거나 연락하는 것도 있다. 정책지침은 집행자가 '무엇을' 해야 하는지를 알려주고 '어떻게' 해야 하는지를 제시하는 기능을 한다.

② 자원의 확보와 배분이다. 정책을 실현하기 위해서 필요한 자원을 마련해야 하는데, 물적 자원 및 인적 자원을 포함하게 된다. ③ 실현 활동(서비스 제공과 규제활동)이다. 이는 정책(좀 더 구체적으로 정책수단)의 실현을 위하여 행하는 물리적 활동을 의미한다. 이러한 실현 활동은 확보된 자원을 이용하면서 정책지침에 구체화된 내용을 SOP(standard operation procedure, 표준운영절차)에 따라서 최하위의 일선 집행 관료나 집행 요원이 행하는 활동이다. ④ 감시·감독·통제이다. 이는 실현 활동의 도중이나 활동이 끝난 후에 실현 활동이 원래의 계

획에 따라 지침에 밝혀진 내용이 충실하게 수행되었는지를 점검·평가하여 잘못이 있으면 이를 시정하는 단계이다.

② 출판정책 결정과정의 실패

2003년 2월 27일에 시행된 도서정가제도〈출판 및 인쇄진흥법〉에 명시된 방식대로 출판시장에 적용되지 못하는 현실적 한계점들이 나타났다(문화관광부, 2005, pp.7~14). 이 정책의 한계점은 이해 관계자 집단의 광범위성으로 소비자인 국민들의 호응은 저조하고, 주로 해당 그룹들의 이해관계에 따른 정책불응, 사회적 조건, 정치·행정 분위기로부터 기인한다고 볼 수 있다. 실제 이런 한계점들로 인해 법으로 정한 도서정가제도에 관한 정책(도서정가제: 2003년 2월 27일부터 2008년 2월 27일까지 시행 후 자동폐지, 발행 1년 이내의 신간에 대해서 일반서점은 책을 정가보다 싸게 팔 수 없고 인터넷서점도 10% 내에서만 할인 판매가 허용)을 편법적으로 회피되거나 변질시키는 현상이 발생하였다.

그 방법은 주로 마일리지를 제공하는 방식으로 이루어진다. 실제 일어난 편법적 행위들을 보면, 교보·영풍·서울·리브로 같은 대형 서점들이 책값의 3.5% 수준을 적립해 주는 것, 온라인 서점들은 10% 할인율 외에 추가로 마일리지를 주는 것, 그 외에 인터넷서점들이 규정에 없는 마일리지·경품 제공 등을 통해 실제 30% 내외의 할인 등이 있다. 이런 현실적 한계로 나타난 판매행위로 인해 출판업계는 제도개정 논의를 시작했으나 업계별·업체별 경영상황 등에 따라 이해 관계가 복잡해 합의를 보지 못하고 있다. 서점업계에서도 인터넷서점과 일반서점 사이는 물론 인터넷서점이나 일반서점 내부에서도 대형이냐 중소형이냐에 따라 입장이 나뉘고 있다.[11]

이와 같이 이유와 원인은 도서정가제를 〈국민지식 문화복지〉를 제1의 기본방향으로 설정하여 소비자의 입장을 심각하게 고려하지 않음으로 발생된 문제들이다. 즉 이익집단, 행정부, 입법부 간의 타협의 산물에서 비롯된 까닭이 많기 때문이다.

(4) 출판정책 평가과정

① 정책평가의 기준과 절차

"정책평가란 정책 활동의 가치를 따져보기 위해서 정보를 수집·분석·해석하는 활동이다"(송근원외, 2005, p.171). 즉, 목표를 얼마나 효과적으로 달성하는 여부와 집행 결과 파급효과 및 부차적 효과를 야기했는가를 체계적으로 조사·분석·판단하는 활동을 말한다. 정책평가는 정책 활동의 범위를 어떻게 잡느냐에 따라 협의의 개념과 광의의 개념으로 나눌 수 있다. 협의는 정책목표와 관련된 성과를 객관적,

---

11 이 논문을 작성한 이후, 도서정가제에 관한 〈출판 및 인쇄진흥법〉의 일부 개정법률안(의안번호 171557)이 2007년 4월 26일과 30일에 문화관광위원회 법안심사소위와 문화관광위원회에서 각각 가결되었다. 개정안은 온,오프라인 서점 모두 정가의 10% 범위 안에서 할인판매가 가능하며, 신간기준은 1년에서 1년 6개월(18개월)로 확대되었으며, 5년 한시법 조항은 삭제되어 국회본회의 통과를 앞두고 있다. 하지만, 〈출판 및 인쇄진흥법〉에 대한 전부 또는 일부 개정안의 필요성은 여전하며, 이를 이 논문의 후속인 「출판정책의 이념과 방향 연구」에서 다루기로 예정한다.

실증적으로 평가하고, 광의는 정책의제와 대안, 결정과정, 집행과정, 집행결과, 정책영향, 정책평가 등 정책의 결정과 집행 이후까지의 모든 활동을 대상으로 한다.

정책평가의 기준은 일반적으로 효과성·능률성·적정성·형평성·대응성·적절성으로 일컬어 진다(안해균,2004,pp.496~501). 효과성은 자원의 투입에 상관없이 최대의 목표를 달성했는가를 판단한다. 능률성은 효율성이라고도 하는데 투입에 대한 산출의 비율, 즉 경제적 가치로 환산하여 평가한다. 적정성은 문제의 해결정도를 말하며 문제를 일으킨 욕구, 가치, 기회를 만족시키는 효과성의 수준 정도를 말한다. 형평성은 효과나 노력이 얼마나 공평하고 공정하게 배분되는지를 평가한다. 대응성은 정책이 수혜자 집단의 욕구, 선호, 가치를 충족시키는 정도를 말한다. 적절성은 문제해결을 위해 사용한 수단이나 방법들이 바람직한 정도와 바람직한 수준에서 이루어졌는가를 평가하는 기준이다.

일반적으로 정책평가는 〈평가 목표설정→평가범위 설정→정책 프로그램의 내용 파악→평가설계→자료수집 분석과 해석→평가보고서 작성 및 제출〉이라는 과정을 거치면서 이루어진다. 평가목표는 목적에 따라 프로그램의 효과성 향상인가, 책임성의 확보인지를 분명히 해야 한다. 평가범위는 '출판산업의 해외진출 지원'이라면 단순 국고 지원금에 대한 회계적 평가인지 아니면 사업의 효과성을 포함한 개념인지를 명확히 해야 한다.

프로그램 내용 파악은 목표, 정책대상, 관련 이해단체 등에 관한 법적 내용과 정책 결정과정 및 시행과정 등에 관한 정보를 수집해야 한다. 평가 설계는 내용 자체와 영향 평가 등에서 인과모형으로 이루어져야 할 것이다. 자료수집 분석과 해석은 평가보고서에 직접 이용되는 일차적 자료와 간접으로 사용되는 이차적 자료가 있다. 일차적 자료수집에는 사회과학 분야에서는 질문지법, 관찰법, 면접법(김영종, 2005, pp. 167~187) 등이 있는데 출판정책 과정에서도 사회과학적 방법의 도입이 필요하다(홍기원, 2006, pp.6~16). 평가 보고서는 정확성의 확보가 중요하며 피드백의 자료로서 충분한 가치가 있어야 한다.

② 출판정책 평가의 중요성과 평가 방법

출판정책에 대한 정책평가는 출판산업의 진흥을 위하여 매우 중요한 과정이다. 평가결과가 피드백 되어 실제 사용될 수 있는 법적 장치나 제도 마련에 바탕이 되려면 정책평가 부분에 중점을 두는 기본적 틀의 마련이 시급한 상황이다. 국민의 정부 이후 문화산업을 지식기반 경제의 선도 산업으로 인식하고 출판산업에 대한 지원을 확대하면서[12] 진흥계획 수립 자체에 중점을 두었다. 때문에 평가과정은 행정적, 내부적 환경에서만 이루어지고 정책 목표인 출판산업 진흥 결과에 대한 학계, 업계, 국민들의 엄밀한 평가와 공개가 많이 부족한 실

---

12 문화산업(출판, 영상, 만화, 게임음반, 문화상품, 방송, 광고, 캐릭터, 문화산업 기반육성 등) 전체 예산 항목에서 출판산업에 대한 예산은 2000년(97억원, 5.5%)에서 2002년(206억원,10.6%), 2004년(291억원,17.5%)으로 2002년 국민의 정부에서부터 증가되었다. 이연정, 「문화산업정책 10년, 평가와 전망」(한국문화관광정책연구원, 2005. p.23)

정이다. 출판정책 평가에도 일반정책과 동일하게 이론적 배경과 실제적 조건에서 합리적으로 투명하게 이루어져야 하며 이를 위해 간략히 논의하고자 한다.

첫째, 출판정책 과정에서 형성-결정과정이 과학적이고 합리적으로 이루어져야 한다. 물론 〈정부정책평가위원회〉[13]에서 시달하는 정책과제 평가계획에는 과제 목표와 기대효과, 정책형성, 정책집행, 정책성과에 대한 지침이 있지만, 과연 이에 적합하게 이루어지는가에 대한 의문이 있다. 이를테면 출판진흥계획을 수립할 때, 전문가들과 출판 관련기관, 단체, 외부 전문가의 의견수렴, 관련 부처 간의 협의를 거쳐 민주적인 과정으로 수립되었다고는 한다. 그러나 정책 이슈와 아젠더에 대한 관점과 지식, 단체·기관들의 이기주의, 자료의 한계, 회의 등에서 효율성과 관계있었는가 하는 점이다.

둘째, 출판정책의 집행과정에서 과제와 세부 사업이 제대로 시행되고, 예산의 확보와 배분과정에서 형평성, 적정성, 효율성이 있어야 한다. 예를 들면 〈제1차 진흥계획(2003-2007)〉에는 소요 예산이 6천 5백억원(국고, 민자 포함)이 제대로 달성되었으며, 이중 국고 1천 3백억원이 적절히 확보되었고, 진흥계획에 따라 자원의 배분이 시행되었는가 하는 점이다. 셋째, 정책목표가 달성되고, 기대효과를 제대로 이루어야 한다. 〈제1차 진흥계획〉의 목표가 세계 5대 출판 인쇄산업국 도약기반 조성이었는데 〈제2차 진흥계획〉에서도 동일한 목표가 그

---

13 문화관광부 홈페이지 참조

대로 진입되어 있다. 아울러 평가대상에서 총괄평가가 이루어지고, 과정평가와 형성평가가 시행되어 정책의 피드백이 조성되었는가 하는 점이다.

이와 같이 우리나라 출판정책은 진흥계획의 수립도 중요하지만, 2007년 〈제1차 진흥계획〉을 계기로 삼아, 이 계획이 종료되면 면밀한 평가가 이루어져서 출판정책이 더욱 과학적이고 합리적인 기반위에서 출판산업 진흥을 위한 정책의 역할이 제고되기를 기대한다.

4. 결론과 제언

1) 결론

이 연구는 우리나라 출판정책의 근원적인 문제가 정책과정의 미비에서 비롯됨이 많다는 전제에서 이루어진 것이다. 정책과정이란 정책의 시작에서 평가에 이르기까지의 전반을 말하고 있는 개념이다. 어렵게 진흥법이 제정된 이후 문화산업으로서 출판산업에 대한 정책 근거가 마련되고 진흥의 계기를 맞고 있지만, 정책과정의 비과학적 면이 내재되어 있어 합리적이고 효율적인 개선이 필요하다는 점에서 시도된 것이다.

(1) 이에 대한 개선책으로 출판정책 과정의 모형이론을 개발하였다. 출판정책 과정의 이론적 구조를 제시하기 위하여, 정책학 이론에

서 정책과정에 관한 배경을 분석한 후, 정책과정의 기본틀을 도입, 출판정책에 적용하여 출판의제형성→출판정책결정→출판정책집행→출판정책평가로 이루어지는 출판정책 과정의 이론모형을 제시하였다.

(2) 출판의제 형성과정은 출판정책 체계를 둘러싼 정책환경, 영향요인, 대안형성으로 나누어 논의하였다. 정책 환경은 출판산업이 다른 문화산업과 구별되는 특성에 관하여 논의하면서 원천 콘텐츠의 기간산업으로서 모든 미디어를 팽창시키는 원동력 산업으로 거듭나려면 출판 자본으로 한계를 가지므로 국가의 지원책이 필요함을 주장하였다. 특히 정책형성 과정의 개선을 위해서 전문가 그룹의 '델파이 기법'의 효율적인 운영을 제기하였는데 이 기법의 실제 운용준칙에 따라서 시행되었으면 한다. 형성과정의 참여조직을 행정부, 입법부, 이익단체, 연구조직, 대중매체로 규정하고 이를 정리하였다.

(3) 출판정책 결정과정에서는 두 가지 문제에 중점을 두었다. 첫째는 정책의 기본이념과 정책목표가 중요함을 논의하였다. 출판정책의 기본이념을 국가 경쟁력 우위보다는 '국민 지식문화복지 향상'에 두어야 함을 강조하였다. 정책목표는 정책 전반을 관통하는 핵심으로서 가시적인 목표로 설정되어야 한다. 둘째, 정책 관여자(실무자, 중간전달자, 결정자)의 전문성이 중요하며 출판산업에 대한 현실적인 인식과 대안을 종합할 수 있는 능력이 필요하다.

(4) 출판정책 집행과정에서는 정책목표를 달성하기 위하여 결정된 사항들을 구체화시키는 활동을 추진하되, 정책집행의 관리와 전략의

수정, 보완을 목적으로 집행과정에서 이루어지는 형성평가의 시도가 바람직함을 제시하였다.

(5) 출판정책 평가과정은 매우 중요하며 오히려 정책 수립과정 이상으로 평가에 중점을 둘 필요가 있고 사회과학의 연구방법론의 도입을 강조하였다. 특히, 제1차 진흥계획이 끝나는 2007년 말부터 진흥계획 전반을 놓고 총괄평가, 정책평가, 영향평가가 중요함을 논의하였다.

(6) 이 연구는 출판정책 과정의 이론모형을 중심으로 진행하였다. 앞으로 출판의제형성, 출판정책결정, 출판정책집행, 출판정책평가로 이어지는 각 단계별 세부적 연구가 필요하며, 출판정책의 토대가 되는 정책이념, 정책목표, 정책가치에 대한 이론적 재정립이 있어야 할 것이다.

2) 제언

문화산업을 지식기반 경제의 선도 산업으로 인식하고 출판산업에 대한 지원이 확대하면서 진흥의 계기를 맞고 있다. 출판정책의 효율성과 공정성, 형평성과 민주성에서 정책적 타당성을 더욱 확보하기 위해서 아래와 같이 제언하고자 한다.

(1) 출판정책에서 가장 우위에 두어야 하는 정책기조는 '국민의 지식문화 복지 향상'이다. 이를 위하여 개인, 집단의 지식문화 욕구의 충족과 향상을 위한 정책목표가 이루어지면 국가의 지식 경쟁력도

아울러 이루어지게 된다.

(2) 출판정책 과정을 출판의제형성→출판정책결정→출판정책집행→출판정책평가로 구분한 후, 과정별로 집중을 다하여야 한다는 것이다. 이 과정이 바로 출판정책의 전반을 흐르는 과정이므로 하나하나의 정성과 집중을 다한다면 효율성 있는 정책의 수립이 가능할 것이다.

(3) 출판정책 평가과정이 중요하다. 평가과정에서 현재까지의 정책 환경을 과감하게 정비하고 이를 바탕으로 새로운 진흥책을 펴간다면 정책의 효율성은 증가될 것이다.

(4) 지식기반사회의 성장 동력 산업으로서 출판산업은 공공재적 성격을 강하게 지니고 있는 산업이다. 이러한 산업적 특성으로 인하여 출판자본 만으로 한계가 있으므로 정권에 따른 부침보다는 국가의 지식과 문화의 원천 기반산업임을 법적으로 공고히 하여 지속적인 지원책이 필요하다.

참고문헌

김영종(2005),『사회복지조사방법론』, (서울 : 학지사)

김재윤(2004),「출판산업 현황과 주요 정책과제」, 열린우리당 국회의원 김재윤 의원실

노병성(1999),「출판산업의 위상변화에 따른 정부정책의 근거 및 방향에 관한 연구」,『한국출판학연구』통권 제41호, (사)한국출판학회

송근원외(2005),『사회복지정책론』, (서울: 나남출판)

안해균(2004),『정책학원론』(제3판), (서울: 다산출판사)

이동성(1995),「한국출판산업 육성을 위한 정책방안 연구 : 출판유관기관을 중심으로」, 중앙대학교대학원 박사학위논문

이두영(2004),「출판정책의 이념과 출판산업 비전 : 참여정부의 출판진흥계획을 중심으로」,『한국출판학연구』통권 제46호, (사)한국출판학회

이용결(1988),「우리나라 출판문화행정의 역사적 고찰」, 서울대학교행정대학원 석사학위논문

이연정(2005),「문화산업정책 10년, 평가와 전망」, 한국문화관광정책연구원

이정춘(1993),『출판사회학』, (서울 : 타래)

정철현(2004),『문화정책론』, (서울 : 서울경제경영)

홍기원(2006),「문화정책의 유형화를 통한 비교 연구」, 한국문화관광정책연구원

문화관광부(2005),『도서정가제 평가 및 향후 방향에 관한 연구』

_____(2006),『문화미디어 산업백서』

_____(2006),『문화정책백서』

_____(2006),『문화산업백서』

H.D.Lasswell(1951), The Policy Orientation, Daniel Lerner and Harold D. Lasswell(eds),『The Policy Science:Recent Development in Scope and Methods』(Stanford : Stanford Univ. Press)

Davied Easton(1965),『A System Analysis of Political Life』(New York : John Wiley

& Sons, 1965)

Micheal Howlett & M. Ramesh(1995), 『Studying Public Policy』, (Oxford Univ. Press, 1995)

A Study on the Development of a Theoretical Model for Publishing Policy Process

In order to develop the basic frame of publishing policy process for the first time in Korea, the present study proposed a theoretical model of publishing policy process composed of publishing policy agenda setting, publishing policy-making, publishing policy implementation and publishing policy evaluation by applying policy making process theories in policy science to publishing policies.

With regard to publishing policy agenda setting, we discussed environments surrounding the publishing policy system (political, social, economic and technological environments) and factors influencing policies such as policy makers and the development of alternatives.

With regard to publishing policy-making, we discussed the importance of the basic ideas and purposes of policies and the policy making system, and suggested the importance of specialty in publishing demanded to involved governmental officials (policy executors, mediators, and policy makers).

With regard to publishing policy implementation, we suggested that decided policies should be materialized for the achievement of their goals but, at the same time, it is desirable to evaluate 'the process of policy setting' during the implementation in order to manage policy implementation and to revise or refine strategies.

Publishing policy evaluation is quite important in Korean publishing policies, and it is required to develop evaluation methods and to introduce social science methodologies.

In future research, we need to study the details of each stage from publishing policy agenda setting to publishing policy-making, publishing policy implementation and publishing policy evaluation and to reestablish theories related to the basic ideas, goals and values of publishing policies.

Keywords : Publishing policy process, publishing policy agenda setting, publishing policy-making, publishing policy implementation, publishing policy evaluation

출판독서를 통한
시니어 세대의 문화복지 연구

-고령화 친화적 접근 방법을 중심으로-[1]

1. 서론

1) 연구의 필요성

현대사회에 이르러 사회복지는 전체 국민을 대상으로 정신적·문화적 욕구의 충족까지 아우르는 개념으로 변화하고 있다(박화옥, 2006). 문화복지는 사회복지 분야에서 하위 단계에 속하지만, 복지

---

[1] 이 연구는 남석순(2014), 「고령시대 시니어 세대를 위한 출판독서 문화복지 활성화에 관한 연구」, 서울사회복지대학원대학교(노인복지 전공) 석사논문을 요약한 것이다. 더욱 참조하려면 학위논문을 보기 바란다. 저자는 출판학을 연구해 온 자로서 평소 출판의 사회적 역할에서 사회복지와 문화복지, 문화복지와 출판독서의 상호보완적인 연계성에 관심을 두어 왔으며, 개인적으로 한국시니어출판연구소(senior100.net)를 운영하고 있다. 이 연구도 이에 관련된 소산이며 요지는 '출판독서를 통한 시니어 세대의 문화복지' 에 있다.

국가가 도달해야 할 높은 수준의 복지 단계로 인식되고 있다(현택수, 2011,p.492). 이러한 견해들은 인간의 기본적인 욕구 충족과 사회 환경의 변화를 수용하는 광의적 관점의 사회복지로서 우리 사회에서 문화복지(cultural welfare)[2]가 잔여적 개념에서 제도적 개념으로 변화하고 있으며 사회복지의 한 분야로서 다루어져야 함을 주장한다. 최근에 와서 참다운 인간적 삶은 경제와 문화의 균형을 통해서 가능하다는 생각에 대해 많은 사람들이 공감함에 따라 문화도 사회적 권리로서 공공복지서비스 영역에서 본격적으로 등장하고 있어 사회복지에서 문화의 비중은 커지고 있다.

문화에 대한 인간의 욕구는 아브라함 매슬로우(A. H. Maslow, 1970)가 제시한 자아실현(self-actualization) 욕구에 합치되는 개념이다. 인간은 경제적, 물질적 풍요와 더불어 정신적·문화적 욕구 충족을 필요로 하며 여기에 노년층을 위한 문화복지 서비스의 중요성이 있다. 문화에 대한 인간의 욕구 향상과 중요성에 대한 인식의 확산에도 불구하고 노년층의 문화 활동은 극히 미비한 것으로 나타난다(박화옥, 2006). 더구나 고령사회에 근접함으로써 나이 듦과 노년 문제가 큰 관심사로 다가왔다. 하지만 노년세대에 대한 국가 사회적 관심은 생계·고용·보험과 같은 '돈'의 문제 및 건강·질병·치료와 같은 '몸'

---

2   문화복지란 '문화(culture)' 와 '복지(welfare)' 의 합성어로서 학술적으로 정립된 개념이라기보다는 1980년대 이후 정부에서 문화정책 사업을 추진하는 과정에서 주창된 정책적인 용어로 볼 수 있다. 우리 사회에서 '문화복지' 의 접근 방식은 크게 '사회복지의 하위 영역으로 보는 시각' 과 '문화정책의 독자적 영역으로 보는 시각' 이 상존한다(양혜원, 2012).

의 문제에 멈춰 있을 뿐 문화적인 접근 통로는 극히 협소하다(남석순, 2013, pp. 63~85).

시니어 세대에 속하는 50세 이상 인구가 1,454 만명(30.3%, 2010)에 이르고 인구의 14.3%를 점하는 베이비부머(1955~1963)가[3] 노년세대로 편입되고 있다. 경제력을 갖춘 고학력 노인과 액티브 시니어의 급격한 증가는 인구의 구성학적 변모를 일으키고 있다. 노년의 삶에 대한 인식의 변화, 평생교육 차원에서 여가학습의 관심 등이 크게 높아짐에 따라 노년세대의 정신적·문화적 욕구 충족의 부응하는 새로운 지평의 사회복지가 필요한 시점이 되었다[4]. 이러한 가운데 출판과 독서를 통한 노년세대의 문화복지 향상에 대한 필요는 중요하다.

역사적으로 출판은 동서양을 막론하고 근대사회의 정신사와 지식사 그리고 문화사의 형성과 계승에 결정적인 영향을 끼쳐왔다(이강수, 1991, p.163). 사회적으로 출판을 통한 독서행위는 인간다운 삶을 위한 정신적·문화적 욕구 충족에서 중요한 기능을 수행하여 왔다. 지식문화에서 출판은 가장 심층적인 소통 매체이며 독서는 개별적이면서도

---

3 베이비 붐(baby boom)세대는 어떤 시기에 공통된 사회적 경향으로 출생률이 급격하게 증가하는 현상이다. 미국은 2차 세계대전 후 1946~1965년, 일본은 전후 출생률이 높아져 베이비붐 세대를 이루었는데 이들을 단카이(團塊世代)세대(1947~1949)라 한다. 한국은 6.25 전쟁이 끝난 1955년 이후 출생률이 급증한 베이비붐(1955~1963)세대가 있다. 이들은 이른바 실버산업이나 시니어출판에서 새로운 의식을 가진 수용자 층으로 형성되었다.

4 사회복지에서 문화복지 관련 연구는 학자에 따라 견해가 다르며 아직 합의된 개념은 없다. 협의적 의미의 사회복지는 주로 사회적 취약계층을 대상으로 경제적, 물질적, 신체적 측면의 보호와 치료 및 지원에 역점을 두고 있다면, 광의적 의미의 사회복지는 국민 전체의 정신적, 문화적 삶의 질을 제도적으로 보장해주는 문화복지를 지향한다는 관점이다.

능동적인 사유 행위이다. 출판독서는 출판이 선행되고 독서가 후행된다는 점에서 인과적이고 필연적 관계에 있다. 디지털 시대에서도 출판은 어떤 미디어들보다 깊이 있는 지식과 상세한 정보 전달이 뛰어나며 시니어 세대의 지식과 문화욕구 충족에 적합한 매체이다. 이러한 점에서 출판과 독서를 통하여 나이 듦에 대비하는 가치 체계와 노년세대의 정신적·문화적 욕구 충족을 위한 접근은 매우 의미 있는 연구 문제로 판단한다.

현재까지 국가와 사회복지 공동체들은 출판과 독서에 대한 인식이 부족하였다. 유아와 아동, 청소년 독서에 머물러 있을 뿐, 노년세대의 정신적·문화적 욕구 충족에서 출판과 독서의 역할에는 관심을 두지 못하였다. 출판 공동체들도 노년세대에 대한 관심이 저조하였다. 노년세대를 위한 출판물은 거의 없으며, 독자 대상에 따른 책의 분류만 보더라도 유아용, 아동용, 청소년용의 분류는 있으나 성인용이나 중년용, 노인용에 대해서는 명확한 분류조차 없으며 용어와 개념도 정립되어 있지 못하다(박선주. 2004, pp.1~2).

일본은 초고령 국가로서 노년(Silver) 세대의 독서와 출판이 활발하게 이루어지고 있으며 미국은 시니어(senior citizen & the elderly) 세대를 위한 출판이 정착되어 있다. 우리 사회가 고령사회에 진입하고 100세 담론이 형성되는 시점에서도 인간의 지식과 지혜가 담긴 출판과 독서에 대한 관심은 열악하다. 나이 듦과 노년 생활의 문화적 욕구 충족을 위해 고령 사회에서 시니어 세대를 위한 출판과 독서에 대한 연구의 필요성이 제기되고 있다(남석순, 2013, pp. 63~85).

이 연구의 필요성을 더하는 것은 이에 관한 직접적인 선행연구가 없다는 점이다. 관련 연구로서는 문화복지 및 독서치료에 대한 연구들이 있으며, 언론출판학에서 노인의 미디어 이용과 실버출판에 대한 연구와 평론이 있을 뿐이다. 다시 말하면, 첫째, 문화복지 분야 연구는 사회복지와 문화정책으로 이원화 경향이 있고 출판독서는 거의 다루지 않는다. 둘째, 독서치료는 정신적 문제를 치유하기 위한 방법으로 적용되고 있다. 셋째, 노인의 미디어 이용은 커뮤니케이션 관점에서 미디어 간 소통과 이용의 문제점만 다루고 있다. 넷째, 출판산업에서 실버출판은 노년과 나이 듦에 대한 책의 출판시장 가능성에 대한 검토만 있을 뿐이다.

위와 같은 문제의 제기와 연구 필요에 따라서 문화복지를 사회복지의 연장 개념으로 보았다. 이를 위한 실천 방안으로 시니어 세대를 대상을 하는 출판독서에 대하여 시니어 세대의 의견들을 조사하고 분석하여 출판독서를 통한 시니어 세대의 문화복지 활성화에 기여하는데 목적을 두었다.

2) 연구 목적과 연구 문제

이 연구의 목적은 고령사회에 진입하고 있는 우리나라 시니어 세대의 문화적 욕구 충족에서 '출판독서를 통한 문화복지'의 역할을 찾아내어 시니어 세대의 문화복지의 영역을 넓히면서, 시니어를 대상으로 하는 출판과 독서의 활성화에 기여하는데 있다. 이 연구의 필요성은 고령사회의 도래와 더불어 이른바 100세 시대를 맞이하고 있는 시니어 세대들의 정신적·문화적 욕구 충족에서 출판독서를 통한 문화복지에 대하여 국가와 사회적인 관심이 매우 미비하다는 문제 제기에서 이루어진 것이다. 국가와 관련 공동체들의 인식 향상을 위해서 우선적으로 시니어 세대들이 갖고 있는 출판과 독서에 대한 관심과 기대 욕구를 파악할 필요가 있으며 이에 따른 의식조사의 필요성이 요청되고 있다.

시니어 세대의 기대 욕구를 알아보기 위해서 지금의 노년 세대 및 앞으로 노년에 진입할 세대를 대상으로 출판과 독서에 대한 관심과 이용 형태, 의식과 수용 태도, 선호도와 독서 성향을 조사한다. 다시 말하면, 출판을 통하여 나이 듦에 대비하는 인간적인 삶의 필요한 모든 내용을 대상으로 하지만, 구체적으로 실용지식과 평생 배움, 자기계발과 미래 대비, 경제활동과 건강생활, 여가 생활과 문화 활동 등의 내용이 체계적으로 담긴 출판물과 독서행위에 대하여 수용자인 시니어 세대들의 의식과 태도를 조사하는 데 있다. 이러한 조사와 분석을 바탕으로 시니어 세대의 기대 욕구 파악과 출판독서를 통한 문화복지에 대하여 국가와 사회공동체의 인식과 관심의 향상을 도모하면서 시니어 대상 출판독서를 통한 문화복지 활성화에 기여하는 데 있다.

이 연구의 이론적 접근 방법은 '고령 친화적'인 출판과 독서의 역할만을 다루는 것만이 아니라, '고령화 친화적' 관점에서 출판독서의 역할을 함께 다룬다. 고령 친화적 접근은 연령적으로 만 65세 이상 고령자가 논의의 대상이 될 것이다. 반면에 고령화 친화적 접근은 만

30세 이상 65세 이하의 고령을 준비하는 세대들이 된다. 이 연구에서 독자 대상으로 말하는 '시니어' 란 '나이든 상태(고령)' 만이 아닌 '나이가 들어가는 변화(고령화)' 에도 비중을 두는 방법으로 진행한다. 이러한 관점은 시니어에 관한 연구에서 매우 중요하다.

연구의 대상인 해당 세대들의 의식조사는 그들의 문화적 욕구를 파악하여 시니어 세대 대상의 출판과 독서의 활성화 방안을 알기 위한 필수적 선행 단계이며 향후 연구를 위한 기본 자료의 의미도 아울러 담고 있다. 우리 사회는 노년 세대 및 나이 듦을 준비하는 세대들의 가치 체계 지원을 위한 문화복지 환경이 열악하고 책과 독서에 대한 관심은 매우 저조하다. 본 연구는 시니어 세대를 위한 출판과 독서의 활성화를 통해 나이 듦에 준비 하는 세대 및 노년 세대의 문화복지의 영역을 넓히는데 기여한다는 구체적인 목적을 가지고 있다.

이 연구를 통하여 첫째, 국가 사회적으로 시니어를 대상으로 하는 책의 출판과 독서 환경의 조성을 촉구하고 둘째, 시니어 세대에게는 평생 배움 차원에서 독서의 필요성과 관심을 환기하면서 셋째, 출판 공동체에게는 시니어 출판의 이해를 증폭시켜 노년세대를 위한 출판 독서문화 활성화에 기여한다는 기대 아래에서 연구를 수행하였다.

이 연구는 고령사회 진입을 앞둔 우리 사회에서 시니어 세대에 대하여 출판독서를 통한 문화복지의 활성화 방안을 제시하는데 있다. 이러한 연구 목적과 연구 범위에서 구체적인 연구를 진행하기 위한 연구 문제는 다음과 같다.

첫째, 시니어 세대들의 책과 독서에 대한 관심과 이용형태는 어떠한가? 둘째, 시니어 대상 출판독서에 대한 시니어 세대별 의식과 수용태도는 어떠한가? 셋째, 시니어 대상 출판물에 대한 시니어 세대별 선호도와 독서성향은 어떠한가? 넷째, 시니어 대상 출판독서 활성화에 대한 시니어 세대의 의견은 무엇인가?

2. 이론적 배경

1) 고령화 친화적 접근 방법과 출판독서 문화복지

일본의 고령화 연구의 개척자이며 시니어 비즈니스 분야의 권위자인 무라타 히로유키(村田裕之) 교수는 고령화 사회에 대비한 정책을 추진할 때 '고령 친화적(age-friendly)' 접근이 아닌 '고령화 친화적(aging-friendly)' 접근 방법을 주장한다. 고령화 친화적 접근이란 특정 시기와 특정 세대에게만 친화적인 접근법을 펴는 데 그치지 말고, 고령화가 진행되고 있다는 사실까지 고려해야 한다는 것이다. 다시 말하면, 나이 든 상태만 아니라, 나이가 들어가는 변화에도 초점을 두라는 것이다. 고령 친화적이라 함은 만 65세 이상 고령인구의 친화적 정책을 말하며, 고령화 친화적이라 함은 지금의 고령인구를 포함하여 앞으로 고령인구에 진입할 준 고령인구까지를 고려하는 접근 방법이 된다. 무라타 교수의 주장은 고령친화 산업 및 시니어 비즈니스에 관한 접근 방법이지만, 초고령 사회에 있는 일본의 경험이므로 고령사회를 대비하는 복지정책을 추진하는 한국에 있어서도 매우 유의미한 시사를 주고 있다.

한국의 〈고령친화산업진흥법〉(제2조)[5]에서도 고령친화 제품의 범위를 노인을 주요 수요자로 하는 '제품 또는 서비스'로 규정하고 있다. 이처럼 일반적인 고령친화 제품의 수요자는 해당 세대에 국한되는 경우가 대부분이다. 하지만 문화산업 중에서 출판은 지식과 정보 전달이라는 매체 특성으로 실제 수요층이 해당 세대에만 국한되지 않는다. 즉, 지식과 정보를 전달하는 출판물은 노인들이 사용하는 제품 혹은 용구 및 일반 서비스와는 매우 다르게 '고령에 대비하는 독자층'이 함께 존재한다는 점이다. 조사에 따르면 노년 대상 출판물의 실제 소비층이 노년 세대만이 아니고 노년을 앞두고 있는 세대들에게 주로 읽히고 있는 현상이 뚜렷하다.

한국의 실버 출판물의 독자층에 대하여 한기호(2012)는 '실버 출판물은 다른 실버산업과 달리 실제 소비층이 노년이 아니고 노년을 앞둔 젊은 세대들이 찾는 것이라고 볼 수 있다'고 하였다. '실버 출판물의 실제 소비층은 대부분 40대 이하에 몰려 있으며 젊은 세대들에게 미래 대비서 차원에서 읽히고 있다'라고 예를 들면서 설명한다. 한편, 한미화(2005)는 '실버 출판물이라고 편의상 구분하지만, 실제 독자는 실버세대가 아닌 것으로 나타났다'면서 국내 실버 출판물의

---

5   고령친화산업진흥법 제2조 1항(정의), "고령친화제품 등"이라 함은 노인을 주요 수요자로 하는 제품 또는 서비스로서 다음 각 목의 어느 하나에 해당하는 것을 말한다(동법 참조).

주 독자는 앞으로 자신이 맞이할 미래와 노년의 삶을 어떻게 준비할까를 고민하는 중년이라고 봐야 한다고 주장한다.[6] 일본의 경우에는 40~60대를 대상으로 삼았던 실버출판이 1995년부터는 100세까지 독자층을 넓히고 있다(홍명신, 에이징 커뮤니케이션, 2007). 노인 독자층에 대하여 일본 쇼가쿠칸 출판사의 편집장 오자와는 활력 있는 90대 노인이 되고 싶어 하는 아래 연령층의 노인들이 독자층을 형성하고 있다고 분석한다(SBS, 2012).

한기호, 한미화, 오자와의 주장처럼 시니어 출판물의 독자층은 그 출판물의 내용적 대상보다 아래에 있는 세대들이 독자층을 형성한다는 것은 분명하다. 세대별로 본다면 30대의 이야기는 20대, 40대의 일은 20~30대에서, 50대에서 경험해야 할 일은 30~40대에서, 60대 이상의 나이 듦에 대한 준비는 아래 세대들에 의해 자신의 미래를 대비하는 자기계발의 차원에서 읽혀지고 있다.

다음으로 고령화 친화적 접근으로써 출판의 사회적 역할이다. 출판현상은 사회현상의 하나이다. 왜냐하면 출판은 그 역사적, 사회적 상황의 맥락 속에서 생성되고 발전되면서도 그 사회의 영향을 미치고 제반 조건을 변혁시키는 요인으로 작용되기 때문이다. 한 권의 책

---

6 한국에서 실버 출판물의 가능성을 연 최초의 우리 책인 『나이 듦에 대하여』(박혜란, 웅진 닷컴, 2001)의 독자 중 50대는 2%, 60대는 0.4%에 불과하고 30~40대 독자가 80%에 이른다고 하였다. 한편, 『불량 노인이 되자』(세키 간테이, 나무생각, 2001)는 애초 40~50대 이상을 타깃으로 기획되었으나 실제 독자층은 30대였다는 것이다. 당시, 인터넷서점 예스24의 집계에 따르면 이 책을 구매한 독자는 30대가 66.6%, 40대가 33.3%인 것으로 나타났다고 하였다.

은 그 시대와 사회적 조건에서 정신적 산물이지만 그 책은 다른 책이 출현할 수 있는 바탕이 되면서 새로운 성격의 사회를 이루는데 영향을 미치게 된다.

이렇듯 한 권의 책은 그 시대 그 사회를 살아가는 사람들의 사상 구조와 가치관에 영향을 미치는 실천적인 존재이다(채백, 1991, p.16). 출판은 영리를 목적으로 하는 사적 기업에 의해 영위되지만, 발행하는 출판물이 공공성을 띠기 때문에 개인의 권리와 사회윤리의 침해, 국가의 규범에 반하지 않아야 하는 공공적 특성을 갖고 있다. 이러한 점에서 출판은 시니어 세대를 위한 문화복지에 부합되는 매체이다.

더욱 의미를 두는 점은 출판매체가 가지고 있는 특수한 역할과 기능이다. 출판 매체는 다른 매스커뮤니케이션 매체들과 마찬가지로 지식과 정보 등의 전파 기능, 교육과 계몽 기능, 문화의 창조와 전수 기능, 오락 기능 등을 갖고 있다. 출판매체는 특히, 지식정보의 전파 기능, 교육계몽 기능, 문화창조와 전수 기능의 수행 능력은 매우 뛰어나다(차배근,1995, pp. 146~147)와 같이 출판은 고령화 친화적 지식과 정보, 교양과 정서 등 상세한 전달에 탁월한 매체이다. 이러한 점에서 출판의 사회적 책임은 '지식정보 문화 복지'에 있다 하겠다. 이전 시대가 경제적 부의 성장과 분배를 중시하던 시기였다면 이제는 정보의 양과 질이, 부의 양과 질을 결정하는 시대가 되었다. 국민은 지식과 정보의 공유를 누릴 수 있는 사회적 인프라를 요구할 권리가 있으며 출판은 손쉽게 국민들에게 접근할 수 있는 정보 매체이다.

이 연구의 이론적 배경은 고령 친화적 출판의 역할만을 다루는 것만이 아니라 고령화 친화적 관점에서 출판의 역할을 함께 다루며 '시니어' 란 나이든 상태(고령)만이 아니라, 나이가 들어가는 변화(고령화)에 중심을 두고 있다. 고령화 친화적 접근에서 출판의 역할은 첫째, 연령적으로 만65세 이상의 고령자, 둘째, 만30세 이상 65세 이하 고령을 준비하는 세대들이 논의 대상이 되며 셋째, 이 가운데 직접적인 고령화 친화적 출판물의 독자 대상은 시니어 세대 중에서도 책을 통해 나이 듦에 관한 지식과 정보, 교양과 정서에 관심을 두는 사람들이다. 즉 이 연구에서 말하는 '시니어' 란 나이든 상태(고령)만이 아니라, 나이가 들어가는 변화(고령화)에 두고 있다. 고령화 시대에서 시니어 세대를 위한 지식정보문화 복지의 관점은 나이 듦을 준비하는 세대 및 노년세대를 위한 출판 환경, 독서 진흥, 도서관 정책 등이 그 의미를 가진다.

한국에서 고령화 친화적 접근을 위한 독서의 역할과 기능은 시니어 세대들의 독서의 필요성을 제고하면서 독서 동기와 부합되어야 한다. 나이 듦에 대하여 현재 노년 세대들의 준비, 젊은 세대들의 노년 대비에서 실용적, 개인적, 사회적인 욕구와 결부되어야 한다는 점이다. 다시 말하면, 건강과 평생 배움, 자기계발과 정신적 위안, 경제와 재테크, 여가생활과 문화 활동 등 나이 듦에 관한 여러 주제와 내용들이 책으로 펴내고 읽혀질 때 고령화 친화적 독서의 역할과 기능이 이뤄진다는 점이다.

2) 시니어 세대와 출판독서 문화복지의 용어 정의

(1) 시니어 세대의 개념과 정의

한국 사회에서는 고령자에 대하여 '시니어(Senior)', '실버(Silver)', '액티브 시니어(Active senior)', '고령자', '어르신', '노인' 등 여러 명칭이 쓰이고 있다. 이중에서 '고령자'와 '노인' 명칭은 기피되고 있으며 '시니어'와 '어르신'의 명칭이 선호도에서 가장 높게 나타나며 시니어(Senior)는 연장자라는 생활 연령의 용어로서 세계적으로 통용되는 말이다. 우리 사회도 기대 수명 100세 현상이 강하게 나타나고 전통적 노인상을 벗어남에 따라 노인에 대한 명칭과 정의는 아직도 변화 중에 있다.

고령자에 대한 기준은 법률에 따라 다르게 나타난다. 한국의 경우 〈노인복지법〉 등 정부 법령 및 노년학에서는 만65세 이상의 인구를 노인 혹은 고령자로 규정한다. 〈고용상 연령차별금지 및 고령자고용촉진에 관한 법률(2013)〉에서는 '고령자는 55세 이상인 자, 준 고령자는 50세 이상 55세 미만인 자'로 정하고 있다. 반면에 산업현장에서 시니어(Senior)는 50대를 포함하기도 한다. 일부에서 노인의 개념이 신체적, 정신적, 경제적, 문화적 제반 요인 등을 고려한 추상적 개념이지만 통상 65세 이상자를 노인의 범주로 보고, 미래의 고령화 사회에서 노인이 될 미래의 노인층을 40~65세 미만으로 삼는 것이 보편성을 지닌다(배미건, 2006)고 주장한다. 일반적으로 시니어는 만 50세 이상을 뜻하며 만 65세 이상을 올드 시니어라고 일컫는 것이 타당성이 있다고 보여 진다(남석순, 2013).

김선주·안현정(2009, pp.111~119)은 고령자와 시니어의 개념을 구분하는 논리가 분명하다. '시니어는 고령자와 구분되는 개념이다. 고령자에 대한 다양한 정의가 있지만 평균 수명 이상을 살고 있는 사람들을 의미 한다'고 하면서 '시니어는 고령자뿐만 아니라 이를 준비하는 세대를 포함하는 더 포괄적인 개념'으로 설명하고 있다. 기존의 고령자가 높은 보호받아야 할 대상이라면 시니어는 고령을 준비하고자 하는 보다 적극적인 주체들'로 정의하고 있다. 이러한 정의와 개념은 시니어 세대를 규정함에 있어 매우 유의미한 기준이므로 이를 수용하고자 한다(남석순, 2013).

이 연구에서 볼 때 시니어(Senior)와 시니어 출판물(Senior Publication)의 용어 사용은 선행 되어야 할 개념이다. 시니어에 관한 범주는 졸고에서 제시한 바 있는 구분을 사용한다(남석순, 2013). 시니어의 범주는 역(歷)연령적으로 '만50세 이상자로 규정하되 만 65세 이상을 올드 시니어(Old Senior, 고령자), 50세 이상 ~ 65세 미만을 뉴 시니어(New Senior, 준 고령자), 50세 미만 자는 예비 시니어(Pre Senior, 예비 고령자)로 설정하였다(남석순, 2013, p. 69). 따라서 시니어의 개념과 특성을 다음과 같이 규정하고 연구를 진행한다.

첫째, 올드 시니어(Old Senior)는 인간의 노화(aging) 과정에서 나타나는 생리적, 심리적, 환경적 변화와 행동의 변화가 상호 작용하는 복합 형태의 과정에 있는 사람들(국제노년학회, 1951)로서 만65세 이상인 자로 규정한다. 둘째, 시니어의 중심 세대인 뉴 시니어(New Senior)는 전통적인 노년 세대와 구별되는 가치관을 갖고 있는 사람들이 많으며 만 50~65세 미만인 자로 규정한다. 셋째, 예비 시니어(Pre Senior)는 시니어 세대의 진입을 앞두고 있는 세대로서 만 30~49세 사이에 있는 중, 장년층이다.

다음으로 '시니어 출판물(Senior Publication)'에 대한 정의와 범주가 필요하다. 발아 단계에 있는 한국의 노인 출판물에 대한 연구나 평론들을 살펴볼 때, 노인 출판물 혹은 실버 출판물에 관한 용어·정의·범주·독자 대상들의 정의가 크게 미흡하다. 이 연구에서 노인출판(물) 혹은 실버출판(물)에 대한 용어·정의·범주·독자 대상에 대해 졸고에서 제시한 바와 같이 다음과 같이 설정한다(남석순, 2013). 첫째, 용어에서 '노인 출판물' 혹은 '실버 출판물'로 지칭되던 것을 '시니어출판'과 '시니어 출판물'로 사용한다. '노인'은 신체적 노화에 대한 지칭이며 '실버'는 노년층의 머리카락 색의 빗댄 조어(造語)로서 일본에서 사용하던 말을 여과 없이 쓴 것으로 지금은 일본조차 널리 사용치 않고 있다. 따라서 노인출판물의 전통적 협소성(狹小性)과 실버 출판물의 추상적인 광의성(廣義性)을 벗어나 이를 포괄하는 시니어 출판물이라는 용어가 적절하다.

둘째, 시니어출판의 정의를 '나이 듦의 대한 정신적, 물질적, 제도적인 다양한 삶을 표현한 저작물을 편집·제작하여 관심 있는 사람들에게 유통함으로써 공익의 목적을 달성하거나 이윤을 추구하는 문화적·사회적 활동'으로 해석한다. 셋째, 시니어 출판물의 범주는 '나이 듦에 현재적, 미래적인 삶과 노년을 준비하거나 관심 있는 사람들에게 필요한 정신적, 물질적, 제도적인 내용의 저작물'로 하되, 세대별 혹은 베이비붐 세대와 같은 연령에 따른 내용의 변별성이 필요하다. 넷째, 시니어 출판물의 독자층은 시간에 따른 이동성이 있기 때문에 시니어 세대(50세 이상)를 포함한 뉴 시니어 세대, 노년의 대한 관심과 준비를 하는 예비 시니어 세대로 구분하여 사용한다(남석순, 2013).

(2) 출판독서 문화복지의 용어와 정의

다음으로 출판의 사회적 역할을 바탕으로 '출판독서 문화복지'에 관한 정의를 제시한다면 다음과 같다. 첫째, '출판'이란 저작물 등을 종이나 전자적 매체에 실어 편집·복제하여 간행물을 발행하는 행위를 말한다. 둘째, '출판문화'란 각종 출판물에 의하여 이루어지는 문화를 일컫는다. 셋째, '독서문화'란 문자를 사용하여 표현된 것을 읽고 쓰는 활동을 중심으로 하여 이루어지는 정신적인 문화 활동과 그 문화적 소산의 뜻으로 각각 정의할 수 있다.

'출판, '출판문화, '독서문화'의 정의와 출판의 역할에 비춰 볼 때 일반적인 '출판독서 문화복지'는 '인간의 지식문화 활동의 소산인 책을 만들고 읽고 쓰는 일을 중심으로 형성되는 정신적·문화적 욕구 충족을 위한 지적 활동'이라 할 수 있다. 간략히 한다면 출판독서 문화복지란 '출판독서를 통한 문화복지'이다. 반면, 고령화 친화적 접근에서 '시니어 대상 출판독서 문화복지'란 '나이 듦을 준비하는 세대 및 노년세대가 필요로 하는 지식과 정보 등을 위한 책을 만들고 읽고 쓰는 일을 중심으로 형성되는 정신적·문화적 욕구 충족을 위한 지적 활동 행위'라고 정의할 수 있다. 간략히 한다면 시니어 대상 출판독서 문화복지란 '출판독서를 통한 시니어 세대의 문화복지'라고 할 수 있다.

3) 매스미디어의 이용과 충족이론

매스 커뮤니케이션에서 이용과 충족이라는 개념을 제시한 학자는 엘리후 카츠(E. Katz, 1959)였다. 그가 제시한 새로운 접근법이란 '미디어가 사람들에게 무엇을 하는 있느냐?(what the media do to people?)가 아니라, '사람들이 미디어를 가지고 무엇을 하는가?(what people do with media?)에 관심을 두어야 한다는 것이다. 이는 과거의 '수동적인 수용자'가 아닌 '능동적인 선택자'의 역할에 중점을 둔 것으로 엄밀히 말한다면 수용자의 관점만 전환한 것으로 새로운 개념은 아니다(차배근, 2001, p.222).

욕구, 동기, 보상적 동기가 수용자의 내부에서 발생하게 되면 수용자가 취하는 다음 행동은 무엇인가? '이용과 충족 이론'에서는 이를 행위·이용·충족으로 구분하는데 이는 행동적 측면에서는 동시에 일어나는 경우가 많기에 개념적인 구분이다. 첫째, 행위(activity)이다. 사람들이 미디어 이용에 대해 어떤 욕구를 가지게 되었다면 노출이전행위(pre-exposure activity)와 진행 노출행위(during exposure activity)를 촉발시키게 된다. 둘째, 이용(uses)이다. 행동이 일반적 미디어 선택행위라면 이용은 '특정' 미디어(신문, 방송, 인터넷, 책 등)나 '특정' 채널을 선택하는 행위를 말한다. 셋째, 충족(gratification)이다. 미디어 이용을 통하여 원래 이용자가 가졌던 욕구가 얼마나 충족되었는가 하는 정도로서 충족 기대(gratification expectations)나 이후 미디어 이용 동기에 영향을 미친다. 일반적으로 TV와 영화는 오락 충족, 도서(책)는 내면 자아배양 충족을 가져온다고 한다(오미영·정인숙, 2013, pp.197-211).

미디어의 이용과 충족 연구는 국내에서 매스 커뮤니케이션 이론 중에서 많이 적용된 이론 중의 하나이다. TV, 웹 블로그, 인터넷, 휴대폰, 일반전화, 도서(책) 등의 이용 동기를 분석하는 데 이용과 충족 이론을 적용하고 있다. 이용과 충족에서 윌버 슈람(W. Schramm)의 보상설(the reward theory)은 미디어 이용에서 영상매체는 즉각적인 보상(쾌락)에 그치지만, 인쇄매체는 독서에서 부담은 있지만 읽고 나면 생각과 사고력이 커지는 지연적 보상을 준다는 점이다. 책은 인간 내면의 자아배양 충족을 가져다주는 매체임을 고려할 때 이용과 충족 이론은 출판과 독서의 행위 측정에서도 유용한 이론이다.

이 연구에서 이용과 충족 이론은 출판미디어가 가지고 있는 매스미디어적인 기능과 결부된다. 첫째, '수용자는 능동적이다' 라는 변인 관계에서 교육 수준이 높을수록 이용과 충족 효과가 높다는 가정 아래, 조사 대상자들의 학력을 대학 수준 이상으로 제한하는 논거로 이용하였다. 둘째, 도서의 자아 배양 충족과 인쇄매체의 지연적 보상 논리와 방법은 독서의 관심과 이용형태, 출판독서의 의식과 수용태도, 시니어 대상 출판물의 선호도와 독서 성향에서 질문지의 구성과 조사 결과의 분석 및 논의에서 활용되었다.

4) 책의 수용과 독서동기 이론

독서 동기는 독자들로 하여금 글을 읽고 싶게 하고 계속 읽게 하는 것을 말한다. 독서 동기는 독자의 심리 상태, 독서 시간과 장소, 텍스트의 흥미 상태 등에 따라 달라질 수 있으며 동기를 유발하고 지속하기 위해서는 이러한 조건들을 충족시켜야 한다. Waples, Mann, Adler, Giehrl, Gehmacher 등이 주장하는 독서 동기에 관한 이론 혹은 방법은 다음과 같다.

첫째, 미국의 웨플스(Douglas Waples) 등은 독서 동기를 크게 나누어 ① 명예적 동기(prestige motives) ② 현실 도피적 동기(respite motives) ③ 안전 추구적(security motives) 동기로 나누고 있다(D. Waples, 1975). Waples 등은 이러한 책의 수용과 독서의 동기를 통해서 실용적 효과(instrumental effect), 명예적 효과(prestige effect), 보강적 효과(reinforcement effect), 심미적 효과(aesthetic effect), 현실 도피적 효과(respite effect)의 독서 효과를 얻을 수 있다는 연구의 결과를 발표하였다. 둘째, 영국의 만(Mann)은 독서의 목적을 실용적인 독서(utilitarian reading), 사회적인 독서(social reading), 개인적인 독서(personal reading) 등으로 구분하고 있다(P. H. Mann, 1970). 셋째, 미국의 모티머 J. 애들러(Mortimer J. Adler)는 읽는다는 것은 적극적 행위인데 적극성이 높은 독서일수록 좋은 독서라고 한다. 그는 초급독서, 점검독서, 분석독서, 신토피칼 독서 등 4단계에 이르는 독서의 방법을 제시하고 있다(민병덕, 1994). 넷째, 기에를(Giehrl)은 독서의 주요 방식으로 정보적인 독서, 도피적인 독서,

인지적 독서, 문학적 독서로 나누고 있다(이정춘·이종국, 1988). 한편, 게마허(Gehmacher)는 독서 동기를 발전을 위한 교육, 긴장 해소와 휴식, 근심 걱정으로부터의 탈피, 외로움, 사회적 고독의 극복, 사색을 통한 의미 발견 등이라고 하였다(이정춘·이종국, 1988, p. 63, 269.).

이상에서 살핀 바와 같이 독서 동기들은 복합적으로 작용하여 책의 접촉 행동의 결정 요인이 된다. 독자의 책의 수용 동기 즉, 독서 동기는 개개인에 따라서 다르며 독자의 속성에 따라 상황의 필요성 등에 의해 다르게 나타난다. 고령화 친화적 접근을 위한 독서의 기능과 역할은 시니어 세대들의 독서 동기와 부합되어야 한다. 시니어 세대들이 독서의 필요성을 느껴야 하며 나이 듦에 필요한 지식과 정보가 다른 미디어보다 얻는 충족성이 커야 한다.

이 연구에서 이용과 충족이론은 독서 행위에서, W. Schramm의 보상설은 독서 동기에서 활용하고자 하였다. 특히 독서동기 이론은 시니어 세대들이 책을 수용하는 이론적인 배경으로도 적용하였다. Waples의 독서 동기와 Mann의 독서 목적의 이론은 조사 질문지에 반영하여 구성하였다. 조사 대상자의 제한에도 적용되었으며 독서 동기와 목적에 대한 분류 논거로 제시하였다. Adler의 독서의 기술과 효율적인 방법은 질문지의 구성과 조사 결과의 분석과 논의 과정에서 활용되었다.

3. 연구 방법

1) 조사 대상

이 연구의 주요 용어인 '시니어' 란 나이든 상태(고령)만 아니라 나이가 들어가는 변화(고령화)에 두었다. 이에 따라 시니어(Senior)의 범주를 ① 올드 시니어 세대(Old Senior, 고령자, 만65세 이상자) ② 뉴 시니어 세대(New Senior, 준 고령자, 만50~65세) ③ 예비 시니어 세대(Pre Senior, 예비 고령자, 만30~50세 미만자)로 3구분 하였다.

조사 대상은 위의 3구분 세대를 대상으로 동일한 설문지를 사용하였다. 표집방법은 비확률표집으로 서울특별시, 인천광역시, 경기도 지역 거주자로서 이 연구의 선정 기준을 충족하는 대상자들을 편의 추출하는 방식을 선택하였다. 첫째, 올드 시니어 세대들은 서울특별시립 서울노인복지센터(서울 종로구 경운동)와 퇴직 초등학교 교장 모임을 대상으로 하였다. 둘째, 뉴 시니어 세대 및 예비 시니어 세대들은 초·중·고 교사, 대학교수와 교직원, 대학원 석사과정(사회복지학 전공), (사)한국출판학회 회원, 대기업의 사원(두산·삼성), 여성가족부의 공무원(서울) 들을 대상으로 실시하였다.

이 연구의 기준을 충족하는 조사 대상자는 대학교육 이상을 받은 사람으로 제한을 두었다. 이유는 이론적 배경에서 제시한 '이용과 충족 이론' 의 개념인 '수용자는 능동적이다' 라는 변인 관계에서 이용과 충족 효과가 보다 많이 작용할 수 있는 대상이기 때문이다. 또한 독서동기 이론에서 Mann이 말하는 '실용적, 사회적, 개인적 욕구'는 대학교육 이상을 받은 대상자들의 욕구가 더 강할 것이라는 가정 때문이다. 특히, 시니어 출판물에 대한 중심적인 수용자 층이 대학교육 이상을 받은 수용자에서 활성화될 수 있기에 더욱 그러하다. 다만, 올드 시니어 세대(만65세 이상)에서 조사 대상자의 부족으로 대학 교육을 받지 않은 노년층이 일부 포함되었으며 이는 전체에서 12%의 비율을 차지한다.

2) 조사 도구

이 조사는 시니어 세대를 위한 출판독서 문화복지를 위해 예비 시니어들을 포함하는 고령화 친화적 접근에서 출판의 역할과 독서의 기능을 바탕으로 설문지를 구성하였다. 질문 문항은 서열형 질문과 척도형 질문 구성법을 함께 사용하였다. 설문지 검토를 위해 3구분 세대에 있는 5명을 대상으로 질문 첨삭과 난이도의 조절, 문항 표기, 응답의 불편함 등 타당도를 조사하여 수정하였다.

〈표 1〉과 같이 본 연구의 네 가지 연구 문제에 따른 22개 조사 문항 구성은 선별적 질문으로 구조화하고 활성화 방안은 8개 문항으로 의견 표출의 범위가 넓도록 구성하였다. 응답자의 인구통계학적 특성은 성별, 연령, 학력, 직업, 거주지, 월 소득을 내용으로 하였으며 연령에 따라 3세대로 구분하여 표기하도록 하였다.

〈표 1〉 조사 설문지의 구성

조사 구분(4구분)	조사 항목(22항목)
응답자의 특성	①성별　②연령　③학력 ④직업　⑤거주지　⑥월 소득
독서의 관심과 이용 형태	① 독서의 필요성을 느끼는 정도 ② 책을 읽는 이유 ③ 독서 선호 분야 ④ 책의 구입 시 우선적 고려 사항 ⑤ 전자책(오디오북, 앱북) 독서 여부
시니어 대상 출판독서의 의식과 수용태도	① 나이 듦에 대비를 위한 지식 정보의 관심 정도 ② 나이 듦에 대비한 지식 정보의 상세 전달 매체 ③ 시니어 대상 출판물의 필요성 여부 ④ 시니어 대상 출판물의 독서 여부 ⑤ 시니어 대상 출판물의 만족도 여부
시니어 대상 출판물의 선호도와 독서 성향	① 시니어 대상 출판물의 선호 분야 ② 시니어 대상 출판물의 구입과 독서 목적 ③ 시니어 대상 출판물이 다루어야 할 내용 ④ 시니어 대상 출판물이 가져야할 기능
시니어 대상 출판 독서의 활성화 방안	① 시니어 담론 형성과 독서정보의 소통체계 필요성 ② 시니어 대상 출판물의 효과적인 홍보 방법 ③ 시니어 대상 출판물의 기획과 편집 의견 ④ 시니어 대상 출판물의 제작 의견 ⑤ 시니어 대상 출판물의 주도 독자층 의견 ⑥ 시니어 대상 출판물이 활성화될 수 있는 이유 ⑦ 시니어 대상 출판물이 활성화되지 않는 이유 ⑧ 시니어 대상 출판물의 활성화에 관한 의견

3) 자료 수집

　조사 기간은 2014년 5월 16일부터 27일까지 총12일간 이루어졌으며 조사 방법은 현장조사와 이메일을 통한 전자조사를 병행 실시하였다. 총 356부가 회수되었으나 파손 및 부분적 무응답 22부를 제외한 334부를 표본표집으로 분석하였다. 세대별 표본표집은 올드 시니어 세대(65세 이상) 104부, 뉴 시니어 세대(50~65세) 112부, 예비 시니어 세대(30~50세 미만) 118부 등 총 334부로서 각 세대별 100명 이상의 표본이 분석 표집이다.

　이 조사는 설문지의 검토 과정, 사전조사와 타당도를 점검하는 과정, 본 조사 과정 등 3단계에 걸쳐 이루어졌다. 설문지의 검토 과정을 거친 이후 사회복지 전공 석사과정 27명을 대상으로 사전조사 한 설문지를 통계 프로그램으로 빈도분석과 교차분석을 실시하였다.

　본 연구의 조사에서 '책' 또는 '독서' 대상은 일반도서(종이책 및 전자책)를 말하며 '잡지, 만화, 교과서, 학습참고서, 수험서는 제외하였다. 이러한 이유는 내용면에서 도서(단행본)는 주제의 단일성과 구성이 체계적이며 지식과 정보, 사상과 감정 전달에 있어서 깊이 있는 매체이다. 반면에 잡지는 주제의 단일성 보다는 복합성이 강하며, 만화는 문자 위주의 매체가 아니고, 교과서, 학습참고서, 수험서는 일정한 교육 과정을 중심으로 하기 때문이다.

4) 분석 방법

본 연구의 자료 분석에서 사용된 구체적인 실증 분석방법은 다음과 같다. 첫째, 연구 대상자의 일반적인 사항, 시니어 출판독서 관련 사항을 알아보기 위하여 빈도분석(Frequency Analysis)을 실시하였다. 둘째, 시니어 출판독서 관련 사항에 대한 인식의 차이를 살펴보기 위하여 집단 간의 차이 검증인 교차분석(Crosstabs)을 실시하였다. 셋째, 이 연구의 실증분석은 유의수준 $p < .05$, $p < .01$, $p < .001$에서 검증 하였으며 통계처리는 SPSSWIN 18.0 프로그램을 사용하여 분석하였다.

4. 결과 및 논의

본 연구의 표본표집으로 삼은 조사 대상자 334명의 인구학적 특성을 성별, 연령, 학력, 직업, 거주지, 월 평균 소득으로 나누어 살펴보면 다음과 같이 나타난다. 〈표2〉에서 인구통계적 특성을 살피면 성별의 경우에는 남자가 56.9%로 과반수 이상이었고 여자는 43.1%였다. 연령적으로 50~65세가 33.5%로 가장 높았고, 다음으로 66~75세가 26.6%, 30~39세가 21.6%, 40~49세가 13.8%의 순으로 나타났다. 세대 구분의 경우에는 예비 시니어 세대가 35.3%로 가장 높았고 뉴 시니어 세대는 33.5%, 올드 시니어 세대가 31.1% 순이었다.

최종 학력의 경우에는 대학원 이상이 45.2%로 과반수 가까이 되

〈표2〉 조사 대상자의 일반적 사항 (N=334)

인구적 특성		빈도	%
성별	남	190	56.9
	여	144	43.1
연령	30~39세	72	21.6
	40~49세	46	13.8
	50~65세	112	33.5
	66~75세	89	26.6
	75세 이상	15	4.5
세대 구분	예비 시니어	118	35.3
	뉴 시니어	112	33.5
	올드 시니어	104	31.1
최종학력	고등학교 졸업 이하	40	12.0
	대학교(4년제 미만)	26	7.8
	대학교(4년제 이상)	117	35.0
	대학원 이상	151	45.2
직업	경영 관리직	33	9.9
	전문직	111	33.2
	사무직	58	17.4
	서비스/판매직	22	6.6
	기능직/노무직/자영업	12	3.6
	전업주부	23	6.9
	은퇴, 무직	49	14.7
	기타	26	7.8
거주지	서울특별시	222	66.5
	인천광역시	23	6.9
	경기도	82	24.6
	이외 시도	7	2.1

인구적 특성		빈도	%
월 평균 소득	200만원대 이하	84	25.1
	300~400만원대	105	31.4
	500만원~600만원대	68	20.4
월 평균 소득	700만원~800만원대	36	10.8
	기타	9	2.7
	900만원 이상	32	9.6
합계		334	100.0

었고, 대학교(4년제 이상)가 35.0%, 대학교(4년제 미만)가 7.8%, 고등학교 졸업 이하가 12.0% 순으로 나타났다. 최종 학력 이수의 경우에는 졸업이 76.6%로 대부분을 차지하였고 재학이 5.1%, 수료가 3.9%, 중퇴가 1.2% 등의 순으로 나타났다. 최종 학력은 이 연구에서 의도하는 바와 같이 대학 교육 이상자가 88%를 점한다.

직업은 전문직이 33.2%로 가장 높게 나타났고 사무직 17.4%, 은퇴·무직 14.7%, 경영 관리직 9.9% 등 순이었다. 거주지는 서울특별시 66.5%, 경기도 24.6%, 인천광역시 6.9% 순으로 나타났다. 월 평균 소득의 경우는 300~400만원대가 31.4%로 가장 높게 나타났고, 200만원대 이하 25.1%, 500~600만원대 20.4%, 700~800만원대 10.8% 등의 순으로 400만원대 이하가 대부분을 차지하였다. 다음은 네 가지 연구문제에 따른 22개 조사항목의 결과 요약이다.

1) 조사 결과

(1) 시니어 세대들의 독서에 대한 관심과 이용 형태

1) 평소 독서 필요성에 관한 의견이다. 전체 대상자에서 보면 매우 느끼고 있다 + 약간 느끼고 있다는 긍정적인 응답이 약 86%로 압도적으로 높게 나타났다. 세대별로 본다면 예비 시니어 세대 89.8%, 뉴 시니어 세대 87.5%, 올드 시니어 세대 81.8%로 연령이 높을수록 감소하였다. 학력에 따라 고졸이하 75%, 대졸자는 87%, 대학원 이상은 91%가 평소 독서의 필요성을 느끼고 있으며 대체로 학력이 높을수록 소득이 많을수록 높게 나타났다.

2) 책을 읽는 이유이다. 전체에서 보면 교양을 쌓고 인격을 형성하기 위해서(34.4%), 새로운 지식과 정보를 얻기 위해서((29.0%), 책 읽는 것이 즐겁고 습관이 되어서(10.5%) 순으로 나타났다. 3구분 세대 모두가 교양을 쌓고 인격을 형성하기 위함이 1순위이지만, 뉴 시니어에서만 새로운 지식과 정보를 얻기 위해서가 같은 비율로 나타나 공동 1순위가 되었다. 성별로 새로운 지식과 정보를 얻기 위해서가 남자 32.6%, 여자 24.3%로 나타났다.

3) 선호하는 독서 분야이다. 문학(21.0%)이 가장 높게 나타났고 철학·사상·종교(14.7%)와 자기계발서(14.7%), 정치·사회·시사(8.1%), 경제·경영(7.5%)의 순이었다. 연령이 높을수록 철학·사상·종교 또는 역사·지리 분야의 책을 읽는다는 응답이 높았고, 연령이 낮을수록 문학 또는 자기계발서 분야의 책을 읽는다는 응답이 높았다.

4) 책의 구입 시 우선적으로 고려하는 것은 자신의 관심분야 (68.6%)가 대부분을 차지했고 다음으로 내용과 목차(19.2%), 저자 선호도(4.8%), 유행하는 트렌드(2.4%)의 순으로 나타났다. 예비 시니어, 뉴 시니어, 올드 시니어 세대 모두 비율의 차이는 있었지만 순위는 모두 같았다.

5) 전자책의 독서 여부이다. 예비 시니어 세대는 약간 있다 + 많이 있다가 50.0%, 뉴 시니어가 41.9%, 올드 시니어가 21.2%로 연령이 낮을수록 전자책을 읽은 적이 많고 연령이 높을수록 읽은 적이 적었다. 학력을 높을수록 소득이 많을수록 전자책을 읽은 적이 높게 나타났다

(2) 시니어 대상 출판과 독서에 관한 의식과 수용태도

1) 평소 나이 듦의 준비를 위한 지식과 정보에 대한 관심도이다. 예비 시니어 세대는 약간 관심 있다 + 매우 관심 있다가 50.8%, 뉴 시니어 세대 68.7%, 올드 시니어 세대는 79.8%로 나타나서 연령이 높을수록 응답이 높게 나타났다(p<.001).

2) 나이 듦에 대비하는 지식과 정보를 상세하게 전달할 수 있는 매체에 관한 의견이다. 도서(31.4%)가 높게 나타났고 신문(21.6%), TV(21.0%), 인터넷(20.4%)의 순이며 도서 또는 신문 등 문자매체가 영상매체보다 상세하게 전달할 수 있는 미디어라는 응답이 많았다.

3) 시니어 세대 대상의 출판물이 필요하다고 생각하는지에 관한 의견이다. 매우 필요하다 + 약간 필요하다의 긍정적인 응답이 약 74%

시니어 독서 클럽 모임 © 독서신문

로서, 전혀 필요가 없다 + 별로 필요하지 않다 의 약 6%보다 압도적으로 높게 나타났다. 세대 구분에서 본다면 예비 시니어 세대(69.8%), 뉴 시니어 세대(79.4%), 올드 시니어 세대(74.1%)로 나타났는데 뉴 시니어 세대가 올드 시니어 세대보다 조금 높게 나타남은 미래를 대비하는 성격이 짙다고 볼 수 있다.

4) 시니어 대상의 출판물을 읽은 적이 있는지 여부이다. 매우 많이 있다 + 약간 있다가 약 37%, 전혀 없다 + 거의 없다는 응답이 약 44%로 읽은 적이 없다는 응답이 약간 높게 나타났다. 반면, 뉴 시니어 세대 및 올드 시니어 세대의 절반은 읽은 경험이 있는 것으로 나타났다.

5) 시니어 대상 출판물의 만족도이다. 이 문항은 시니어 대상 출판물을 읽은 경험자만 응답하도록 안내되었다(응답자 221명, 66%). 전체 조사 대상자에서 긍정적인 응답이 약 27%로서 부정적인 응답 약

12%보다 높은 것으로 나타났지만 시니어 대상 출판물에 대한 만족도는 높지 않았다.

(3) 시니어 대상 출판물에 관한 선호와 독서 성향

1) 시니어 대상 출판물의 선호 분야에 관한 의견이다. 전체적으로 자기계발서(29.0%)가 가장 높게 나타났고 다음으로 건강장수(21.3%), 문학과 종교·여가문화 및 정신적 위안(18.9%), 실용지식(9.0%) 순이었다. 예비 시니어와 뉴 시니어 세대는 자기계발서를, 올드 시니어는 건강장수를 선호하였다. 남자는 실용지식 또는 건강 장수서를 선호한다는 응답이 각각 11.1%, 23.2%로 여자의 6.3%, 18.8%보다 더 높게 나타났고, 반면 여자는 자기계발서를 선호한다는 응답이 37.5%로 남자의 22.6%보다 더 높게 나타났다(p<.05). 학력이 높을수록 자기계발서, 학력이 낮을수록 실용지식 또는 건강장수를 선호하였다.

2) 어떤 목적으로 구입하거나 읽는가에 관한 의견이다. 자신의 계발을 위해서(24.9%)가 가장 높고, 관심 있는 분야의 정보를 얻기 위해서(17.4%), 나이 듦에 대비하기 위해서(16.5%), 실용적 가치를 얻기 위해서(14.1%) 순으로 나타났다. 세대별로 보면 예비 시니어 세대와 뉴 시니어 세대는 자신의 계발을 위해서, 나이 듦에 대비하기 위해서로 순위가 같고, 올드 시니어 세대는 자신의 계발을 위해서, 관심분야의 정보를 얻기 위해서 순으로 나타났다.

3) 시니어 대상 출판물에서 다루어야 할 내용이다. 자기계발(32.6%)이 가장 높게 나타났고, 건강장수(22.8%), 노후대비·복지제도

안내·법률정보(12.6%), 재테크 등 경제정보(8.4%) 등의 순으로 자기
계발 또는 건강장수를 다루어야 한다는 응답이 대부분이다. 세대가
높을수록 건강장수를, 세대가 낮을수록 재테크 등 경제정보를 다루
어야 한다는 응답이 높은 것으로 나타났다(p<.01).

4) 시니어 대상의 출판물이 가져야 할 기능이다. 시니어 세대의 욕
구와 경향(트렌드) 분석(29.3%)이 가장 높았고, 지식과 정보의 전달과
보존(26.6%), 건강·오락과 정서적 위안 제공(18.6%), 시니어 세대의 문
화 형성과 연속성 부여(12.0%)의 순으로 나타났다. 시니어 세대 욕구
와 경향 분석 또는 시니어 세대를 위한 지식과 정보의 전달과 보존이
라는 응답이 과반수이상으로 나타났다.

(4) 시니어대상 출판물의 활성화에 관한 의견

1) 시니어 대상 담론 형성 및 출판과 독서전용 온라인 소통체계 필
요성에 관한 의견이다. 매우 필요하다 + 약간 필요하다는 긍정적인
응답 약 61%가 전혀 필요 없다 + 거의 필요하지 않다 의 부정적인 응
답 약 5%보다 압도적으로 높게 나타났으며 뉴 시니어와 올드 시니어
에서 높게 나타났다.

2) 시니어 대상 출판물의 효과적인 홍보 방법에 관한 의견이다.
TV(50.9%)가 과반수이상이었고 다음으로 신문(21.0%), 스마트폰과
SNS(11.4%), 국내 대형서점 도서안내 홈페이지에 별도 카테고리 분
류와 서평(6.0%) 순으로 나타났다. 이를 점수화하면 TV가 400점, 신
문 228점, 스마트폰, SNS가 125점이었다.

3) 시니어 대상 출판물의 기획과 편집에 대한 의견이다. 시니어들의 욕구 및 경향(트렌드)을 읽는 출판 기획력(47.6%)이 과반수 가까이 되었고, 다음으로 30~70대 등 세대별 다양화에 따른 기획의 차별화(19.8%), 시니어 세대의 개성화·다양화·전문화 수용(14.4%), 영상미디어보다 출판미디어의 강점을 활용한 깊은 지식과 정보 제공(10.8%) 순으로 나타났다.

4) 출판물의 제작에 대한 의견이다. 종이책(60.8%)이 대부분을 차지하였고, 종이책과 전자책 동시(혹은 이후)출간(30.2%), 전자책(3.9%), 오디오책(2.7%), 앱북(2.4%)의 순으로 나타났다.

5) 시니어 출판시장을 주도할 수 있는 독자층에 대한 의견이다. 50~65세(48.2%)가 과반수 가까이 되었고 40~49세(24.9%), 66~75세(13.5%), 30~39세(12.6%)의 순으로 나타났다. 시니어 출판독서 시장을 주도할 수 있는 독자층으로 50~65세를 중심 세대로 응답한 비율이 가장 높았다.

6) 시니어 출판과 독서가 활성화될 수 있는 이유에 관한 의견이다. 뉴 시니어 세대들의 노년준비에 대한 관심 증가(47.6%)가 과반수 가까이 되었다. 다음으로 높은 학력과 소득 수준의 향상(15.9%), 독서경험 세대인 시니어들의 실용지식과 문화욕구(12.0%), 50대 뉴 시니어 세대와 베이비부머(1955~1963년생)의 인구학적 증가(10.5%)의 순으로 나타났다.

7) 시니어 출판독서가 활성화되지 못한 이유에 대한 의견이다. 시니어 세대들의 독서 무관심과 독서율 저하(40.1%)가 과반수 가까이

되었다. 다음으로 독서 이외 다양한 정보 취득과 여가 즐김(19.2%), 시니어의 욕구 및 트렌드를 읽는 출판 기획력의 빈곤(15.9%), 다매체 경쟁 구도와 스마트 미디어 시대에서 문자 매체의 기피 현상(13.2%)의 순으로 나타났다.

8) 설문조사의 최종 질문으로 시니어 출판과 독서 활성화에 대한 의견이다. 매우 활성화될 것이다 + 대체로 활성화될 것이다 는 긍정적 응답이 약 51%, 전혀 활성화되지 않을 것이다 + 거의 활성화되지 않을 것이다 는 부정적 응답 약 7% 보다 크게 높은 것으로 나타났으며 '보통이다' 라는 응답도 41%를 차지하였다. 세대별로 예비 시니어(48.3%, 6.8%), 뉴 시니어 (54.4%, 5.4%), 올드 시니어(50.9%, 10.6%) 중에서 뉴 시니어 세대에서 긍정적 응답이 높았다. 성별은 남자, 학력이 높을수록 긍정적 경향으로 나타났다. 직업에서는 전문직, 은퇴·무직이 높게 나타났고 기능직, 노무직, 자영업은 낮게 나타났다. 월평균 소득이 많을수록 활성화가 이뤄질 수 있다는 응답이 높았다. 이를 본다면 미래의 올드 시니어인 뉴 시니어 세대들과 전문직에서 높게 나타남을 알 수 있다.

2) 결과 논의

첫째, 시니어 대상 출판독서 문화복지 활성화를 위해서는 기본적으로 시니어 세대들의 독서에 대한 관심과 이용 형태의 조사가 필수적이다. 설문조사에 따르면 대학수준 이상의 교육을 받은 시니어 세대(회수자 334명의 88%)의 약 86%가 독서의 필요성을 느끼며 책을 읽는 이유는 교양과 인격 형성, 지식과 정보의 수용, 업무 도움의 순으로 나타났다. 선호 독서분야는 문학, 철학·사상·종교, 자기계발서, 정치·사회·시사, 경제·경영 분야이며, 책의 구입 시 고려하는 사항은 자신의 관심분야로 나타났다.

이러한 결과에 따른다면 시니어 세대는 독서에 대해 높은 관심을 갖고 있으며 책을 읽는 이유와 선호도에서 현실적인 목적을 갖고 있음을 알 수 있다. 시니어 세대가 독서의 높은 관심과 책을 읽는 이유와 선호도에서 현실적 목적을 갖고 있다는 점에서 볼 때 우리나라에서 시니어 대상의 출판독서문화를 위한 근본적인 바탕이 이루어져 있는 것으로 판단할 수 있다.

둘째, 시니어 대상 출판물의 수용 대상자인 시니어 세대의 의식과 수용 태도를 살펴야 한다. 나이 듦에 준비를 위한 지식과 정보에 대하여 예비 시니어 약 50%, 뉴 시니어 69%, 올드 시니어 80%가 관심을 갖고 있었다. 시니어 세대 대상 출판물의 필요성에 대하여 약 74%가 긍정적, 약 6%가 부정적으로 응답하여 긍정적인 의견이 부정적인 의견을 압도하는 결과로 나타났다.

이러한 결과를 본다면, 시니어 세대들은 나이 듦에 대비한 지식과 정보에 관심이 있으며 연령이 높을수록 많다는 점이다. 특히, 대학 수준 이상의 시니어 세대들이 출판을 통한 독서문화에 대하여 긍정적인 의식과 태도를 갖고 있어 시니어 대상 출판독서의 활성화에서 의미 있는 결과를 보여준다.

셋째, 시니어 대상 출판물에 대한 선호도와 독서 성향을 살펴야 한다. 선호분야는 예비 시니어와 뉴 시니어 세대는 모두 자기계발서, 올드 시니어는 건강장수를 선호하였다. 남자는 실용지식 또는 건강장수, 여자는 자기계발서를 선호하였다. 선호 내용은 자기계발, 건강장수, 노후대비·복지제도 안내·법률정보, 재테크 등 경제정보의 순이었으며, 시니어 대상 출판물의 기능은 시니어 세대 욕구와 경향 분석, 시니어 세대를 위한 지식정보 전달이라는 응답이 과반수이상으로 나타났다.

이러한 결과에 따른다면 시니어 세대들의 선호분야는 자기계발서, 건강장수이며, 선호 내용은 자기계발, 건강, 노후에 대한 정보, 복지안내, 재테크 등이다. 시니어 출판물의 기능은 시니어 세대의 욕구 분석과 지식 정보의 전달을 중시하고 있는 점에서 시니어 세대들의 의식을 파악할 수 있다.

넷째, 시니어 대상 출판독서 활성화에 관한 의견을 논의한다면 시니어 대상 담론 형성 및 출판독서 전용 온라인 소통체계가 필요하다는 의견이 높았으며 홍보 방법은 TV가 과반수이상, 신문, 스마트 폰과 SNS 순이었다. 제작은 종이책을 원한다는 의견이 대부분이었고, 시니어 출판독서를 주도할 수 있는 독자층은 50~65세가 중심 세대라는 의견이 과반수 가까이 되었다. 시니어 출판독서가 활성화될 수 있는 이유로 노년준비에 대한 관심 증가가 절반이 되었고, 활성화되지 못하는 이유는 독서 무관심과 독서율의 저하가 과반수 가까이 되었고 독서 이외 다양한 정보 취득과 여가 즐김으로 나타났다.

이러한 결과를 바탕으로 논의한다면, 시니어에 관한 사회적 담론 형성과 더불어 출판독서 정보에 대한 소통체계를 강하게 느끼고 있으며 TV를 통한 노년콘텐츠 프로그램 욕구가 많았다. 이 연구가 갖는 주요 의미는 시니어 출판독서에서 50~65세가 중심 세대임이 처음 드러난 점이다. 지금까지 출판계에서 실버출판의 중심 독자세대에 대한 논의가 있었지만 본 연구에서 처음으로 밝혀진 내용이다. 의미를 더하는 점은 시니어 대상 출판독서 활성화 의견에서 긍정적인 응답이 절반(약 51%)이 넘었고 부정적인 응답(약 7%)은 소수였다. 보통이다(약 41%)는 응답을 제외한다면 긍정적 응답이 부정적 응답보다 높게 나타났으며 이 결과는 시니어 대상 출판독서 문화복지 활성화에서 유의미성을 갖는다.

5. 결론 및 제언

1) 결론

이 연구는 고령사회의 도래와 이른바 100세 시대를 맞이하고 있는 시니어 세대에 대하여 출판독서를 통한 문화복지 필요성과 아울러 이에 대한 국가 사회적 관심이 매우 미비하다는 문제 제기에서 이루어진 것이다. 실제 수용자인 시니어 세대를 대상으로 네 가지의 연구문제를 설정하고 22항목의 조사문항으로 구조화된 설문지로 의견을 조사하고 분석한 결과에서 추출된 내용 평가를 바탕으로 다음과 같이 결론 내릴 수 있다.

첫째, 시니어 세대들의 책과 독서에 대한 관심과 이용 형태는 어떠한가에 대한 결론이다. 시니어 세대의 독서 의식과 관심은 매우 높은 편이며 독서의 목적은 현실적인 경향을 띠고 있다. 독서 성향은 교양과 인격 형성, 지식과 정보 수용에 두고 있으며 문학, 철학·사상·종교와 자기계발서를 선호하며 독서에 대한 관심과 이용은 학력과 소득이 높을수록 높게 나타난다고 결론 내릴 수 있다. 이 연구문제에서 독서에 대한 높은 의식과 관심 확인은 이 연구가 지향하는 출판독서를 통한 문화복지 활성화에서 의미가 크다 할 것이다.

둘째, 시니어 대상 출판독서에 대한 시니어 세대별 의식과 수용태도는 어떤가에 대한 결론이다. 나이 듦에 대한 지식과 정보에 관심이 높으며 내용을 가장 상세하게 전달할 수 있는 매체는 도서(책)로 나타났다. 하지만 시니어 대상 출판물의 독서 경험은 적은 편이며, 출판되고 있는 책의 대한 만족도는 높지 못하다고 결론을 내릴 수 있다. 이 연구문제에서는 시니어 세대는 나이 듦에 대한 지식과 정보, 출판물에 대한 관심이 높고 상세한 전달매체는 책이지만, 시니어 대상의 출판물을 읽은 경험이 적고 읽은 사람의 만족도가 높지 않다는 점이 확인되었다.

셋째, 시니어 대상 출판물에 대한 시니어 세대별 선호도와 독서 성향은 어떠한가에 대한 결론이다. 예비 시니어와 뉴 시니어 세대는 자기계발서, 올드 시니어는 건강 장수서를 선호하며 책을 읽는 목적은 자기계발과 관심분야의 정보를 얻기 위해서다. 시니어 출판물이 다뤄야 할 주요 내용은 자기계발, 건강장수, 갖춰야 할 주요 기능은 시니어 세대의 욕구와 경향 분석, 지식과 정보 전달에 비중을 두고 있다고 결론을 내릴 수 있다. 이 연구문제에서 시니어 세대는 자기계발서에 대한 관심이 가장 높다는 것을 다시 확인하였는데 이는 서점가의 판매 현상과 일치하고 있다.

넷째, 시니어 대상 출판독서의 활성화 의견은 무엇인가에 대한 결론에서 시니어 대상의 담론 형성과 출판독서 정보를 위한 온라인 소통체계가 필요하며 TV 등 대중매체를 통한 노년 프로그램의 필요성과 출판물의 홍보, 시니어들의 욕구 및 경향을 읽는 출판 기획력과 종이책 위주의 출판이 필요하다. 시니어 출판시장을 주도할 수 있는 연령층은 뉴 시니어 세대이며, 시니어 출판이 활성화될 요인은 높은 학력과 소득 수준의 향상이지만, 활성화되지 못하는 주요 요인은 독서의 무관심이라고 결론을 내릴 수 있다.

이 연구문제에서 출판독서 시장을 주도할 수 있는 독자층은 뉴 시니어 세대(50~65세)임이 처음 밝혀졌다. 이 연구의 의미 있는 성과는 시니어 대상 출판독서의 활성화 여부를 묻는 의견에서 긍정적인 응답이 크게 높기 때문에 우리 사회에서 출판독서를 통한 시니어 세대의 문화복지는 충분한 역할성과 당위성이 있음을 해당 세대들의 의견에서 분명하게 드러난 점이다.

2) 제언

 시니어 세대들의 의식은 크게 변화하고 있으며 이들은 미래를 대비하고 현재를 공감할 수 있는 콘텐츠를 원하고 있다. 시니어 대상 출판독서는 국가 사회적으로 독서환경을 조성하고 출판 공동체들이 우수한 콘텐츠를 공급한다면 규모의 경제가 이루어질 수 있다고 보여진다. 이 연구 결과에 따라 국가 정책, 사회관련 공동체, 출판공동체, 시니어 세대를 위한 제언은 다음과 같다.

 첫째, 국가 정책적으로 시니어를 대상으로 하는 책의 출판과 독서환경의 조성이 필요하고 출판과 독서에 대한 고령화 친화적 접근 정책이 요청된다. 노년세대와 시니어들을 위한 필수적인 책의 출판을 시장논리에만 맡기지 말고 정책적인 출판 지원이 필요하다. 국가의 독서환경 조성 수준이 국가의 독서 수준을 결정한다. 구체적으로 국민이 체감하는 독서시설, 독서정보, 문화네트워크에 예산을 투자해야 한다. 공공도서관의 확충, 시니어 세대들의 담론 형성을 위한 전용 네트워크가 만들어지고 출판독서의 정보도 제공되어야 한다. 특히, 우리나라 공공도서관은 786관(2011.2)으로 인구 비례로 보면 G20의 최하위권이다. 인구 10만 명당 공공도서관 숫자가 러시아 32.85관, 중국 3.83관에 비해 우리나라는 1.24관에 지나지 않는다. 시니어 세대를 위한 출판독서문화는 공공도서관을 중심으로 이루어지기 때문에 도서관 이용 친화환경 조성에 큰 관심이 요청된다.

 둘째, 사회관련 공동체에서 방송, 신문 등 대중매체들은 확장되는 시니어 시장을 위한 프로그램과 특집기사를 더욱 제작해야 하며 이러한 프로그램의 방영과 기사는 시니어들의 사회적 위상과 문화적 욕구를 수용하는데 강력한 힘을 갖는다. 사회복지 공동체들도 노년 대상 문화프로그램 운영에서 독서 관련 프로그램에 대한 비중을 더욱 늘려야 하며 프로그램에 대한 질적 향상에 노력해야 한다.

셋째, 출판 공동체들은 시니어 출판시장 가능성에 대한 검토 수준을 벗어나 상대적 개념으로 유아와 아동도서처럼 잠재력이 큰 시장으로 인식하고 시니어 세대의 욕구 및 트렌드를 읽는 출판기획력을 발휘해야 한다. 한편, 노년과 노년을 대비하는 출판과 독서의 필요성에 대한 국가 사회적인 관심을 환기하면서 공공성을 갖는 시니어 대상 출판물에 한해 재정 지원을 받기 위한 검토도 필요하다. 대형서점들도 도서안내 홈페이지에 시니어 세대를 위한 별도 카테고리 분류가 필요하고 책의 정보와 서평 기능을 확대해야 한다.

넷째, 시니어 세대들은 평생 배움 차원에서 독서의 필요성을 느끼고 실행하는 것이 보다 풍요로운 노년을 보낼 수 있는 요건이 됨을 느껴야 한다. 나이 듦에 대비한 지식과 정보는 여러 전달매체 중에서 도서(책)가 가장 상세하며 책을 통해 이를 수용하고 대비하는 인식 변화가 필요하다. 이른바, 100세 시대 노년을 준비하기 위한 지식과 정보, 교양과 인격 함양, 인생의 지혜와 해학 등은 책이 주는 매체적 특성에서 이뤄지는 바가 크기 때문이다.

이 연구에서 한계성은 국가적으로 노년세대를 위한 독서문화 정책의 부재, 사회복지 공동체의 독서프로그램의 부족, 학문적 연구의 미비는 결국 정책적, 실천적, 학술적 측면에서의 한계점이다. 이 연구를 통하여 처음으로 시니어 세대들의 출판독서에 대한 기대 욕구가 밝혀짐에 따라 유의미한 결론을 도출 할 수 있었으므로 기대했던 연구 목적은 달성되었다고 본다. 국가와 관련 공동체들은 출판독서를 통한 시니어 세대들의 문화복지에 관한 환경 조성과 구체적인 논의가 요청된다.

이 연구는 향후 연구를 위한 선행적이고 기초적 의미를 갖는다. 향후에는 시니어 세대들의 출판독서 문화복지를 출판생산과 독서환경의 개선과 연계되는 거시적 관점에서 그들의 정신적, 문화적 욕구를 담아내는 구체적인 연구가 필요하다.

참고문헌

교보생명 · 시니어파트너즈(2011), 『대한민국 시니어 리포트』(서울 : 시니어파트너즈, 53~60)

김선주 · 안현정(2009), 『트렌드 코드에서 비즈니스 기회 찾기』(서울:좋은책 만들기)

남석순(2013), 「시니어 출판의 가능성과 현실성 연구-충족 요인과 성립 조건을 중심으로」, 『한국출판학연구』 통권 제65호(서울 : 사단법인 한국출판학회)

무라타 히로유키(村田裕之, 2013), 〈한국 고령화의 위기〉, 《조선일보》, 2013. 12.5,

문화체육관광부, 『2013 국민독서실태조사』(서울 : 문화체육관광부)

박선주(2004), 「실버출판의 현황 및 전망에 관한 연구」, 서강대학교 언론대학원 석사학위논문

박화옥(2006), 「고령화 사회의 한국 노인여가」, 「문화복지 활성화에 대한 고찰」

김영주외(2006), 「노인과 미디어 : 노인들의 미디어 이용과 복지」(서울 : 한국언론재단)

오미영 · 정인숙(2013), 「커뮤니케이션 핵심이론」(서울 : 커뮤니케이션북스)

SBS(2012), 〈90대에도 펄펄, 노인대국 일본의 대처법은?〉, 2012. 10. 02.

이강수(1991), 「출판학의 학문적 성격과 연구방법론」, 『출판연구』 제3호(서울 : 한국출판연구소)

이정춘 · 이종국(1988), 『독서와 출판문화론』(서울 : 범우사)

차배근(2001), 『매스커뮤니케이션 효과이론』(파주 : 나남출판)

_____(1995), 「출판매체론」, 『출판학원론』, (서울 : 범우사)

채 백(1999), 『출판학』(서울 : 한나래)

홍명신(2013), 『노인과 미디어』(서울 : 커뮤니케이션북스)

_____(2007), 『에이징 커뮤니케이션』(서울 : 커뮤니케이션북스)

한기호(2008.03), 「시니어출판의 가능성」, 『기획회의(219)』(서울 : 한국출판마케팅연구소)

_____(2012.09), 「마흔 담론에서 읽어낸 실버출판의 가능성(1)」, 『기획회의(327)』

(서울 : 한국출판마케팅연구소)

한미화(2005), 「키워드로 읽는 출판, 실버출판」, 《중앙일보》, 2005. 5. 21

현택수(2011), 「사회복지사의 문화복지 인식 유형에 관한 연구」, 『한국학연구』 38
　　(2011.9), (서울 : 고려대학교 한국학연구소)

통계청(2010.05), 『한국의 베이비붐 세대 분포』(자료 : KOSIS),

홍명신(2010), 「한국노년학의 커뮤니케이션 연구 동향(1980-2009)」, 『韓國老年
　　學』. 30(1), (서울 : 한국노년학회)

Baran, S. J. & Dennis K. Davis(2003), 『Mass Communication Theory(3rd ed.)』,
　　Toronto : Wadsworth Thomson

Katz E., Blumler, J.G. & Gurevitch M.(1973~1974).『Uses and Gratification Re-
　　search』. The Public Opinion Quarterly, 37(4)

Mann P.H.(1970), 『Books, Book Readers and Bookshops, Media Sociology : A Re-
　　ader』, J. Tunstall(ed.), Urbann:University of Illinois Press

Waples D. Berelson B. & Breadshaw F.R(1955), 『Why They Read, The Process and
　　Effects of Mass Communication』, W. Schramm, Urbana : University of Il
　　linois Press

Mortimer J. Adler, 『How to Read a Book : The Ultimate Guide by, 『독서의 기술』,
　　민병덕 역, 1994(서울 : 범우사)

A Study on the Activation of Cultural Welfare for Senior Generations through Publication and Reading in the Aged Society

– Focusing on an aging-friendly approach –

The objectives of this study were to find the roles of 'cultural welfare through publication and reading' in satisfying senior generations' cultural desire and ultimately to expand the area of cultural welfare for seniors and contribute to the activation of cultural welfare through publication and reading. The survey of this study was designed with the theoretical assumption that seniors include not only the aged but also the aging. That is, seniors were categorized into: ① old seniors (older than 65); ② new seniors (aged between 50-65); and ③ pre-seniors (aged between 30-49), and a survey was conducted using a structured questionnaire. A total of 334 questionnaires were recovered, with more than 100 from each generation. According to the results of the survey, seniors were highly interested in reading and had practical purposes of reading and preferences. This suggests that the foundation of publication and reading for seniors has already been established. Second, the most detailed media of knowledge and information about aging were books, but not many seniors were reading such books and their satisfaction was not high either. Third, the most interesting theme of books for seniors was self-development, and this is consistent with the current trend of sales observed in bookstores. Contents to be covered by publications for seniors were self-development, health and longevity, and welfare/laws/economy related to life in old ages, and major functions of such books were analysis of senior generations' desires and tendencies, and the communication of knowledge and information. Fourth, factors activating publication and reading for seniors were increasing interest in preparation for old ages, and high academic qualification and income, and factors inhibiting the activation were indifference in reading and diverse ways to access information and enjoy leisure times other than reading. It was found for the first time that the new senior generation (aged 50-65) would be the mainstream group of readers who would lead the market of publication and reading for seniors. In conclusion, many of the respondents replied positively to the activation of publication and reading for seniors and this suggests that cultural welfare through publication and reading has significant roles for the senior generation.

Key words : Publication and reading cultural welfare, aged-friendly, aging-friendly

전환기 미디어로서의
출판의 공간 확장

−본질적 · 산업적 · 교육적 관점에서 본 출판−[1]

1. 서론 : 전환기 미디어로서의 출판의 현재

출판이 디지털 발전과 미디어 융합으로 급격히 변모되고 있다. 책은 더 이상 종이에 머물지 않고 전자책, 오디오북, 스마트북 등 다양한 형태로 확대 생산되면서 전자책 리더, 스마트폰, 태블릿PC 등을 통하여 구현되고 있다. 미디어 산업들이 재편되고 융합되는 미디어 빅뱅 시대 속에서 출판미디어는 전환기적 혼재한 구조에 놓여 있다.

---

1 이 논문은 제15회 국제출판학술회의(2012. 10.19~22, 일본 도쿄경제대학)의 발제논문을 수정한 것임.

지금도 출판의 위상은 변화 중이며 출판의 미래에는 불확실성이 내재되어 있다. 이러한 디지털 환경의 급변으로 책과 출판이 달라지는 것이 아닌가하는 의구를 자아내기도 한다.

한편으로 디지털 시대에서 출판행위는 인쇄 개념이 생략되거나 부가적으로 사용되고 있다는 점, 디지털화되어 통신망에 올려놓은 콘텐츠 등의 개념으로 활용되고 있다는 점, '출판' 이란 용어와 'Publishing' 이란 용어가 동시적으로 사용되고 있다는 점, 출판과 타 미디어 간의 경계가 흐려지고 있다는 점에서 출판의 영역이 확대되는 광의의 출판 개념이 등장하고 있기도 하다(노병성, 2010). 결과적으로 이러한 출판의 개념 변화는 출판산업과 출판학 연구 그리고 출판교육에 관한 지형 변화에 영향을 줄 수밖에 없다.

이 연구는 미디어 격변 시대에서 출판 공동체들은 출판의 근본적 문제들을 간과하고 있다는 점을 문제점으로 제기한다. 현재까지 공동체들은 출판의 발전과 위기의 극복을 위해 산업적·기술적 차원의 접근에만 치중했을 뿐 근원적 문제에는 소홀한 적이 많았다. 더불어 디지털 시대에서 급속히 변모되는 출판의 영역과 성격 규명이 부족하여 미디어와 소비자들의 변화에 적절히 대처하지 못한 점이 많았다. 모든 산업들은 유형과 무형의 영역이 구분되어 추구하는 본질이 있으며 그 산업이 위기에 직면하였을 때는 그 본질에서 해결을 찾아야 한다고 한다. 문화산업으로서의 출판도 존재하는 영역과 추구하는 본질이 분명하지만 출판 공동체들은 이를 경시한 점이 많았다는 것이다.

이 연구의 목적은 IT 기반의 기술적 입장보다 근원적이고 기본적 문제로서 출판의 본질 탐구에서 영역을 새롭게 구한 다음, 전환기 미디어로서의 출판의 공간 확장과 역할을 논의하는 데 있다. '상황이 복잡하면 문제를 먼저 정의하되 정답보다는 본질을 찾아라'[2]는 말처럼 혼재한 미디어 시대에서 본질적인 관점의 접근 의식은 문제를 파악하고 이해하는데 효율적 방법으로 보인다. 이 논문에서는 디지털 시대에서 전환기 미디어로서의 출판의 문제점에 접근하기 위해서 아래와 같은 연구 문제를 설정하였다.

첫째, 본질적인 관점에서 전환기 미디어로서의 출판의 영역을 논의하고 둘째, 산업적인 관점에서 전환기 미디어로서의 출판의 변화를 분석하며 셋째, 교육적인 관점에서 전환기 미디어로서의 출판의 역할을 제시한다.

이러한 연구 문제에 대한 접근 방법은 다음과 같다. 첫째, 출판의 본질에서 출판의 영역(넓이)을 새롭게 구하고, 둘째, 출판 개념의 재정의를 통해서 성장(높이)을 구하며, 셋째, 이들이 이루어 내는 넓이와 높이에서 출판의 역할(공간)을 재설정하고자 한다.[3] 재설정된 공간에서 출판산업의 변화와 출판교육의 역할을 살피어 전환기 미디어로서의 출판이 나아가야 할 하나의 방향을 제시하는데 목적을 둔다. 이

---

2   한국의 정보통신부 장관 및 대우전자 회장을 역임한 배순훈(裵洵勳)이 주장하는 말이다.
3   이는 마치 정사각형에서 밑변의 넓이와 높이로 공간을 구하는 것과 같다. 넓이는 출판이 본질적으로 가지고 있는 근원적인 성질이지만, 높이는 과학기술과 미디어의 발전에 따라 가변적인 공간을 가지게 된다는 뜻이다.

논문의 연구 방법은 문헌연구와 사례연구를 통해 연구문제에 접근한다. 문헌연구는 문헌상의 기술(description) 및 논리성과 이론적인 해석에 기초한 연구이지만 이론적 배경을 논의하고 관련성을 얻는데 이용한다. 사례연구(case study method)는 몇 개의 사례를 중심으로 분석하는 연구이므로 이 논문에서는 주로 출판의 산업적 변화와 교육의 역할 분석에서 활용한다.

2. 전환기 미디어로서의 출판의 공간 확장

1) 본질적 관점에서 출판의 공간

본질이란 일반적으로 사물이 일정한 사물이기 위해서 다른 사물과는 달리 그 사물을 성립시키고 내재하는 고유한 성질을 말한다. 출판의 본질(本質)이란 출판 현상을 성립시키는 근원적 성질이다. 출판의 본질은 근본적으로 '공표하기(to make public)' 이다. 공표의 핵심 내용은 인류의 사상과 감정, 지식과 정보이며, 표현 방법은 문자와 기타 수단이며, 표현의 특성은 상세성·체계성·보존성으로 드러난다(남석순, 2012).

본질적인 관점에서 본다면 출판미디어는 더욱 진화되고 팽창되어 갈 것이라 생각한다. 왜냐하면 인류의 문명사와 그 궤를 같이 하고 있는 출판문화는 각 시대마다 그 공간을 확장해 왔으며 앞으로도 확대해 갈 것이기 때문이다. 과거에 인쇄혁명이 출판의 개념을 변화시키기보다는 오히려 영역을 확장하였다. 종이책과 전자책, 지면독서와 화면독서가 공존하는 오늘날에도 여전히 출판은 "인류의 사상, 지식, 감정, 정보를 담은 내용물을 일련의 제작 과정을 거쳐 인류 사회에 널리 펴내는 것"으로 정의된다. 이러한 행위를 '출판행위'로 그 결과물을 '출판물'로 일컬음에는 변함이 없을 것이기 때문이다(김정숙,1997).

이처럼 출판의 본질은 인류의 문명과 문화를 어떤 미디어보다 상세하고 체계성 있게 공표하고 보존하는 고유한 성질을 가지고 있다. 본질은 그 사물을 그 자체이게끔 하는 성질이며, 현상을 성립시키는 성질이라고 말할 수 있다. 그러므로 사물이나 현상이 존재하는 근원적인 성질이나 존재 방법 또는 이유라고 할 수 있을 것이다. 어떤 사물에서 본질이 제거된다면 그 사물은 존재 자체를 잃어버리거나 다르게 변형하게 된다.

출판의 본질(essence)이 불변적이라면 출판의 개념(concept)은 가변적이다. 개념이란 일반적으로 한 무리의 개개의 것에서 공통적인 성질을 빼내어 새로 만든 관념을 말하고 있다. "디지털 시대에서 출판의 개념은 다변화되고 있으며 앞으로 도서(책)-독서-출판의 개념 변화는 불가피해 보인다"(김기태, 2010)라는 말은 자연스런 것이다. 자연스럽다 함은 미디어에서 개념은 그 미디어의 변모에 따라 달라지기 때문이다. 미디어는 테크놀로지의 발달에 크게 영향을 받는 매체로서 제작과 유통과 수용 방식의 변화가 이전의 개념과는 차이를 보이게 된다. 따라서 출판에서 개념 변화는 아직 진행형이다.

첫째는, 도서의 개념 변화이다. 디지털 기술과 결합된 책의 형태는 종이책에서 전자책, 오디오북 등으로 구현되고 있다. 기존의 '읽는' 개념에서 '보는' 행위와 '듣는' 미디어로 옮겨가고 있어 그 변신은 불가피한 것으로 판단된다.

한편, 출판 행위의 결과물인 책의 물리적인 형태와 책의 본질을 혼동해서는 안 된다. 왜냐하면 책의 물리적인 형태는 과학의 진전과 미디어의 발달에 따라 달라질 수 있지만 진정한 책의 본질은 인류의 사상과 감정, 지식과 정보를 담는 미디어로서 의미는 변치 않기 때문이다.

둘째는 책에 담는 내용들은 다른 미디어에 비해 차별화된다. 책은 상세성·체계성·보존성을 갖는 미디어로서 긴 글이 갖는 차별성은 다른 미디어가 넘볼 수 없는 특성을 갖고 있다는 점이다. 따라서 책의 공간은 여전하다.

셋째는 테크놀로지의 급변에 따른 독서의 변화이다. 책의 개념 변화에 따라 독서 개념도 부여된 미디어를 읽거나 보거나 듣거나 혹은 읽기, 보기, 듣기를 동시에 진행하는 행위로의 변화가 일어나고 있다.

출판은 하나의 과정이며 일련의 행위인 반면에 책은 그러한 행위나 과정의 산물이다. 디지털 콘텐츠 시대에서 출판의 개념은 저작물을 책의 형태로 다수 복제하거나 또는 각종 전자기기에 탑재하여 독자에게 유통하여 공익이나 이윤을 추구하는 행위로 재정의 되어야 할 것으로 판단된다.[4]

따라서 디지털 콘텐츠 시대의 출판 변화의 특징은 다음과 같다. 인쇄의 개념이 아예 생략되거나 부가적으로 사용되며, 아날로그 상태의 내용이 아니라 디지털화 되어 통신망에 올려놓은 콘텐츠 등의 개념으로 변화되고 있다. '출판' 이란 용어와 'Publishing' 이란 용어가 동시적으로 사용하며 Publishing은 주로 디지털 출판과 관련되어 사용된다. 이러한 변화로 인해 타 미디어와의 경계가 흐려지고 출판의 영역이 확대되어 광의의 출판 개념으로 진화되는 특징이 있다(노병성, 2010). 결과적으로 이러한 출판의 개념 변화는 출판산업과 출판학 연구 그리고 출판교육에 대한 변화를 초래할 수밖에 없다는 점이다.

결론적으로 디지털 시대에서 출판의 본질과 개념을 재논의 한다면 다음과 같이 말할 수 있다. 첫째, 출판의 본질이 갖고 있는 불변성은 예나 지금이나 다름이 없으며 앞으로도 큰 변화는 없어 보인다. 따라서 출판의 본질은 출판산업, 출판학 연구, 출판교육에서 바탕의 넓이를 이루어 되며 출판의 영역으로 확보된다. 둘째, 출판의 개념이 갖고 있는 가변성은 출판산업과 출판학 연구 그리고 출판교육에서 성장의 높이를 이루게 된다. 높이란 과학의 발달과 미디어의 진전에 따라 종이책, 전자책, 오디오 책으로 더욱 발전되는 속성이 있기 때문이다. 따라서 출판의 역할(공간)은 본질이 자리하는 영역(넓이)을 바탕으로 해서 개념에서 말하는 성장(높이)을 포함한 공간을 일컫게 된다. 이

---

4   출판의 개념은 아날로그와 디지털출판을 포괄하는 개념이 되어야 한다는 점이다. 이에 관하여 노병성은 "이들 양자 간의 현상적 특성을 추상화한 아이디어야 하며 이들을 통하여 현상을 분류하고 이론화할 수 있어야 한다. 이런 점에서 출판을 개념화 하면, 출판이란 독자나 이용자와의 커뮤니케이션을 전제로 인간의 정신적 소산물인 콘텐츠를 인쇄, 전자적 패키지화 또는 서버 적재 등의 방법을 통해 공중의 접근권을 확보하려는 일련의 과정이나 행위라고 할 수 있다" 라고 주장한다.『한국출판학연구』(통권 제59호, p. 55, 2010)

러한 점에서 본다면 디지털 콘텐츠 시대에서 출판의 영역은 축소되는 것이 아니라 오히려 확장되고 있는 것이다.

2) 산업적 관점에서 출판의 공간

출판 본질의 확인과 개념의 재정립에서 살핀 바와 같이 출판의 공간은 디지털 콘텐츠 시대에서 오히려 확장되고 있음을 보여준다. 산업적인 관점에서 본다면, 출판미디어는 영화, 방송, Web, Mobile 등과 결합된 '멀티미디어 콘텐츠산업'으로 발전될 것으로 생각된다. 왜냐하면 1970년대 이전에는 방송영화산업, 출판·인쇄산업 그리고 컴퓨터산업은 서로 큰 관계를 가지지 않는 독립적인 산업들이었지만, 1970년대 후반에 이르면 이들은 서로 간에 융합되어 상호 관련성이 커지게 되었다. 간단한 예로 출판·인쇄산업과 컴퓨터산업이 융합된 전자출판산업, 방송영화산업과 컴퓨터산업이 융합된 디지털영상산업을 들 수 있다. 이러한 흐름은 1990년대 이후 급격히 전개되어 왔으며, 2000년대에는 이들 매체의 콘텐츠와 서비스가 한 곳에 모이는 경향이 나타나기 시작했다. 전자책이라는 새로운 산업분야도 출판산업, 컴퓨터산업, 방송영화산업의 융합이라는 차원에서 현재를 찾아야 할 것이다.

한편, 한국의 종이책 시장은 서서히 축소되고 있으며 전자책 시장은 도약 단계에 와 있다. 아직도 관망을 하거나 전자책 시대가 오는 것을 두려워하는 출판사도 있을 것이다. 그리고 모바일 시대가 되면서 독서율이 떨어지고 출판산업 자체가 무너질 것이라고 생각하는 출판인도 있다. 하지만, 전자 매체는 책의 자리를 대신 차지했을 뿐 책을 죽이지는 않았다(Sherman Young, 2007). 책의 자리는 책의 공간에서 여전히 존재하며 오히려 영역을 넓혀가고 있다. 다만, 출판인들이 미디어의 변화와 소비자들의 욕구를 제대로 읽지 못하는 상황에서 다른 미디어에게 책의 자리를 내주고 있을 뿐이다.

이러한 격변의 시기일수록 출판의 본질을 이해하면서 더욱 충실해야 한다고 생각한다. 옥스퍼드 영어사전에서는 'Publish'(출판)의 의미를 다음과 같이 정의한다(Oxford English Dictionary, 2013). "to make public, to make generally accessible or available for acceptance or use" 즉 대중화 시키는 것, 쉽게 접근할 수 있으며, 사용이 가능하도록 하는 것, 콘텐츠를 대중이 보다 유용하게 접하고 사용할 수 있게 만드는 것이 출판이라는 것이다. 이 사전에 따르면 출판은 문화 영역 모두를 포괄한다. 대중에게 전달하고자 하는 콘텐츠를 영화와 TV, 게임과 모바일에도 담을 수 있다. 출판사들이 가지고 있는 콘텐츠는 무궁하며 지식, 정보, 오락 등의 다양한 콘텐츠를 다루고 있다. 이러한 콘텐츠를 종이책으로만 활용하는 것이 아닌 수요자들의 변화에 맞춰가야 하며, 먼저 할 일은 모바일 시대에 사는 대중들에게 어떻게 콘텐츠를 전달할 지에 대한 고민일 것이다.

전환기의 미디어로서의 출판산업이 발전하기 위해서 '콘텐츠의 개발'과 '전자책의 확장'을 발전의 두 축을 만들어 가야 할 것으로 보인다. 특히 출판의 핵심 역량인 콘텐츠의 생산과 더불어 생산된 콘텐츠를 전자책과 다중 미디어에 적용하는 전략을 적극 모색하여야 한다. 전자책은 온라인 전자책(eBook)으로 수용되고 있으며 단말기는 E잉크 단말기, 스마트폰, 태블릿 PC 등 세 가지로 압축되면서 확대되고 있다. 하지만 전자책 발전의 최대 관건도 다양한 콘텐츠의 확보가 절대적인 선결 사항이다.

출판의 핵심은 콘텐츠이며 출판콘텐츠란 인쇄 출판물과 전자 출판물을 포함하여 모든 출판매체 속에 담긴 내용물을 지칭한다. 출판매체는 많은 콘텐츠를 보유하고 있지만 이들은 아직 묻혀있어 스마트미디어 시대에서 콘텐츠를 개발할 수 있는 보고(寶庫)이기도 하다(남석순, 2010). 한편, 출판콘텐츠는 모든 미디어들을 팽창시키는 원동력으로서의 가능성을 가지고 있다. 이러한 근거는 출판콘텐츠가 문자 중심으로 표현되며 문자는 표현의 제한이 없어 인간의 창의와 상상을 모두 수용할 수 있는 도구라는 점이다. 문자로 표현된 출판콘텐츠는 영화와 드라마, 애니메이션과 캐릭터, 게임과 모바일 등으로 재구성되는 스토리로 활용되어 왔으며 이는 출판이 원천 콘텐츠로 불리는 중요한 근거가 된다.

그러나 지금까지 이종 매체로 재구성된 출판콘텐츠의 스토리들은 출판 매체 중심보다는 활용하는 매체가 중심이었고, 단순 내지 기계적인 이야기 전환에 치우침이 많아 수익성은 크지 않았으며 출판권 이외에 영상 등 2차 저작권의 확보에도 관심을 더욱 기울려야 할 것이다(남석순, 2011 a).

3) 교육적 관점에서 출판의 공간

출판의 발전에는 세 가지의 주축이 있는데 이는 출판산업, 출판학연구, 출판교육이다. 이들은 서로 연대적인 것이며 밀접한 관계망 속에 존립한다. 이들은 하나하나 제 각기의 다른 주축에 의존하면서도 동시에 다른 역할에 절대적 영향을 끼치며 순환하게 된다. 이 점에서는 모든 유무형의 산업이 그러하듯 출판 역시 예외는 아니다. 먼저, 출판산업이 존재하고, 다음으로 출판학 연구가 이루어지고, 다음으로 출판교육이 실시되어지는 것이 순서적이다. 그러므로 연구 없는 출판은 발전이 없고, 산학협력이 없는 출판은 희망이 없으며, 인재육성이 없는 출판은 미래가 없다고 말 할 수 있다.

교육적 관점에서만 본다면, 교육은 연구의 결과에 의해서 체계화된 교육과정이 이루어지고 산업의 융성으로 인해 존립의 배경을 갖게 되는 것이다. 이와 같은 논리에 따른다면, 교육의 존립은 출판학연구의 활성과 출판산업의 융성과는 매우 밀접한 관계를 띠게 된다. 다시 말하면 교육의 부침 현상은 연구와 산업의 영향과 긴밀한 관계에 있으며 산업과 연구는 교육의 존폐와 직결되어 있다는 점이다. 특히, 교육과 산업은 긴밀한 관계망 속에 있으며 산업이 발전해야 교육이 활발하고, 교육이 융성해야 산업도 미래가 있게 된다. 하지만, 한국에서는 중요한 사실이 존재하는데 이는 출판산업과 설치대학(출판관련학과 설치대학)들의 내적·외적 환경에 따라서 출판교육의 존폐가 직접적 영향을 받을 수 있다는 점이다. 이러한 영향의 결과는 1950년대 후반에서 오늘날까지 한국의 출판교육에서 확인되고 있다.

한국에서 출판교육은 대학의 정규교육과 민간교육 중심으로 이루어져 왔다. 대학에서 출판강의는 1957년부터 시작되어 1960~70년까지는 도서관학과 및 신문방송학과에서 출판 과목의 강의가 이루어진 시기이다. 1980년부터는 전문대학(2년제), 4년제 대학, 특수대학원에서 정규학과가 설치되고 활성화되었다가 위축되는 상황을 맞이하게 된다.

첫째, 전문대학은 1990년대에 최고 14개 대학까지 활성화되었으나 폐과 또는 다른 학과로 개편되어 현재 3개 대학(서일대-미디어출판과, 동원대-광고편집과, 신구대-미디어콘텐츠과)에서 관련 학과가 운영되고 있는 상황이다.

둘째, 4년제 대학교는 1989년에 시작되어 4개 대학교로 늘어났으나 2000년 초까지 폐과 또는 다른 학과로 개편되었으며 현재 1개 대학교(세명대학교-미디어창작학과)에서만 출판관련 교육이 운영되고 있을 뿐이다.

셋째, 특수대학원 석사과정은 1981년에 시작되어 8개 대학원으로 확대되었다가 현재 6개 대학원에서 출판관련 전공을 두고 있는데 이를 보면 다음과 같다. 중앙대학교 신문방송대학원(출판·미디어콘텐츠전공), 동국대학교 언론정보대학원(인쇄출판학과), 서강대학교 언론대학원(신문·출판 전공), 건국대학교 언론정보대학원(언론출판학과), 한양대학교 언론정보대학원(신문·잡지·출판 전공), 성균관대학교 언론정보

대학원(문화콘텐츠 전공) 등이다.[5]

넷째, 일반대학원에서 최초의 석사과정인 전자출판콘텐츠학과가 경기대학교 대학원에서 개설되었다(2013.7). 경기대학교는 한국콘텐츠진흥원의 산업계 맞춤형 인력양성사업(채용 조건형 계약학과)에 선정되어 2013년 2학기부터 20명을 선발하며 입학생에게는 입학금과 등록금 전액이 국비로 지원되고 졸업 후에는 협력기업에 취업을 보장한다고 한다.[6]

현재 한국의 대학에서 출판교육은 전문대학교 3곳, 대학교 1곳, 일반대학원 1곳, 특수대학원 6곳을 중심으로 이루어지고 있다. 민간교육 기관은 1980~90년대에는 수많은 민간학원들이 있었으나 거의 멀티미디어와 디자인이 결합된 학원으로 변화하였다. 현재는 출판 단체(한국출판인회의)에서 자체 인력공급을 목적으로 운영하는 서울출판예비학교(Seoul Book Institute)가 있을 뿐이다.

한국에서 이같이 출판교육의 부침 현상이 심한 이유는 외부적 요인과 내부적 요인이 내재되어 있다. 외부적 요인은 입시 환경 변화에 따른 대학 자체의 학과 폐쇄 및 다른 학과로의 개편을 들 수 있다. 이는 대학 지원자의 수가 급감으로 대학의 경영자들은 수험생들에게 인기 있는 학과 개설과 명칭을 선호하기 때문이다. 내부적으로 출판

---

5 한국의 출판교육의 변천에 관해서는 남석순,「출판학 교육의 현황과 과제」(『한국출판학연구』통권 제43호, 한국출판학회, 2001) 등 참조

6 경기대학교대학원 전자출판콘텐츠학과는 국내 21개 전자출판 기업과 협약을 체결하고, 교육과정 기획에서부터 강의, 인턴, 채용 등 교육 전반에 이들 협력기업의 참여를 보장하고, 한국출판문화산업진흥원과 협력관계를 구축할 계획이다.

업계에서는 2년제 전문대학 졸업자보다는 비전공이지만 4년제 대학 출신자들을 선호하는 논리가 강하기 때문이다.

한편, 출판교육의 효용성 여부를 둘러싸고 유관 학계와 출판 현업 간에 미묘한 관점의 차이도 있었다. 이론과 실제를 병행하면서 출판 전문인력을 육성한다는 출판학계의 원칙과, 이론적 지식에 편중해 실용성 있는 교육을 제시하지 못한다는 출판 현업의 문제 제기도 있어왔다. 이러한 문제에서 근본적인 요인은 출판산업 자체가 소규모 영세 산업으로서 종사자들의 적은 급여와 열악한 복지 환경, 직업에 대한 자긍심 부족, 타사와 전직 등 잦은 이동 등 내부적 문제점을 아울러 갖고 있기 때문이다.

산업의 성장은 해당 분야의 인재 육성에 절대적으로 힘입은 것임은 주지의 사실이다. 출판산업의 현재와 미래 또한 출판 전문인력을 어떻게 육성해 내느냐에 달려 있다. 출판의 인력 육성이 어려운 구조가 계속될 경우에는 문화콘텐츠 산업의 근간인 출판산업의 성장은 기대하기 어렵다. 다시 말하면, 출판교육은 출판학 연구의 활성과 출판산업의 융성과 매우 밀접한 관계를 띠고 있다. 출판산업에 유능한 인재들이 유입될 때 산업도 융성을 꾀할 수 있고 출판학 연구도 활성화되며 출판교육이 확대되는 선순환 구조를 갖추게 된다.

3. 결론 : 전환기 미디어로서의 출판의 미래

옥스퍼드 국제출판연구센터 소장인 앵거스 필립스(Angus Philips)는 책이 무엇인가에 대해서 '책은 곧 책이 하는 일이다' 라고 주장하면서 '책은 무슨 일을 하는가' 라는 질문을 던진다. 책은 역사적으로 다양한 기능을 수행해 왔는데 사람들을 즐겁게 하고 교육시키며 지식과 기술을 가르쳤고 정보를 제공해왔다. 하지만, 지금은 각 영역마다 책이 해왔던 역할을 TV, 영화, 모바일, 전자 매체가 대신하면서 책을 밀어내고 있다(Giles Clark & Angus Philips(2009). 이제 지식과 기술을 습득하고 정보를 얻기 위해 책을 찾는 사람들이 많지 않다. 인터넷을 통해 원하는 정보나 지식을 제공받을 수 있기에 굳이 칙칙한 인쇄책을 들춰볼 필요가 없기 때문이다.

디지털 시대에서 출판미디어의 융성은 출판의 본질을 되찾고 정체성을 바로 세우는 데에서 출판산업, 출판학 연구, 출판교육의 미래가 있다. 출판은 모든 미디어를 팽창시키는 원동력이며, 출판 콘텐츠는 모든 미디어의 원천 콘텐츠로서의 가능성을 입증 받고 있다. 출판의 본질에 바탕을 두고 정체성을 구축한 상태에서 소비자들의 욕구를 반영하여 크로스 미디어(Cross-media)가 이루어져야 하며 이로써 출판의 융성을 기대할 수 있다고 판단한다.

출판의 본질은 복제와 전달이 중심이지만 그 핵심은 바로 콘텐츠이며 이는 모든 미디어의 원동력이고 뿌리이다. 원천 콘텐츠가 종이책과 전자책으로 다시 Web, Mobile, Animation, Drama, 영화로 크로스 미디어화 되는 이 시대에 있어서 출판이야말로 거점 콘텐츠로서의 역할을 강력히 수행하고 있다. 이 콘텐츠는 개발 단계에서 기획－제작－마케팅이 동시에 전개되어야 하고 디지털 기반의 IT기술은 필수적이다. 여기에는 출판권만을 고수하지 말고 영상 등 2차 저작권에 대한 개발권도 필히 확보되어야 크로스미디어가 가능해 진다. 결국, 출판의 미래는 종이책을 기반으로 다양한 미디어로 OSMU가 될 수 있는 원천 콘텐츠의 개발, 관련 저작권의 확보, IT 탑재기술 등 디지털 기반에 맞는 Production화로 발전되어야 출판의 미래가 있을 것이다(남석순, 2010).

미디어 컨버전스 시대에서 출판콘텐츠가 종이책에서 전자책으로 다시 스마트기기, 드라마, 영화, 애니메이션, 게임 등 다중 미디어 환경에 맞는 콘텐츠로 전환할 수 있는 넘나듦의 전략과 프로세스의 개발이 이뤄진다면 출판 산업은 보다 융성을 꾀할 수 있을 것이다(제5회 파주북시티 국제출판포럼, 2010). 출판콘텐츠가 다른 미디어 혹은 플랫폼에 어떻게 전환 할 것인가, 또는 각 미디어들이 어떤 관점에서 출판콘텐츠를 전환 할 것인가에 대한 전략 개발이 요구된다.

이를 위해서 콘텐츠에 대한 엄밀한 정의와 분석, 각 미디어의 플랫폼 환경 변화, 다중 미디어 이용자들의 연구가 필요하고, 기존의 OSMU 방식과는 다른 차원에서의 스토리텔링과 비즈니스 전략이 요구되고 있다. 개념적인 관점에서는 출판의 영역이 혼재하면서 다매체 경쟁구조를 띠고 있지만, 본질적인 관점에서 본다면 출판에 위기가 닥친 것은 아니다. 미디어 전환기에서 출판의 본질 성격에 더욱 충실하고 다른 미디어와 차별적인 비즈니스를 꾀하면서, 독자와 이용자들의 욕구에 부합될 때 출판미디어는 더욱 진화되고 팽창되어 갈 것이라 판단한다.

참고문헌

김정숙(1997), 「출판편집론」, 『현대출판론』(서울 : 세계사)

김기태(2010), 「새로운 패러다임 구축을 위한 출판의 재개념화 연구」, 『한국출판 학연구』, 한국출판학연구 통권 제58호(서울: 한국출판학회)

남석순(2008), 「디지털미디어 시대 출판콘텐츠 스토리텔링의 생산적 논의」, 『한국 출판학연구』통권 제55호 (사)한국출판학회

_____(2010), 「Digital時代 出版媒體 活路摸索 : 出版 Contents Cross Media 中 心」, 중국 하남대학교 편집학과 학부 · 대학원 강연원고

_____(2011, a), 「스마트미디어 시대에서 출판콘텐츠의 확장과 적용」, 『한국콘텐 츠학회 학회지』, 제9권 제3호

_____(2011, b), 「출판콘텐츠의 다중 미디어 확산 전략 연구 :스토리텔링 3방식을 중심으로」, 『한국출판학연구』통권제61호 (서울 : 한국출판학회)

_____(2012), 「출판학의 본질론」, 『한국언론학회 봄철정기학술대회 발제집』

노병성(2010), 「출판의 개념 변화에 대한 고찰」, 『한국출판학연구』통권제59호(사) 한국출판학회

파주출판도시문화재단(2010), 『넘나듦 ; 뉴미디어와 출판콘텐츠의 확장』, 제5회 파부북시티 국제출판포럼 자료집

신경렬(2011), 「모바일 시대와 전자출판」, 『출판문화』, 2011.12(서울:대한출판문 화협회)

Carolyn Handler Miller(2001), 『Digital Storytelling』, 이연숙 외 역(2006), 《디지털 미디어 스토리텔링》, (서울 : 커뮤니케이션북스)

Giles Clark & Angus Philips(2009)『Inside Book Publishing』, Routledge(대한출판 문화협회)

Henry Jenkins(2006), 『Convergence Culture』, New York University Press Oxford English Dictionary(2013)

Sherman Young(2007), 『The Book is Dead』, University of New South Wales Press

출판콘텐츠의 다중 미디어[1] 확산 전략 연구

─스토리텔링 3방식을 중심으로─

1. 서론 : 출판 환경의 급변과 새로운 접근법

1) 문제 제기와 연구 목적

출판의 핵심은 콘텐츠이며 출판콘텐츠는 모든 미디어들을 팽창시키는 원동력으로서의 가능성을 가지고 있다. 이러한 주장의 근거는 출판콘텐츠가 문자 중심으로 표현되며 문자는 표현의 제한이 없어서 인간의 창의와 상상을 모두 수용할 수 있는 도구이기 때문이다. 문

---

1   이 논문은『한국출판학연구』통권 제61호(2011)에 게재된 것을 부분 수정한 것임.

자로 표현된 출판콘텐츠는 영화와 드라마, 애니메이션, 캐릭터, 게임과 모바일 등으로 재구성되는 스토리로 활용되어 왔으며 이는 출판이 원천 콘텐츠로 불리는 중요한 근거가 된다(남석순, 2011b, p.12). 지금까지 이종매체로 재구성된 출판콘텐츠의 스토리들은 출판매체 중심보다는 활용하는 매체가 중심이었고, 단순 내지 기계적인 이야기 전환에 치우침이 많아 수익성은 크지 않았으며 출판권 이외에 영상 등 2차 저작권의 확보에는 관심이 적었다.

한편, 디지털과 네트워크를 기반으로 하는 글로벌 미디어 산업에서 미디어와 미디어, 플랫폼과 플랫폼사이에 경계가 사라지고 교차와 융합은 피할 수 없는 과제가 되고 있다. 영화, 드라마, 출판, 게임, 애니메이션 등에서 각 콘텐츠가 가진 특수성은 점차 무디어지고 산업화와 상업적 성공을 위한 공통 코드인 글로벌과 스마트한 문화 코드를 갖춘 콘텐츠만이 살아남고 있다. 최근에는 태블릿 PC, 스마트폰, 스마트 TV 등 스마트 기기의 보급과 확산으로 문화 콘텐츠의 빈곤은 심화되는 가운데 수요는 더욱 급증하고 있다.

그렇다면 미디어 컨버전스 시대에서 출판콘텐츠가 종이책에서 전자책으로 다시 스마트기기, 드라마, 영화, 애니메이션, 게임 등 다중미디어 환경에 맞는 콘텐츠로 전환할 수 있는 넘나듦의 전략과 프로세스 개발이 이뤄진다면 출판산업은 보다 융성을 꾀할 수 있을 것이다. 이는 모든 미디어들이 심각히 겪고 있는 콘텐츠의 빈곤 현상에도 이바지할 수 있을 것이다. 물론, 문화콘텐츠는 각기 다른 산업적 특성과 체계를 가지고 있으며 문화적 기반과 수용자 또한 다른 바탕위에서 존재한다. 출판콘텐츠가 다른 미디어 혹은 플랫폼에 어떻게 전환할 것인가, 또는 각 미디어들이 어떤 관점에서 출판콘텐츠를 전환 할 것인가에 대한 전략 개발이 요구된다. 이를 위해서 콘텐츠에 대한 엄밀한 정의, 각 미디어의 플랫폼 환경, 다중 미디어 이용자들의 연구가 필요하고 기존의 OSMU 방식과는 다른 차원에서의 스토리텔링과 비즈니스 전략이 요구되고 있다.

최근에 미디어 프랜차이즈(Media Franchise, 국내는 OSMU로 통용)²에 이어 미디어 혹은 플랫폼에서 콘텐츠의 '교차와 융합'을 위한 새로운 서사 양식과 비지니스 모델로 주목받고 있는 것이 트랜스미디어 콘텐츠(Transmedia Contents)와 크로스미디어 콘텐츠(Crossmedia Contents) 스토리텔링 전략이다. 트랜스미디어 스토리텔링은 이용자 및 콘텐츠의 넘나듦에서 '융합'을 지향하며, 다중 미디어에서 동시적으로 개발될 수 있으며 내용도 같지 않고 캐릭터도 재배치할 수 있는 내재적 완결성과 독립성이 있는 수익 지향적 스토리텔링 방식이다.

한편으로 크로스미디어 스토리텔링은 이용자 및 콘텐츠의 넘나듦에서 '교차'를 지향하며 복수 미디어 조합으로 통합체적 콘텐츠를 완성하도록 이용자로 하여금 미디어 간에 적극적인 참여와 이동을 유

---

2 OSMU(One Source Multi Use)에서 Source라는 단어 사용에 논란이 있다. 출판 관점에서 Source는 Contents가 아니며, Contents란 특정 미디어(책)에 의존되고 맞춰지거나 구속된 소스만 콘텐츠라 인식한다. Source 대신 Contents가 올바르며 다중 미디어 관점에서는 Source가 Contents로 발전하기 때문에 소스가 맞는 개념이라고 한다. 이 논문에서는 콘텐츠라는 용어를 사용하되, 미디어 프랜차이즈 보다 국내에서 통용되는 OSMU 용어를 사용한다.

도하는 방식이다. 크로스미디어는 광고 마케팅 분야에서 먼저 주목을 받아 활용되고 있으며, 뉴미디어에 이용자를 많이 빼앗긴 신문과 방송 등 올드 미디어들이 생존을 위해 적극적으로 나서는 전략이다.

이 논문은 출판콘텐츠를 다중 미디어로 확산하기 위한 전략으로 '스토리텔링 3방식'[3]을 검토할 것이다. 한국에서 OSMU 스토리텔링 방식과 새로운 접근법인 트랜스미디어와 크로스미디어 스토리텔링 전략의 적용을 논의하여 스마트 미디어 시대에서 출판의 활로 모색을 위한 하나의 방안을 제시하는 데 목적이 있다. OSMU는 문화 콘텐츠의 우수한 전환 방식으로 많이 알려진 방법이므로 트랜스미디어와 크로스미디어와의 차이점을 밝히는 비교 기준으로도 활용된다. 트랜스미디어와 크로스미디어 스토리텔링은 국내에는 적합한 사례를 보기 힘들어 외국 사례를 살피면서 이론적인 분석에 중심을 둔다.

이 논문에서는 첫째, 원 소스 멀티 유즈 스토리텔링의 개념화와 적용 사례를 살필 것이다. 둘째, 트랜스미디어 콘텐츠의 개념과 스토리텔링의 적용 사례를 논의한다. 셋째, 크로스미디어 콘텐츠 스토리텔링의 개념과 적용 방식을 살필 것이다. 넷째, 이러한 논의를 바탕으로 출판 산업의 활로 모색을 위한 새로운 방안을 제시하고자 하는데 있다. 이 논문은 광고, 신문, 방송 등에서 활발하게 열어가는 트랜스미

---

3 〈스토리텔링 3방식〉이란 용어는 이 논문에서 편의상 사용된다. 〈OSMU〉는 문화콘텐츠에서, 〈트랜스미디어〉는 독립영화 〈블레이 윗치 프로젝트〉(1999)에서, 〈크로스미디어〉는 광고 마케팅에서 시작되었다. 이들은 나타난 배경이 다르고 성격은 같지는 않지만, 콘텐츠를 미디어 환경에 맞도록 각색, 융합, 교차 시킨다는 의미에서는 같은 역할이다.

디어와 크로스미디어 스토리텔링 전략을 출판에서 처음 시도하는 것으로 시론적인 성격이 강하다.

2) 연구 문제와 연구 방법

출판산업이 미디어 융합시대에서 진전하기 위하여 '전자책'과 '콘텐츠'를 발전의 두 축으로 만들어 가야 할 것으로 보인다. 특히 출판의 핵심 역량인 콘텐츠의 생산과 더불어 생산된 콘텐츠를 전자책과 다중 미디어에 적용하는 전략을 적극 모색하여야 한다. 종이책은 생산량이 한계에 이르고 있으며, 전자책은 급속히 온라인 전자책(eBook)으로 수용되고, 단말기는 E잉크 단말기, 스마트폰, 태블릿 PC 등 세 가지로 압축되면서 확대되고 있다. 하지만 전자책 발전의 최대 관건도 다양한 콘텐츠의 확보가 가장 선결 사항이다.

중요한 것은 확보된 콘텐츠에도 스토리텔링이 적용되어야 하며 종이책을 그대로 옮겨놓거나 내용을 요약하는 방식으로만 이용자들의 욕구를 만족시킬 수는 없을 것이다(남석순, 2011a,pp.137~148). 이 논문은 기존의 미디어 프랜차이즈(OSMU)방식과 비교하면서 트랜스미디어 콘텐츠와 크로스미디어 콘텐츠의 개념, 각각의 스토리텔링 방식의 차이를 살펴보고 몇 가지의 사례를 검토하여 출판에 적용할 수 있는 방안을 도출하려고 한다. 이 논문은 위에서 제기한 연구 목적에 따라 중점적으로 다룰 연구 문제를 다음과 같이 설정하였다.

첫째, 원 소스 멀티 유즈 스토리텔링의 개념은 무엇이며 어떻게 적용되어 왔는가? 둘째, 트랜스미디어 스토리텔링은 무엇이며 어떻게 적용되는가? 셋째, 크로스미디어 스토리텔링은 무엇이며 어떻게 이루어지는가? 넷째, 스토리텔링 3방식의 접근법을 통한 출판콘텐츠의 다중 미디어 확산 방안은 무엇인가?

이 논문의 연구 방법은 문헌연구와 사례연구를 통하여 연구 문제에 접근한다. 첫째, 문헌연구는 문헌상의 기술(description) 및 논리성과 이론적인 해석에 기초한 연구이지만, 이 논문에서는 세 가지 전략에 대한 개념과 적용 방안, 그리고 부수적 관련성을 얻는데 이용한다. 둘째, 사례연구(case study method)는 하나 또는 몇 개의 사례를 중심으로 분석하는 연구이므로 이 논문에서는 관련된 사례를 분석하는데 이용한다. 하지만, 사례가 제한되어 있어 결론을 일반화하는 데 한계가 있으므로 사례분석 결과를 다시 논의하여 방법을 검토한 후에 출판콘텐츠 스토리텔링의 개발 전략으로 도출한다. 한편, 논의의 중심을 창작을 포함한 콘텐츠의 '생산-분배-소비'의 전체 구조를 다루는 것이 아니라, 출판의 기능에 속하는 '분배'를 중심으로 출판콘텐츠의 선택-제작-유통의 관점으로 한정한다.[4]

2. 콘텐츠와 다중 미디어 확산의 이론적 배경

1) OSMU 스토리텔링

OSMU는 문화 콘텐츠의 미디어 전환에서 많이 알려져 있는 스토리텔링 방식으로 출판콘텐츠의 다중 미디어 전환에서는 중요한 전략이지만 개발 방식이 구체화 되어 있지는 않다. 여기에서 OSMU 스토리텔링의 개념과 적용 방식을 살피는 일은 후술하는 트랜스미디어나 크로스미디어 스토리텔링 전략의 이해를 위한 비교 차원에서도 유의미한 일이 된다. OSMU란 하나의 미디어에서 성공한 콘텐츠를 다른 미디어나 장르에 적용하여 파급 효과를 노리는 마케팅 전략이다. 이 전략은 단계적 유형과 통합적 유형으로 구분된다.

전자는 원천 콘텐츠가 시장에서 성공한 다음에 다른 플랫폼에서 재가공 되어 부가가치를 만드는 것이며, 후자는 처음부터 기획을 통해 매체나 사업에 동시다발적으로 이루어지게 하는 것이라고 한다 (원민관·이호건,2004, pp. 300~309)). 한편으로 이런 성격의 스토리텔링 전략을 한국에서는 원 소스 멀티 유즈(One Source Multi Use), 일본에서는 미디어 믹스(Media Mix), 미국에서는 미디어 프랜차이즈(Media Fran-

---

4   로베르 에스카르피(Rebert Escapit, 민병덕 역,『문학·출판의 사회학』, 일진사, 1999. p.78) 에 따르면 작품의 생산-분배-소비는 문학을 사회적, 경제적 현상으로 최대한 규명하는 것으로 〈생산〉-창작자, 〈분배〉-출판자, 〈소비〉-이용자로 구분한 다음, 분배자인 〈출판〉의 세 가지 기능을 작품의 선택-제작-유통으로 설명한다.

chise)라는 이름으로 통용되고 있다. 하나의 인기 콘텐츠만 있으면 추가적 비용 부담을 최소화하면서 다른 상품으로 전환해 높은 부가가치를 얻을 수 있다는 점에서 각광받고 있다.

국내에서는 OSMU 방식을 매우 포괄적으로 사용하고 있음을 확인할 수 있었다. 이중에서 김민수(2004)는 하나의 콘텐츠를 게임, 출판, 음반, 애니메이션 등으로 동시에 발표하여 브랜드 이미지 창출에 상호 영향 관계를 형성하는 가운데 판매촉진 영역에서 시너지 효과를 겨냥하는 통합적 유형의 OSMU 전략을 원 브랜드 멀티 유즈로 명명하고, 영화, 게임, 애니메이션으로 동시 발매된 〈매트릭스〉를 대표적인 사례로 제시하고 있다.

그러나 〈매트릭스〉는 트랜스미디어 스토리텔링이 반영된 전략이다. 이러한 개념의 혼란은 미디어 보다 콘텐츠 중심으로만 보는 관점에서 비롯되는데, 콘텐츠가 미디어를 넘나들면 모두 OSMU로 인정해 버리는 것이다. 이런 이유는 컨버전스 시대에서 미디어의 형식이 변함에 따라 내용의 변화가 일어난다는 사실을 간과한 것으로 아래에서 OSMU와 트랜스미디어 스토리텔링의 개념 비교에서 차이점을 제시한다.

이상민(2009, pp.194~195)은 OSMU란 문화 콘텐츠의 산업적 측면에서 원작 산업의 중요성을 부각시킨 개념이라고 말한다. 원작 콘텐츠에 의해 파생 콘텐츠가 만들어지는 OSMU는 원작 콘텐츠의 스토리텔링이 각 미디어 플랫폼에 맞게 각색된다. 하지만, 트랜스미디어 스토리텔링은 OSMU와는 다른 구조를 가지며 엄밀한 의미에서 본다면 원작 콘텐츠는 존재하지 않는다고 주장한다. 정리한다면, 어떤 콘텐츠를 다른 내용의 독자적 세계로 볼 수 있게 하는 것이 트랜스미디어 스토리텔링의 특성이다. 대표적인 예로 〈매트릭스〉를 영화로, 애니메이션으로, 게임으로 즐기는 이용자들은 서로 다른 스토리텔링을 경험하지만 결국에는 하나의 이야기 세계의 통합을 위한 구성단위 요소로 존재한다. 그러나 OSMU는 완결된 결과물로서 서사체를 미디어에 맞는 표현 방법과 전달 방식만 바꿔서 순차적으로 전환되기에 콘텐츠의 구조 질서는 유지되는 점이 특징이다.

반면에 트랜스미디어 스토리텔링은 전환되는 미디어마다 서사구조가 독립적으로 전개되면서 총체적으로는 하나의 완결된 구조를 갖는데 특성이 있다. 이는 미디어를 넘나드는 서사 해석과 소비 행위를 통해 더 많은 소비를 이루게 하는 경제적 배경이 있는 콘텐츠 전환 방식이기 때문이다. 개념적으로 보아도 OSMU와 트랜스미디어 스토리텔링은 넘나듦의 방식이 서로 다름을 알 수 있다.

OSMU의 개발 방법은 스토리 각색(Story Adaptation)을 통한 스토리텔링이다. OSMU 콘텐츠를 이종매체로 전환 할 때 스토리텔링은 중요한 역할을 하며 원작 콘텐츠의 이종매체 전환 방식이 곧 OSMU 스토리텔링이다(신동희 외, 2010, p.182). 외국에서는 월트디즈니에서 자사의 애니메이션을 이용한 캐릭터 사업으로 막대한 매출을 올리고, 루카스 아츠에서 〈스타워즈〉를 게임 및 캐릭터로 개발해 큰 인기를 끌고 있는 것 등을 들 수 있다.

국내 사례는 〈아기공룡 둘리〉, 〈궁〉, 〈식객〉 등이 있다. 이처럼 출판과 만화의 원작에서 시작하여 TV 시리즈와 애니메이션 그리고 영화로 이어지는 매체 영역의 확대가 OSMU라 할 수 있다. 근래에는 기획 단계부터 영화·게임·애니메이션·캐릭터 등을 망라하는 문화 콘텐츠를 개발하여 극대화를 꾀하는 추세도 있다. 한편, OSMU는 각각의 매체에 특화된 콘텐츠가 아닌, 단지 인기가 있는 콘텐츠라는 이유로 타 매체로 옮겨지므로 각 매체가 가진 특성을 무시한 채 콘텐츠를 전환하고, 소비자의 성향을 모른 채 사용된다면 성공할 가능성이 적고 새로운 시장을 구축하기도 쉽지 않음에 유의가 필요하다.

결론적으로, OSMU란 하나의 미디어에서 성공한 콘텐츠를 다른 미디어나 플랫폼에 적용하여 파급 효과를 노리는 마케팅 전략으로 원작의 중요성을 부각시킨 개념이다. OSMU 스토리텔링은 원작 콘텐츠를 이종매체로 전환하는 방식으로 스토리의 각색(Story Adaptation)을 통해 이루어진다. OSMU는 완결된 결과물로서 서사체를 각 미디어 환경에 맞는 표현 방법과 전달 방식으로 전달되기 때문에 콘텐츠의 구조 질서는 기본적으로 유지된다. OSMU 스토리텔링은 캐릭터·영화·게임·애니메이션 등의 콘텐츠로 전환하여 경제적 효과를 극대화하는 전략이라 할 수 있다.

2) 트랜스미디어 스토리텔링

트랜스미디어는 트랜스(Trans)+미디어(Media)의 복합어로서 'Trans'의 사전적 의미는 초월, 변화, 이중결합 등의 개념이 혼재되어 있는 단어이다.[5] 트랜스미디어는 디지털 컨버전스 시대에 새롭게 나타난 양식이다. 트랜스미디어에 대하여 "A도 B도 아닌 제3의 무엇인가를 탄생시킨다. 다시 말해 A와 B를 초월한 그 무엇인 것이다"라고 의미를 요약한다(이봉희·오승환, 2007, p.489). "트랜스미디어의 개념을 '융합'으로 보고 하나의 미디어 또는 미디어 플랫폼에서 제시되는 내러티브가 다른 미디어 또는 미디어 플랫폼에서 제시되는 내러티브와 만나 제3의 내러티브를 만들어 내는 상황을 상정하는 개념"이라고 한다(이재현, 2011, pp.4~7). 트랜스미디어 콘텐츠는 다양한 미디어에서 구현될 수 있는 것을 기본 전제로 하며, 미디어의 이동과 전환 과정에서 콘텐츠의 내용이 변화할 수 있다고 하였다(전경란, 2010, p.246).[6] 트랜스미디어는 '미디어를 초월한 미디어'라는 의미로 현대사회의 역동적 변화를 수용해 혁신하고 융합함으로써 미디어를 재정의 하겠다는 움직임 중에 하나로 기술과 감성이 조화를 이룬 미디어 단계를 뜻한다고 볼 수 있다.

트랜스미디어 콘텐츠를 개발할 때 스토리텔링은 중요한 역할을 하게 되며, 트랜스미디어 콘텐츠의 개발 방식이 곧 트랜스미디어 스

---

5   3) trans는 영어로 세 가지 의미로 구분된다. 첫째, trance 라는 명사로 사전적 의미는 '황홀, 열중, 무아지경, 실신 등 정신 상태에 관련되고 둘째, trans는 접두사로 넘어서 '가로질러, 다른 상태, 초월하여'의 의미로 셋째, trans는 화학분야의 전문용어로 '이중결합'을 의미하고 바꾸다, 변화, 변환을 의미한다.

6   OSMU에 관한 연구는 다수 있으나, 트랜스미디어 스토리텔링과 크로스미디어 스토리텔링에 관한 연구는 희소하며 시작 단계이다. 연구논문은 이상민, 전경란, 신동희·김희경, 이봉희, 서승은 등이 있으며, 석사학위논문으로 이동운, 정연경, 박봉선이 있다. 관련도서로 젠킨스, 덴츠사, 캐롤린 등인데, 광고, 신문, 방송, 잡지 등은 관련 기사는 다수 있다.

토리텔링이다(신동희 외, 2010, p.182). 근래 영화, 애니메이션, 게임, 광고 등 다양한 미디어를 통해서 동시 다발적으로 한 편의 완결된 스토리텔링을 담아내는 형식이 등장했는데 워쇼스키 형제의 〈매트릭스〉가 대표적인 사례라고 할 수 있다. 〈매트릭스〉의 이야기 방식은 수직적·단계적으로 파생되던 방식과 달리 수평적·동시다발적으로 이루어졌다.

예를 들면, 영화에서는 주인공 '네오'를 중심한 이야기가 진행된 데 반하여, 게임 〈엔터 더 매트릭스〉에서는 영화와 동일한 시간적 배경에서 공간적 배경만을 달리해서 '나이모비'의 시점에서 이야기가 진행된다. 한편, 애니메이션 〈오시리스의 마지막 비행〉에서는 주인공 '주(Jue)'가 느부갓네살 승무원의 손에 메시지를 전달하려다가 죽게 되는데, 바로 이 메시지가 게임 〈엔터 더 매트릭스〉의 첫 장면으로 이어진다. 이는 트랜스미디어 스토리텔링이 OSMU 스토리텔링과는 완전히 다른 서사구조를 가지고 있음을 보여주는 하나의 사례이다.

헨리 젠킨스(Henry Jenkins, 2006/2008,pp.157~160)는 이러한 스토리텔링을 트랜스미디어 스토리텔링(transmedia storytelling)라고 일컫었다[7]. 트랜스미디어 스토리텔링은 다양한 미디어 플랫폼을 통해 공개되며 각각의 새로운 텍스트가 전체 서사체에 분명하고도 가치 있는 기여를 한다는 것이다. 즉, 하나의 스토리가 영화로 소개되고 텔레비전, 소설, 만화로 확장되지만 각 프랜차이즈(미디어)의 진입은 자체적으로 소비가 가능하기 충분토록 자기 충족적이어야 한다고 말한다. 영화를 보지 않고도 게임을 즐길 수 있어야 하며, 그 역도 마찬가지며 어떤 상품이든지 전체 프랜차이즈로의 입구가 된다. 다수의 미디어 플랫폼을 넘나들며 콘텐츠를 생성하는 트랜스미디어 스토리텔링은 태생적으로 강력한 경제적 동기를 갖게 된다. 매체를 넘나드는 서사해석과 소비행위를 통해 사용자는 경험의 깊이와 더 많은 소비를 한다는 것이 젠킨스의 주장이다.

한편, 트랜스미디어 스토리텔링과 OSMU 스토리텔링의 공통점은 다양한 매체로 전환되는 것은 같지만, 차이점은 OSMU의 개발 방법이 각색을 통한 스토리텔링으로서 원천 콘텐츠가 미디어 특성에 맞게 순차적으로 다른 미디어로 옮겨진다. 하지만 트랜스미디어 콘텐츠는 동시다발적으로 개발되며 내용이 같지 않고 캐릭터도 재배치된다는 점이다(신동회 외,2010, p.181). 즉 트랜스미디어 콘텐츠는 OSMU처럼 동일한 이야기가 반복 사용됨이 아니라 각각의 미디어에 다른 이야기를 나타내면서 서로 연결되어 전체적으로 하나의 완결된 구조를 갖는 점에서 차이가 크다.

---

7   '횡단' '초월'을 뜻하는 '트랜스(Trans)' 와 '미디어(Media)' 의 합성어이다. '미디어를 초월한 미디어'를 뜻한다. 장동련 홍익대 교수가 창안했다(네이버 지식백과)고 하는데 창안자란 표현은 사실과 다르며, 미국의 젠킨스 교수가 제기한 개념이다. Henry Jenkins(2006), 『Convergence Culture : Where old and new collide』, New York University Press, 헨리 젠킨스의『컨버전스 컬처:올드 미디어와 뉴미디어의 충돌』, 김정희원 외 역, 비즈앤비즈, 2008, pp.145~161 참조.

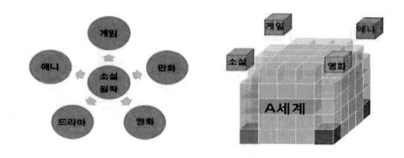

〈그림1〉 OSMU 스토리텔링(좌)과 트랜스미디어 스토리텔링(우) 비교(이상민 p.195 재구성)

두 가지 스토리텔링의 차이점은 위의 〈그림1〉에서 보듯이 OSMU 는 원작 중심으로 방사형 모양을 띠는데 반해, 트랜스미디어 스토리 텔링은 A 라는 세계를 형성하기 위해 다수의 콘텐츠가 구성 요소로 존재하는 형상을 띤다. OSMU는 원작 콘텐츠에서 파생된 콘텐츠들 이 개별적으로 존재하는데 반해, 트랜스미디어 스토리텔링의 콘텐츠 들은 독립적으로 존재하기는 하지만 하나의 세계를 세우기 위한 구 성 요소로 존재한다는 것이다(이상민, 2009,p. 195).

헨리 젠킨스가 트랜스미디어 스토리텔링을 구현한 것으로 들고 있 는 〈매트릭스〉는 영화 3편, 애니메이션 1편, 게임 2편, 만화 2편으로 제작되었다. 〈매트릭스〉의 콘텐츠는 4개의 장르가 각각 다른 내용을 담고 있다는데 주목해야 하며 트랜스미디어 스토리텔링의 기본 요소 를 갖추고 있는 작품이다. 〈매트릭스〉는 이용자들이나 관람자들에게 요구한 것이 많은 작품이었다. 현실과 환상의 경계가 모호하고 인간 의 신체는 기계를 구동하는 에너지원으로 저장된다.

이용자들은 작품을 이해하기 위해 공부를 해야 했고 궁금증을 참을 수 없어 속편이나 다른 장르의 〈매트릭스〉를 보기에 이른다. 1부에서는 인간들이 로봇을 물건 취급하지만, 2부에서는 인간과 로봇의 관계는 역전되고 로봇이 인간을 연구하게 된다. 〈매트릭스〉는 영화에서, 만화에서, 애니메이션에서, 게임에서 즐기는 이용자들은 서로 다른 스토리텔링을 경험하지만, 모두는 하나의 총체로 연결된다는 것이다. 이처럼 트랜스미디어 스토리텔링은 각 미디어에서 다른 이야기를 나타내면서도 서로 연결되어 총체적으로 하나의 완결된 구조를 갖는다는 특성이 있다.

기존 방식으로 이야기를 즐기던 사람들에게 트랜스미디어 콘텐츠는 불편하고 낯선 경험이 될 수 있다. 트랜스미디어 스토리텔링은 개별 미디어를 보지 않으면 전체 맥락(콘텐츠)을 이해할 수 없는 구조로 만들어 궁금증과 호기심을 유발하여 개별 콘텐츠를 구매하게 하는 경제적 의도가 숨어있다. 콘텐츠의 관점에서 본다면 트랜스미디어 스토리텔링은 웹이나 테마파크의 비선형 구조와 유사한 것이다. 웹이나 테마파크의 경우 체험의 순서가 일정하지 않으며 어떤 진입에서 시작하든 어떤 어트랙션이나 쇼 이벤트부터 즐기던 마지막에는 전체를 이해하게 되고 메시지를 전달받게 된다. 단지 이용자나 관람객에 따라 진입점(Entry Point)만 다를 뿐이다(신동희 외, 2010, p.185).

트랜스미디어 스토리텔링은 하나의 미디어 안에서 하나의 세계를 충분하게 담아낼 수 없게 되면서 다수의 미디어를 통해 하나의 세계를 구축하고자 생성된 것이라고 한다(이상민, 2009, p.199). 트랜스미디어 스토리텔링은 핵심 스토리가 존재해야 하고 기획단계에서 동시다 발적인 개발을 고려하기 때문에 수십 년 또는 수백 년 전에 나왔던 소설이건, 최근의 만화이건, 영화 시나리오이건 새로운 창작물이건 콘텐츠의 흐름을 지배하는 중심 스토리의 구축이 필요하다는 점이다 (신동희외, 2010,p.183).

결국 트랜스미디어 스토리텔링은 헨리 젠킨스의『Convergence Culture』(2006)에서 제기한 개념으로 트랜스미디어 콘텐츠의 개발 방식이 곧 트랜스미디어 스토리텔링이다. 트랜스미디어 콘텐츠는 미디어 형식에 구애 받지 않고 다양한 미디어에서 구현되는 콘텐츠로서 다수의 미디어에 제공됨으로써 시너지 효과를 낼 수 있는 콘텐츠를 말한다. 하나의 스토리가 영화, 텔레비전, 소설, 만화로 확장되지만, 각 미디어에서는 자체적으로 소비가 가능하기 충분토록 자기 충족적이어야 한다. 콘텐츠들은 각 미디어에서 독립적으로 향유되지만 하나의 세계를 세우기 위한 구성 요소로 존재하는 것이다. 이는 미디어를 넘나드는 서사 해석과 소비 행위를 통해 사용자는 경험의 깊이를 유지하고 더 많은 소비를 이루게 하는 방식이라고 할 수 있다.

3) 크로스미디어 스토리텔링

크로스미디어(Crossmedia)에서 'Cross'는 횡단, 교차 등의 뜻을 나타내며, 크로스미디어는 '교차미디어'로 해석되고 있다. 하나의 콘텐츠가 두 개 이상의 미디어로 '교차'되는 형식이 크로스미디어이다. 크로스미디어는 트랜스미디어에 비하여 이론적 정리가 부족하고 아직 학문적인 개념은 합의된 바 없지만, 이미 산업적으로는 전략 차원에서 폭넓게 활용되고 있다. 크로스미디어는 광고 마케팅 분야에서 가장 먼저 주목받았으며 뉴미디어에 사용자를 많이 빼앗긴 신문과 방송 등 올드 미디어들의 생존 전략과 급증하는 제작비와 투자 회수에 대한 위험을 덜고자 하는 글로벌 미디어에서 적극적으로 나서는 전략이다(남석순, 2010). 따라서 크로스미디어는 광고, 신문, 방송, 글로벌 미디어를 중심한 산업의 영역과 각 산업에 속한 기업의 관점에서 각각 이뤄지기 때문에 공통적으로 합의된 개념은 부족하다.

크로스미디어 콘텐츠의 개발 방식이 곧 크로스미디어 스토리텔링이다. 크로스미디어 스토리텔링을 "줄거리(Storyline)가 한 미디어로부터 다른 미디어로 수용자에게 향하는 커뮤니케이션"(Monique de Hass, 2004) 또는 "복수의 매체에 대한 교차 활용을 통해서 이루어지는 이야기하기 양식"(서성은, 2011)이라고 할 수 있지만 역시 명확한 개념적 합의는 이루어지지 않았다. 하지만 광고에서는 '크로스미디어 광고'라는 개념을 폭넓게 사용한다.[8] 크로스미디어는 유사 개념인 미디어믹스(Media mix)와의 구분을 통해서 특성을 도출할 수 있는데 다음 사례가 차이점을 설명한다.

---

8 신일기(2010)는 크로스미디어 광고(cross-media advertising)란 "매체 간 교차광고를 뜻하며 다양한 미디어를 통해 동일한 캠페인을 펼치는 마케팅 지향적인 판매 패키지로 동종매체 결합, 이종매체 결합, 이벤트&스폰서링과 같은 유형이 있다"고 한다.

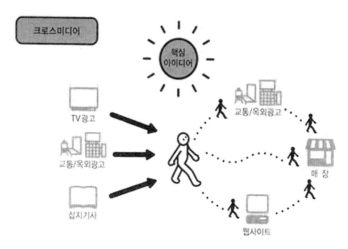

타깃을 움직이기 위한 시나리오(도선) 설계

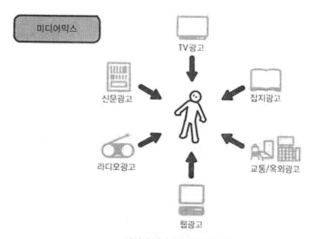

타깃에 전달하기 위한 미디어 배분

〈그림2〉 미디어믹스(OSMU)와 크로스미디어의 각각의 중점 포인트
(『크로스위치』, 일본 덴츠사, p.48)

최근 세계 최고의 광고 대행사의 하나인 일본의 덴츠(Dentsu)社 에서는 크로스미디어의 중요성을 감안하여 개발 프로젝트팀을 구성하여 보고서를 만들어내었다. 이에 따르면 미디어 믹스는 하나의 캠페인 목표를 달성하기 위한 효율적인 미디어 조합과 예산 배분을 뜻하는 것으로서 가급적 넓은 도달(research&frequency)을 위해 다양한 미디어를 적은 예산으로 활용하는 것이다. 반면, 크로스미디어는 더 널리 알리는 것과 함께 소비자의 마음을 깊이 사로잡아 그들의 능동적인 행동을 유발시키는 것을 중시한다. 넓이뿐만 아니라 구매로 이어지는 깊이의 밸런스를 커뮤니케이션의 목적으로 삼고 있다. 즉, 매체의 교차 활용과 더불어 소비자의 능동적인 참여가 크로스미디어의 커뮤니케이션의 핵심이다(덴츠사, 2008/2009, pp.45~63). 〈그림2〉에서 본다면 미디어 믹스는 타깃에게 효율적인 메시지 전달을 위한 미디어 배분을 중시하며 넓이 확보를 위한 효과적인 방법이다(위의 그림). 반면에 크로스미디어는 핵심 아이디어를 중심으로 타깃을 효과적으로 움직이기 위한 시나리오 설계에 포인트를 둔다. 즉 소비자를 브랜드에 능동적으로 참여하게 만들고 싶을 때 크로스미디어 커뮤니케이션이 필요하다는 것이다(아래 그림).

마셜 매클루언(H. Marshall Mcluhan, 1964/2001, p.92))은 "두 개의 미디어가 혼합되거나 만남은 새로운 형식이 탄생하는 진리와 계시의 순간이기 때문에 미디어의 이종교배는 커다란 힘과 에너지를 방출 한다"고 하였다. 이처럼 하나의 콘텐츠로 두 개 이상의 미디어에 교차시키는 스토리텔링은 힘과 에너지를 갖고 있다. 이 전략은 각 미디어의 콘텐츠가 개별성이 있는 것이 아니라 복수의 미디어 조합으로 하나의 통합체적 콘텐츠를 완성되며 사용자로 하여금 미디어 간에 적극적인 이동을 유도하는 전략이다. 크로스미디어 스토리텔링은 '이용자의 참여를 위한 시나리오 설계'로서 매체 활용에 있어 동시적 활용성이 강조되며, 각 매체에 대한 충분하고도 깊이 있는 참여를 통해서만이 전체 메시지(스토리)에 대한 향유가 가능하다(서성은, 2011,p.135).

조은하는 "크로스미디어 스토리텔링은 넓은 의미에서 스토리리텔링(storyretelling)의 구체적 적용 방법론이며, 단순히 매체의 기술적인 영역을 산업적 장르적으로 활용하는 데에 그치는 것이 아니라, 궁극적으로 기존 매체의 특성에 대한 충실한 이해를 토대로 다양한 콘텐츠의 생산 가능성을 극대화시키는 포스트디지털 시대 스토리텔링의 비전"이라고까지 말하고 있다.

한편, 트랜스미디어와 크로스미디어 스토리텔링도 개념의 차이를 보인다. 트랜스미디어 콘텐츠는 단일 미디어에서 다루기보다 여러 미디어가 다른 관점에서 혹은 새로운 맥락과 정보를 제공함으로써 시너지 효과를 내는 콘텐츠이다. 반면에 크로스미디어는 더 널리 알리는 것과 함께 소비자의 마음을 깊이 사로잡아 그들의 능동적인 행동을 유발시키는 것을 중시 한다 '넓이'만 아니라 구매로 이어지는 '깊이'의 밸런스를 커뮤니케이션의 목적으로 삼고 있다.

---

9 조은하, 디지털문화재, 문화콘텐츠 스토리텔링, blog.naver.com/1220im/50081068766

서성은(2011)은 트랜스미디어와 크로스미디어 스토리텔링은 '미디어를 통한 분화' 및 '적극적인 사용자 참여'를 전제로 한다는 점에서는 상당히 유사하지만, 전자는 각 텍스트 블록은 부분의 독자성과 내재적 완결성을 지니고 있고, 후자는 각 텍스트의 부분의 독자성과 내재적 완결성은 약하고 오히려 복수의 매체를 효과적으로 결합시켜야 전체 스토리를 향유할 수 있다고 하였다.

크로스미디어 스토리텔링은 광고 마케팅이나 신문의 뉴스와 달리, 긴 이야기를 전개하는 드라마에서는 다르게 나타난다. 크로스미디어 스토리텔링이 반영된 사례로서 스웨덴의 〈마리카에 관한 진실〉은 2008년 EMMY Interactive TV 시리즈를 수상한 인터랙티브한 드라마이다. 총5회에 걸쳐 드라마 시리즈와 동시에 웹 블로그, 온라인 게임, 모바일 등의 미디어를 총동원해서 결혼식 날 밤 사라진 신부의 행방을 남편과 제작진이 함께 찾아다니는 내용이다(서성은, 2011,p.137). 드라마의 세계와 현실 세계를 구분할 수 없을 정도여서 많은 시청자들이 항의를 해 왔고, 실제로 토론 방송에서 진실일까 허구일까 하는 토론까지 벌어졌다.

심지어 웹상에서 마리카를 찾기 위한 다양한 미션까지 등장했다고 한다. 이 작품은 국제방송포럼 BCWW 2009에서 크로스미디어 크로스 플랫폼 트랙으로 소개되는 등 크로스미디어 콘텐츠의 대표작으로서 주목 받았다. 이 작품은 드라마, 웹 블로그, 온라인 게임, 모바일을 동원하여 이야기를 전개하지만 각 미디어에서 이야기의 완결성 보다 활용 미디어들의 스토리를 모두 보고 결합할 때 전체 이야기가 향유되는 크로스미디어 스토리텔링이다.

이재현(2011)은 크로스미디어를 미디어 사이에 '넘나듦' 으로 보면서 교차 활용하는 미디어 기업 사이에 산업적 측면을 강조하고 있다. 본래 크로스미디어는 다양한 미디어를 조합하여 최상의 효과를 낼 수 있는 광고에서 출발되었다. 이어 신문과 방송 등 올드미디어들이 뉴스를 신문, 잡지, TV방송, 인터넷, 휴대폰 등 다양한 매체에 맞춰 제작해 보도하는 것으로 매체의 경계를 넘나들면서 활발하게 이용하고 있다. 출판콘텐츠는 광고, 신문, 방송과는 달리 긴 이야기를 위주로 한다는 점에서 차이가 있음도 분명하다. 하지만 이야기에 속하는 〈마리카에 관한 진실〉에서 보듯이 여러 미디어를 동원한 크로스미디어 스토리텔링의 시사점을 주목할 필요가 있다.

개념적으로 정리한다면, 크로스미디어는 복수의 미디어 조합으로 하나의 통합체적 결과물을 완성하도록 이용자로 하여금 미디어 간에 적극적인 참여와 이동을 유도하는 전략이다. 크로스미디어 스토리텔링은 이용자의 참여를 위한 시나리오 설계로서 시발점이 되는 핵심 미디어가 존재하고 이를 통해서 미디어와 미디어 간 이용자 이동이 가능해지며, 깊은 참여를 통하여 메시지에 대한 향유가 이루어진다. 크로스미디어 스토리텔링은 복수의 매체를 이용하는 스토리텔링의 양식 중에서 이용자의 능동적인 참여와 구매가 강조되며 마치 퍼즐을 맞추듯 각 미디어를 통해 경험의 조합을 통해 전체 서사체를 완성하는 점이 중시된다고 하겠다.

이 논문의 연구 문제를 분명히 하기 위해서 위에서 논의된 '스토리

〈표1〉 스토리텔링 3방식의 개념과 특성 비교

구분	OSMU Storytelling	Transmedia Storytelling	Crossmedia Storytelling
서사 구조	선형적 서사구조, 연계성이 강함	비선형적 서사구조, 독립성이 강함	다기성적 서사구조, 통합성이 강함
전환 방식	콘텐츠가 다른 미디어나 플랫폼 환경에 부합되어야 하며 이종 매체의 전환방식은 스토리의 각색으로 전환	웹이나 테마파크의 비선형 구조와 유사하며 독립적·수평적·동시다발적 서사구조로 전환	다수의 미디어로 분산하여 극대화 되지만 통합이 되어야 향유되는 서사구조로 전환
매체 이용	성공한 원천콘텐츠의 단순 매체 전환 및 캐릭터 응용산업 중심으로 집중되어 온 경향, 일부 미디어 이용	각 미디어 콘텐츠의 완결성과 독립성 강함, 전체구조의 이해 위해 관련 미디어 모두 이용 필요	각 미디어 콘텐츠의 완결성과 독립성 약함. 조합으로 구조 완성, 관련 미디어 모두 이용 필요
적용 사례	〈아기공룡둘리〉,〈식객〉, 〈스타워즈〉	〈태극천자문〉, 〈매트릭스〉	〈노빈손시리즈〉, 〈마리카에 관한 진실〉
상호 작용	스토리텔링 3방식은 서로 배타적이기보다 상호 의존적으로 작용할 수 있으며, 미디어 융합시대에서 출판콘텐츠의 다중 미디어 확장을 위해서 기획단계부터 스토리텔링을 바탕으로 하는 엄밀한 플래닝이 요구됨.		

텔링 3방식'을 〈표1〉과 같이 개념과 특성을 비교하였다. 스토리텔링은 같은 이야기라도 매체와 장르, 이용자에 따라 다르게 전개된다. 이 세 가지의 전략들은 미디어 융합시대에서 나타난 배경이 서로 다르고 성격도 같지 않지만, 콘텐츠를 매체에 효과적으로 엮어낸다는 점에서 동일한 역할을 수행한다.

첫째, OSMU 스토리텔링은 선형적인 서사 구조를 갖으며 원작과 연계성이 크다. 전환 방식은 스토리의 각색(Story Adaptation)을 통해 이뤄지고, 검증된 원작 확보와 스토리텔링 강화로 표현 방법과 전달 방식은 매체 환경적인 포맷으로 전환해야 한다. 둘째, 트랜스미디어 스토리텔링은 서사 전개가 비선형적인 구조를 가지며 각 미디어에서는 별개의 서사구조를 갖고 있어 원작의 개념이 흐려지고 독립성이 강하지만, 이야기 전체를 이해하기 위해서 수용자들은 관련 미디어를 모두 보아야 향유가 가능해진다. 셋째, 크로스미디어 스토리텔링은 다기성의 서사구조를 가지며 이야기가 다수의 미디어로 분산되고 극대화되지만, 완결성이 약하여 수용자들은 퍼즐처럼 통합적으로 보아야 향유가 이루어지는 스토리텔링의 방식을 갖고 있다고 볼 수 있다.

유의할 점은 위에서 제시한 스토리텔링의 3방식이 어떤 원리이기보다는 콘텐츠 스토리텔링의 전략으로서 서로 배타적이기보다 상호의존적으로 작용될 수 있다는 점이다. 또한 볼트와 그루신(David Bolter & Richard Grusin, 1999, 이재현역, 2006, pp. 52~62)의 재매개(remediation)에 관한 논의에서처럼 출판매체가 미디어의 융합과 스마트 미디어 시대에서 다중 미디어로 확산하는데 있어서 스토리텔링의 3방식은 유효하게 작용될 수 있을 것이다.

3. 출판콘텐츠의 다중 미디어 확산 전략

1) OSMU 스토리텔링과 다중 미디어 확산

OSMU는 하나의 미디어에서 성공한 콘텐츠를 다른 미디어나 장르에 적용하여 파급 효과를 노리는 비지니스 전략이다. 출판과 만화는 콘텐츠의 원천이며 이들의 파생 콘텐츠들이 재생산에 소재거리를 제공하여 산업적으로 OSMU로 발전하고 새로운 콘텐츠와 수익모델을 창출한다. 국내의 문화 콘텐츠에서 OSMU로 가장 성공한 모델은 〈아기공룡 둘리〉이다. 이 작품은 아동잡지 〈보물섬〉(1983)에서 성공함으로써 애니메이션, 캐릭터, 게임, 학습만화, 의류, 학용품, 뮤지컬, 출판 등으로 OSMU 되었고, 현재까지 지속적인 캐릭터의 관리로 상품성이 유지되고 있다. 이 작품은 콘텐츠로서 서사 구조보다 초능력 아기공룡의 캐릭터 산업으로 크게 발전한 사례이다. 학습만화 〈마법천자문〉(2003)도 모바일 게임과 캐릭터를 이용한 음료 출시에 이어 영상 체험전, 뮤지컬화 됨으로써 OSMU 전략에서 성공한 사례에 속한다.

국내 문화콘텐츠 OSMU 전략은 거의 대부분 사전 기획보다 사후 성공으로 인하여 다중 미디어로 확산되는 전략이 주류를 이룬다. 출판콘텐츠의 성공적 모델인 OSMU도 단계적 유형(일차적)으로 원천콘텐츠가 시장에서 성공한 뒤에 다른 미디어나 플랫폼으로의 재가공이 대부분이다. 처음부터 기획을 통해 매체나 사업에 동시 다발적으로 이루어지는 통합적 유형(이차적)은 소수에 지나지 않는다. 근래에 주로 영화와 드라마, 다음으로 애니메이션의 원형 콘텐츠로 전환하여 왔는데 점차 오페라 등 공연예술과 게임, 캐릭터 등과 같은 파생상품의 창출로 발전하고 있다.

최근에 콘텐츠 개발은 OSMU를 염두에 두거나 다양한 장르 활용을 기대하며 원천 콘텐츠를 제작하는 상황이다. 하지만, 한국의 콘텐츠 산업은 소설·만화, 게임 등 원작의 토양이 취약하고 대규모 자본과 대형 프로젝트를 추진할 수 있는 우수기업과의 파트너십이 부족하며 협소한 내수시장으로 소비문화가 대중화하지 못하는 악순환 구조가 지속되고 있다. 이제까지의 국내 문화콘텐츠 OSMU의 방향은 단순히 '매체를 바꾸는 형태(Post—Media Mix Contents)'에 집중되었거나 캐릭터 산업으로의 응용에만 집중하는 경향을 보였다는 것도 문제로 지적된다(이동욱, 2011).

〈해리 포터〉와 〈반지의 제왕〉 등 해외의 미디어 프랜차이즈의 성공 패턴들을 볼 때 출판콘텐츠의 다중 미디어 확산을 위한 OSMU 스토리텔링 전략에서는 다음을 고려해야 할 것이다. 첫째, 높은 대중적 유인력이 있고 탄탄한 스토리텔링이 녹아 있는 원천 콘텐츠 확보가 우선이다. 시장성이 검증된 원작(소설, 만화, 애니메이션)을 확보하는 것은 OSMU 비즈니스 출발의 관건이다. 성공 포인트는 원천 콘텐츠에 있으며 무엇보다 파생 상품을 관통하는 차별화되고 기획된 스토리텔링의 존재가 핵심이다.

둘째, 사전 OSMU 기획 및 리스크 절감을 위한 협력 체계(컨소시엄·파트너십)의 구축이 긴요하다. 성공 확률이 높지 않아 리스크가 어느 산업보다도 높은 출판콘텐츠 관련 업체 간 협력 파트너십의 구축은 성공적인 OSMU를 위한 필수 요건이다. 셋째, 출판콘텐츠의 라이선싱을 강화해야 한다. 라이선싱은 상표법이나 저작권으로 보호되는 프로퍼티(property)를 상품화·서비스·프로모션 등을 목적으로 일정 기간 임대하는 과정을 의미한다. 넷째, OSMU의 개념과 개발 프로세스의 이해와 지식이다. 콘텐츠가 미디어를 넘나들면 모두가 OSMU가 아니며, 콘텐츠, 미디어, 이용자와의 관련된 서사구조와 스토리텔링이 필요하다. 하나의 콘텐츠가 어떻게 미디어에 진입해서 넓이와 깊이를 얻을 지를 기획 단계부터 엄밀하게 플래닝 해야 한다.

2) 트랜스미디어 스토리텔링과 다중 미디어 확산

트랜스미디어 콘텐츠 스토리텔링은 미디어 형식에 구애받지 않고 다수의 미디어에서 구현되는 콘텐츠를 말한다. 하나의 스토리가 소설, 만화, 게임, 영화 등으로 동시 다발적으로 전환되면서 각 콘텐츠는 독립적인 완결성과 아울러 경제 가치가 수행된다. 각 콘텐츠는 서로 이야기의 보완과 출입 역할을 수행하여 총체적으로는 이야기 완성도에 기여해야 한다. 예를 들면 〈스타워즈〉가 책으로 옮겨졌을 때, 소설은 영화 3부작에 포함되지 않은 사건까지 담아내며 연대를 확장했고, 조연들 주변의 이야기를 보완했다(젠킨스,2008,p.162).

국내 콘텐츠 중에서 트랜스미디어 스토리텔링 특성에 근접한 작품으로 〈태극천자문〉을 들고 있다. 이 작품은 〈마법천자문〉의 성공을 철저하게 벤치마킹 하였는데 〈TV 애니메이션〉의 방영과 동시에 '한자카드 게임', '출판만화'가 발매되었고 〈태극천자문〉의 이야기가 TV 애니메이션과 한자카드를 통해 완성되도록 제작된 점이다. TV 애니메이션은 한자카드 게임의 부족한 오락성을 보충해 주며 전체적인 스토리라인을 구성한다. 한자카드 게임은 TV 애니메이션의 부족한 학습을 보충하면서 어린이들이 놀이를 통해 다양한 스토리의 분화를 이룰 수 있도록 한다는 점에서 트랜스미디어 스토리텔링이 지향하는 기준에 근접시킨 작품이란 것이다(이상민, 2009, p.197).

외국의 경우는 젠킨스가 예를 든 〈매트릭스〉가 이에 해당한다. 〈매트릭스〉는 영화, 애니메이션, 게임, 만화가 독립적인 서사 구조를 갖고 있지만, 장르의 서사구조가 연결되고 보완해 주는 장치를 갖고 있다. 이런 장치는 웹이나 테마파크의 비선형 구조와 유사하며 전체 구조를 이해하려면 관련되는 미디어의 작품을 모두 보아야 하는 구조를 갖고 있다. 이러한 전략은 부가적인 이해를 덧붙이기 위해 하이퍼텍스트적인 성격과 탈 중심적인 구조도 가지고 있다. 이처럼 미디어, 콘텐츠, 이용자들이 어울려지는 이야기 방식이 트랜스미디어 스토리텔링의 특성이다.

트랜스미디어 스토리텔링은 이용자에게 새로운 경험과 통찰을 제시하기 때문에 이용자층을 끌어들이는 힘을 가지고 있다. 한편, 트랜스미디어 스토리텔링의 특징을 시장성의 확대로 볼 수도 있지만 축소로도 볼 수 있다고 한다. 왜냐하면 한 편의 영화만으로 이해되지 않는 세계를 알기 위해 이용자들이 다른 미디어로 이동하지 않을 수 있기 때문이다.

따라서 제작자들은 이용자들이 애착을 가지고 적극적으로 이해하려는 자세를 만들어 줄 수 있는 콘텐츠를 만들어 내야 한다는 것이다(이상민, 2009,p.195). 트랜스미디어 스토리텔링을 주장한 젠킨스도 "우리는 아직 다수의 미디어를 이용한 작품들을 평가할만한 적절한 기준을 갖고 있지 못하다"고 하면서 "지금까지 완전한 트랜스미디어 스토리는 거의 없었다"고 말한다(젠킨스,p.150). 그럼에도 불구하고 미디어 컨버전스의 패러다임은 급격히 움직이고 있으며, 기존의 결과물과 다른 콘텐츠가 등장하는 마당에 트랜스미디어 스토리텔링에 대한 개념과 특성에 대한 이해는 계속되어야 한다고 말한다(이상민, 2009,p.194).

트랜스미디어 콘텐츠의 개발은 상당한 자본이 필요하기 때문에 국내에서는 미국처럼 활발하게 개발이 될 수 있을지에 대한 의문이 남고 시간이 다소 걸릴지 모른다(신동희외, 2010, p.188). 하지만, 컨버전스 시대에서 출판 산업이 발전하기 위해서는 전자책과 OSMU의 범주에서 안주해서는 미래 발전을 기약할 수 없다. 다른 매체들은 다양한 스토리텔링 환경에서 생존의 길을 적극적으로 찾고 있다. 미디어의 무한경쟁과 무한융합 속에서 새로운 스토리텔링으로 부각되고 있는 트랜스미디어 수익모델 개발은 출판 산업의 발전을 위한 한 방안일 것이다.

컨버전스 시대에서 출판 산업이 주목해야할 점은 동시적 미디어 또는 다중 미디어 이용 환경에서 이용자들의 미디어 넘나듦과 콘텐츠의 산업적 넘나듦이다. 다중 미디어의 이용자가 바로 출판콘텐츠의 수용자일 수 있으며, 그들이 찾아다니는 콘텐츠는 출판이 만들어낼 수 있는 내용물이 될 수 있다. 출판 산업이 트랜스미디어 시대에 적응하기 위해서 다음과 같은 고려가 필요하다.

첫째, 출판콘텐츠 기획자―또는 콘텐츠 매니저, 콘텐츠 크리에이터, 콘텐츠 코디네이터, 콘텐츠 PD 등의 명칭―를 적극적으로 육성해야 한다(제5회 파주북시티 국제출판포럼,2010). 이제 저자 혼자서 무한지식과 무한정보를 담아내고 이용자의 욕구를 충족시키기가 매우 어려운 환경이 되었다. 출판 기획자는 대규모 출판사들은 자체 소속으로, 중소 출판사들은 에이전시와 같은 시스템을 고려해야 한다.

둘째, 협업제작 연계형 및 가치사슬 연계형의 시스템 구축이 긴요하다. 전자는 미디어 전문가들로 하여금 협업(協業)과 공동제작 시스템을 구축하는 일이며 수평적인 조직이 된다.[10] 후자는 콘텐츠 중심의 가치사슬 연계형(기기-네트워크-솔루션-콘텐츠 업체)의 컨소시업이다. 출판·만화, 영화·게임, 드라마·모바일 등 이질적이지만 수평적인 시스템과 더불어, 기술과 유통 중심의 가치사슬 시스템의 참여자들이 함께 각 매체에 맞는 콘텐츠를 공동 개발하는 방식이다. 출판콘

---

10 2008년 12월 영화배급사(쇼박스)-출판사(위즈덤하우스)-방송사(SBS)는 이종 매체 간에 공동 협력사업으로 멀티콘텐츠를 공모하기 위해 〈2009 멀티문학상〉을 시행하였다. 상금 1억원, 총사업비 2억원으로 선정된 콘텐츠를 책, 드라마, 영화 등 다양한 매체로 제작하는 취지였다. 심사위원장은 이외수가 맡았는데 이 사업은 매체 간 창작콘텐츠를 공모한 의미 있는 선진 사례로 주목받았으며 2010년에도 시행되었다.

텐츠 기획제도의 도입과 협업 시스템의 구축은 매우 필요한 현안 과제가 되었고 이를 실행할 때에 출판의 미래가 보일 것이다.

3) 크로스미디어 스토리텔링과 다중 미디어 확산

국내에서 크로스미디어 스토리텔링 전략의 일부를 반영한 것으로 〈노빈손 시리즈〉를 들 수 있다. 이 작품은 캐릭터 〈노빈손〉(빈손이 아니라는 뜻으로 로빈슨크루소에서 런칭) 중심의 체험보다는 감상하는 독자들이 작품을 읽으며 겪게 될 간접 체험에 초점을 맞추고 있다. 독자들이 캐릭터가 겪는 체험을 공유하게 하려면−심지어 캐릭터보다 더 강렬하게 체험하게 하려면− 작가는 독자들이 무엇을 알고, 무엇을 몰라야 하는지에 관심을 갖고 이를 구체화할 때에 가능하다. 〈로빈슨크루소 따라잡기〉(제1권, 1999))가 출판되면서 당시 〈011〉에서 모바일게임 서비스를 시작하였다. 아울러 독자들을 위해 노빈손 홈페이지(www.nobinson.com)을 개통하여 노빈손에 관한 정보를 공유하고 출판될 〈노빈손 시리즈〉를 미리 검토하게 하거나 제목안을 올리고 기획작품에 대한 의견은 물론 자신들이 직접 쓴 시나리오를 올리게 하고 있다(박철준, 2002). 〈노빈손 시리즈〉는 이용자로 하여금 미디어 간에 적극적인 참여와 이동을 유도하는 전략을 실시함으로써 베스트셀러를 만드는 계기를 만들었다.

스웨덴의 〈마리카에 관한 진실〉(2007)의 제작팀은 방송 전에 미리 '마리카 찾기'에 끌어들이기 위해 핵심 참여자를 모집하였다. 드라마와 온라인이 설정한 허구의 세계 안에서 참가자들은 진짜인 것처럼 행동하기를 요구받았고 적극적으로 부응하였다. 모든 개인적 흔적은 물론, 주민등록부에서도 사라진 마리카를 찾기 위한 핵심층의 활동은 매우 효과적이었다. 일반 시청자들은 핵심층이 남긴 단서와 암호 풀기 비법 등을 참고해서 다양한 미션을 수행하였고 이를 통해 스웨덴 전역으로 확산되는 결과를 낳았다(서성은, 2011, p.137).

출판콘텐츠에서 크로스미디어 스토리텔링의 활용은 콘텐츠의 생산과 마케팅의 두 가지 전략에서 활용될 수 있을 것이다. 먼저 생산에서는 〈마리카에 관한 진실〉이나 〈노빈손 시리즈〉의 경우처럼 제작이나 프로모션 자체를 개방함으로써 콘텐츠에 대한 친숙성을 유발한다. 다음으로 분산된 싱글 콘텐츠의 향유를 통해서 통합체적 접근을 도모하고 이를 통해 전체 콘텐츠에 대한 구매성을 높이도록 한다. 정리한다면 크로스미디어 스토리텔링을 통한 출판 산업의 활성 전략은 다음과 같다. 첫째, 이용자들의 참여를 유도하기 위해서는 핵심 콘텐츠의 구전(buzz)을 확산시킬 수 있어야 한다. 구전은 대화와 이메일, 전화뿐만 아니라, 페이스북, 트위터, 미투데이, 싸이월드 등의 소셜 네트워크를 통한 활동을 포함하는 개념으로 사용한다. 특히 SNS는 대부분 아는 사람으로 연결되어 있는 특성상 일반 검색을 통해 찾는 정보보다 지인들의 추천으로 공유하는 정보가 신뢰성이 높고 또 간결하게 전달되기 때문이다.

둘째, 구전을 확산시키는 스니저(Sneezer)[11]의 설정과 역할이 필요하다(서성은, 2011,p.140). 크로스미디어에서 스니저는 핵심 콘텐츠의 메시지를 유포시키는 역할을 함으로써 일반 이용자들의 참여를 유도하고 이들은 미디어 사이를 적극적으로 이동하게 된다. 이러한 스니저의 설정과 활동은 크로스미디어 스토리텔링만의 독특한 특성인데, 크로스미디어는 미디어 간에 이동이 활발하게 발생해야 하는 스토리텔링이기 때문이다. 셋째, 크로스미디어를 출판콘텐츠의 포스트 디지털 시대에 스토리텔링으로 활용해야 한다. 크로스미디어 스토리텔링은 콘텐츠의 생산과 마케팅에서 구체적인 적용 방법론이다. 단순히 마케팅의 수단으로 이용하는 것이 아니라 이종 매체로의 교차 퍼블리싱과 새로운 콘텐츠의 생산 전략으로 활용해야 한다.

4. 결론 : 스마트 미디어 시대 출판의 활로 모색

이 연구는 출판콘텐츠를 다중 미디어로 확산하기 위한 전략으로 '스토리텔링 3방식'(OSMU·트랜스미디어·크로스미디어)의 개념과 성격, 사례와 적용 방법을 논의하여 한국 출판의 활로 모색을 위한 새로운

---

11 스니저(Sneezer)은 '재채기 하는 사람'의 뜻이지만 마케팅에서는 자신이 알고 있는 지식을 주변 사람들에게 퍼뜨리는 사람으로서 파워풀 한 구전 효과를 전파하는 전도사의 역할을 한다. 때로는 오피니언 리더나 시장 전문가 때로는 마니아의 모습을 띠기도 하며 유명 인터넷 사이트에서도 중요한 역할을 한다.

접근법을 제시하는 데 목적이 있다. 이들 전략들은 미디어 융합 시대에서 나타난 배경이 서로 다르고 성격도 같지 않지만 문화 콘텐츠를 미디어로 전환하는 역할은 동일하다. 이 논문에서 설정한 연구 문제를 논의한 결과 다음과 같은 결론을 도출할 수 있었다.

첫 번째, 원 소스 멀티 유즈 스토리텔링의 개념과 적용 방법에 관한 것이다. OSMU 스토리텔링은 원작 콘텐츠를 이종 매체로 전환하는 방식으로 스토리의 각색(Story Adaptation)을 통해 이루어진다. OSMU는 완결된 결과물로서 서사체를 각 미디어 환경에 맞는 표현 방법과 전달 방식으로 전달되기 때문에 콘텐츠의 구조 질서는 기본적으로 유지된다는 특징이 있다. 국내에서는 OSMU 방식을 매우 포괄적으로 사용하고 있음을 확인할 수 있었다. 이러한 개념의 혼란은 미디어보다 콘텐츠 중심으로만 보는 관점에서 비롯되는데 콘텐츠가 미디어를 넘나들면 모두 OSMU로 인정해 버리는 것이다. 이런 이유는 컨버전스 시대에서 미디어의 형식이 변함에 따라 내용의 변화가 일어난다는 사실을 간과한 것이다. OSMU의 대표적 사례는 〈아기공룡 둘리〉이지만 서사 중심보다는 캐릭터 중심으로 발전된 것이다.

두 번째, 트랜스미디어 스토리텔링의 개념과 적용에 관한 것이다. 트랜스미디어 스토리텔링은 헨리 젠킨스의『Convergence Culture』(2006)에서 주장된 것으로 트랜스미디어 콘텐츠의 개발 방식을 말한다. 트랜스미디어 콘텐츠는 미디어 형식에 구애 받지 않고 다양한 미디어에서 구현되는 콘텐츠로서 다수의 미디어에 제공됨으로써 시너지 효과를 낼 수 있는 콘텐츠이다. 하나의 스토리가 영화·텔레비전·소설·만화로 확장되지만, 각 미디어에서 자체적으로 소비가 가능하기 충분토록 자기 충족적이어야 한다. 콘텐츠들은 각 미디어에서 독립적으로 향유되지만 하나의 세계를 세우기 위한 구성 요소로 존재하는 것이다. 이는 미디어를 넘나드는 서사 해석과 소비 행위를 통해 사용자는 경험의 깊이를 유지하고 더 많은 소비를 이루게 하는 방식이라고 할 수 있다. 〈매트릭스〉는 영화, 애니메이션, 게임, 만화의 네 장르가 각각 별도의 〈매트릭스〉였지만 네 장르는 결국에는 하나로 통합되는 내러티브의 구조를 갖고 있었다.

세 번째, 크로스미디어 스토리텔링의 개념과 적용에 관한 것이다. 크로스미디어는 복수의 미디어 조합으로 하나의 통합체적 결과물을 완성하도록 이용자로 하여금 미디어 간에 적극적인 참여와 이동을 유도하는 전략이다. 크로스미디어 스토리텔링은 이용자의 참여를 위한 시나리오 설계로서 시발점이 되는 핵심 미디어가 존재하고 이를 통해서 미디어 간에 이용자 이동이 가능해지며 깊은 참여를 통하여 메시지에 대한 향유가 이루어진다. 크로스미디어 스토리텔링은 복수 매체를 이용하는 스토리텔링의 양식 중에서 이용자의 능동적인 참여와 구매가 강조되며 마치 퍼즐을 맞추듯 각 미디어를 통해 전체 서사체를 완성하는 점이 중시된다. 〈마리카에 관한 진실〉은 각 미디어의 조합을 통해 전체 서사를 완성하는 드라마였다.

네 번째, 위의 세 가지의 접근법을 통해 원천과 거점 콘텐츠의 성격을 갖고 있는 출판콘텐츠의 다중 미디어 확산 전략에 관한 것이다.

첫째, OSMU 스토리텔링을 통한 출판콘텐츠의 다중 미디어 확산 방안이다. (1) 높은 대중적 유인력이 있고 탄탄한 스토리텔링이 녹아 있는 원천 콘텐츠 확보가 우선이다. 시장성이 검증된 원작(소설, 만화 등)을 확보하는 것은 OSMU 비즈니스 출발의 관건이다. (2) 사전 OSMU 기획과 리스크 절감을 위한 협력체계(컨소시엄·파트너십)의 구축이 긴요하다. (3) 출판콘텐츠의 라이선싱을 강화해야 한다. (4) 콘텐츠의 기획단계에서부터 다중 미디어 확산 전략을 구체화하고 실행해야 한다.

둘째, 트랜스미디어 스토리텔링을 통한 확산 방안이다. (1) 출판콘텐츠 기획자—또는 콘텐츠 매니저, 콘텐츠 크리에이터, 콘텐츠 코디네이터, 콘텐츠 PD 등의 명칭—를 적극적으로 육성해야 한다. (2) 협업제작 연계형 및 가치사슬 연계형 시스템의 구축이 긴요하다. 전자는 미디어 전문가들로 하여금 협업(協業)과 공동제작 시스템을 구축하는 일이며 수평적인 조직이 된다. 후자는 콘텐츠 중심의 가치사슬 연계형(기기-네트워크-솔루션-콘텐츠 업체)의 컨소시엄이다. 미디어 컨버전스 시대에서 출판콘텐츠 기획자와 협업 시스템의 구축은 매우 필요한 현안 과제가 되었고 이를 실행할 때 출판의 미래가 보일 것이다.

셋째, 크로스미디어 스토리텔링을 통한 확산 전략이다. (1) 이용자들의 참여를 유도하기 위해서는 핵심 콘텐츠의 구전(buzz)을 확산시킬 수 있어야 한다. 구전은 대화와 이메일, 전화뿐만 아니라, 페이스북, 트위터, 미투데이, 싸이월드 등의 소셜 네트워크를 통한 활동을 포함하는 개념으로 사용한다. (2) 구전을 확산시키는 스니저(Sneezer)의 설정과 역할이 필요하다. 크로스미디어에서 스니저는 핵심 콘텐츠의 메시지를 유포하여 일반 이용자들의 참여를 유도하고 이들은 미디어 사이를 적극적으로 이동하게 된다. (3) 크로스미디어를 출판 콘텐츠의 포스트 디지털 시대에 스토리텔링으로 활용해야 한다. 크로스미디어 스토리텔링은 콘텐츠의 생산과 마케팅의 구체적인 적용 방법론이다. 단순히 마케팅의 중요 수단으로 활용하는 것이 아니라, 이종매체로의 교차 퍼블리싱과 새로운 콘텐츠의 생산에서 효과적인 전략으로 활용되어야 효율성을 띠게 된다.

결론적으로 출판 산업에서 우선적으로 다중 미디어 확산에 적합한 콘텐츠 분야는 에듀테인먼트(edutainment)와 엔터테인먼트(entertainment)이다. 먼저 이 분야에서 원천 콘텐츠를 개발하면서 동시에 기존 콘텐츠를 전환하는 전략이 필요하다. 에듀테인먼트처럼 목적이 뚜렷한 콘텐츠의 경우 하나의 미디어에서 모두를 담아내기는 어렵다. 다중 미디어를 통해 핵심 스토리와 동기, 몰입감을 제공할 수 있다. 물론, 소설 등 다른 장르의 콘텐츠들도 스토리텔링 방식이 대입되어야 한다. 개발 방식은 콘텐츠의 성격에 따라 각각의 스토리텔링 방식과 더불어 둘 이상의 스토리텔링을 병행 방식도 고려해야 할 것이다.

한편, 출판콘텐츠가 다중 미디어로 확산되기 위해서는 출판인들의 인식의 전환이 요구된다. 출판콘텐츠의 중요성과 스토리텔링의 이해, 다른 미디어와 플랫폼에 관한 지식, 미디어 시장과 수용자들의 깊이 있는 파악이 필요하다. 이 논문은 스토리텔링 3방식을 출판에 처음으로 도입하고 개념과 적용 방법을 논의하여 출판콘텐츠의 다중 미디어 확산이라는 명제에 접근하였다는 데 의미가 있으며 아울러 한계도 있었다. 3방식을 동시에 다루다 보니 범위가 넓어져 포괄적인 서술이 많았으며, 사례 분석이 부족한 면도 있다. 향후에 질적, 양적 연구를 통하여 3방식 하나하나에 대한 실증적 연구가 필요하다.

참고문헌

김민수(2004), 「미디어 융합시대에 최적화된 OSMU 캐릭터의 효율적 활용에 관한 연구」, 상명대학교 정보통신대학원 석사학위논문

남석순(2008), 「디지털미디어 시대 출판콘텐츠 스토리텔링의 생산적 논의」, 『한국출판학연구』 통권 제55호(서울 : 한국출판학회)

_____(2010), 「디지털 시대 출판매체의 활로 모색 : 출판콘텐츠의 Cross-media를 중심으로」, 중국 하남대학교 편집학과 학부·대학원 특강자료(중국:하남성)

_____(2011a), 「출판콘텐츠의 적용과 확산」, 『제13회 한·중출판학술회의 발제집』(중국 : 북경 중국신문출판연구원)

_____(2011b), 「스마트미디어 시대에서 출판콘텐츠의 확장과 적용」, 『한국콘텐츠학회 학회지』, 제9권 제3호(한국콘텐츠학회)

문화체육관광부·한국문화콘텐츠진흥원·한국인터넷콘텐츠협회 공동주최(2008), 『2008 뉴미디어콘텐츠 산업 미래전략 포럼 자료집』

박철준(2002), 「노빈손은 즐겁다-로빈슨 크루소 따라잡기로 살펴본 아동·청소년 논픽션」(서울 : 한국출판마케팅연구소, 2002.1)

서성은(2011), 「크로스미디어 스토리텔링의 온라인 구전 양상」, 『한국콘텐츠학회 논문지』, 11Vol.11, NO.1(한국콘텐츠학회)

신동희·김희경(2010), 「트랜스미디어 콘텐츠 연구 : 스토리텔링과 개념화」, 『한국콘텐츠학회 논문지』 Vol.10, NO.10(한국콘텐츠학회)

이동욱(2011.6.21), 「콘텐츠 산업의 OSMU전략《전자신문》

이봉희·오승환(2007), 「트랜스미디어에 관한 연구」, 『한국기초조형학회지』 Vol 8, No. 4.

원민관·이호건(2004), 「문화콘텐츠의 원소스 멀티유즈를 통한 수출 활성화 방안」, 『통상정보연구』 6권3호(한국통상정보학회)

이상민2009), 「트랜스미디어 스토리텔링의 개념과 특성」, 『한국콘텐츠학회 논문지』 09 Vol.9 No.12(한국콘텐츠학회)

이재현 엮음(2011), 『컨버전스와 다중미디어 이용』, 서울대언론정보연구소 기획

(서울 : 커뮤니케이션북스)

전경란(2010), 「트랜스미디어 콘텐츠의 텍스트 및 이용 특징」, 『한국콘텐츠학회
지』, 10 Vol. 10 No.9(한국콘텐츠학회)

《조선일보》, 『2009 멀티문학상』, (2008. 12. 23)

출판도시문화재단(2010), 『넘나듦 : 뉴미디어와 출판콘텐츠의 확장』, 제5회 파주
북시티 국제출판포럼(파주 : 출판도시문화재단)

Carolyn Handler Miller(2001), 『Digital Storytelling』, 이연숙외 역(2006)『디지털
미디어 스토리텔링』(서울 : 커뮤니케이션북스)

David Bolter & Richard Grusin(1999), 『Remediation:Understanding New Media』,
이재현 역(2006), 『재매개 : 뉴미디어의 계보학』(서울 : 커뮤니케이션북스)

Dentsu Crossmedia Development Project Team(2008), 『Crosswitch』, 휘닉스커뮤
니케이션즈 마케팅플래닝본부 역(2009), 『크로스위치』(서울 : 나남)

Henry Jenkins(2006), 『Convergence Culture : Where old and new collide』, 김정희
원 · 김동진 역 (2008), 『컨버전스 컬쳐 : 올드 미디어와 뉴미디어의 충돌』
(서울 : 비즈앤비즈)

H. Marshall Mcluhan(1964), 『Understanding Media : The Extension of Man』, 박
정규 역(2001), 『미디어의 이해 :인간의 확장』(서울 : 커뮤니케이션북스)

Rolf Jensen(1999), 『The Dream Society』, 서정환 역(2010)『드림소사이어티』, (서
울 : 한국능률협회)

Rebert Escapit(1978), 『Sociologie de la littérature』, 민병덕 역(1999), 『문학 · 출판
의 사회학』(서울 : 일진사),

Sherman Young(2007), 『The Book is Dead』, 이정아 역(2008), 『책은 죽었다』, (서
울 :눈과 마음)

A Study on Strategies for Spreading Publishing Contents through Multimedia

-Focusing on three ways of storytelling-

The essence of publishing is contents, and publishing contents have potential as motive power that expands all media. Korean publishing has not achieved developmental spread due to the decreasing production of paper books and the inactivation of electronic books in the middle of infinite competition and infinite fusion of media. This study proposed a new approach to find a way out of this deadlock for Korean publishing. For this, we discussed the concepts and characteristics of OSMU (Media Franchise), transmedia and crossmedia as strategies for spreading publishing contents through multimedia, as well as cases and application methods of each storytelling methods. The terms describing the three ways of storytelling, which are suggested in this study for the first time, are not mutually exclusive but interdependent. The best types of contents for spreading through multimedia are edutainment and entertainment. We need to develop strategies for developing source contents and, at the same time, to convert existing contents in these areas. For development methods, we may use OSMU storytelling, transmedia storytelling, and crossmedia storytelling separately or combine two or more of them according to the character of contents.

Keywords: OSMUstorytelling, transmedia storytelling, crossmedia storytelling

스마트 미디어 시대에서
출판 콘텐츠의 확장과 적용[1]

1. 서론

최근 미디어 산업들이 융합되고 재편되는 미디어 빅뱅이 이루어지고 있다. 디지털 환경이 자리를 잡으면서 신문과 방송의 겸영, 방송과 통신의 융합이 이루어지고 기술 진보에 따라 새로운 미디어들이 속속 등장하고 있다. IT 산업의 발전은 미디어의 홍수와 빅뱅을 만들어 내어 사용자들은 새로운 미디어 환경에 적응하는 노력을 게을리 할

---

1   이 논문은 한국콘텐츠학회 『학회지』(2011.9)에 게재되었던 것으로 일부 수정한 것이다.

수 없게 되었고, 기업들도 뉴미디어 환경에 적응해야 새로운 발전을 도모할 수 있게 되었다. 이제는 손 안에서 모든 것이 해결되는 스마트 미디어 시대에서 미디어 기기와 서비스는 사회적, 문화적, 산업적으로 큰 이슈로 떠올랐다. 이런 결과로 인해 인간과 인간 그리고 인간과 사회 커뮤니케이션은 재정립이 불가피하게 되었다.

하지만 문제는 콘텐츠의 빈곤이다. 언제 어디서나 원하는 방식으로 콘텐츠를 이용할 수 있는 스마트 미디어 시대에 접어들수록 콘텐츠의 중요성이 더욱 커지고 있다. 다시 말하면 발전된 IT 기술로 만들어진 미디어를 가지고 사용자들을 어떻게 최대의 만족을 끌어낼 수 있을까 하는 점이다. 이제는 하드웨어의 발전이 중요한 것이 아니라 콘텐츠의 개발과 함께 가는 것이 더욱 중요해졌다. 결국 사용자들의 욕구에 부합되는 콘텐츠의 개발이야말로 하드웨어의 기술 진전과 시장 점유율에 기본으로 자리매김하고 있는 것이 현재의 상황이다.

이 글의 목적은 출판미디어가 가지고 있는 콘텐츠의 의미를 파악하고 그 확장성과 적용성을 검토하여 스마트 미디어 시대에서 문화 콘텐츠의 빈곤에 대처하는 하나의 방안을 제시하는데 있다. 출판의 핵심은 콘텐츠이며 출판 콘텐츠는 모든 미디어를 팽창시키는 원동력으로서의 가능성을 가지고 있다. 이러한 주장의 근거는 출판 콘텐츠는 문자 중심으로 표현되며, 문자는 그 표현의 제한이 없어 인간의 창의와 상상의 세계를 모두 수용할 수 있는 도구라는 점이다. 더구나 출판은 인간의 지식과 지혜가 담긴 가장 전통적이고 오래된 전달매체이기도 하다. 이처럼 문자로 표현된 출판 콘텐츠는 방송과 영화, 애니메이션과 캐릭터, 게임과 모바일 등으로 재구성되는 스토리로 활용되고 있으며, 이는 출판미디어가 원천 콘텐츠로 불리는 중요한 근거가 된다.

한편, 출판미디어는 개발된 많은 콘텐츠를 보유하고 있기도 하지만, 이들은 아직 묻혀있어 스마트 미디어 시대에서 콘텐츠를 개발할수 있는 보고(寶庫)의 역할도 하고 있다. 이 글의 목적을 위하여 첫째, 문화사업으로서 출판미디어의 특성과 출판콘텐츠가 이종 매체로의확장을 위한 전략으로 스토리텔링을 검토할 것이다. 둘째, 이러한 확장성을 근거하기 위하여 실제 출판 콘텐츠가 전자책, 영화, 드라마, 모바일 등 동종 매체 혹은 이종 매체로 넘나듦의 사례를 살필 것이다. 셋째, 이러한 논거를 통하여 스마트 미디어 시대에서 콘텐츠의 개발과 확장에 가능성을 제시하는 것이 이 글의 목적이며 지향점이다.

2. 원천 콘텐츠로서 출판 콘텐츠의 확장성

한국 콘텐츠산업에서 출판산업이 차지하는 위상은 분명하게 나타난다. 『2010 콘텐츠산업통계』(문화체육관광부·한국콘텐츠진흥원, 2011.5)에 따르면 2009년도 한국 콘텐츠산업 매출액은 모두 69조 4억원으로조사되었다. 콘텐츠 별로 본다면 출판산업이 20조 6,091억원(29.9%)로서 가장 큰 비중을 차지하며, 다음이 방송산업(18.5%)과 광고산업(13.3%)이다. 한편 콘텐츠 산업의 부가가치액은 28조 5,153억원으로

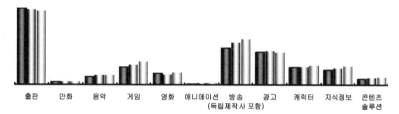

그림1 콘텐츠산업 매출액 현황

출판산업이 8조 7,362억원(30.6%)으로 최고의 부가가치율을 나타내고 있으며, 다음이 방송산업(18.1%), 광고산업(12.1%)이다. 한국 콘텐츠산업의 분류와 조사체계는 12개 영역이며 (1)출판 (2) 만화 (3)음악 (4)게임 (5)영화 (6)애니메이션 (7)광고 (8)방송 (9)캐릭터 (10)지식정보 (11)콘텐츠솔루션 (12)공연산업으로 구성되고 있다. 이중에서 공연산업은 산업의 정의가 명확하지 않아 조사규모에는 포함시키지 않고 별도 부록에 게재하고 있다. 이 조사에서 출판의 분류체계는 출판업, 출판도소매업, 온라인출판유통업, 출판임대업으로 구성되고 있다. 이처럼 정부 집계에 따르면 한국의 콘텐츠 산업에서 출판은 전체 콘텐츠 산업에서 가장 높은 매출액과 부가가치율을 보이고 있는 한국에서 대표적인 콘텐츠 산업으로 자리매김 되고 있다.

출판콘텐츠란 인쇄 출판물과 전자 출판물을 포함하여 모든 출판매체 속에 담긴 내용물을 지칭한다. 이 콘텐츠들이 디지털화 되면서 상품의 제작과 유통에서 멀티미디어화를 특징으로 하며 출판콘텐츠의 디지털화는 매우 중요하다. 이는 매체 간에 전환이 가능하려면 콘텐츠를 디지털 형식으로 이용할 수 있어야 하기 때문이다. 현재 산업적 의미에서 유력한 매체 양식은 종이책(Paper Book)과 전자책(e-Book)으로 귀결되고 있는데, 이들은 동종 매체이기는 하지만 차별 매체이기도 하다. 종이책은 이미 생산량에서 한계에 이르렀으며 해마다 출판량은 감소하고 있다. 전자책은 급속이 온라인 전자책(e-Book)으로 수렴되고 있으며 스마트 미디어 시대에서 모바일 소설 등으로 더욱 가속화되는 추세이다. 현재 전자책은 스마트폰과 태블릿 PC로 이동되고 있는데, 스마트폰은 가볍게 읽을 만한 콘텐츠에서 태블릿 PC는 시간과 노력을 들여서 읽어야 하는 콘텐츠의 구매를 촉진하고 있는 것으로 분석된다.

이제 글로벌 미디어 산업에서 플랫폼 간에 소통과 융합은 피할 수 없는 이슈가 되었다. 영화, 드라마, 웹, 모바일 등 각 콘텐츠가 가진 특수성은 점차 무디어지고 상업화와 산업화를 위한 공통점, 즉 성공을 위한 공통 코드인 글로벌과 스마트한 문화코드를 갖춘 콘텐츠만이 살아남고 있다. 결국 패러다임이 바뀌면서 미디어 콘텐츠 형식과 내용도 환경 변화에 따라 변해가고 있는 것이다. 원천 콘텐츠로서의 출판콘텐츠가 다른 미디어 플랫폼에 전환되려면 콘텐츠에 대한 엄밀한 정의, 각 미디어 플랫폼의 이해, 수용자들의 미디어 선택 환경 등에 대한 전제가 필요하지만 이 글에서는 출판 콘텐츠와 이종 매체로의 크로스미디어 관점에서만 논하기로 한다.

출판콘텐츠가 동종 매체 혹은 이종 매체에서 성공하려면 스토리텔링이 효과적인 방법이다. 스토리텔링에서는 OSMU(One Source Multi

Use), 크로스 미디어 스토리텔링(Cross media storytelling), 트랜스미디어 스토리텔링(Trans media storytelling) 등의 이야기하기의 방법론을 검토할 수 있다. OSMU란 1차 콘텐츠를 시장에 성공시킨 후 다른 매체의 콘텐츠로 판매하여 수익을 극대화시키는 전략이다. 예를 들면 출판소설 콘텐츠를 영화, 드라마, 웹에 올리고 외국에도 판매하는 전략을 말한다. 하지만, 크로스미디어 스토리텔링은 처음의 기획단계와 제작단계에서부터 여러 매체에 사용할 수 있도록 최적화된 콘텐츠를 만드는 전략을 말한다. 큰 차이가 아닌 것처럼 보이지만 그 결과물은 엄청난 차이를 만든다. 기존의 OSMU는 단지 인기 있는 콘텐츠라는 이유로 다른 미디어에 옮겨지므로 각 미디어의 특성과 소비자의 성향을 경시하여 성공할 가능성이 낮은 편이다.

한편, 트랜스미디어 스토리텔링은 다양한 미디어 플랫폼을 통해 공개하는 것으로서 각각의 새로운 텍스트가 전체 스토리에 분명하고도 가치 있는 기여를 하며, 미디어를 넘나드는 독해와 경험의 깊이를 유지시킴으로써 더 많은 소비를 촉진하는 것으로 풀이되고 있다. 크로스미디어와 트랜스미디어 스토리텔링에서 두 개념은 상당히 유사하지만 미디어의 진입에서는 차이를 보인다.

다시 정리한다면, 트랜스미디어 스토리텔링은 각 텍스트 블록은 부분의 독자성과 내재적 완결성을 지니고 있어야 하고, 크로스미디어 스토리텔링의 각 텍스트 블록은 독자성과 내재성이 약하지만 복수의 매체를 효과적으로 결합시켜야 전체 스토리를 향유할 수 있다. 하지만 중요한 점은 OSMU, 크로스미디어 스토리텔링, 트랜스미디어 스토리텔링 이든 간에 핵심 스토리(core story)가 있어야 한다. 핵심 스토리는 여러 콘텐츠 중에서 최초로 등장한 콘텐츠일 수도 있고, 원형 스토리일 수도 있으며 성공한 콘텐츠의 스토리일 수도 있다는 점이다.

오래전부터 많은 출판콘텐츠가 영화, 방송, 뉴미디어의 콘텐츠로 전환되어 왔다. 하지만, 출판미디어 중심보다 활용하는 미디어가 중심이었고, 단순 내지 기계적인 이야기 전환에 치우침이 많았다. 출판의 본질은 복제와 전달이지만 핵심은 바로 콘텐츠이며 이는 모든 미디어의 원동력이고 뿌리이다. 원천 콘텐츠가 종이책과 전자책으로 다시 웹, 모바일, 애니메이션, 드라마, 영화로 전환되는 이 시대에 있어서 출판이야말로 거점 콘텐츠로서의 역할을 수행하고 있다.

3. 거점 콘텐츠로서 출판 콘텐츠의 적용성

문화 콘텐츠 스토리텔링은 전달매체에 따라 다면적 정의를 필요로 한다. 영화는 영화대로, 드라마는 드라마대로, 출판은 또 출판대로 스토리텔링의 모양을 달리하기 때문이다. 스토리텔링은 각 매체의 특징과 연계해서 장르별로 정의가 반드시 필요한데 이는 각 문화 콘텐츠 장르는 저마다의 특징을 지니고 있기 때문이다. 문화 콘텐츠는 각기 다른 산업적 특성과 체계를 가지고 있고 문화적 기반과 수용자 층또한 다른 바탕 위에서 존재한다. 그렇다면 출판 콘텐츠가 다른 미디어 플랫폼에 어떤 방법으로 전환할 것인가 또는 각 미디어들이 어떤 관점에서 출판콘텐츠를 전환할 것인가 하는 전략 개발을 위해서는 미디어들의 특성과 스토리텔링의 기법을 알아야 할 것이다. 다만 여기에서는 거점 콘텐츠로서 출판콘텐츠가 전자책, 영화, 드라마, 모바일 미디어들로 넘나듦에 대하여 각 미디어의 특성과 스토리텔링에 대한 적용의 사례를 살펴본다.

1) 전자책

전자책(eBOOK)은 광의적으로 종이책과 상호보완적 미디어로서 PC를 통해 보는 전자책부터 개인 휴대 단말기나 전용단말기 등을 포괄하는 개념이다. 협의적으로는 책을 보는 것과 유사한 형태로 표현되도록 화면에 표시되는 전자적 콘텐츠 또는 이를 표현하는 단말기 시스템 자체로 정의할 수 있다. 즉, 기존의 다양한 디지털 전자출판 미디어를 광의의 전자책이라면, 현재 화두에 떠오르고 있는 전자책은 뷰어(viewer)를 이용해 읽는 On-line 화된 출판콘텐츠를 뜻한다. 일반적으로는 디지털 데이터로 구성된 책의 내용(문자·소리·화상 등)을 인터넷 등 유무선 통신망을 경유해 독자가 PC 화면이나 휴대용 단말기를 통해 뷰어(viewer)로 읽는 책을 의미한다. 그러므로 전자책(e-book)은 콘텐츠를 전달하는 채널로서 플랫폼이 아니라 새로운 미디어로 규정할 수 있다.

종이책과 전자책은 동종 매체이지만 유형(아날로그)과 무형(디지털)

이라는 점에서 차별화를 갖는다. 전자책의 특성은 종이책과 같은 내용을 가지면서 그림, 문장, 음성, 영화 등 멀티미디어 기능 지원과 정보 검색이 가능한 콘텐츠와 전자기기를 말한다. 전자책을 볼 수 있는 단말기는 크게 킨들 같은 E잉크 단말기와 스마트폰, 태블릿 PC 등 세 가지로 압축되고 확대되고 있지만 산업적으로 전자책 발전에 최대 관건은 다양한 콘텐츠의 확보가 선결 사항이다. 중요한 것은 확보된 콘텐츠에도 스토리텔링이 적용되어야 하며 종이책을 그대로 옮겨놓거나 종이책의 내용을 요약하는 방식으로 소비자들의 욕구를 만족시킬 수 없다. 전자책 매체에 맞는 텍스트의 재구성과 멀티미디어 기능을 적극 활용하는 전자책 전용의 인터페이스 디자인과 더불어 출판 콘텐츠의 스토리텔링이 적용이 되어야 한다는 점이다.

2) 영화

영화는 스토리, 이미지, 사운드의 세 가지로 표현되는 종합예술이다. 영화는 텍스트 중에서 이야기 텍스트에 절대적으로 의존된다. 왜냐하면 영화는 본질적으로는 다양한 표현수단을 사용하는 복합매체이지만 동시에 어떤 특정한 이야기를 전달하는데 목적을 두는 '서사매체'이기 때문이다. 영화의 나머지 두 텍스트, 즉 이미지 텍스트와 사운드 텍스트는 현대에 와서 비중이 높아졌지만, 이야기 텍스트를 보다 설득력 있게 전달하려는 목적으로 구성되는 수가 많다.

출판과 영화는 이종매체이다. 출판콘텐츠의 영화 크로스미디어에 대표적 사례는 출판소설 〈반지의 제왕〉과 〈해리 포터〉이다. 〈해리 포터〉는 환타지 성장소설로서 7부로 완결(2007년)되었고 64개 언어로 번역되고 출판되어 누적 판매 부수 약 4억 여권과 1조 2,000여억원의 매출을 올린 것으로 추정되고 있다. 소설 〈해리 포터〉가 거의 모든 연령대에 걸쳐 독자층을 형성하면서 영화로 속속 제작될 수 있는 큰 비결은 쉽게 공감을 얻을 수 있는 '스토리의 힘'이다.

소설 〈해리 포터〉가 글을 통하여 상상의 욕구를 충족시켰다면, 영화 〈해리 포터〉는 영국 원작에 미국의 자본과 기술이 엮어져서 화려한 영상과 사운드로서 소설에서의 막연한 상상을 현실화시키는 스토리텔링이 주효하였다고 본다. 출판소설의 스토리를 영화로 플롯시킴에는 이러한 스토리텔링이 깔려 있다. 소설 〈해리 포터〉의 원천 콘텐츠는 영화 〈해리 포터〉와 게임 〈해리 포터〉 그리고 캐릭터 〈해리 포터〉를 낳았다. 이처럼 출판콘텐츠의 힘은 Story이며, telling(매체)으로서의 영화, 게임으로 이어지는 원천 콘텐츠의 역할을 하는 큰 문화상품이다. 드림웍스를 창업하고 슈렉을 제작한 미국의 카젠버그(Jeffrey Katzenberg)도 콘텐츠는 스토리가 주요 요소이며 좋은 스토리라면 관객들이 반응한다고 말한다.

3) 드라마

드라마는 방송극으로 등장인물의 행위를 통하여 이야기를 만들어 가는 예술 표현이다. 웹스터 사전은 드라마를 "산문이나 시로 구성해서 행동으로 적용시키고, 인생과 인물을 표현하거나 이야기를 전달하는데 행동에 기초를 두어 어떤 결과를 초래케 하고 대사에 의지하여 이야기를 전달하는 극"으로 풀이한다. 드라마의 특성은 연극적, 영화적, 라디오 적 성격이며, 영화와 무대극의 중간적 성격이고, 텔레비전과 휴대용 단말기만 있으면 볼 수 있다는 점에서 친근하며, 장면은 실제로 있을 것 같은 느낌을 주는 점에서 동시성을 주며, 주제는 대중적인 보편성을 띤다.

한국에서 출판콘텐츠(소설)가 TV 드라마로 크로스미디어 된 예는 매우 많다. 이는 소설의 스토리가 드라마의 플롯으로 전개되기 쉬운 이야기체이기 때문이다. 반대로 드라마가 소설로 크로스 되는 예도 많다. 한 예로 한국 드라마 〈겨울연가〉는 중국과 일본을 비롯해서 아시아인들에게 큰 감동을 준 작품으로 스토리텔링의 핵심은 '첫사랑'으로 플롯화 되어 있다.

일본에서 〈겨울연가〉 열풍의 실체도 결국 스토리였다. 〈겨울연가〉를 방영한 NHK의 2004년 조사결과를 보면 일본인의 64%가 〈겨울연가〉의 매력을 'Story' 로 꼽았다. 주제가(51.4%), 주연배우 배용준과 최지우(50.4%), 매력적인 등장인물 캐릭터(27.3%)는 스토리보다 아래에 속한 것으로 나타났다. 크로스미디어의 핵심은 결국 스토리이다. 이 스토리가 각각의 매체에서 조화된 플롯으로 이루어질 때 그 매체의 크로스미디어 스토리텔링은 완성되어 진다고 본다.

4) 모바일

모바일은 휴대폰과 휴대용 개인 정보단말기(PDA) 등과 같이 이동성을 가진 것들을 총칭한다. 손에 들고 다니므로 가볍고 작은 것이 특징이다. 휴대폰·PDA·노트북 컴퓨터 등의 장점들을 이용한 제품들이 개발되고 있으며 휴대폰으로 인터넷에 접속하는 모바일소설, 모바일게임, 모바일영화 등 많은 서비스가 제공되고 있다. 모바일의 종류는 다양하지만 노트북, 넷북, 태블릿PC, 스마트폰, PDA, MP3 등이 대표적이다. 전자책 전용 단말기(eBOOK Leader)는 아마존 킨들의 대성공으로 전자책 산업에 대한 기대감을 높였고 세계적으로 수십 종이 개발되었다.

모바일의 매체적 특성은 이동성(mobility)과 개별성(individuality)이다. 이동성은 공간적인 제약이 없어 무한 공간으로 확장되었으며 새로운 네트워크를 형성하고 있다. 개별성이란 개인화된 미디어를 말하며 모바일 미디어의 핵심적 특성을 잘 드러내는 말이다. 이러한 점에서 애플의 지혜를 본받을 필요가 있다. 애플은 휴대폰 제조업체로서 아이폰을 팔기 위해 앱스토어를 만든 것으로 휴대폰의 생태계가 아니라 어플리케이션의 생태계를 만든 것이었다.

모바일 콘텐츠란 휴대폰, Netbook, PDA, 스마트폰 등의 각종 무선단말기를 통해 제공되는 모든 형태의 미디어 서비스를 의미한다. 출판콘텐츠의 모바일 크로스미디어는 이동성, 개인화, 소형화라는 매체적 특성 위에서 적합한 콘텐츠의 개발과 스토리텔링이 필요하며 수용자의 콘텐츠 이용 관점이 중요하다. 매체적 특성과 비즈니스 전략을 활용하여 크로스미디어 스토리텔링이 이루어질 때 성공의 가능성이 있는 것이다. 하나의 사례로서 일본에서는 휴대폰 소설이 대세로 자리 잡고 있다. 더욱 충격적인 것은 모바일 소설이 베스트셀러로 진입한 것이다. 앞으로 PDA, Kindle, iPad, iPhone 등의 단말기나 뉴미디어의 새로운 모델은 계속 나타날 것이다.

5) 복합 미디어

출판콘텐츠로서 『로빈슨크루소 따라잡기』(뜨인돌출판사)는 처음부터 OSMU를 생각하고 기획을 진행했다고 한다. 제1권이 출판되자 한국 이동통신 (011)에서 모바일 게임을 서비스를 하였고, 글로벌 기획으로 외국 시장을 겨냥했으며 영어판을 만들어 2000년부터는 중국, 일본, 대만, 태국 등에 저작권 수출을 하고 있다. 이 시리즈는 일상 속에 녹아있는 과학 현상을 〈노빈손〉이라는 캐릭터와 흥미로운 스토리를 우화 형식을 빌려 입체화한 것이다. 〈노빈손〉은 출판 콘텐츠 스토리텔링의 중요성을 보여줬다는 점에서 기념비적이며 거점 콘텐츠의 의미가 있다.

2001년부터 선보인 『Why?』시리즈(예림당)도 과학 지식과 만화 스토리의 결합에 힘입어 성공한 경우로서 2011년 현재 전 89권이 4,000만부 이상의 판매를 보이는 초대형 베스트셀러이다. 이 시리즈는 출판뿐만 아니라 애니메이션, 영상, 게임, 전시, 교육 사업으로 확장되고 있다. 저작권은 9개 국어 36개국에 수출되며, PDF 기반의 전자책과 아이패드와 안드로이드용 2차 전자책으로 출시되고 있다.

한편, 한자 학습만화 열풍을 몰고 온 『마법천자문』시리즈(아울북)는 〈손오공〉이란 캐릭터의 모험을 통해 자연스럽게 한자를 익힐 수 있도록 꾸민 어린이용 인기 학습만화 시리즈다. 2003년부터 2011년까지 19권이 출판되어 1,200만부 이상을 판매하였고 뮤지컬(2007)로 OSMU 되었으며, 학습용 게임 〈마법천자문 DS〉(2011)으로 크로스 미디어 된 출판 콘텐츠이다. 노빈손, Why?, 마법천자문과 같은 출판 콘텐츠들은 원천 콘텐츠로서 대중성을 검증받아 브랜드 가치를 확보한 콘텐츠들이며 한국 출판의 대표적 거점 콘텐츠들이다.

4. 결론

이 글의 목적이 출판미디어가 가지고 있는 콘텐츠의 의미를 파악하고 그 확장성과 적용성을 검토하여 스마트 미디어 시대에서 문화콘텐츠의 빈곤에 대처하는 하나의 방안을 제시하는데 있다. 이를 위하여 첫째, 문화산업으로서 출판미디어의 특성을 파악하고 출판콘텐츠가 이종 매체로의 확장성을 위한 스토리텔링 방법론을 검토하였다. 둘째, 이러한 확장성을 근거하기 위하여 실제 출판 콘텐츠가 전자책, 영화, 드라마, 모바일 등 동종매체 혹은 이종매체로 넘나듦의 사례를 살펴보았다. 이러한 논거를 통하여 스마트 미디어 시대에서 콘텐츠의 개발과 확장을 위한 출판콘텐츠의 가능성을 제시하였다.

각 미디어에서 콘텐츠의 개발 혹은 출판미디어 자체의 융성을 도모하기 위하여 출판 콘텐츠를 활용하고 전환하는 전략에는 두 가지 관점이 있을 수 있다. 하나는 각 미디어에서 출판 콘텐츠를 활용하여 콘텐츠를 전환하는 관점이며, 둘은 출판 미디어 자체에서 이종 매체의 콘텐츠로 스토리텔링 하는 방식이 가능하지만 여기에서는 함께 논의하기로 한다.

첫째, 협의의 개발 전략으로서 각 미디어에서나 출판 자체에서 미디어 디자인 및 스토리텔링 전문가들과 협업 시스템을 구성하는 방식이다. 이 방식의 개발은 자체에서 어루러지지만 전문가들의 의사를 적극적으로 수렴하는 동시에 이들에게도 일정 부분에 보상과 책임의 범주를 설정해야만 효율적인 개발 방식이 될 수 있다.

둘째, 광의의 개발 전략으로서 출판, 영화, 드라마, 모바일 등의 이질적인 매체의 참여자들과 함께 각 매체에 크로스미디어가 될 수 있는 새로운 형태의 콘텐츠를 공동 개발하는 방식이다. 여기에서는 스토리를 중심으로 하되 각 매체 환경에 맞는 플롯의 설정이 기본이다. 중요한 점은 협의 또는 광의든 간에 크로스미디어 개발 전략에는 기본적으로 기획-제작-마케팅이 동시에 전개되어야 성공할 가능성이 높아진다는 점이다.

이를 위하여 출판 콘텐츠의 전환에 크로스미디어 스토리텔링 도입을 하려면 관계자들이 크로스미디어 스토리텔링의 중요성과 체계의 이해, 다른 미디어와 플랫폼에 관한 지식, 매체시장과 수용자들의 깊이 있는 파악이 필수적이다. 먼저, 스토리텔링은 콘텐츠를 전달하는 효과적인 방법으로 공급자보다 철저히 수용자 위주의 이야기 전달 방법이란 점이다.

　다음으로 출판콘텐츠의 전환을 위해서는 각각의 미디어의 특성과 플랫폼에 대한 지식과 이해가 필요하다. 마지막으로 미디어 시장에는 끊임없이 뉴미디어가 출시되고 수용자들은 예민하게 반응 또는 거부해간다. 뉴미디어와 수용자들이 놓여있는 곳이 바로 시장이다. 성공적인 크로스미디어가 되려면 철저히 수용자 관점으로 출판콘텐츠가 활용되고 혹은 전환되어야 할 것이다.

참고문헌

남석순(2008), 「Digital미디어 시대 출판콘텐츠 Storytelling의 생산적 논의」, 한국 출판학연구, 통권 제55호(서울 : 한국출판학회)

_____(2010), 「Digital 시대 출판매체의 활로 모색」, 중국 하남대학교 편집학과 강연 자료

문화체육관광부, 『2008 뉴미디어콘텐츠산업 미래전략 포럼 자료집』

박기수(2007), 「문화콘텐츠 스토리텔링의 생산적 논의를 위한 네 가지 접근법」, 『한국언어문화』제32집(서울: 한국언어문화학회)

박철준(2002), 「노빈손은 즐겁다 −『로빈손 크루소 따라잡기』로 살펴 본 아동, 청소년 논픽션 기획」(서울 : 한국출판마케팅연구소)

서성은(2010), 「Cross media Storytelling의 온라인 구전 양상」, 『한국콘텐츠학회 논문지』, 제11권 1호, 한국콘텐츠학회

신동희, 김희경(2010), 「트랜스미디어 콘텐츠연구:Storytelling과 개념화」, 『한국콘텐츠학회 논문지』, 제10권 10호, 한국콘텐츠학회

스토리텔링 바람, 출판계 스토리텔러−작가 역할 분담,《동아일보》, 2007.8.21

일본 덴츠社 크로스미디어 개발 프로젝트팀(2011), 김덕영외 역, 『크로스위치』(서울 : 나남출판, 2011)

파주출판도시문화재단(2010), 『넘나듦 ; 뉴미디어와 출판콘텐츠의 확장』, 제5회 파부북시티 국제출판포럼 자료집

Carolyn Handler Miller, 『Digital Storytellingt』, 이연숙외 역, 『디지털 미디어 스토리텔링』(서울, 커뮤니케이션북스, 2006)

Rolf Jensen, 『The Dream Society』, 『드림 소사이어티』, 서정환 역(서울, 한국능률협회, 2005

Henry Jenkins(2006), 『Convergence Culture』, New York University Press

Sherman Young(2007), 『The Book is Dead』, University of New South Wales Press

북한출판 연구[1]

−출판 성격과 실태 분석을 중심으로−

1. 북한출판 연구의 필요성과 현실성

1) 당위성과 현실성

해방 이후 문학을 〈분단시대의 문학〉이라고 규정해 놓고, 다음 자리에 이어지게 될 내일의 문학은 〈통일시대의 문학〉이 되어야 한다

---

[1] 이 연구는 『한국출판학연구』통권 제42호(2000) 게재 논문으로 북한의 『조선출판년감』(1981~1984) 원전으로 분석되었기에 자료 가치가 크다. 해방 이후 75년 동안 남북한의 출판 성격이 크게 변모되었으므로 민족출판의 이해를 위한 기본 연구의 성격으로 축약·수정하여 게재함.

는 당위론적 명제에 스스로 감격하곤 하였다(권영민, 1999,p. 5). 이러한 명제는 문학을 세상에 드러나게 하는 출판에서도 예외가 아니다. 분단된 남북의 출판은 교류와 통합 주장의 차원보다 당위와 현실적인 바탕이 앞서야한다. 교류의 입장이 보수와 분단론자가 아니고, 통합의 입장이 진보와 통일론자란 뜻은 아니다. 남북문제의 모든 당위와 현실이 그러하듯 당국 간의 정치적인 바탕이 선행되어야 하고, 민간 차원에서도 저작권, 도서유통, 공동출판도 활성화되어야 한다. 당위란 마땅히 그래야만 하는 일로써 교류로 시작되어 통합으로 가야하고, 현실은 지금 사실로 나타나 있는 일로써 상호 실상의 파악과 노력이 중요한 것이다. 다시 말하면, 분단출판의 문제는 당위성 입장과 현실성 바탕에서 논의되어야 할 것이다. 이러한 점에서 북한출판에 대한 근본 인식과 기초 연구의 필요성이 매우 절실하지만 기본적인 연구는 극히 드물다.

　남북출판의 교류가 없는 상황에서도 현실적으로 북한의 일부 출판물은 남한에서 통용되고 있지만 서로의 출판 성격과 제도에 대한 이해는 매우 부족이다. 첫째, 남한에 있어서 북한 저작물의 보호는 사각지대로 남아 있고, 남북의 책은 서로의 목적에 따라 묵시적, 변칙적으로 옮겨지고 통용되고 있다. 둘째, 교류나 통합을 위한 아무런 제도적 장치가 없다는 점이다. 셋째, 정부 당국이나 민간 출판기구에서나 북한의 출판물 실태에 관한 기본 연구와 근본 대책이 없었다는 것이다.[2] 넷째, 북한출판의 실상이 제대로 파악되어 있지 못하다는 점이다. 이러한 현실 위에서는 교류나 통합은 의미를 잃고 출판문화를 통한 민족의 동질성의 회복은 어렵게 되고 만다. 이 중에서 가장 필요한 것은 북한출판에 대한 심층적인 분석이다. 같은 출판보도물인 신문이나 방송에 비하면 거의 이루어지지 않고 있는 것이 출판 당국, 출판학계와 출판업계의 현실이다. 지금까지의 연구는(이광재, 정진석, 유재천, 부길만, 저작권심의조정위원회, 한국문화정책개발원)[3] 등이 있다.

2) 1980년대 북한출판의 분석

이 연구의 목적은 위와 같은 당위성과 현실성에서 1980년대(1981-1990) 북한의 출판 성격과 출판 실태를 분석하는데 중심을 두었으며

---

2 출판계에서 북한 출판에 대한 관심이 적었다. 한국출판학회가 〈남북한 도서목록 교환을 제안함〉(1990.12.13)을 당시 정부 당국인 문화부에 제출하고 북한 당국에 발송을 의뢰하였다.《출판문화》(1992.1)가 특집으로 남북출판교류에 관한 기조의 글과 출판계와 학계 17인의 간략한 설문조사가 있었다.《출판저널》(1992.1.20)은 〈한 출판인의 제언, 교류가 아니라 통합이어야 한다〉 이외는 남북 출판교류에 대한 활동은 없었다. 2000년에 남북정상회담 직전과 직후《출판문화》6월호와 8월호에 게재된 시론이 있을 뿐이다.

3 이광재,『북한의 출판』(을유문화사, 1989): 노동당 전당대회를 기준하여 5기로 구분한 도서의 사적 고찰 / 정진석,「북한언론의 사적고찰」,『출판연구』제2호, (한국출판연구소,1990): 1930-1960년대까지의 잡지의 사적 고찰 / 유재천,『북한언론의 실상』(민족통일협의회, 1992): 언론학의 관점에서 잡지와 출판에 관한 포괄적인 기술 / 부길만,「통일과 출판의 과제」,『94 출판학연구』(한국출판학회,1994): 통일문제와 출판과제의 입장에서 기술 / 저작권심의조정위원회,「북한저작물의 권리보호에 관한 연구,1990」,「남북문화교류와 저작권 문제,1992」: 남한에서의 월북인의 저작권 보호 및 1992년 남북 기본합의서를 바탕으로 하여 남북저작권의 보호방안을 기술 / 한국문화정책개발원,「북한의 국영 출판체계와 남북한 출판교류에 관한 연구, 1999」: 북한출판물의 국내유통 및 출판에 대한 정책적 해결방안을 모색한 후, 남북 간 저작권 관련 협정과 방안의 제시가 목적이지만 이에 앞서 북한의 출판 체계를 넓게 고찰함.

연구 범위를 다음과 같이 설정하였다.

첫째, 북한 출판물의 이론적 배경인 김일성의 언론사상과 김정일의 주체적 출판보도 사상을 고찰한 다음에, 북한출판의 기본적인 개념과 성격, 사명과 임무를 살펴본다. 특히 분단 반세기에 이르는 과정에서 남북한의 출판 개념과 성격의 변모를 분석하고자 한다.

둘째, 북한의 출판구조와 출판사의 실태를 파악한다. 출판구조에서 국가 출판지도기관, 출판 통제구조, 출판유통 구조는 최근 현황을 중심으로 연구하되 출판사들의 실태는 1980년대 전반기를 정밀하게 기술한다.

셋째, 북한의 도서출판 실태를 고찰하되 형태적 분석(출판통계)은 1981~1984년을 대상으로 하며, 내용적 분석(출판 특성)은 문학출판을 중심으로 1980년대 후반기를 대상으로 한다.

넷째, 북한잡지의 기능과 유형을 살핀 다음에 잡지출판의 실태를 분석하되 1980년대 전반기를 중심으로 한다.

다섯째, 북한의 교과서 출판실태는 보통교육 부문인 인민학교, 고등중학교의 교과서를 중심으로 교육정책, 교과서 발행종수 등 1980년대 전반기 출판실태를 중심으로 파악한다.

여섯째, 분단출판 이후 처음으로 남북한의 도서발행 실태를 통계적으로 비교 분석함으로써 각각의 실태를 파악하게 되며 비교 기간은 1981~1984년(4년)을 대상으로 한다.

일곱째, 본고의 목적이 북한출판의 성격과 실태 분석에 있으므로 위에서 제시된 내용들은 다시 결론으로 요약하여 제시하지는 않으며, 이를 대신하여 앞으로 북한출판의 연구 과제와 방향을 설정하고 남북 민족출판의 형성을 위한 기본 인식과 방향에 대하여 논의하고자 한다.

북한의 폐쇄성으로 모든 분야의 북한연구가 어려움을 겪겠지만, 특히 출판연구 분야에서 북한자료는 절대 부족한 실정이다. 해방이후 1946년부터 북한은 자세한 출판통계와 출판목록을 공표하지 않아 북한출판의 규모와 실태의 파악이 어렵다는 점이다. 1946년부터 1963년까지는 발행종수와 부수 등 총괄적인 발표만 있었고, 1964년 이후는 통계조차 발표하지 않아 연구 자료는 극히 제한적이었다.

이러한 시점에서 원전자료『조선출판년감』(1981~1984)을 통해 북한출판 지도기관과 출판사, 출판통계 및 도서, 잡지, 교과서 출판실태와 규모 전모 파악을 시도한다.[4] 이 시기에 출판된 남북한 도서를 비교, 분석하여 '분단출판 반세기만에 최초로 북한출판의 실태 일부를 규명'하려고 한다. 연대기적으로 1981년에서 1984년은 남북 분단출판의 중간시기에 해당하며, 이를 바탕으로 이전과 이후 시기의 북한출판의 규모와 내용을 추정할 수 있는 시점이기도 하다.

---

4 현재까지 북한 출판물의 정확한 규모와 실태파악이 어려웠으며 북한에도 출판연감이 존재하는 지도 확인되지 않았었다. 본고에서 인용되는『조선출판년감』(1981~1984)의 내용과 출판통계는 남한에서 처음 발표되는 것이다. 이 연감은 1981~1982년 합본판(신국판, 568면, 1987년 발행)과 1983~1984년 합본판(신국판, 632면, 1985년 발행)의 2책으로 북한 과학백과사전출판사 출판연감편집부에서 발행되었다. 4년간의 북한 출판정책, 도서목록과 해제, 도서, 잡지, 교과서 등의 세밀한 출판통계, 각 출판사가 수록되어 있는 북한출판의 백서이다. 특히 각 도서마다 자세한 해제와 서지사항이 기록되어 있으며, 해제는 수십자에서 수천자에 이르고 해제를 통해 도서 성격까지 파악이 가능하다.

한편으로 1980년은 김정일의 후계 체제가 정착된 해이며, 출판보도물에서 김정일의 교시는 초법적이며 근본적인 것으로 북한의 출판정책과 강령은 이를 바탕으로 제정되고 있다(이광재,1989,pp.282~283). 이런 의미에서 1981~1984년까지의 북한출판의 활동 실체는 북한 출판사에서도 매우 중요한 의미를 갖는 시기이다. 이 연구에서 1980년대 전반기(1981~1984)까지는 〈원전자료〉로서 분석된다. 1980년대 후반기(1985~1990년)는 문학출판에 나타난 내용 분석과 주요 출판사의 발행도서 특성을 중심으로 1980년대 북한출판의 실태를 조명하려고 한다. 이러한 실태 분석을 기초로 북한출판 연구의 과제와 방향 및 민족출판 형성을 위한 기본 인식과 방향도 아울러 제시하고자 한다.

2. 북한출판의 사상적 배경과 기본 성격

1) 김일성의 언론 사상과 김정일 주체적 출판보도 사상

(1) 김일성의 언론사상

분단 이후 북한의 출판매체는 어떤 사상과 내용을 담아 왔는가. 민족의 문화자산은 북한 출판에서 어떻게 용해되어 왔는가. 이러한 출판의 실체를 알려면 북한의 출판 성격과 출판 실태를 알아야 한다. 북한출판의 성격 파악과 실태 분석을 위해서는 북한의 출판정책을 이해해야 할 것이며 이를 위해서 북한 출판보도물의 이론적 배경이 되는 김일성의 언론사상과 김정일의 주체적 출판보도 사상을 먼저 살펴보기로 한다.

김일성의 언론사상은 전통적인 마르크스, 레닌주의 언론사상을 조선 인민들의 이익에 부합되게 창조적으로 적용, 발전시킨 것이다. 북한 출판물에 관한 정책기조는 김일성이 항일 무장투쟁 시기에 내렸다는 '혁명군대는 무기를 가져야만 적과 싸워 이길 수 있는 것처럼, 혁명조직은 출판물과 같은 그러한 예리하고도 전투적인 사상적 무기를 가져야 대중을 승리로 이끌 수 있다.' 란 교시에 근원을 두고 있다.

김일성은 '출판물은 당과 대중을 연결시키는 중요한 수단이며 당이 내세운 정치, 경제, 문화건설의 과업 실천에로 근로대중을 조직 동원하는 힘 있는 무기' 라고 하였다[5]. 출판물의 당성(黨性)과 함께 혁명을 위한 강력한 정치 사상적 무기로서의 기능과 역할을 강조하였다. 북한 출판정책의 대부분은 김일성과 김정일의 출판에 관한 교시가 기초 지표가 되는데 이들의 교시는 초법적인 영향력을 행사하고 있는데 이는 교시를 기초로 하여 정책과 강령이 만들어지기 때문이다.

김일성은 출판보도물의 기능에 대하여 '그의 아들에게 선전, 선동 조직사업에 관한 임무를 일임시키기 전인 1970년 초반까지도 예외 없이 레닌의 언론 기능론에 입각, 언론을 '인민의 참다운 대변자' 또

5 『조선출판년감』(1981–1982)(평양: 과학백과사전출판사, 1987), 내표지 다음, 기수 면에 김일성과 김정일의 어록(語錄)이 인쇄되어 있다.

는 '계급투쟁의 사상적 무기 중 가장 예리하고 전투적이며 기동적인 무기'임을 전제로 하였다. 이를 위해 ① 당의 정책과 노선을 해설하고 침투시키는 선전, 선동자적 기능 ② 당이 제시한 혁명과업 수행을 위해 당원과 대중들을 하나로 단결시키고 조직 동원하는 경제조직자적 기능 ③ 공산주의적 새 인간을 주조하는 문화교양자적 기능 등으로 규정하고 수행하는 것을 김일성 언론정책의 이론적 기초라고 할 수 있다(김영주, 1998, p.220).

(2) 김정일의 주체적 출판보도 사상

김정일의 주체적 출판보도 사상은 1974년 5월 7일 '우리 당의 출판보도물은 온 사회의 김일성주의화에 이바지하는 위력한 사상적 무기이다'라는 제호로 연설한 그의 역사적 문헌이 시작이라 보여진다. 여기에서 김정일은 '출판보도 활동에 관한 당의 지도체제를 확고히 세우고 온 사회에 김일성 주의화의 요구에 맞게 출판보도물의 전투적 역할을 높이기 위해 주체적 출판물의 기본사명과 임무를 천명 한다'고 밝혔다.

세부적으로 당적 출판보도물이 자기 활동에서 견지해야 하는 근본 원칙으로 ① 주체의 원칙을 자기활동의 근본초석으로 삼는 문제 ② 당의 유일적 지도를 성실히 받들어 나가는 문제 ③ 종자를 바로 쥐고 속도전을 힘 있게 벌리는 문제 등 세 가지를 제시하였다. 김정일에 의해 대강(大綱)의 원칙이 천명되었던 북한 언론의 기본사명과 임무론이 1985년에 와서 조선노동당에서 당적 출판보도물이 견지해야할

이념과 실천적 문제들을 깊이 있게 다룬 〈출판보도사업에 대한 당의 방침해설〉로 정리되었다(김영주, 1998, pp.225~231).

김정일이 밝힌 세 가지 근본원칙에서 첫째, 주체의 원칙은 '위대한 수령님의 혁명사상과 주체사상을 출판보도사업에 철저히 구현하기 위한 원칙'으로서 출판보도 활동 전반을 관통하고 있는 기반이다. 아울러 다른 원칙들을 규제하고 조건 짓는 지도적 원칙인데, 주체사상은 북한 조선노동당의 지도사상이며 곧 김일성주의를 말한다.

둘째, 당의 유일한 지도 밑에 진행하는 원칙은 출판보도 활동에서 당 중앙의 유일관리 제 원칙을 철저히 실현하며 당에 의거하여 사업을 해나가고 당의 의도와 방침들을 철저히 관철해 나가는 것을 의미한다.

셋째, 종자를 바로 쥐고 속도전을 힘 있게 하는 원칙은 신문을 비롯한 출판보도물에 글을 쓰고 편집, 발행하는데서 구현해야할 방법론과 기풍에 관한 문제이다 '종자를 바로 쥔다'는 것은 모든 사업에서 기본 핵을 틀어잡는다는 뜻이며, '속도전을 벌린다는 것'은 모든 사업을 전격적으로 밀고 나가 최단기간 내 양적, 질적으로 최상의 성과를 이룩한다는 것을 말한다.

여기서의 종자는 기사나 편집물의 사상적 가치를 규정하는 알맹이 및 그 내용과 형식의 기초로 이해된다. 알맹이란 당 정책과의 부합성을 말하고 당 정책의 옹호 관철에 적극 이바지할 수 있는 종자를 잡는다는 것을 말한다. 상호 관련성이 큰 '종자와 속도전'의 용어는 처음에 문예이론에서 사용하던 개념이었으나 김정일이 출판보도사상에 원용한 것이다.

주체사상과 주체적 문예이론을 출판보도 분야에 독특하고 구체적으로 적용시킨 출판보도의 강령은 지금도 그들의 출판보도사업에 막강한 영향력을 갖는 이론적, 실천적 배경이라 할 수 있다. 김정일은 "우리의 출판보도물은 위대한 수령님께서 창간하시고 지도하시는 새 형의 주체의 출판보도물이며 영광스러운 김일성주의 혁명적 출판보도물입니다."란 성명에서와 같이 김일성의 언론사상을 주체적으로 계승 발전시킨 것으로 이해해야 할 것이다(김영주, 1998, pp.225~231).

2) 북한출판의 기본 성격

(1) 북한출판의 개념과 성격

북한출판을 이해하기 위해서는 '출판', '출판물', '출판보도물'의 개념 구분이 선행되어야 한다. 북한의 『조선말대사전』에는 '출판' 이란 〈책이나 사진, 그림 같은 것을 찍어 내보내는 것〉이라고 설명하고 있다. '출판물'에 대해서는 〈찍어서 내 보내는 신문, 잡지, 도서 같은 것〉이라고 하면서 바로 이어서 〈우리 당 출판물은 당과 대중을 연결시키는 중요한 수단이며 근로자들을 위대한 수령님과 친애하는 지도자 동지의 혁명사상으로 튼튼히 무장시키고 당이 내세운 혁명과업 수행에로 조직 동원하는 힘 있는 무기이다〉라고 풀이하고 있다. '출판보도물'에 대해서는 〈출판보도기관에서 인쇄해 내보내는 출판물과 전파를 통하여 실현해 보내는 통신, 방송 등을 통 털어 이르는 말〉이라고 정리하고 있다(김영주, 1998, p.53).

북한출판의 개념에서 본다면 '출판' 이란 인쇄된 매체의 뜻이며, '출판물' 이란 인쇄를 통한 매체로서 신문, 잡지, 도서를 포함한 모든 인쇄물과 선전출판물과 학습수첩까지를 의미하고 있다. 한편 '출판 보도물' 은 출판물과 전파를 통하여 실현해 보내는 통신, 방송 등을 통 털어 일컫는 용어로 사용되고 있다.

다시 정리한다면, 출판보도물은 출판물과 보도물로 크게 구분되는데 전자는 도서, 잡지, 교과서, 신문, 각종 선전자료, 수첩 등 인쇄매체를 말하며, 후자는 텔레비전, 라디오, 통신 등의 전파매체를 이르는 말로 사용되고 있다는 것이다. 따라서 북한의 '출판보도물' 은 남한의 '언론' 에 해당되지만 출판보도물이라는 용어를 주로 사용하며 주체적 출판보도 사상을 강조하고 있다.[6] 북한에서는 출판매체가 출판보도물과 분리되지 않고 하나의 체제로 움직이는 것은 출판보도물이 여론의 형성과 수렴의 기능보다는 당의 정책보도라는 전달의 기능에 초점이 있기 때문이다(김영주, 1998, p.53).

그러나 북한에서도 같은 출판물인 신문, 도서, 잡지의 기능과 역할이 구별되고 있는데 신문은 선동적인 기능을 중심으로, 도서와 잡지는 매체 특성에서 선동보다는 선전의 기능과 역할이 중시되고 있다

---

6 북한에 있어서 언론 4매체는 신문, 방송, 통신, 출판(잡지 포함)을 말하는데 1995년 8월 현재 신문은 중앙과 지방 포함 약 30여종, 방송은 TV 3개사와 라디오 15개사 이며 통신사는 조선중앙통신 1개사이다(인터넷 연합뉴스,1995. 8. 24). 출판사는 1984년 현재 53개 출판사와 출판기관이 있는데 출판활동이 안정적인 곳은 30사 정도이며 나머지는 행정기관과 연구소 소속이다. 잡지는 1984년 현재 138종이 발행되는 것으로『조선출판년감』(1983-1984)에 게재되어 있다.

(유재천, 1992, p.155). 매체별 학문적 연구도 독립되는 경향임을 알 수 있다. "지난 시기에는 신문학이라는 개념을 신문뿐 아니라 통신, 방송, 출판보도 전반에 작용하는 원리와 제반 현상들을 포괄적으로 연구하는 학문의 뜻으로 썼다"고 하면서 "출판보도물이 사회혁명과 건설, 인민대중의 사상정치 생활과 문화정서 생활에서 노는 역할이 증대되고 출판보도물의 제 유형들에 대한 연구들이 깊어짐에 따라 신문학은 신문학이론 한 개 분야만을 연구하는 학문으로 심화되어 연구되게 되었다."라고 밝히고 있다(엄기영, 1989, pp.271~273).

이처럼 신문의 역할 증대와 출판보도물의 유형들의 연구가 심화됨에 따라 신문의 학문적 연구를 독립적으로 설정하면서 통신, 방송학, 도서, 잡지를 관련 분야로 규정하고 있다는 것이다. 남한에서는 주로 언론학 분야에서 북한의 출판보도물(특히 출판물)을 하나의 체제로 인정하고 연구되어 왔으며, 신문, 잡지, 도서의 기능과 역할에 관한 세분화된 연구가 없는 상태이다.

여기에서 북한과 남한에서의 출판의 개념과 성격을 규명하는 것은 남북한의 민족출판 형성을 위한 기본인식에서 의미 있는 일이다. 북한에서는 출판물은 〈당과 대중을 연결시키는 중요한 수단이며 당이 내세운 정치, 경제, 문화건설의 과업 실천에로 근로대중을 조직 동원하는 힘 있는 무기〉라고 한다. 또한 북한사회에서 출판은 〈노동당의 통제 안에서 黨性, 階級性, 人民性, 革命性을 표출하는 당 정책 선전물이 북한 출판물의 실체〉라고 분석되고 있다(이광재, 1989,,249). 출판보도물은 〈계급투쟁의 예리하고 위력한 사상적 무기이며, 대중을 교양하고 조직 동원하는 위력한 선전, 선동 수단〉이라고 규정한다. 이러한 점에서 북한출판의 개념은 김정일 체제의 철저한 옹호자이며, 당 정책의 선전물이며, 대중을 교양하고 조직 동원하는 선전 수단의 무기로 분석된다.

남한에서는 출판개념을 민병덕은 〈출판기획에 의하여 저작물을 '선정' 해서 그 저작물을 창의적인 편집활동을 통하여 배열, 정리하여 이를 기능적인 편집활동을 통하여 가독성이 높은 형태로 전환하여 인쇄술 기타 기계적, 화학적, 전자적 기타 여러 가지 기술적 방법을 사용해서 각종 출판물로 다수 복제하여 '제작' 하고 널리 독자에게 '분배' 하여 문화를 전달, 향유케 하며 그 대가를 받아 이윤을 추구하는 문화적, 사회적 활동이며 또 거기에서 발생하는 문화현상, 사회현상〉이라 설명한다(민병덕, 1995,pp.14~15).

차배근은 〈서적 발행인 또는 출판사가 자신 또는 저작자의 저작물인 원고 또는 원화를 입수, 정리, 제작한 서적을 판매기구 또는 기타의 방법으로 독자에게 제공하여 그들의 정신적 욕구나 흥미를 만족시켜주고 그 대가로 이윤을 추구하는 경제적 및 문화적 커뮤니케이션 행위〉라고 정의한다(차배근, 1987,p.13). 이러한 점에서 남한에서 출판개념은 이윤을 추구하는 경제적 목표 속에 문화적, 사회적 기능이 부수된다고 분석된다.

다시 정리한다면, 북한에서 출판은 신문과는 달리 매체의 특성으로 '선동' 보다는 김정일 체제의 옹호와 당 정책을 해설하는 '선전' 도구이고, 남한에서는 소비자들의 욕구나 흥미를 만족시켜주고 대가를 받아 이윤을 추구하는 상품의 역할이 강조된다. 다시 말하면 분단 이후 '북한출판은 주체적 사회주의 체제에서 〈당 정책의 선전도구〉로서 출판매체가 이용되어 왔고, 남한에서는 상업적 자본주의 체제에서 시장논리에 의한 〈이윤을 추구하는 상품〉으로 출판매체가 활용되어 온 것'이다.

이처럼 남북한의 출판은 분단 반세기 동안 출판개념과 성격이 서로 상반된 위치에 서게 된 것이다. 또한 남북한의 사회 문화적 차이를 도식적으로 설명한다면 남한이 자본주의적 대중문화라면, 북한은 사회주의적 민족문화라고 부르기도 한다(김귀옥, p.305). 남한의 자본주의적 문화는 상업성을 추구하는 반면, 북한의 문화는 영도자 중심의 유일사상 체제에 따라 이루어진다는 점이다(이종석,1993, pp.169-175).

(2) 북한출판의 사명과 임무

〈출판보도 사업에 대한 당의 방침 해설〉에 따르면 출판보도물의 기본 사명에 대하여 "사회의 모든 성원들을 위대한 수령님과 당에 끝없이 충직한 참다운 김일성주의자로 만들고 사회를 김일성주의의 요구대로 철저히 개조하며, 주체위업의 세계사적 승리를 이룩해 나가는데 적극적으로 이바지하는 것"으로 설명되어 있다. 그리고 세 가지의 구체적인 기본사명을 명시하고 있다. 첫째, 출판보도물은 당원들과 근로자들에게 위대한 김일성주의를 혁명적 세계관으로 하고 김일성과 김정일에 대한 충성심을 제일 생명으로 하는 주체형의 공산주의 혁명가, 열렬한 김일성주의자로 만드는데 적극 이바지한다.

둘째, 경제와 문화를 비롯한 사회의 모든 분야에서 자주적이며 창조적인 생활을 마음껏 누릴 수 있는 공산주의의 물질적 요새를 점령하는데 적극 이바지한다. 셋째, 우리나라와 전 세계에서 주체위업의 종국적 승리를 이룩해 나가는데 적극 이바지 한다 라고 주장하면서 출판을 포함한 김일성주의 출판보도물의 기본사명을 뚜렷이 하고 있다(김영주,1999, pp.452~453). 이와 같이 북한 출판물들의 대부분은 김일성주의의 혁명노선과 방침을 해설, 선전하고 체제의 정당성을 선전하는데 목표를 두고 있다.

김정일은 북한 출판보도물의 기본사명에 기초하여 기본임무를 세 가지로 제시하였다. 첫째, 출판보도물은 무엇보다도 사회의 모든 성원들을 참다운 김일성주의자로 만드는데 적극 이바지해야 한다는 것이다. 임무수행은 인민들을 위대한 수령님에 대한 끝없는 충실성으로 교양 해야 하고 주체사상 교양, 당 정책 교양, 혁명전통 교양, 계급 교양 등을 강화해야 한다고 제시한다. 둘째 임무는 경제와 문화 등 모든 분야에서 사회를 김일성주의의 요구대로 철저히 개조하여 공산주의의 물질적 요새를 점령하는데 이바지해야 한다고 말하였다. 이를 위해 정치선전과 경제선전을 결합하되, 특히 경제선동을 전격, 집중, 섬멸적으로 추진하는 것이 가장 중요하다고 하였다.

셋째 임무는 조국통일과 남조선 혁명을 위하여 주체위업의 세계사적 승리를 위하여 투쟁해야 하는 것이라고 하였다. 구체적 방안은 조선노동당의 전술 전략적 방침과 통일 방침을 널리 해설하고 선전해야 한다. 다음으로 남조선 인민들을 수령의 두리에 굳게 묶어 세워야 하며 미·일 침략자들과 그 주구들을 반대하는 거족적 투쟁에 전체 인민들을 불러 일으켜 세워야 한다는 것이다. 그리고 조선혁명의 지지자와 공명자를 보다 많이 쟁취하기 위하여 보도선전을 활발히 진행해야 한다고 강조하면서 출판보도물의 기본임무를 제시하고 있다 (김영주,1999, pp.454~460).

이러한 사명과 임무에 따른 북한 출판보도물은 '당의 선전, 선동적 무기' 이며 이는 사회주의 국가 출판보도물의 기본원칙인 '당과 계급에의 봉사와 헌신' 이라는 논리에서 기인하는 것이다. 북한의 출판보도물은 주민들의 알 권리를 충족시키는 목적이 아니라 체제유지를 위해 주민들에게 혁명이론과 사상이념을 강화하는데 뚜렷한 목적을 두고 있기 때문에 민주 자유체제의 언론과는 그 성격이 판이하게 다르다.

따라서 북한의 모든 언론매체들은 오로지 공산주의 혁명이론과 조선노동당의 사상이념 등을 주민들에게 교육하는데 사용되어 왔다. 특히 김일성 개인숭배와 주체사상 및 남조선 해방이론은 분단 이후 50여 년 동안 변함없이 강조해온 내용들이다. 최근 공산권 국가들의 잇따른 붕괴와 김일성 사후에는 '우리 식 사회주의' 논리개발과 김정일에 대한 찬양과 주체사상의 해석, 현지 지도내용이 늘고 있으며 언론, 출판부문에서 정부나 사회단체보다 당의 지도와 감독이 보다 활발해지고 확고해졌다는 점이다.[7]

---

7   인터넷 연합뉴스, 〈특집: 북한 50년〉, 문화-언론, 출판, 1995. 8. 24

3. 북한의 출판구조와 출판사

《출판사업과 관련된 친애하는 지도자 김정일 동지의 노작과 말씀》을 보면, "출판보도물은 당의 수중에 장악된 예리한 사상적 무기이며, 대중을 교양하고 조직 동원하는 위력한 선전 선동수단입니다. (중략) 출판보도 선전을 개선하자면 신문, 통신, 방송, 잡지, 도서를 비롯한 모든 출판보도물을 당이 요구하는 높은 정치적 수준에서 잘 만들어야 합니다"(한국문화정책개발원, 1999, pp..32~33) 에서와 같이 북한의 출판보도물은 노동당 선전 선동의 주요한 기능이며 당의 지도 아래 움직이고 있음을 명확히 알 수 있다.

북한의 모든 출판보도물은 당과 국가의 직접 통제 아래서 출판물을 생산, 관리하는 국영출판 체계이며 출판구조는 출판 지도기관과 각 출판사들로 구성되어 있다. 지도기관을 살피기 위해 노동당 중앙위원회 비서국 산하 선전선동부 및 『조선출판연감』에 게재되어 있는 3개 지도기관(출판지도국, 교육위원회 고등교육부출판국,교육위원회 보통교육부출판국)과『2001북한연감』(연합뉴스,2000)을 중심으로 고찰한다.

1) 당과 내각의 지도기관

(1) 노동당-선전선동부

출판물의 생산은 당의 통제와 독점 아래서 이루어지고 있다. 즉 출판물 생산체제는 당의 강력한 통제 아래 주어진 틀(frame)속에서만 이루어지는 수직적 생산체제라고 할 수 있다. 모든 출판물은 원초적으로 당에서 제공되는 김일성 주체사상과 집단주의 이념에 바탕을 두고 한정된 정보원으로 주어진 임무를 충실히 수행하는 당원들에 의해서 이루어진다. 또한 출판의 기획단계에서부터 편집, 제작 등 생산, 배포의 단계에 이르기까지 모든 과정이 단일한 체계 속에서 실행되고 통제된다. 출판사의 설립은 물론 출판물의 발행 역시 모두 당의 철저한 통제와 계획 아래서 이루어지는 당의 독점 생산체제이다(한국문화정책개발원, 1999, pp.32~33).

노동당 산하 선전선동부는 1부(4과)와 2부(5과)로 구성되어 있는데 선전선동 1부는 '당 정책 지도 및 선전 선동사업에 관해 당적 지도'를 담당하고 선전선동 2부는 '선전매체에 대한 당적 지도'를 하고 있다. 출판보도물은 1부 4과(출판, 예술, 방송을 통한 선전담당)와 2부 3과(출판보도 지도과)에서 주로 담당하고 있는 것으로 알려져 있다(오일환 외, 1999, pp.83~84).

(2) 내각·출판지도국

출판지도국은 북한에서 발간되는 모든 출판물을 검열, 지도하는 내각 직속기구이지만 실제는 당 선전선동부와 조직지도부의 지도와 통제 아래서 국가의 총괄적인 출판계획을 종합, 조정하고 모든 출판물을 사전에 검열 통제한다. 이와 함께 출판물 보급기관과 보급망을 직접 조직, 운영하고 출판물의 보급을 관장한다. 이를 위해 산하에 출판물 중앙보급소를 비롯하여 시, 군 보급소, 중앙자재상사, 출판인력

양성기관인 출판기술학원 등을 두고 있다. 검열과 통제의 기준은 김일성 주석, 김정일 위원장에 대한 충성도 정도, 당 정책과 노선선전 정도, 3대 혁명 수행촉진 정도 등이다.

조직체계는 총국장 아래 3명의 부총국장, 출판검열국, 인쇄지도국, 출판물보급국, 조직계획처 등 수개의 부서로 구성되어 있다. 이들 부서 중 핵심부서는 출판검열국으로 검열 대상 분야에 따라 7개 부서로 나뉜다. 검열 제1부–김부자의 노작물·당 출판물·당 문헌 등 검열, 제2부–각종 번역물, 제3부–과학·기술교육 부문, 제4부–경제사회 부문, 제5부–문화예술 부문, 제6부–대외선전 출판물, 제7부–특수부문 출판물의 검열을 책임지고 있다.[8]

(3) 교육위원회 – 고등교육부 출판국

교육위원회(현재 교육성)고등교육부 출판국[9]의 사명은 "대학의 교육

---

8 『2001 북한연감』(서울 :연합뉴스, 2000. 10) p. 770, 출판지도국의 소속에 대하여『조선출판 년감』(1983–1984) p. 586에서는 "조선로동당 중앙위원회 직속기관으로서 우리 당 출판물의 발행사업을 계획하고 생산과 보급사업을 조직 지도통제하며 출판행정사업과 인쇄공업의 주체화, 현대화, 과학화를 위한 전반 사업을 조직 지도하는 출판지도 기관이다. 1946년 3월26일 창립되었으며 평양시 중구역 역전동에 자리잡고 있다."고 기술되어 있다. 이 연감에서는 출판지도국의 소속을 당 중앙위원회 직속기관으로 확실시하고 있으나, 연합뉴스사의 최근 내용이 내각 직속기구로 되어 있기에 이에 따랐음을 밝힌다.

9 『조선출판년감』(1981–'82, 1983–'84)에는 북한의 출판 지도기관으로 출판지도국, 교육위원회 고등교육부 출판국, 교육위원회 보통교육부 출판국 등 3개 지도기관에 관한 업무, 역할, 연혁에 대하여 상세히 기술되어 있다. 교육위원회는 '98년 정무원이 내각으로 개편되면서 교육성으로 명칭이 바뀌었는데 현재까지 두 출판국이 존재하고 있는 지는 미확인되고 있음.

교양 사업에 필요한 교과서, 참고서를 집필, 번역, 편집, 발행, 배포하는 사업을 비롯하여 고등교육 부문 출판 사업을 장악지도 하는데 평양시 중구역 중성동에 있다. 출판국은 당의 교육정책과 출판사업 방침에 철저히 의거하여 학생들을 자주성과 창조성을 지닌 주체형의 공산주의적 혁명인재로 키우며 온 사회의 인텔리화를 다그치고 나라의 과학기술을 급속히 발전시키는데 적극 이바지하는 것을 기본사명으로 하고 있다"고 밝히고 있다.

출판국의 임무에 대하여 김일성 동지께서 내놓으신 〈사회주의 교육에 관한 테제〉를 받들고 교과서, 참고서들의 정치 사상적, 과학 이론적 수준을 높이며 출판계획을 시기별, 규범화하여 나가도록 고등교육 부문 출판기관들과 대학의 출판부서들에 대한 장악지도 사업을 수행하는 것을 자기 임무로 하고 있다" 라고 기술하고 있다. 이와 같이 고등교육(대학수준 이상)[10]에 필요한 교과서, 참고서를 출판, 배포하는 사명과 고등교육부문 출판사들과 김일성종합대학, 김책공업종합대학 출판사 등 대학출판사들을 통제 지도하는 임무를 가지고 있는 출판지도 기관임을 나타내고 있다.

(4) 교육위원회 – 보통교육부 출판국

보통교육부 출판국의 사명은 "학생들을 위대한 수령님과 친애하는

---

10 북한의 고등교육은 대학 4–7년(종합대학, 단과대학, 사범대학), 3년제 교원대학, 2–3년제 고등전문학교가 있고, 연구원(석사과정, 3–4년), 박사원(2년)제로 되어 있다(통일원, '92 북한개요, pp.328–329 참조).

지도자 동지께 끝없이 충직한 주체형의 공산주의 혁명가로, 중등 일반지식과 현대 과학지식을 가진 기술인재로 키우는데 이바지하는 보통교육부문(유치원, 인민학교, 고등중학교, 특수교종)과[11] 사범교육 부문 교과서, 참고서를 비롯한 여러 가지 교육도서 출판물을 혁명발전의 요구에 맞게 제때에 집필, 편집하고 발행 배포하는 사업을 조직 지도하는 것을 자기의 기본사명으로 하고 있다"고 하면서 평양시 중구역 중성동에 자리하고 있다고 밝히고 있다.

2) 출판관리와 유통구조

(1) 출판 통제구조

검열은 출판의 가장 직접적인 통제방식이다. 출판통제와 검열제도에 관하여 북한 자체 출판물 및 외국 출판물 통제로 구분하여 살펴보고자 한다. 자체 출판물의 발행은 당에서 엄격한 통제와 계획 아래서 이루어지는데, 출판사 등 출판 발행기관에서 연간, 또는 장기계획의 작성과 검토를 거친 다음 최종적으로 노동당의 승인 하에서 이루어

---

11 북한의 교육정책 수립과 총괄적 지도, 통제는 노동당 중앙위원회의 과학 및 교육부에서 하고 정무원(현 내각)산하의 교육위원회(현,교육성)는 정책집행과 교육행정을 통괄한다. 교육위원회 밑에는 고등교육부과 보통교육부가 있으며 시, 도(직할시)에는 인민위원회 교육처가 각급 학교를 분장하여 통괄한다. 학제는 4-6-4(7)제도로서 인민학교 4년, 고등중학교 6년(중등반 4년, 고등반 2년)으로 되어 있다. 11년 의무교육은 유치원 높은 1년 과정과 인민학교 4년, 고등중학교 6년으로 되어 있다.-이상 통일원, 『 '92북한개요』, p. 328-329 및 http://www.nis.go.kr/upload 참조.『2000년 북한개요』(통일부 발행)에는 대학이 4-7년제로 되어 있음.

지고 있음을 알 수 있다. 또한 출판계획이 승인되더라도 검열과 예산과 자재(용지, 인쇄) 등의 문제로 계획이 연기되거나 출판되지 못하는 경우도 있다.

북한의 출판물(신문, 잡지, 도서)에는 사소한 오, 탈자도 찾아보기 힘들다. 북한 언론계에 종사했던 탈북자들에 따르면 북한 출판물의 완벽한 표기는 수차례의 교정과 검열절차에 따른 것이다. 출판물에 대한 검열은 기관마다 차이는 있지만 크게 4단계로 나뉘며 검토범위는 사상성에서부터 맞춤법, 띄어쓰기까지 모든 것을 포괄하고 있다.

1차적으로 부서 책임자와 담당 주필(국장)의 검토를 거쳐 각 언론사에 상설되어 있는 검열부의 검열을 거쳐 확인도장을 받는다. 2차 원고검열은 출판검열총국(평양시 중구역 역전동)에서 담당하고 있다. 이 기관은 노동당 선전선동부 직속으로 북한에서 발행되는 신문, 방송, 도서, 잡지 등 일체의 출판물의 사전검열을 맡고 있는데 관계자 이외는 비공개로 되어 있다고 탈북자는 말하고 있다(저자 확인).

도서, 잡지의 검열은 담당자가 검열총국에 직접 원고를 갖다 주고 며칠 뒤 찾아가는 방식으로 진행하지만, 시간을 다투는 신문사와 방송국의 원고는 검열총국 인원이 국 또는 과 규모로 언론사에 상주하면서 신속히 검토하고 있다. 검열총국은 분기마다 모든 언론사에 출판물에서 쓰지 말아야 할 어휘, 표현 등을 정기적으로 알려주며 분기간 검열실태를 총화한다. 세 번째 단계는 각 출판사와 언론사에서의 3차에 걸친 교정쇄 수정이다. 인쇄공장에서 조판이 되면 교정부가 검토한 뒤 공장에 넘기고 2차 교정쇄는 담당기자와 교정부가 각기 검토해 틀린 부분을 수정하며, 3차 교정쇄 역시 같은 방법으로 진행한 다음 공장에 보내진다. 사실상 셋째 단계에서 끝내는 것이 원칙이다.

마지막으로 공장에서 인쇄한 '검열본'을 담당기자가 검토한다. 검열본은 김정일 위원장과 고급간부들에게 공급할 '1호본'과 일반주민들이 볼 '일반본'으로 나뉜다. 1호본과 일반본의 차이는 종이의 질에 있다. 담당기자는 1호본과 일반본을 각각 검토한 후 출판검열총국에 보내며 검열총국에서 통과되면 인쇄에 들어간다. 이처럼 북한의 모든 출판물은 여러 단계의 엄격한 교정과 검열을 거치기 때문에 노동당 정책에 거슬리는 글은 물론, 사소한 오, 탈자도 찾아보기 힘들다.[12] 북한 출판의 특이성은 검열과 더불어 대부분 출판물에는 김일성이나 김정일의 어록이 수록되어 있으며, 거의 모든 출판물은 그들의 말을 인용하고 있는데 인용 시에는 반드시《 》속에 고딕체로 표기하고 그들의 이름도 반드시 고딕체로 표기해야 한다.

외국출판물에 대하여 정무원 결정 제61호(1981.11.3)로 승인된 〈남조선과 다른 나라 출판선전물 취급에 관한 규정〉에서 김일성의 교시를 보면, "제국주의자들이 퍼뜨리는 온갖 썩어빠진 부르죠아 문화와 생활양식이 우리 내부에 들어오지 못하도록 철저히 경계하며 문화건설 분야에서 조그마한 부르죠아적 요소도 절대로 허용하지 말아야 하겠습니다...위대한 수령 김일성 동지께서와 친애하는 지도자 김정일 동지께서 남조선과 다른 나라 출판선전물을 통하여 자본주의사

---

12 『2001 북한연감』, (서울 : 주식회사 연합뉴스, 2000.10), pp.782-783

상, 수정주의, 교조주의를 비롯한 온갖 반당적, 반혁명적 사상이 우리 내부에 스며들지 못하도록 검열통제 사업을 강화할 데 대하여 주신 교시와 말씀을 철저히 관철함으로써 전 당과 온 사회에 김일성주의화를 다그치는데 적극 이바지 하는 것을 목적으로 하고 있다"라고 밝히고 있다.

또한 정무원 결정 제4호(1982. 1. 7)에는 "출판물과 문건을 통해서 비밀이 나가지 않도록 하여야 하겠습니다" 란 김일성의 교시가 있다.[13] '80년대 초반까지도 외국출판물의 유입과 내부 출판물의 외부 유출을 엄격히 통제하고 있었으며, 이 점은 당시 남한도 동일한 상황이었다. 이러한 기본정책 속에서도 '80년대 후반부터 소설에서는 사회적 문제에 관심을 두고 시대적 미감에 맞는 소설의 출판도 조금씩 이어지고 있으며 이에 대해서는 후술한다.

(2) 출판 유통구조

북한의 출판유통은 현재 출판지도국이 관장하고 있는데 조직에 출판물 보급국을 두고 그 산하에 중앙보급소를 비롯한 시, 군 보급소를 통하여 전국에 보급하고 있다. '80년대의 출판유통 구조를 조선출판연감(1983~84)에 따라 살펴본다면, 출판지도국에서는 생산된 출판물들을 보급체계에 따라 광범한 근로자들 속에 신속히 보급하고 있는

---

13 〈출판사업과 관련한 법규〉, 정무원 결정 제6호(1981. 11. 3) 및 정무원 결정 제4호(1982.1.7), 『조선출판년감』,(1981-1982), p.21

것으로 보여 진다.

김일성이 출판보급 부문에 준 1968년 교시 15돐(1983년)을 맞아 전국출판물 보급일군회의를 갖고 현실의 요구에 맞게 세대단위 보급을 더욱 관철하기 위한 대책을 토의하여 획기적인 진전이 있었다라는 설명이 있다. 출판지도국은 1983년 김일성 노작 20종, 457만 4,800여부, 김정일 노작6종, 294만 8,900여부를 보급하고, 혁명전통교양도서, 소설을 비롯한 문예도서, 학생소년들을 위한 도서, 과학기술도서 등 1983년 한해에 모두 635종 2,589만 800여부를 보급하였다고 기록하고 있다.

1984년에는 김정일의 지시에 따라 책의 자유판매를 위주로 하는 새로운 도서보급 체계를 세우고 이를 관철하기 위한 사업을 펼쳤는데 318개 리(里)출판물 보급실을 새로 건설하고, 515개 보급실을 개선 확장하여 한해 동안 833개의 보급실을 꾸밈으로써 전국적으로 2,350여개의 리 출판물 보급실이 개설됨을 기술하고 있다.[14]

이러한 자료를 통하여 본다면 북한의 출판유통은 출판지도국에 의하여 전국적인 판매보급망을 구성하고 유통되고 있으며 출판물을 보급과 자유판매를 병행하고 있는 것으로 보인다. 교육성 소속의 고등교육부 출판국은 대학수준 이상의 교과서, 참고서, 교수안 등을, 보통교육부의 출판국은 대학이하 각급 학교에 해당 교과서, 교수안, 참고서 등을 출판지도국과는 별개로 보급하고 있는 것으로 파악된다.

---

14 『조선출판년감』(1983-1984), pp. 585-587

출판유통의 해외담당 기관은 '조선출판물수출입사' 와 '조선출판물교류협회' 이다. 수출입사는 북한에서 출판물의 수출과 수입을 담당하는 기관으로 김일성과 김정일의 노작, 혁명전통도서, 일반도서, 문예도서들과 화첩, 엽서, 월력, 정기간행물 등을 배포, 수출하는데 주로 체제 선전용이며 일부를 CD-ROM에 담아 수출한다. 조선출판물수출입사는 매년『조선출판물록록』을 발행하는데 이는 북한에서 생산되는 출판물 전체가 아닌 일부 수출출판물에 한하여 영문목록과 해제를 별도 첨부하고 서명, 해제, 규격, 정가를 표기하고 있다.[15]

3) 출판사의 현황과 역할

(1) 출판사의 현황

북한의 출판물은 당의 철두철미한 계획과 통제아래 생산되는 하나의 무기이며 출판업이 인정되지 않고 있음은 물론이고 출판업을 낡은 사회에서 행하는 것으로 간주하고 있다. 북한의 출판사 및 출판기관에 대하여 현재까지 명확한 실태가 밝혀져 있지 않았다. 매년 간행되는『조선중앙년감』(조선중앙통신사)에 의하면 주요 출판기관 15여 개와 김일성과 김정일의 노작들에 대한 보도가 주류였고, 남한에서도 자료의 한계로 인하여 출판사의 수를 20-30여개사 정도로 인정하고

---

15 『조선출판물목록』(1996), (평양, 조선출판물수출입사)에 '목록을 내면서' 란 1면 짜리의 간략한 업무 등을 기술하고 있다.

있는 상황이었다.

『조선출판년감』(과학백과사전출판사)에 의하여 '80년대 전반기의 기록이지만 북한의 출판사 및 출판기관에 대한 정확한 실태가 파악되었다. 북한의 출판사와 출판기관에 대한 보다 최근의 현황을 위하여 『조선출판년감』(1981-1984)[16]에 바탕을 두고『조선중앙년감』(1998)[17]에 나타난 출판사와 출판기관을 대조함으로써 북한의 출판사에 대한 현황을 살펴보려고 한다.

첫째, 『조선출판연감』에 나타난 출판사 및 출판기관의 수는 53개사인데, 성격으로 구분한다면 출판사 명칭이 19개사 이며, 대학, 학교, 강습소가 8개사 이고, 연구소가 6개소, 언론사 계통이 4개사, 일반기관이 16개사 이다. 둘째, 『조선중앙연감』에 나타난 주요 출판사는 중앙과학기술통보사를 포함하여 15개사이다. 단지 체육출판사는 대비되는 출판사가 없고 1987년에 창립되어 편의상 조선체육지도위원회에 대비하였다. 북한의 출판기관은 당에서 엄격하게 관리되고 출판 분야가 분담되어 있으며, 수적 증가에 큰 변화가 없는 점에서 '84년도의 출판기관과 98년도에 출판기관은 명칭의 변화는 있지만, 수적인 면에서 큰 차이는 없어 보인다.

출판규모(84년 기준)으로 2년 간 30종 이상 출판(기타 선전출판물 포함, 4장의 도서출판실태 참조)하는 기관은 23개사, 10종 이상 출판하는 기관

---

16 『조선출판년감』(1981-1984), (평양, 과학백과사전출판사)

17 『조선중앙년감』누계 51호, (평양: 조선중앙통신사, 1998) pp. 252-253

『조선출판년감』(1981~1982) (1983~1984) 북한과학백과사전출판사 발행

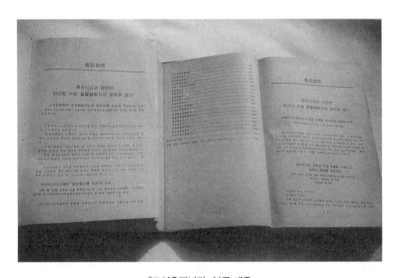

『조선출판년감』 본문 내용

〈표 1〉 북한의 출판사 및 출판기관

순	조선출판년감(1984)	조선중앙년감(1998)	창립
1	조선노동당출판사	조선노동당출판사	1945
2	근로자사	–	1946
3	외국문출판사	외국문종합출판사	1949
4	금성청년출판사	금성청년출판사	1946
5	근로단체출판사	근로단체출판사	1946
6	과학,백과사전출판사	과학백과사전종합출판사	1953
7	공업출판사	공업종합출판사	1948
8	문예출판사	문학예술종합출판사	1946
9	농업출판사	농업출판사	1946
10	중앙과학기술통보사	중앙과학기술통보사	1963
11	예술교육출판사	예술교육출판사	1974
12	고등교육도서출판사	고등교육도서출판사	1960
13	교육도서출판사	교육도서출판사	1945
14	외국문도서출판사	외국문도서출판사	1975
15	김일성종합대학출판사	–	1965
16	철도출판사	철도출판사	1951
17	교원신문사		1946
18	김책공업대학출판사	–	1981
19	철도교재출판사	–	1983
20	사회과학출판사		
21	노동신문사		
22	조선중앙통신사		
23	조선중앙방송위원회		
24	김일성고급당학교		
25	인민경제대학		
26	국제관계대학		
27	금성정치대학		
28	강반석정치대학		
29	평양공산대학		
30	철도공산대학		
31	위대한수령김일성동지 청년운동사상 연구소		

순	조선출판년감	조선중앙년감	창립
32	조선사회민주당출판사		
33	과학원 함흥분원		
34	과학원 평양천문대		
35	과학원건설과학연구소		
36	과학원 전기연구소		
37	과학원 외국어강습소		
38	농업과학원 과학자료 편집통보소		
39	경공업과학원 과학자료 기술경제 통보소		
40	출판지도국		
41	대외봉사국 대외봉사 기술준비소		
42	국가중재부		
43	조선기자동맹중앙위원회		
44	조선과학기술총연맹 중앙위원회		
45	조선체육지도위원회	체육출판사	1987
46	기상수문국		
47	기상수문연구소		
48	인민봉사위원회 상업부 상업과학연구소		
49	인민봉사위원회 상업부 편의봉사기술준비소		
50	문화보존사		
51	보건부 위생선전사		1968
52	도서관운영연구소		
53	립체미술우표출판사	-	1972

[자료] 『조선출판년감』은 1983~1984년판, 『조선중앙년감』은 1998년판을 지칭함

은 29사에 지나지 않는다. 따라서 북한의 출판사 및 출판기관은 일반
도서를 4년 계속하여 출판하는 곳을 출판사로 인정할 수 있다면 북한
의 출판사는 30개사(84년 기준)로 인정함이 타당한 것 같다. 발행종수
가 가장 많은 출판사는 고등교육도서출판사로서 1,411종(83-84년의
2년간 합계)이며, 기타선전 출판물을 제외해도 1,407종인데, 대학 수준

이상의 교과서, 참고서류, 교수강의안 등의 출판을 전담하고 있다.

북한은 정무원결정 제293호로 〈친애하는 지도자 김정일 동지께서 출판기관들의 급수와 기구, 일군들의 대우를 일부 고칠 데 대하여 주신 친필지시를 철저히 관철할 데 대하여〉(1984. 12.21)를 보면 출판사들의 급수가 있음이 확인되고 있다. 이 밖에도 북한은 일본 조총련 산하에 여러 개의 출판사를 두고 해외선전활동을 전개하고 있는데, 대표적인 출판사는 조선신보사, 구월서방, 학우서방, 삼학사, 시대사 등이 있다.[18]

(2) 주요 출판사의 특성과 기능

북한출판사의 특성은 독자와 출판인의 필요성에 의해서 존립하는 것이 아니고 당의 요구에 의해서 설립되고 그들에게 임무와 기능을 부여하고 국가에서 운영되고 있다. 출판사들의 특성을 살펴본다면 다음과 같다.

첫째, 북한의 출판사는 개인이 경영하는 것이 아니라 당과 내각과 기관들이 관장함으로 독자적으로 활동할 수는 없다. 둘째, 도서 등의

---

18 정무원 지시 제293호에 "중앙기관으로 되어 있는 출판사들은 중앙급출판사(특급, 1급, 2급)로 하고 기타출판사들의 급수는 1급, 2급, 3급, 4급으로 사정하며, 과학백과사전출판사에 조선출판년감 편집부를 새로 내오고 정원을 늘 일데 대하여 지적되어 있다"(『조선출판년감』'83-'84년판, p.19)란 기록으로 보아 『조선출판년감』은 김정일의 지시에 의하여 편찬된 듯하다(1981-1982년판이 1987. 1. 5일 발행, 1983-1984년판은 1985. 12. 5발행일로 되어 있어 '84년 12월 보다 1~3년 후에 일어며 '83-'84년판이 먼저 발행되고 '81-'82년판이 2년 늦게 발행된 것은 원고작성이 쉬운 최근 연대부터 간행된 것으로 보인다.

출판물은 이윤을 추구하는 상품이 아니다. 혁명적, 사상적, 전투적인 무기로 간주하기 때문에 당이 각 출판사에게 부여한 임무 이외에 다른 출판행위를 하지 않는다.

셋째, 북한의 출판사는 도서만이 아니라 신문, 잡지, 선전물 등도 발행하는 여러 기능을 수행한다. 넷째, 북한의 출판사는 출판매체의 특성상 신문, 방송, 통신과는 달리 '선동' 보다는 '선전' 의 역할이 중시되고 주체사상과 공산주의 사상에 대한 '상세성' 과 '해설성' 의 전달매체로서의 역할이 크다(이광재, 1989, pp.288~289)

북한의 출판사를 기능별로 구분한다면 ① 영도자의 노작과 혁명전통 교양도서 출판 ② 과학기술 출판 ③ 교육, 문화, 기타출판으로 구별해 볼 수 있고 주요 출판사들의 기능을 정리한다면 〈표2〉와 같다.[19] 이 중 금성청년출판사는 청소년들의 교양 출판물을 간행하지만, 당의 노선과 정책관철이 많으므로 문화 분야에 넣지 않았다.

4. 북한출판의 실태 분석

북한은 1963년을 끝으로 출판통계를 공표하지 않고 있으며[20] 파악

---

19 『북한개요』, (서울:평화통일연구원, 1986), p.135에서 수정
20 이광재, 앞의 글, pp. 262, 274참조. 1946~1963년까지 출판통계도 종합별, 분야별, 출판사별 등 세밀한 통계는 아니고 분야별 발행종수와 부수 등『조선중앙년감』을 통한 개괄적이고 간략하게 발표된 것이다.

<표 2> 기능별 북한출판사의 성격

영도자.노작과 혁명전통도서 출판	과학기술 출판	교육 · 문화 · 예술 · 기타출판
조선노동당출판사 근로단체출판사 근로자사 금성청년출판사 외국문종합출판사 철도출판사	공업종합출판사 농업출판사 중앙과학기술통보사 철도교재출판사	고등교육도서출판사 교육도서출판사 문학예술종합출판사 예술교육출판사 외국문종합출판사 김일성종합대학출판사 김책공업종합대학출판사 과학백과사전종합출판사

할 수 있는 자료원은 매년 간행되는『조선중앙연감』등이다. 북한출판 연구는 원 자료의 절대 부족으로 진전이 어려운 상태였지만『조선출 판년감』2책으로 80년대 전반기 북한의 도서, 잡지, 교과서의 전반을 파악할 수 있고 신문사의 연혁과 역할도 이해가 가능하게 되었다.[21] 본 장에서는 1980년대(81-90) 북한출판의 실태분석에 목표를 두고 있다. 일차적인 자료는『조선출판년감』(이하 연감)에 근거하고, 이차적

---

21 이광재, 앞의 글 p.274 참조."북한은 1963년을 끝으로 출판통계를 공표하지 않고 있다. 매
   년 출간되는『조선중앙년감』을 보면 당 문헌과 혁명 전통도서, 김일성 노작 등을 전년보다
   많이 발간하였다고 만 공표하고 있다."와 같이 북한의 출판통계는 현재까지 알려져 있지
   않았다. 그러나 1946-1963년까지의 출판통계도『조선중앙년감』,〈조선민주주의 인민공화
   국 인민경제발전 통계집〉에서 도서와 교과서 등의 발행종수와 발행부수 정도만 발표되었
   었다. 이러한 점에서『조선출판년감』에 나타난 북한출판의 세밀한 실태는 1946년 이후 최
   초의 일이며, '83-'84년판 이후의 연감발행은 확인되지 않고 있다.

자료는 북한의 문학(소설)출판과 주요 출판사의 발행도서를 중심으로 논의하고자 한다.

1) 도서출판

(1) 출판물 종합분석

1981~1984년까지 북한의 출판당국이 통계자료에서 전체 출판물을 성격별로 분류하고 종합한 것인데 북한출판의 실상이 극명하게 드러나고 있다. 종합분류에서는 ① 김일성의 고전적 노작과 교시집 및 김정일의 고전적 노작과 말씀집 ② 일반도서류 ③ 사전류·편람류 ④ 잡지류 ⑤ 보통교육부문 교재류 ⑥ 기타선전물 ⑦ 기타의 일곱 형태로 구분되어 있다.[22]

〈표 3〉에서 '일반도서' 만 논의한다면(위 표에서 잡지류, 교재류, 기타선전물, 기타를 제외 시) 81~82년에는 5,295종(전체출판물의 61.7%), 83~84년에는 5,446종(전체출판물의 49.7%)이 출판되었다. 일반도서류는 고등교육부문 이상의 대학교재를 포함한 일반대중용 도서를 말한다. 영도자들의 노작집은 종수로서는 81~82년 전체도서의 4.4%에 지나지 않지만 발행부수에서는 9,3%를, 83~84년에는 11%를 차지하고 있다. 이처럼 북한출판에서 최대의 중요사업은 김일성과 김정일의 노

---

22 『조선출판년감』,(1981–1982), p.539, (1983–1984), pp.610–611

<表 3> 북한 출판물 종합통계(1981~1984)

구 분	1981-1982		1983-1984	
	종수	부수	종수	부수
• 위대한 수령 김일성동지의 고전적 노작 및 교시집(발췌)	235	14,501,556	212	12,764,907
• 친애하는 지도자 김정일동지의 고전적 노작 및 말씀집(발췌)	19	5,100,000	49	7,343,429
• 일반도서류	4,907	56,336,422	5,050	50,990,799
• 사전, 편람류	134	1,300,650	135	3,771,350
• 잡 지 류	289	82,019,210	271	88,763,704
• 보통교육부문 교재류	521	133,276,450	552	108,187,305
• 기타 선전물	2,381	88,935,197	837	27,961,052
• 기 타	89	2,171,550	3,854	117,553,748
계	8,575	383,641,035	10,960	417,336,294

[자료] 「조선출판년감」(1981-1984)

작(연설문, 발표문, 훈시, 담화, 성명, 서한, 축하문, 명령, 기자회견, 신년사 등을 저작집, 전집, 선집 등으로 출판)들의 출판으로서 여기에 가장 중점을 두고 있으며 북한의 최고의 베스트셀러들이다.

특히, 외국어로 번역되어 각 국에 보내지고 있다. 1980년대는 김일성 1인 독재체제가 김일성, 김정일로 이어지는 세습체제로 바뀌는 대전환의 시기이며 모든 출판물에서도 김일성과 함께 김정일도 비중 있게 다루고 있다. 발행종수에서 김정일의 비율이 81~82년에는 7% 정도에 지나지 않지만, 83~84년에는 20%로 상승하고 발행부수 면에서도 26%에서 37%로 성장하였다. 기타 선전물이란 인민교육과 선전에 필요한 인쇄출판물로서 4가지(제강류, 구두선전자료, 직관선전물,

역서류)가 있다.

(2) 분류별 통계분석

〈연감〉에서는 위 출판물 중에서 ② 일반도서류에 국한하여 과학분류별 출판통계를 제시하고 있다. 과학분류란 일반도서를 5개 부문으로 나누었는데 사회과학, 문화예술, 기초과학, 응용과학, 기타의 분류이다. 5개 분류를 다시 세분화시키고 연도별 종수와 부수를 〈표4〉와 같이 정확하게 집계하고 있는데 5개 분야를 북한도서의 기능적인 분류방법이라고 할 수 있다.[23]

〈표4〉에서 먼저 각 분야가 전체 발행종수에서 차지하는 비중을 살펴보기로 한다. 사회과학(81년 -13.7%, 82년 -16.5%, 83년 -13.3%, 84년 -15%), 문화예술(81년 -14%, 82년 -11.7%, 83년 -15.5%, 84년 -18.2%)의 비율을 나타내고 있다. 기초과학 부문(81년 -18.8%, 82년 -17.7%, 83년 -20.3%, 84년 -18.7%), 응용과학 부문(81년 -41%, 82년 -38.7%, 83년 -50.8%, 84년 -48.2%)의 비중을 보이고 있다. 이 표에 따르면 북한의 도서출판은 80년대 전반부분에서 응용과학 부문의 도서출판이 가장 많았고, 다음이 기초과학, 문화예술, 사회과학의 순으로 발행종수의 비중을 보이고 있다.

다음으로 발행부수의 비중을 살펴본다면 81년에서 응용과학은 15.7%, 84년은 10%로 연도별로 하향 추세가 뚜렷하다. 반면 영도자

---

23 『조선출판년감』,(1981-1982),pp. 547-550, (1983-1984), pp.616-618

의 노작을 중심 한 사회과학 부문은 81년의 26.2%에서 84년 40.8%로 가파른 상향 추세가 나타나고 있다. 80년대 전반 북한의 도서출판의 비중은 종수에서는 응용과학이, 부수 면에서는 사회과학 부문으로 정책의 방향이 설정되었음을 알 수 있는데 이를 4개 부문별로(기타 부문 제외) 실태를 분석하여 본다.

첫째, 사회과학은 김일성의 혁명사상과 주체사상, 혁명의 역사기록 및 김정일의 사상, 이론, 방침과 혁명 활동 역사를 중심으로 하고 있다. 다음으로 조선노동당, 공산주의 운동, 국가와 법, 사회정치 생활, 철학, 역사, 경제 등으로 구성되고 있는데 특히 사회과학 부문은 출판이 김일성 부자 체제의 옹호와 당의 선전, 선동적 무기임을 분명히 보여준다. 이처럼 사회과학 분야는 개인숭배와 주체사상으로 일관되어 있다.

특이한 점은 '역사'에서 『조선전사』, 『리조실록』(조선왕조실록)의 출판이다.[24] 『조선전사』는 인류 발생으로부터 현대에 이르는 인민들의 자주성을 실현하기 위한 투쟁의 역사를 전면적으로 체계화한 것인데, 김일성의 지시에 의하여 역사학자들이 참여하여 주체사상 위에서 북한중심의 역사를 체계화시킨 것이다. 전 33권과 연표 2권으로 되어있으며 1979년 5월에 첫 권이 나온 이후 1982년에 33권을 모두 발행하였다. 『리조실록』은 1972년 김일성의 교시와 김정일의 여러 차례 지시에 의해 연차적으로 번역 간행되어 1982년까지 135책이 발간되었는데, 이는 1526년 4월(중종 21년 4월)사료에 해당하고 1983년에는 136-170책이, 1984년에는 171-205책이 간행되었다(1질은

〈표4〉 일반도서류 과학분류별 발행통계(1981~1984)

분류	1981		1982		1983		1984	
	종수	부수	종수	부수	종수	부수	종수	부수
1. 사회과학	307	6,927,974	442	10,504,776	330	11,182,975	385	11,529,640
사회과학 일반	6	2,700	12	119,200	17	16,500	13	22,335
위대한 수령 김일성 동지의 혁명사상, 주체사상	19	141,250	25	245,400	16	505,693	26	378,735
친애하는지도자, 김정일동지의 사상, 이론,방침	35	1,198,234	34	946,132	49	1,429,245	51	682,145
위대한 수령 김일성 동지의 혁명역사	46	3,041,974	104	3,966,639	62	4,154,410	68	3,209,113
친애하는 지도자 김정일동지의 혁명활동역사	16	812,839	31	3,832,093	38	3,836,822	60	5,217,735
조선노동당, 근로단체	14	266,600	27	351,200	15	434,700	18	686,350
철 학	8	238,300	10	126,700	11	308,400	7	69,000
역 사	53	309,860	68	157,405	28	45,335	32	80,555
경 제	76	415,650	84	456,457	68	247,070	89	713,635
사회정치생활	21	471,300	28	260,700	15	167,700	16	476,502
국가와 법	10	27,050	18	42,700	7	6,800	3	3,235
국제공산주의 운동	3	2,217	1	150	4	30,300	2	300

분류	1981		1982		1983		1984	
	종수	부수	종수	부수	종수	부수	종수	부수
2. 문화예술	313	5,742,400	312	4,635,500	383	7,009,450	467	11,268,475
문화예술 일반	2	8,100	3	36,800	3	15,000	1	3,000
과학, 교육	5	54,500	19	233,400	22	96,000	40	31,000
출판보도, 도서관	1	400	13	54,500	4	11,700	3	4,100
군중문화, 체육	35	322,600	34	293,200	42	92,300	23	124,800
언어학	137	1,382,800	109	841,600	127	1,345,450	138	838,500
문 학	86	3,422,200	93	2,814,600	103	4,906,300	209	9,264,840
예 술	47	541,800	41	361,400	82	542,700	53	1,002,235

분류	1981		1982		1983		1984	
	종수	부수	종수	부수	종수	부수	종수	부수
3. 기초과학	420	1,805,350	473	2,196,270	504	1,695,450	482	2,569,510
기초과학 일반	6	172,900	3	210,700	8	105,500	7	106,700
수학	62	404,500	76	644,280	115	575,600	95	1,317,850
역학	33	246,300	36	185,850	54	118,800	43	151,400
물리학	76	266,300	80	429,750	70	333,900	76	302,260
화학	55	240,900	53	241,100	65	251,600	57	316,300
천문학	4	16,200	9	8,400	4	8,200	4	2,900
지리학, 지질학	113	188,450	134	325,790	121	162,900	108	175,450
생물학	71	269,800	82	150,400	67	138,950	92	196,650

분류	1981		1982		1983		1984	
	종수	부수	종수	부수	종수	부수	종수	부수
4. 응용과학	918	4,168,330	1,035	3,103,670	1,260	2,910,725	1,239	2,824,574
응용과학 일반	–	–	–	–	8	32,500	7	19,300
공업일반	3	13,400	4	20,050	3	3,200	–	–
전기, 전자, 자동화 공업	162	713,400	177	404,500	229	613,225	239	113,430
채취공업, 금속공업	89	203,450	119	192,350	151	196,850	154	255,410
기계공업	69	260,800	77	139,450	104	218,550	122	499,354
화학공업	48	79,500	61	86,600	102	125,070	93	88,230
임업, 산림업	18	20,400	22	24,750	15	20,000	18	36,400
방직, 일용공업	36	100,200	39	72,250	49	44,650	48	64,700
식료공업	31	169,050	37	60,050	50	85,500	49	66,400
수산업, 선박공업	52	53,620	66	77,620	46	34,000	34	36,150

분류	1981		1982		1983		1984	
	종수	부수	종수	부수	종수	부수	종수	부수
건설, 운수	121	198,210	137	354,400	171	191,380	169	336,300
인쇄 및 사진기술	11	19,800	8	7,350	12	6,550	11	5,850
농업일반	27	224,400	35	350,250	8	90,400	21	75,100
농산, 농기계	40	452,200	34	237,950	80	322,000	75	488,200
과수, 원림	24	455,700	16	173,650	23	54,100	11	25,450
수의, 축산, 잠업	72	239,200	56	175,250	72	162,650	85	232,050
보건, 의학	115	965,000	93	716,100	137	710,100	103	482,250
유학생용 교과서	–	–	54	11,100	–	–	–	–
5. 기 타	279	7,784,818	408	9,467,334	–	–	–	–

[자료] 「조선출판년감」(1981-1984)

400책). 이들은『리조실록』을 이조 봉건국가의 정치, 경제, 문화, 군사 등과 우리나라 자연현상까지 매일 기록한 일기형식의 사료로서 당시 우리나라의 역사는 물론, 이웃나라 여러 민족의 역사를 연구하는 데 도 귀중한 문헌유산이다. 그러나 봉건사대주의자들이 어려운 한문으로 기록하여 문화유산의 가치를 발하지 못하므로 후대들이 이용할 수 있도록 번역하도록 구체적으로 교시하였다고 설명되어 있다.

둘째, 문화예술부문에서는 언어학과 문학의 비중이 크다. 언어학은 대학수준 이상의 교과서와 일반인을 위한 실용서의 성격으로 조선어, 영어, 로어, 독일어, 프랑스어, 에스빠니아어 교본으로서 외국어는 로어, 영어의 비중이 높다. 문학은 교재 및 문학이론서, 창작작품(시, 소설, 수필 등)과 작품선집, 번역 작품, 고전작품이 주를 이루고 있는데 소설의 경우는 영도자들의 활약을 작품화하거나 항일 전통 혁명사상의 주제화한 것이 많다. 문화예술 부문에서도 사회과학 부문과 같이 개인숭배와 주체사상의 바탕에서 창작되고 김정일의 체제구축으로 출판보도물과 문학과 예술에서 이러한 경향은 두드러진다. 하지만 언어학분야는 외국어 교육도서 및 고대, 중세, 현대의 조선어 연구와 교재 등으로 사상적으로는 유리되어 있다.

---

24 『조선출판년감』(1981-1982),pp. 83-84에는 『이조실록』의 간행경위가 자세히 실려 있다. 1972년 12월 15일 김일성 동지의 교시와 김정일의 여러 차례 지시에 의하여 번역 출판된 도서임을 밝히고 있다. 원문 그대로 번역하는 것을 원칙으로 삼았으나 원문에서 틀린 글자로 판정된 것은 바로 잡아서 번역하고 사람, 고장, 관청, 관직 이름 등에서 고어, 약어, 별명, 이칭으로 된 것은 되도록 이해에 도움을 주기 위하여 흔히 쓰던 다른 이름 또는 널리 알려져 있는 이름으로 바꾸었다는 편찬 취지까지 기술되어 있다.

셋째, 기초과학 부문은 학술적인 도서보다는 대학교과서가 많으며 지리학과 지질학, 수학, 물리학의 분야가 비중이 높다. 지리학과 지질학에서는 『수문자료집』(기상수문국 발행)과 지하수 연구, 광물, 지질의 연구가 많은 편이다. 수학과 물리학에서는 고등중학교와 대학에서의 교과서, 교원용 참고서가 대부분이지만 순수연구서도 간혹 보인다.

넷째, 응용과학 부문에서는 전기, 전자, 자동화 공업분야, 건설, 운수분야, 보건, 의학분야의 비중이 높다. 전기 등의 분야는 교과서(대학, 고등전문학교 급)과 생산현장에서 필요한 기술서가 주류를 이루고 있다. 건설, 운수분야도 대학수준의 교재 및 생산현장에서 필요한 도서 중심이다. 보건, 의학 분야도 교과서, 세균학, 면역학, 임상에 필요한 이론서 중심으로 출판되어 있다. 특이한 도서는 『동의보감』인데, 1982년까지는 김일성의 교시에 의하여 전 25권의 『동의보감』을 원문 그대로 5책으로 번역 출판하였다.

다섯째, 사전·편람류는 81-82년에는 134종, 1,300,650부를, 83-84년도에는 135종, 3,771,350부를 발행하였다. 사전류 중에서는 『백과사전』은 1964년 4월 김일성의 교시와 지도에 따라 30권을 1981년에 마무리하였고, 이어서 김정일의 지시에 따라 『백과전서』(전 6권)을 1984년에 간행하였다. 그리고 『화학공업전서』(전 27권)이 1982년에 완간 되었으며 이외에 우리말사전 등 민족공동 문화사전은 81-84에는 보이지 않는다.

북한도서의 분류별 통계와 도서목록의 해제를 통하여 새로운 관점은 발견할 수 있었다. 현재까지 북한출판물에 관한 정책적인 문헌과 일부 도서를 분석한 뒤, 일괄해서 사상적인 출판물이고, 김일성 부자 체제의 옹호자이며, 당 정책의 선전도구란 일색에서 조금은 벗어날 수가 있다는 점이다. 북한의 출판보도물에 관한 정책만으로 북한출판의 정확한 실체파악은 쉽지 않다. 출판의 다양한 분야가 모두 당 정책의 선전도구라고 볼 수 없기 때문이다. 북한출판의 실체는 다수의 출판물을 분석한 후 이를 토대로 이루어져야 한다는 점을 지적하고자 한다. 현재까지는 그들의 정책적인 면에서만 의존하여 북한출판을 김정일 체제의 옹호자, 당 정책의 선전, 선동도구라는 관점에서 편중되게 보아왔다는 점은 부인할 수 없다.

북한도서에서 사회과학, 문화예술 분야와 기초과학, 응용과학 분야는 구별되어야 한다는 것이다. 사회과학에서도 역사도서 중에서 이조실록과 같은 민족의 문화유산도 있으며, 문화예술에서도 언어학의 분야에서 과학적인 연구와 문학에서도 소설성이 있는 작품도 있다는 점이다. 북한이 현재까지 이루어 놓은 콘텐츠와 앞으로 남북이 이룰 수 있는 지적 개발의 가능성이 있는 분야가 역사, 지리, 언어 등에서 찾을 수 있으며 이 분야에서 민족의 동질성을 회복할 수 있는 계기가 되기 때문이다. 한편 기초과학과 응용과학 분야는 비록 대학 차원의 교재나 사회주의 경제건설이라는 혁명투쟁의 생산현장에서 요구되는 기술서적이 대부분이지만 과학 분야에서 사상성은 비교적 적다는 것이다. 그리고 도서로 출판하지 않은 연구와 실험이 있는 것으로 미루어 보면 과학 분야에서도 남북출판의 가능성은 보인다고 할 수 있겠다.

(3) 출판사별 발행분석

1981부터 1984년에 걸쳐 북한의 도서를 발행한 출판사 및 출판기관은 57개에 이르지만 4개 처(조국통일사, 인민대학습당, 철도국 정치국, 조선민주주의인민공화국 수로국)은 81-82출판연감에는 있지만, 83-84연감에는 나타나 있지 않다. 이는 전문적 출판사가 아닌 당이나 행정기관에서 필요에 따라 출판물을 발행하였는데 북한에서는 이를 통계로 잡았기 때문이다.[25]

다음 〈표 1〉에 따라 북한 출판사 및 출판기관별 발행분석을 일반도서류, 사전편람류, 보통교육부문 교재류로 구분하여 살펴본다면 다음과 같다. 첫째, 일반도서에서는 고등교육도서출판사, 외국문도서출판사, 김일성종합대학출판사의 순으로 도서의 발행량이 많다. 고등교육도서출판사의 발행도서의 양이 많은 것은 대학, 고등전문학교의 교과서, 참고서 등을 전문으로 출판하는 출판사로서 대학교과서 등은 일반도서의 통계에 넣기 때문이다. 외국문도서출판사는 주체사상과 사회주의 우월성을 대외에 선전하기 위하여 여러 외국어로 번역출판을 전담하는 출판사이다.

김일성종합대학출판사는 대학의 교과서, 교재, 연습 및 실습지도서와 참고서, 과외도서, 학생교양자료를 편집, 출판하고 전국 대학, 고등전문학교 학생들을 위한 사회정치과목 교과서들과 참고서를 출판하기 때문에 발행종수가 많다. 둘째, 사전, 편람류는 과학백과사전

---

25 『조선출판년감』, (1981-1982), pp.540-545, (1983-1984), pp.612-615

종합출판사, 외국문도서출판사, 공업출판사의 순이다. 셋째, 보통교육부문 교재는 유치원, 인민학교, 고등중학교의 교과서, 참고서, 정치학습교재, 교원교수안 등을 교육도서출판사에서 전담 출판하고 있기 때문이다(〈표5〉의 자세한 내용은『한국출판학연구』통권 42호(2000), pp. 65~68 참조).

2) 잡지출판

(1) 잡지의 기능과 유형

북한에서 잡지에 대한 정의는 "위대한 수령님의 혁명사상, 주체사상과 당의 방침들을 체계적으로 해설, 선전하고 사회주의 혁명과 건설에서 이룩된 성과와 경험들을 소개, 일반화하며 근로자들의 정치이론 수준과 기술실무 수준, 일반상식과 문화적 소양을 높이는데 필요한 다양한 자료를 제공함으로써 온 사회의 주체사상화를 다그치기 위한 사상, 기술, 문화의 3대 혁명 수행에 적극 이바지하는 사회적 임무를 수행하는 수단"이라고 규정하고 있다(유재천, 1992, p154). 북한잡지도 노동당의 선전선동 도구로서 1차적 역할을 하고 있고 신문보다 매체의 특성상 선전의 기능과 역할이 강조된다고 하겠다.

북한잡지는 편집 내용의 특성에 따라 정치이론잡지, 대중종합잡지, 과학기술잡지, 문화예술잡지, 화보 등으로 구분하고 독자대상에 따라서 노동자 잡지, 농민잡지, 청년잡지, 학생잡지, 여성잡지 등으로 나누어진다. 정치이론 잡지는《근로자》(월간),《로동자》(월간),《국제생활》(월간),《남조선문제》(월간),《조선사회민주당》(계간)등이다. 대중종합잡지는《천리마》, 문학예술잡지는《조선문학》,《조선예술》,《조선영화》, 과학기술잡지는《력사과학》,《과학의 세계》,《전자공학》,《자동화공학》, 화보로는《조선》이 대표적이다. 독자대상에 따라서는 노동자잡지는《노동자》, 농민잡지는《농업근로자》,《주체농법》, 청년잡지는《청년생활》,《청년문학》, 여성잡지는《조선여성》, 학생잡지는《아동문학》등이 대표적이다.

북한의 정치, 대중, 문화예술 잡지는 주체사상과 일반적인 공산주의 사상에 대한 해설, 선전기능의 강화를 중심하고 있고, 과학기술 잡지도 비중이 크다. 북한잡지는 대부분이 기관잡지라는 특성을 갖고 있으며 각 잡지마다 철저한 역할 분담이 이루어지며 자본주의처럼 같은 종류의 잡지가 두 개 또는 그 이상 발행되는 일은 없다.

가장 오랜 역사를 지닌《근로자》는 조선노동당중앙위원회 기관지이고, 일반 대중잡지는《천리마》하나 정도밖에 없으며 최근 북한에서 발행되는 연속간행물 종수는 70-80여종에 불과하다. 월간《근로자》는 월 30만부씩 발행하고 분량은 90쪽 내외이다. 월간《천리마》는 문학예술종합출판사에서 발행하고 있으며 중질지에 90쪽 내외이며 59년 천리마운동의 대중화를 목적으로 발행하기 시작하였다.

주요 임무는 주민들의 공산주의 교양에 이바지, 당의 노선과 정책, 특히 수시로 제기되는 시책을 선전, 그 관철을 위한 주민들의 투쟁을 고무, 사회주의 노력경쟁운동에 적극 참여토록 독려하는 것이다. 내용은 크게 체제 찬양, 통일문제, 일반 생활상식 등인데 수기, 기행문,

혁명유물 소개, 지상연단, 시, 연재소설, 만평 등의 형태로 게재되고 있다. 특히 근래에는 여성들의 옷 입는 법이나 화장법, 머리모양 등에 관한 기사가 연재되어 흥미를 끌고 있다. 이 밖에 북한의 명승지 및 유적에 관한 기사도 게재되며 사진은 대개 20컷 내외가 실린다.[26]

(2) 잡지 발행실태

북한의 잡지발행은 출판사와 당이나 산하기관에서 발행하지만 출판사에서 발행되는 것이 대부분이며, 북한의 출판사는 도서와 함께 잡지를 동시 출판하고 있다. 〈표 5〉에 의하면 81-84년 기간에는 133종에서 149종의 잡지가 발행되고 있는데 이는 기관지와 과학지 등 연속간행물을 망라한 것이지만, 최근 7-80여종만 발행된다는 기사와 많은 차이를 보이고 있다. 경제난 등으로 종수와 부수를 줄이고 통합하였더라도 차이는 많은 것이다.

연감에 게재되어 있는 잡지는 1981-1984년까지 북한에서 발행되는 연속간행물 모두를 집계한 것으로 보이는데 여기에는 잡지명, 특성, 창간일, 간별, 판형, 폐지, 부수, 누계, 비고로 나누어 치밀하게 통계를 내고 있다. 이 중 가장 많은 잡지를 발행하는 곳은 공업출판사, 중앙과학기술통보사, 과학백과사전출판사의 순이며 각 출판사에서 발행하고 있는 잡지는 다음과 같다.

노동당 직할인 조선노동당출판사의 〈정치지식〉, 근로자사(근로자), 외

---

26 『2001 북한연감』,(서울:주식회사 연합뉴스, 2000, 10), pp.784-785

국문출판사(조선/ 오늘의 조선/ 사진기술/ 자주시대), 금성청년출판사(청년생활/ 체육/ 새세대/ 사로청사업/ 소년단지도원/ 조선청년학생/ 우리동무/ 새희망/ 대학생/ 소년과학), 근로단체출판사(조선녀성/ 로동자/ 농업근로자/ 사회주의 생활문화), 과학백과사전출판사(대중과학/ 조선민주주의 인민공화국 과학원통보/ 조선의학/ 주체의학/ 력사과학/ 수학과 물리/ 화학과 화학공업/ 조선약학/ 보육원/ 생물학/ 지질과 지리/ 금속/ 분석화학/ 동의학/ 자동화 및 전자공학/ 위생방역/ 문화어학습/ 채굴공학/ 기계공학/ 의학과학 기술통보/ 사회과학/ 발명통보/ 원자력), 문예출판사(조선문학/ 아동문학/ 청년문학/ 조선예술/ 조선영화/ 천리마), 철도출판사(철도수송/ 철길/ 철도자동화 및 전기화), 교원신문사(인민교육/ 꽃봉오리/ 교양원/ 교원선전수첩/ 자연과학), 공업출판사(로동행정 외 31종), 농업출판사(기상과 수문 외 8종), 중앙과학기술통보사(기술혁신/ 외국과학기술통보-전력 외 25종), 과학원함흥분원(화학연구통보), 과학원평양천문대(천문학

〈표5〉 출판사별 잡지발행 실태(1981-1984)

순	잡지출판기관	1981	1982	1983	1984
1	조선노동당출판사	1	1	1	1
2	근로자사	1	1	1	1
3	외국문출판사	4	5	5	5
4	금성청년출판사	10	10	10	11
5	근로단체출판사	6	7	6	6
6	과학.백과사전출판사	21	25	18	19
7	공업출판사	30	32	26	26
8	문예출판사	6	6	5	6

순	잡 지 출 판 기 관	1981	1982	1983	1984
9	농업출판사	9	9	8	8
10	중앙과학기술통보사	27	27	27	28
11	철도출판사	3	3	3	4
12	교원신문사	5	5	5	5
13	조선사회민주당출판사	–	–	2	2
14	과학원 함흥분원	–	1	1	1
15	과학원 평양천문대	–	1	1	1
16	과학원 건설과학연구소	2	2	2	2
17	과학원 전기연구소	1	1	1	1
18	농업과학원 과학자료 편집통보소	5	3	4	4
19	경공업 과학원 기술경제통보소	1	1	1	1
20	조선기자동맹 중앙위원회	1	1	1	1
21	조선체육지도위원회	–	–	1	1
22	인민봉사위원회 상업부 상업과학연구소	–	–	2	2
23	인민봉사위원회 상업부 편의봉사 기술준비소	–	–	1	1
24	보건부 위생선전사	–	1	1	1
25	도서관 운영방법연구소	1	1	–	–
26	기 타	6	6	–	–
	계	140	149	133	138

[자료] 조선출판년감(1981-1984)

통보), 과학원건설과학연구소(건설건재과학통보), 과학원전기연구소(전

기연구통보), 농업과학원 과학자료편집통보소(농업과학원학보/ 농업과학

실험자료/ 외국농업과학 기술통보/ 농업과학 새소식/ 외국농업과학 기술단신), 경

공업과학원 기술경제통보소(경공업기술통보), 도서관운영방법 연구소

(도서관일군 참고자료), 보건부 위생선전사(위생과 건강), 조선기자동맹중

앙위원회(조선기자) 등이다.[27]

3) 교과서 출판

보통교육의 교과서 편찬은 북한의 교육정책과 긴밀한 관계에 있다. 먼저 최근 북한의 교육정책을 살펴본 다음, 1981년부터 1984년까지의 ① 인민학교 교과서 ② 고등중학교 교과서 ③ 기타 교과서 출판을 분석하기로 한다. 북한이 교육을 통하여 만들고자 하는 인간상은 북한 헌법에 명시되어 있는 이른바 '공산주의적 새 인간'으로서 "국가는 사회주의 교육학의 원리를 구현하여 후대들을 사회와 인민을 위하여 투쟁하는 견결한 혁명가로 지, 덕, 체를 갖춘 공산주의적 새 인간으로 키운다"고 규정하고 있다. 공산주의적 새 인간이란 김일성 부자에게 절대 충성하고 사회주의 경제건설에 필요한 생산기술 기능을 소유한 인간을 말하는 것이다.

북한은 이 같은 교육목적을 달성하기 위해 5기 14차 당 전원회의(1977.9)에서 북한교육의 강령적인 지침인 〈사회주의 교육테제〉를 채택하여 김 부자에 대한 절대적인 충성심과 과학기술 지식이 겸비된 새로운 공산주의 인간 양성에 주력해 오고 있다. 교육테제에서 사회주의 교육원리로 첫째, 교육사업의 전 과정이 당에 대한 충실성 교양으로 일관해야 한다는 "당성과 노동계급의 원칙", 둘째, 김일성 주체사

---

27 『조선출판년감』, (1981–1982), pp.444–460, (1983–1984), pp.516–532

상으로의 철저한 무장을 촉구하는"주체 확립의 원칙",셋째, 쓸모 있는 산지식과 실천능력을 겸비한 혁명인재로 키우기 위한"교육과 생산노동의 결합원칙"등을 제시하고 있다. 이러한 교육정책을 기획하고 집행하는 교육 행정기구는 내각에 교육성이 담당하고, 노동당 과학교육부의 지도, 통제를 받도록 하고 있다.[28]

최근 북한의 모든 교과과정은 정치 사상교육과 기술교육의 양대 과목을 위주로 편성되어 있다. 인민학교는 4년 동안 위대한 수령 김일성 대원수님 어린 시절,경애하는 령도자 김정일 장군님 어린 시절을 위시하여 공산주의 도덕, 국어, 수학 등 총 12개 과목에 대해 교육을 실시하고 있다.

고등중학교는 6년 동안 위대한 수령 김일성 대원수님 혁명 활동, 경애하는 령도자 김정일 장군님 혁명활동, 현행 당 정책, 수학 등 총 23개 과목에 대해 교육을 실시한다. 이 밖에 일과 후에는 하루 1~2시간씩 체육 등 특기교육을 실시하고 있으며, 고등중학생들은 견학 명목으로 공장, 기업소, 협동농장 등에 파견되어 1주일간 노동을 하여야 하며 방학기간에는 김일성, 김정일의 혁명전적지, 사적지 등을 답사하고 있다.[29]

---

28 국가정보원- 북한정보- 교육분야 참조(http://www.nis.go.kr). 이하 인민학교, 고등중학교의 교육현황도 이를 참조하였음.

29 통일부 북한자료센터-자료실-2000 북한개요 '교육'참조 (http://www.unikorea.go.kr)

(1) 인민학교 교과서 출판 실태

인민학교는 4년제로 도시 지역은 1~2개 동에 1개교, 농촌지역은 리 단위마다 1개교씩 설치되어 있고 만 6-9세의 학생이 재학한다. 1972년 9월 부분적 11년제 의무교육을 실시한 이후 취학연령을 만 7세에서 1년 하향하였다. 취학연령층에 해당하는 학령 아동에 대한 실태조사는 연 2회에 걸쳐 실시하고 각 학구 내 인민위원회에서 해당 지역 학령아동에 대한 입학통지서를 발부하고 있으며, 새 학년은 매년 4월 1일에 시작한다. 학비 및 학교 운용비용은 국가가 부담하고 교과서나 학용품 등은 개인이 구입토록 되어 있으나 최근 경제난으로 교육재정이 부족하게 되자 학교 자체로 가축사육, 폐품수집 등을 통해 조달하거나 지역기관, 기업소의 후원금 등에 의존하는 것이 최근 현황이다.

1981년부터 1984년까지 북한 인민학교의 교과서 출판에서 발행 종수는 〈표 6〉과 같은데 종수는 해마다 일률적이지는 않다. 판형은 모두 국판이며(단 방학책만은 국반판) 발행부수는 대개 35만부에서 55만부를 보이고 있다.[30]

인민학교 교과서를 분류하면 정치사상 과목과 일반교육 과목으로 구별할 수 있다. 정치사상과목은 경애하는 수령 김일성 원수님의 어

---

30 『조선출판년감』보통교육 부문도서-교과서, 1981-1982년판(pp. 404-428),1983-1984년판(pp.475-500)참고. 이하 인민학교, 고등중학교, 기타교과서의 발행종수 인용도 여기에 따름. 고등교육 부문도서(대학수준 이상 교재)는 일반도서류에 합산하여 집계하고 있음.

린 시절, 경애하는 수령 김일성 원수님의 혁명활동, 친애하는 지도자 김정일 선생님 어린 시절, 특강교재(공산주의 도덕, 국어), 공산주의 도덕 등 5종이며 학년마다 2~3개 과목을 배우고 있다. 일반교육 과목은 국어, 글씨연습장, 음악, 도화공작, 수학, 자연, 산림 및 원예독본, 위생독본 등이다. 이외, 방학숙제는 1~4학년까지 여름, 겨울방학 숙제책이 연간 2종씩 있고, 교과서의 출판기관은 모두 교육도서출판사이다.

(2) 고등중학교 교과서 출판실태

고등중학교는 1972년 9월부터 6년제 고등중학교(중등반 4년, 고등반 2년)으로 개편되었으며 무시험 자동 진학제를 실시하고 있다. 도시지역은 1–2개 동 당 1개교, 농촌지역은 리 단위에 1개교 씩 설치되어 있으며 만 10–15세 학생이 재학하고 있다. 실천노동을 통한 계급의식 고취 및 학습과 생산노동의 완전결합이라는 명분 아래 학생사회 의무노동제를 채택하고 있다. 졸업 후 진로는 성분이 좋고 성적이 우수한 5% 정도의 학생만이 바로 대학에 진학하고 대부분이 공장, 기업소나 협동농장 등에 배치되고 있다. 졸업생들은 제대 후 대학이나 입당이 비교적 용이한 군 입대를 선호하고 있는 것이 최근 북한 고등중학교의 현황이다. 1981년부터 1984년까지 고등중학교 교과서 출판과 발행 종수는 〈표7〉과 같다.

고등중학교의 교과서의 분류는 ① 정치사상과목 ② 일반교육과목 ③ 외국어교육과목으로 구분할 수 있다. ①정치사상과목은 위대한 수령 김일성원수님 혁명활동, 위대한 수령 김일성원수님 혁명역사,

<표 6> 북한 인민학교 교과서 발행 종수(1981~1984)

학년별	1981	1982	1983	1984
인민학교 1학년	13	9	3	11
인민학교 2학년	12	10	–	10
인민학교 3학년	16	8	–	11
인민학교 4학년	14	10	–	11
계	55	37	3	43

<표 7> 북한 고등중학교 교과서 발행종수(1981~1984)

학년별	1981	1982	1983	1984
고등중학교 1학년	21	21	21	10
고등중학교 2학년	22	18	19	11
고등중학교 3학년	23	14	22	16
고등중학교 4학년	31	20	24	12
고등중학교 5학년	28	19	28	17
고등중학교 6학년	–	–	4	13
계	125	92	118	79

공산주의 도덕, 특강교재(친애하는 지도자 김정일 동지께서 내놓으신 사상이
론 방침), 특강교재(공산주의 도덕) 등의 5종을 5개 학년 간 3~4개 과목
씩 사용하는 것으로 보인다.

② 일반교육과목은 1학년(발행종수가 많은 83년 출판분)은 국어, 한문,
한문(보충교재), 음악(보충교재), 미술, 수학(대수), 수학(기하), 자연, 지리,
위생독본, 공작실습, 수학(항일유격대식으로 학습하기 위한 교재) 등이고,
5학년(83년 출판분)의 경우는 세계역사, 한문, 수학(대수), 수학(기하), 물
리, 화학, 생물, 지리, 여학생실습, 기계기본(도시), 기계기본(농촌), 자

동차(실습), 뜨락또르(실습), 통신(실습), 화학(실습), 임업(실습), 공작기계(실습), 공작실습, 수학(시험용), 자동차, 수학 등인데 중등 일반지식과 기초기술교육을 결합시키고 있다. ③외국어 교육과목은 로어와 영어 두 가지인데 각 학년마다 출판되어 있다. 일반적인 로어와 영어 교과서가 있고, 항일유격대식으로 학습하기 위한 교재가 각각 별도로 있다는 점이다. 고등중학교 교과서의 출판기관은 모두 교육도서출판사이고, 외국어만 외국문도서출판사에서 간행한 것이고 판형은 모두 국판인데 항일식 교재만 국반판이다.

위의 교과서 출판에 나타난 북한의 고등중학교 교과서의 편찬 방향은 김일성부자에 대한 절대 충성과 사회주의 경제건설에 필요한 생산기술 기능을 소유한 인간의 교육에 있는 것으로 파악되며, 외국어는 로어와 영어를 각 학년에서 필수적으로 이수하고 있는 것으로 나타나고 있다.

(3) 기타 교과서 출판

인민학교, 고등중학교를 제외한 교과서는 교수안, 유치원, 기술학교, 유학생교과서, 외국어학원, 중국인학교, 외국인 자녀용 교과서가 연감에 나타난 전부이며 북한의 교과서류의 발행내역은 망라되어 있다. 교수안은 유치원에서부터 고등중학교까지 각 과목마다 있는 것으로 파악되며, 유치원 교과서는 몇 종이 되지 않는다. 기술학교와 유학생 교과서는 공업, 농업 등 산업분야에 국한되어 있고, 외국어 학원 교과서는 5개 국어(로어, 영어, 독일어, 프랑스어, 에스빠냐어)이고, 중국인

학교는 중국어문으로 인민, 고등중학교 교과서이다. 외국인 자녀용은 조선어, 수학, 자연과목에서 각기 외국어로 되어 있다.

5. 북한도서의 특성 분석과 남북의 도서출판 비교

1) 북한도서 특성 분석 - 1980년대 주요 현상

1981~1984년까지 북한출판의 실태 분석은 『조선출판년감』을 중심으로 분석하고 1985-1990년까지는 북한의 주요 출판사의 발행도서와 문학출판에 나타난 현상으로 북한도서의 특성을 분석하고자 한다. 즉, 1980년대 전반기는 원전자료를 바탕으로 도서, 잡지, 교과서의 출판실태 등 정확한 형태적 분석을 한다. 1980년대 후반기는 『조선중앙년감』및 문학출판의 내용적 현상을 고찰함으로써 1980년대 10년간의 북한출판을 분석하고자 하는 것이다.

1985년은 조선 노동당 창건 40주년(10월 10일)을 맞는 해로서 김일성과 김정일의 문헌에 관한 출판이 많았다. 이는 김정일이 주요 정치회의에 자주 참석하여 후계자로서의 발언을 많이 했기 때문이다(이광재, p.284). 또한 〈출판보도사업에 대한 당의 방침 해설〉이 조선노동당에서 확정되고 간행되던 해였다. 조선노동당출판사에서 김일성 저작집 제29, 30권을 간행하였고, 1985년 〈인민보건사업을 발전시킬 데 대하여〉 등 노작들을 단행본으로 다수 출판하였다.

김정일의 문헌집도 〈근로단체 사업에 대한 당적 지도를 강화할 데에 대하여〉 등 다수의 문헌을 단행본으로 간행하였다. 혁명전통교양 도서로 〈위대한 수령 김일성동지 혁명력사 자료집〉(2권), 〈붉은 해발아래 창조와 건설의 40년〉(6권)을 비롯하여 혁명활동 도서들과 〈주체예술의 향도성〉(4,5집) 등 30여종 수백만부를 출판하였다고 한다. 출판부문에서는 〈인민들 속에서〉(36, 37), 〈혁명역사 학습사전〉(상), 〈항일혁명미술〉 등 당의 유일사상 교양도서, 당 정책 해설도서, 문예도서, 과학기술도서, 아동도서를 많이 출판하였다고 발표하였다. 이 해 조선노동당출판사는 85년까지 김일성의 노작 1,000종(단행본, 저작집, 문헌집과 발췌집)을 발행하여 기념보고회까지 개최 하였다.[31]

1986년은 인민경제발전 제3차 7개년 계획(1987-1993)을 최종, 확정짓는 해였다. 조선노동당출판사는 〈김일성 저작집〉 제31, 32권과 각종 문헌집과 86년 〈신년사〉 등을 비롯한 단행본을 다수 출판하였고 김정일의 역사적 문헌들을 단행본과 문헌집, 발췌집으로 발행한 수는 지난 4년 동안 100여종에 달한다고 한다. 김일성의 혁명업적과 영도의 현명성, 고매한 덕성을 보여주는 회상 실기도서들인 〈인민들 속에서〉, 〈항일유격대원들의 자력갱생, 간고 분투의 혁명정신〉 등과 혁명전통 교양도서들과 당 정책 해설도서를 많이 출판하였다. 외국문종합출판사는 김일성의 저작집 제 26, 27권, 담화문과 김정일의 〈

---

31 『조선중앙년감』(1985). 이하 1990년까지 북한 주요 출판사별 출판현황은 주로『조선중앙년감』에 의하여 고찰된다.

영화예술론〉의 첫 부분인 〈생활과 문학〉을 외국어로 출판하였다.

문예출판사는 김정일의 문예이론 총서인 〈조선화 창작이론〉, 〈무용예술이론〉, 〈공예 및 산업미술 창작이론〉, 〈교예예술이론〉, 〈기악창작이론〉과 〈문학예술의 영재〉 6권과 수십 편의 장편, 중편소설들을 비롯한 다양한 주제의 문예작품들 수백 종을 출판하였다고 한다. 과학, 백과사전출판사는 160여종의 과학기술도서들과 〈노조사전〉, 〈체육백과사전〉, 〈경제사전〉(1,2) 등 수십 종의 사전을 출판하였다. 공업출판사와 농업출판사는 200여종의 과학기술도서를 내놓았고, 금성청년출판사는 100여종의 책들과 수십 종의 아동 번역도서를 출판하였다고 한다.

1987년에는 출판보도 부문에서는 당이 제시한 신문혁명, 보도혁명, 출판혁명을 힘 있게 벌려 당원들과 근로자들을 혁명적 세계관이 튼튼히 서고 당과 수령에게 끝없이 충직한 공산주의 혁명가로 키우는데 크게 기여하였다고 〈조선중앙년감〉이 출판보도부문에서 발표하고 있다. 조선노동당출판사에서는 〈김일성 저작선집〉 제9권, 저작집 제33-35권 그리고 70여종의 노작을 단행본으로, 김정일 문헌들과 혁명전통도서들을 출판하였고, 외국문종합출판사는 이들의 노작들을 계속 외국어로 번역 출판하였다.

문예출판사는 김정일의 위대한 영도와 불멸의 업적을 기리기 위한 도서 〈문학예술의 영재〉 제10권까지를 간행하였다. 또한 문예출판사, 금성청년출판사, 외국문종합출판사에서는 주체의 혁명위업을 빛나게 계승하고 영도해 나가는 당을 칭송하여 창작된 수많은 문학작품들의 일부를 작품집들과 단행본들로 출판하였는데 최근에 그 수는 70여종 300여 만부에 달한다고 발표한다. 고등교육도서출판사, 과학백과사전종합출판사, 공업출판사, 농업출판사 등 여러 출판사들에서 과학기술도서들을 다수 출판하였다.

1988년에도 조선노동당출판사에서는 김일성의 고전적 노작들과 김정일의 역사적 문헌들의 출판이 계속하여 활발히 이루어졌고, 외국문종합출판사에서는 이들 노작들을 외국어로 출판이 연이어 졌다. 이 해에는 김정일의 생모 김정숙을 흠모하는 〈어머님과 전사〉가 금성청년출판사에서 발행되기도 하였다. 근로단체출판사에서는 〈사회주의 생활문화백과〉(전2권) 2권이 출판되었고 1권은 1985년에 간행된 것으로 1권은 조선음식, 2권은 옷과 옷차림에 관한 내용이다.

1989년에는 신문, 통신, 방송, 도서들은 신문혁명, 보도혁명, 출판혁명을 힘 있게 벌려 모든 사회구성원들을 주체형의 공산주의 혁명가로 키우며 사회와 자연을 주체의 요구대로 개조해 나가는데 적극 이바지했다고 하면서 김일성 부자의 노작들의 출판과 외국어로 번역을 크게 기록하고 있다. 또 노동당출판사에서는 지난 10여 년간 출판한 혁명전통 교양도서들은 700여종 5,700여만 부에 달한다고 한다. 금성청년출판사는 〈금고기와 은고기〉, 〈사람과 재물〉 등 김일성, 김정일, 김정숙이 들려준 이야기들을 화폭에 옮긴 그림책들과 백두산 전설그림책들, 새 세대 청년들과 어린이들의 사상정서교양에 이바지하는 여러 종류의 도서를 수많이 출판하였다.

과학백과사전출판사, 공업출판사, 농업출판사를 비롯한 여러 출판사들에서는 〈지질학 발전에서 흥미 있는 몇 가지 문제〉, 〈로보트 설계〉 등 과학혁명, 기술혁명을 추동하는 데 이바지할 수 있는 각종 과학기술도서, 잡지들을 많이 출판하였다. 문예출판사는 장편 실화소설 〈탐구자의 한 생〉, 단편소설집〈절정〉 등 다양한 문예도서를 출판하였으며 〈조선유적 유물도감〉 3권 〈고구려 편〉을 발행하였다.

1990년에도 조선노동당출판사는 여전히 김일성 부자의 노작 출판을 계속하였으며, 외국문종합출판사는 노작들을 번역출판 하였고 혁명전통 교양도서의 출판은 이어졌다. 문예출판사는 작품집 〈조선아녀를 빛내라〉, 〈충성과 효성의 메아리〉, 〈민족의 딸들〉, 〈1980년대 단편선〉 등이 출판되었다. 금성청년출판사는 아동도서에서 전 해보다 80종 145만부를 더 출판 보급하였다고 한다.

특히 청소년 학생들의 수준에 맞게 주체사상의 원리를 통속적으로 해설한 〈주체사상에 대한 이야기〉, 속도전 청년돌격대원들의 투쟁 이야기인 〈조국은 잊지 않으리〉 등을 새 세대들을 혁명적으로 교양하고 위훈의 창조자로 키우는데 도움을 주는 도서들과 과학기술도서들을 출판하였다. 공업종합출판사, 농업출판사, 과학백과사전종합출판사, 철도출판사를 비롯한 여러 출판사들에서는 인민경제를 주체화, 현대화, 과학화하고 기술혁명에 이바지하며 과학자, 기술자들과 근로자들의 과학기술수준을 높이는데 도움을 주는 과학기술도서들을 수많이 출판하였다고 하고 있다.

『조선중앙년감』에서는 일반도서류와 사전, 편람류, 잡지류에 대한 보도는 거의 없고 영도자들의 노작과 혁명전통 교양도서에 국한된 출판 결과를 발표하고 있는데 이는 북한출판에서의 가장 숭고한 사명과 역할이기 때문이다. 이로써 북한출판은 당 정책 교화의 선전도구이며, 김일성, 김정일 체제의 철저한 옹호자 역할을 수행하고 있음을 보여주고 있는데 북한출판물 중에서도 사회과학 부문에서 철저하며 이것이 북한출판의 실체라고 분석되어 진다.[32]

1980년대 와서 북한은 출판에 목적성을 갖고 역점을 두는 것은 주체적 출판보도 사상의 바탕 위에서 다음 여섯 가지 실제적인 요소로 정리되고 있다. ① 위대한 수령님의 노작과 전기, 혁명역사와 같은 원전적인 책을 많이 출판하여야 한다 ② 당원과 근로자에 대한 교양사업에 실제적인 도움을 줄 수 있는 사회정치 도서가 많이 출판되어야 한다. ③ 사상수양과 문화적 소양을 높이는데 도움을 주는 혁명소설을 비롯한 문예도서를 많이 출판하여야 한다. ④ 과학혁명, 기술혁명을 추동 하는데 이바지 할 수 있는 과학기술도서들과 잡지들을 많이 출판하여야 한다. ⑤ 출판사들의 역할을 결정적으로 높여야 한다. ⑥ 인쇄공장들을 만부하(滿負荷)로 돌려야 한다는 것이다.

이 중에서도 소설 등 문예도서를 강조하고 있는데 이는 혁명적인 소설을 읽는 과정에서 주인공들의 형상화를 통해 강한 충동을 받기도 하고 양심의 가책을 받기도 하면서 끊임없이 사상적으로 수양하

---

32 김정일은 "우리는 주체사상을 사상리론적, 방법론적 기초로 하여 과학연구 사업을 끊임없이 심화발전 시킴으로써 사회과학의 모든 부문을 새로운 연구 성과들로 풍부히 하여 나가야 합니다."에서와 같이 출판보도물에서 사회과학 부문은 철저하게 주체사상의 기반 위에서 이루어짐을 알 수 있다. 김영주 앞의 책, P. 272에 있는 북한『신문학개론』엄기영(김일성종합대학교 교수)의 머리말 참조.

게 된다는 것이며, 특히 청소년들에게는 중요한 의의를 지닌다고 하였다(유재천,1992, p.166). 북한출판의 내용적 현상을 파악하기 위해서 문학출판을 중심으로 살펴보기로 한다. 왜냐하면 문학과 예술은 사회변화를 반영시키기 쉬운 분야이며, 이 중 소설은 현실을 바탕으로 한 작가 상상력의 허구적 현상이기 때문이다. 또한 소설은 문학의 장르 중에서 출판과 가장 밀접한 관계에 놓여 있다.

80년대 북한소설의 실태와 성격을 규명하기 위해서 당시 소설문학의 흐름을 살펴보고자 한다. 80년 와서 북한소설이 70년대와 크게 달라진 것은 현실생활을 창작의 공간으로 회복한다는 점이다. 이를 북한에서는 '사회주의 현실주제의 문학'이라 하여 '역사주제의 문학'과 대비시키고 있다. 사회주의 현실주제의 문학은 사회적 문제의 예리성, 시대정신의 대변자로서의 새 인간 창조, 시대적 미감에 맞는 구성형식과 개성적 탐구를 요구하는 양식이라는 것으로 설명된다.

이처럼 북한소설은 70년대 우상화의 획일성에서 벗어나 창작의 상당한 여유를 갖게 된 것으로 보여 진다. 그리고 "사회주의 현실주제의 문학 역시 역사주제의 문학과 마찬가지로 현실 생활을 교양하고 이념을 선전한다는 특징을 가지지만, 문제 설정이 막연한 역사의 교훈이냐 현실의 구체적인 삶이냐는 중요한 차이를 가지고 있다는 것"이라고 이해된다. 이처럼 80년대 이후 현실생활이 창작의 공간으로 들어오는 이유는 북한사회가 사회적, 정치적으로 다양한 내용의 문학을 필요로 하게 된 것이고 국제 정세의 급격한 변화에 따른 국내환경이 전 시대의 획일적인 문학이 독자들의 욕구를 충족시키지 못했기 때문이다(최동호,1995,.pp.468-469).

그러나 1980년대 이후의 북한소설이 변화를 보인다고 해서 이전 소설의 전통과 단절되었다고 보기는 어렵다. 거시적으로는 1970년대 문학의 성격이 보존된 상태에서 1980년대 이후의 현실생활 묘사가 비중을 높혀 간다고 보아야 할 것이다. 1980년대 이후의 북한소설의 특성을 두 가지로 설명할 수 있는데, 하나는 역사주제의 문학이고, 둘은 사회주의 현실주제의 문학이라 할 수 있다(최동호, p.469). 역사를 주제로 한 경우는 해방 전과 해방 후의 혁명투쟁과 역사를 형상화한 작품으로 나누어 볼 수 있다.

특히 1980년대 중반 4.15 창작단의《불멸의 역사총서》15권이 완간되고 김정일을 다루는《불멸의 향도총서》가 등장한다는 사실이다. 사회주의 현실주제 문학도 북한 내부의 현실적 모순을 드러내는 것과 남북분단의 문제를 다루는 작품으로 나누어 볼 수 있다. 1980년대 이후 북한소설의 흐름이 출판에 나타나는 현상을, 현실모순을 다룬 소설과 김정일을 형상화한 소설로 나눠 살펴본다.

현실 문제를 다룬 작품은 1980년대 후반부터 빈번하게 표면화되고 있다. 이러한 이유는 사회의 전반적 변화나 작가 의식의 진전보다는 사회의 변화를 작품에 수용해야 한다는 필요성에 의해서라고 보여진다. 최근의 소설에서 드러나는 북한사회의 갈등은 주로 지역간, 세대간, 부부간의 갈등소재이다. 이러한 갈등은 화해할 수 없을 정도의 적대적 관계로 발전하지 않고 전개과정에서 발생하지만 결국 화해로 긍정적인 결말을 맺는다.

비교적 소재가 현실로 이어졌지만 도식성은 떨쳐 버릴 수 없다. 리태균의「뻐꾹새가 노래하는 곳」은 농촌과 도시의 격차를 극복하고 젊은이들이 농촌에서 열심히 일할 것을 권장하는 내용이다. 백남룡의「벗」은 이혼문제를 다룬 작품으로 정진우라는 판사를 중심으로 부부생활의 다양한 양상이 드러난다.「청춘송가」(남대현, 1988)는 젊은이들의 애정심리를 대담하게 묘사하여 북한에서도 인기 있는 도서로 각광받았다. 남북분단의 현실과 통일의 주제는 북한문학에서 일관되게 등장한다.「산제비」는 임수경의 평양 세계소년축전 방문과 시인 박세영의 죽음이 소설의 주요 소재이다.

1980년대 이후 북한소설의 특징 중에 하나는 김정일이 김일성 형상화에 못지 않게 활발해 진다는 점이다. 이는 과거의 형상화와 연속선상에 있으면서도 약간의 차이를 보이는데 김정일이 작품 속에서 등장하되, 인민들 사이에 존재하고 그들의 일상에 개입하여 은혜를 베푸면서 진한 감동을 준다는 것이다. 김정일을 형상화한 작품으로 대표적인 것은 단편소설「고요」(리종렬),「기억」(현승걸),「아끼시는 심정」(박현) 등과 장편소설「아침해」(현승걸) 등이 대표적이다. 이처럼 1980년대 북한소설이 1970년대 소설과 다른 점은 김일성 우상화 중심에서 북한사회의 현실들이 소설의 소재로 등장한다는 점과 김정일의 형상화가 많아지는 현상이다.

2) 남북도서 실태 비교-통계적 비교 분석(1981~1984)

분단 이후 남한출판은 자본주의 사회체제에서 시장논리에 의한 상업행위로 이루어져 왔다. 반면에 북한출판은 사회주의 사회체제에서 이데올르기 선전에 주요 도구로서 출판매체가 이용되어 왔기 때문에 같은 매체이지만 활용하는 방법은 상반된 위치에 있었다. 한편으로 1963년 이후부터 북한이 출판통계가 공개되지 않아 그 실체의 파악이 어려웠지만 북한출판의 실체를 정확히 알 수 있는 원본자료가 입수됨에 따라 1980년대 초반 북한출판의 자세한 파악이 가능 하였다. 이러한 점에서 남북한 출판통계의 차이로 비교에는 곤란한 점은 따르지만 남북출판 관련자들의 이해를 돕는 측면에서 1981~1984년까지 4년의 출판통계를 수치로서 비교하고자 하는데 이 통계수치의 정확성은 매우 높다.

남북의 도서출판 통계방식이 매우 다르기 때문에 단순 대조비교는 어렵다. 우리는 십진분류법 10분야와 아동도서와 학습참고서를 추가하여 12개 항목으로 통계를 하고 있으며, 북한은 5개 분류 중 기타를 제외하고 4개 분류로 도서통계를 내고 있기 때문이다. 북한은 도서통계에서 초판과 중판을 혼합 집계하고 있어 남한처럼 구분은 되지 않으며, 도서인정 면수도 유네스코 기준인 49면이 적용되지도 않는다. 따라서 통계적인 비교는 발행종수와 발행부수의 두 개의 측면에서 ⓐ ⓑ ⓒ 방식으로 나누어 비교해 보기로 한다.

세 가지 방식으로 나누는 것은 남북의 통계방식이 서로 다르기 때문에 그 중에서 합리적인 비교 방법을 찾기 위함이다. 남북의 출판물이 민족의 공동 문화자산이라는 점(서로의 통치차원 즉, 사상적인 출판물만 제외한다면)에서 남북 양측 통계에서 남북의 비율을 살펴보려고 한다. 중요한 것은 비교 자료이다. 북한의 『조선출판년감』2책은 권말마다 해당 년도의 〈출판통계자료〉를 게재하고 있는데 81–82년판은 12쪽, 83–84년판은 9쪽 분량이다. 북한 출판물의 비교 자료는 〈표3〉 및 〈표8〉의 통계자료이다. 〈표3〉의 종합통계 중에서 일반도서류의 종수 합계와 〈표8〉의 종수 합계는 정확히 일치하고 있다. 이는 북한 당국에서 〈표3〉의 〈일반도서류〉에 국한시켜 〈표8〉을 분류하고 통계를 내었기 때문이다.

ⓐ 방식은 〈표3〉에 있는 북한출판물에서 〈영도자 노작집〉, 〈일반도서류〉, 〈사전·편람류〉만 도서로 인정하는 방식이다. ⓑ 방식은 여기에 〈기타선전물〉까지 포함하는 방식이다. ⓒ 방식은 순수 〈일반도서류〉만 비교하는 방식을 말한다. 북한에서 기타선전물은 도서통계로 집계하고 있는데 제강류(諸講類), 구두선전자료, 직관 선전물(포스터, 엽서 등), 역서류(달력, 월력 등)의 네 가지로 분류되고 페이지수가 2–88면까지 각기 다르다. 제강류는 사상 학습과 관련된 도서형태이고, 구두 선전자료는 담배는 건강에 해롭다(46배, 2면, 100,000부), 교원학자들에게 들려주시는 크나 큰 정치적 신임(46배, 20면, 1,000부) 등의 내용이다.

ⓐ 방식에서 비교한다면 81–82년 합산에서 발행종수의 남북 비율은 90.9(남) : 9.1%(북)이고 발행부수는 67.6 : 32.4%의 비율을 보인

다. 83-84년 합산은 발행종수의 남북비율이 92.4 : 7.6%이고, 발행부수는 74.2 : 25.8%로서 4년간 평균을 본다면 종수에서 91.6 : 8.4%이며, 부수에서는 70.9 : 29.1%의 비율을 보인다. ⓑ 방식에서는 81-82년 합산은 발행종수에서 남북의 비율이 87.4 :12.6%이고 발행부수는 49.3 : 50.7%의 비율로 북한이 많다. 83-84년 합산은 종수에서 남북은 91.4 : 8.6%이고, 부수에서는 67.7 : 32.3%로서 4년간 평균은 발행종수가 89.4 : 10.6%이며, 발행부수 면에서 58.5 : 41.5%의 비율을 보인다. ⓒ 방식으로 비교한다면 발행종수에서 81년은 91.4 : 8.6%, 82년은 91.5 : 8.5%, 83년이 93 : 7%, 84년은 92.7 : 7.3%의 비율을 보인다. 발행부수 면에서 81년- 73.4 : 26.6%, 82년- 74.7 : 25.3%이며, 83년- 82 : 18%, 84년-79.6 : 20.4%의 출판량을 보이고 있으며 4년 평균비율은 발행종수에서 92.1 : 7.9%이고 발행부수 면에서 77.4 : 22.6%의 비율이다.

세 가지 방식으로 남북의 출판량을 비교해 보았으나 각 방식의 차이점으로 일률적으로 대비하기는 어렵다. 하지만 ⓐ 방식이 객관성이 있는 것으로 보았을 때 남북출판의 비율은 발행종수에서 약 91 ; 9%, 발행부수 면에서 71 ; 29%의 비율을 보이고 있다고 볼 수 있다.

이와 같이 발행종수의 차이는 자본주의 출판과 사회주의 출판의 차이에서 찾아야 할 것 같다. 자본주의는 시장논리에 따라 움직이므로 '이윤의 극대화'를 위하여 생산되고, 사회주의 출판은 계획출판으로서 '사상의 극대화'를 위하여 생산되기 때문이다. 발행부수 면에서는 판매와 보급의 차이와 영도자의 관한 도서나 혁명전통 도서

〈표 8〉 북한의 출판통계(1981-1984)

분류	1981		1982		1983		1984	
	종수	부수	종수	부수	종수	부수	종수	부수
사회과학	307	6,927,974	442	10,504,776	330	11,182,975	385	11,529,640
문화예술	313	5,742,400	312	4,635,500	383	7,009,450	467	11,268,475
기초과학	420	1,805,350	473	2,196,270	504	1,695,450	482	2,569,510
응용과학	918	4,168,330	1,035	3,103,670	1,260	2,910,725	1,239	2,824,574
기타	279	7,784,818	408	9,467,334	–	–	–	–
계	2,237	26,428,872	2,670	29,907,550	2,477	22,798,600	2,573	28,192,199

[자료] 조선출판년감(1981-1984)

〈표9〉 남한의 출판통계(1981-1984)

연도	구분	총류	철학	종교	사과	순과	기과	계
1981	초판	281	403	1,040	1,766	349	1,305	13,618
	중판	79	791	939	1,141	184	622	10,365
	종수	360	1,194	1,979	2,907	533	1,927	23,983
	부수	711,590	1,909,350	5,528,797	3,934,545	676,370	2,399,075	73,127,664
1982	초판	358	795	1,271	2,249	391	1,499	17,615
	중판	138	801	1,117	848	208	669	11,575
	종수	496	1,596	2,388	3,097	594	2,168	29,109
	부수	1,299,387	2,950,288	7,892,908	3,808,729	1,246,350	2,543,130	88,326,989
1983	초판	466	778	1,292	2,669	306	1,490	18,588
	중판	167	871	1,088	1,164	230	1,090	14,733
	종수	633	1,649	2,380	3,833	536	2,580	33,321
	부수	1,674,655	3,441,249	8,473,551	5,392,640	619,275	6,792,240	104,411,111
1984	초판	462	510	1,399	2,727	480	1,637	19,113
	중판	233	729	1,104	1,241	216	1,264	14,043
	종수	695	1,239	2,503	3,968	696	2,901	33,156
	부수	2,035,170	1,908,815	13,061,822	5,344,443	844,313	3,706,754	110,498,770

연도	구분	예술	어학	문학	역사	아동	학참	계
1981	초판	931	843	2,664	392	1,484	2,160	13,618
	중판	491	508	2,861	212	2,240	297	10,365
	종수	1,422	1,351	5,525	604	3,724	2,457	23,983
	부수	2,615,600	3,525,430	10,766,420	865,417	7,204,400	32,990,670	73,127,664
1982	초판	966	279	3,659	533	2,523	2,392	17,615
	중판	614	589	3,074	475	2,402	645	11,575
	종수	1,580	1,568	6,733	1,008	4,925	3,037	29,109
	부수	3,537,304	4,305,358	11,164,478	1,179,580	9,937,220	38,462,257	88,326,989
1983	초판	1,093	762	3,899	876	2,515	2,442	18,588
	중판	767	746	3,383	605	4,004	617	14,733
	종수	1,860	1,508	7,282	1,481	6,520	3,059	33,321
	부수	4,118,340	5,257,590	14,382,385	2,146,945	14,152,460	37,959,781	104,411,111
1984	초판	869	926	4,326	663	2,339	2,775	19,113
	중판	720	685	3,535	330	3,214	772	14,043
	종수	1,589	1,611	7,861	993	5,553	3,547	33,156
	부수	3,932,820	5,175,065	14,272,121	1,432,269	14,794,600	43,991,570	110,498,770

[자료] 「한국출판연감」(1982~1985)

등은 전 주민을 대상으로 생산하기 때문에 남한의 발행부수 보다 차
이가 발생하는 것으로 보인다. 이러한 통계가 주는 의미는 한 시기
(1981~1984)의 비교에 지나지 않지만 남북출판의 기본적인 출판생산
의 현상을 드러낸다는 점에서 의미가 있다. 그리고 분단 이후 남북출
판의 정확한 규모를 처음으로 파악했다는 점에서는 매우 의의가 있
다고 볼 수 있다.

6. 북한출판 연구 및 민족출판 형성의 과제와 방향

2000년 6월 평양에서 이루어진 남북 정상회담은 '6.15 선언'이라는 산물을 만들어 내었고 대결과 갈등의 남북관계를 화해와 협력의 시대로 전환하는 계기로 작용되고 있다. 하지만 '92년에 발효되었던 남북기본합의서가 후속 협력 없이 8년이나 보내었던 점을 상기하면 지금도 새로운 시작일 뿐이라는 생각을 떨칠 수 없다. 다시 정치적 분위기는 출판 분야에서도 남북의 교류와 통합이라는 명제에 한층 다가가게 하고 있지만 폐쇄성과 돌출성, 의외성으로 대표되는 북한과, 진보와 보수의 관점과 논쟁으로 야기되는 남한에서의 이념과 문화의 충돌은 민족통일의 최대 걸림돌로 작용하고 있다.[33]

이념과 문화충돌의 동질성 회복과 이질성 탈피에서 출판매체가 중요한 가치를 가진다는 인식이 필요하다. 북한에서는 출판물이 당의 선전, 선동적 무기만이 아니고, 남한에서는 자본주의적인 상품만 아닌 한민족 문화통합에 주도적인 매체임을 인식하고 공동 노력하여야 한다는 것이다. 왜냐하면 출판매체가 신문, 방송 등 타 미디어에 비하여 가장 해설적이며 상세하며 심층적인 전달도구가 되기 때문이다.

한민족의 동질성 회복을 위한 주요 매체로서 출판을 이해하고 협

---

33 1990년대에 와서 북한 TV에서는 외화도 방영되고 있으며 오락성이 예술에 가미되고 있다. 문학에서도 문학예술종합출판사에서 남한 단편소설 10편을 수록한 '수난자의 목소리' (1996)라는 서명의 단행본을 간행하고 방북 하였던 작가 황석영의 '장길산'도 출판되었으며, 백범 김구선생의 일대기를 그린 장편소설 '력사와 인간' 제1부(1999.6)가 출판되기도 하는 등의 변화를 보이고 있지만 정책적인 차원이라고 보여 진다.

력하기 위해서는 남북 간에 출판연구와 이를 바탕으로 한 교류와 협력은 필수적이며 타당성을 지닌다. 이러한 점에서 북한 출판연구는 당위성을 지니며, 남북 출판교류와 협력은 민족출판의 형성이란 현실성을 갖으며 당위성과 현실성은 서로 연계되어 있는 것이다. 여기에서는 북한출판 연구의 과제와 방향을 먼저 논의하고 이를 바탕으로 한 민족출판 형성을 위한 기본인식과 방향을 제시하고자 한다.

1) 북한출판 연구의 과제와 방향

북한 출판연구의 과제를 ① 기본적 과제 ② 매체별 과제 ③ 영역별 과제로 나누어 볼 수 있다. 먼저 기본적 과제에서 첫째, 북한출판에 대한 기초자료 확보 문제이다. 북한 정무원(현재 내각)의 결정 제4호(1982) 등 김일성의 교시에 의하여 출판물과 문건들의 외부 유출이 엄격히 통제되었으며 지금도 그러하다. 남한에서 북한 출판통계나 연구에 필요한 원전자료는 거의 없으며,『조선중앙연감』등이 있으나 원전자료로서의 의미는 부족하며 북한 출판연구는 자료의 빈곤에서 한계성이 온다. 둘째, 북한의 출판 성격에 대한 연구로서 출판 지도기관, 통제와 유통조직, 각 출판사에 대한 기능과 역할에 대한 연구이다.

셋째, 북한 출판에 대한 역사적 연구로서 시대별로 1940년대에서 1990년대까지 10년 단위별 혹은 노동당전당대회 기준, 분단 이후, 일제강점기 이후 등 북한 자체의 내재적인 관점에서의 연구로 구분해 볼 수 있다. 넷째, 위의 세 가지 문제를 포괄하는 과제인 북한 자체의 출판연구와 연구물을 살펴야 한다. 북한에서는 같은 출판물 중에서 신문, 잡지, 도서의 기능과 역할이 분화되고 있으며 특히 신문은 학문적 체계 속에서 연구되고 있다.

다음으로 출판매체별 연구과제이다. 첫째, 매체별 연구로서 도서출판, 잡지출판, 교과서출판 분야로 연구되어야 하고, 도서 분야는 단행본, 사전, 문고, 전집 등의 연구가 필요하다. 둘째, 분야별 연구로서 과학, 문학, 학술, 어학, 교육 등의 분야를 말한다. 셋째, 기능별 연구로서 주체사상, 혁명전통도서, 역사주제도서, 대중도서 등을 말한다. 넷째는 컴퓨터 테크놀로지에 의한 북한의 전자출판 분야 연구를 들 수 있다. 마지막은 영역별 과제이다. 첫째, 출판선택 부문인데 출판기획, 저작자, 저작물에 대한 심층적인 분석이다. 둘째, 출판제작 부문으로 편집자, 편집과 제작 등이 이에 해당한다. 셋째, 출판 분배 부문으로 배포, 자유판매, 광고문제, 배급소와 서점, 남한과의 직, 간접거래[34] 등이다. 넷째, 출판사 운영부문인데 각 출판사의 조직과 운영방법 등이다.

북한출판 연구의 방향은 대개 네 가지로 설정할 수 있다. ① 통일

---

[34] 현재 북한출판물의 남한유입 과정은 세 가지 형태로 볼 수 있는데 서적수입상, 저작권대행사, 개인단위 별이다. 서적수입상은 (주)남북교역, 대훈서적, 우일월트레딩 등이다. 남북교역의 취급도서는 약 2천여 종 정도로 문예도서가 절반을 차지하고, 대훈은 3천여 종, 우일은 정기간행물을 중심 하는데 모두 중국이나 일본을 통한 간접거래 형태가 대부분이나 최근에 와서 조선출판물수출입사와 직거래 방식도 이용되고 있다. 이들은 도서, 잡지 등 출판물 자체에 국한되어 북한출판 연구 자료의 가치가 적으며, 연구서적으로는 『조선출판문화사 : 고대-중세』(1995) 등이다.

지향적 관점 연구 ② 북한의 내재적 관점 연구 ③ 남북한 민족문화 통합 관점연구 ④ 북한연구의 개인, 기관과의 연계연구 관점이다.

첫째, 통일 지향적인 관점은 통합출판 내지 통일출판의 궁극적인 목표는 민족의 동질성을 최대한으로 회복시켜 분단된 민족과 국토를 하나로 통일시키는데 기여하는 것이다. 둘째, 북한의 내재적 연구 관점이란 북한출판의 정책이나 이론 및 실상을 올바로 이해하기 위해서는 자본주의나 자유주의적 가치 척도에 의존하는 것보다 북한 사회주의 자체의 이념이나 논리에 따라 분석하는 것이 설명력을 높일 수 있다는 것이다.

셋째, 남북한 민족문화 통합 관점의 연구인데 북한의 내재적 관점은 북한출판 자체에서 분석하면 되지만, 통합 관점은 남한출판과의 상관성 속에서 민족적 문화의 통합과 장래를 고찰하는 것이다. 내재적 연구는 성과가 빠르지만, 통합적 연구는 결과론적 논리보다 연역적인 진단에 의존해야하고 정확한 결과를 얻기가 쉽지 않다는 점이다. 넷째, 북한연구를 하는 개인, 단체, 국가기관과의 연계 관점의 연구이다. 북한 출판연구는 자료의 한계성이 절대적이므로 관련 연구자와 관련 학회 특히 언론 관계자와 연구소, 각 대학의 북한연구소, 북한전문연구소, 정부 당국 등과 자료 공유성이 필수적이며 우선 북한 출판물에 대한 종합적인 도서목록이 작성되어야 한다.

남한에서는 북한 출판보도물의 공개가 진행되고 있다. 북한당국도 출판물이 당의 방침과 국가통제의 기본이란 점에서 쉽지 않지만 민족문화의 공동 향유와 남북출판 연구를 위하여 출판실태와 이에 따

른 자료를 점진적으로 공개해야 하며 선전용이 아닌 실태파악에 도움이 되는 연구 자료가 되어야 한다.[35]

2) 민족출판의 형성을 위한 기본인식과 방향

민족출판의 형성을 위한 현실은 난제들이 놓여 있다. 먼저 분단 50여 년 동안 남북 출판의 성격이 매우 이질적으로 변모했다는 것이다. 2장-북한출판의 이론적 배경과 기본성격에서 밝혔듯이 북한출판은 주체적 사회주의 체제에서 〈당 정책의 선전도구〉로서 출판매체가 활용되었으며, 남한에서는 상업적 자본주의 체제에서 시장논리에 의한 〈이윤을 추구하는 상품〉으로서 활용되어 왔다.

사회 문화적 입장에서 본다면 북한의 출판은 사회주의적 민족주의에 뿌리를 두고 있으며, 우리는 자본주의적 대중문화에 바탕을 두고

---

35 〈북한언론 관련자료의 시의성 부족과 신빙성 결여문제〉 - 북한에서 어렵게 나온 자료(문헌)들도 시기적으로 최근의 언론 상황을 설명해주는 것은 거의 없다. 언론학 개론서도 1989년에 나온 『신문학 개론』이 최신자료에 해당하며, 조선노동당의 언론정책을 알 수 있는 〈출판보도사업에 대한 당의 방침해설〉도 1985년에 출간된 것이다. 한편 북한의 적지 않은 언론관련 문헌들은 객관적 사실을 있는 그대로 서술하고 있는 것이 아니라 북한체제의 우월성을 알리기 위한 자료이므로 이 문헌을 토대로 북한 언론의 실상을 파악하는 것은 용이하지 않다. 북한 문헌에는 공식적으로 간행되는 대외선전용 문헌과 내부용으로 간행되는 내부참고용 문헌이 있다고 알려져 있는데 외부로 유출시키는 대부분의 문헌들은 대외선전용 문헌일 가능성이 높다.- 김영주, 『현대북한 언론연구』, p32 참조, -이에 따른다면 『조선출판년감』은 〈기관안에 한함)' (내표지 상단) 인쇄라든가 각 도서들의 세밀한 해제, 각 출판사의 연혁과 임무해설, 특히, 출판통계자료-출판물 종합발행통계로 보아 내부 참고용으로서 소수의 부수가 간행된 것으로 보여 진다.

있는 것이다. 이런 점에서 현재까지 남북한이 이루어 놓은 출판물에서 관심 있는 도서를 찾기가 쉽지는 않다는 것이다. 그러나 4장-북한 출판 실태 분석에서 보았듯이 역사적인 문헌, 언어학, 일부 문학과 기초과학, 응용과학 등 사상성이 적은 분야는 서로의 장점을 찾을 수 있는 가능성을 보았다.

다음으로 정치논리에 의해서 민족문화의 가치가 파괴되고 이용되어서는 안 된다는 것이다. 남북당국의 정치적 협상이 오히려 민족문화의 가치를 부여하고 조장하는 면이 강조되어야 한다는 점이다. 이러한 바탕 위에서 세 가지의 기본인식을 든다면 다음과 같다

첫째, 남북한이 동질성이 많은 분야부터 시작되어야 한다. 북한 출판물에서 개인숭배와 이데올르기에 관련이 많은 사회과학과 문학예술분야의 교류는 어려움이 예상된다, 반면에 기초과학, 응용과학, 사전류 범위와, 특히 고고학, 민속, 문화재, 우리말 사전, 남북공동의 역사문헌, 고전번역물과 국학관련 학술서적, 지리학, 수리학, 생물, 요리, 환경, 컴퓨터, 정보통신 분야 등에서 시작하는 것이 바람직할 것이다.

둘째, 내부적 관점에서 민족의 이익이 되는 출판부터 시작되어야 하는데 민족사적인 출판물과 실용서적이 될 것이다. 민족사적인 출판물은 이념성이 배제될 수 있는 단군 등 역사적인 인물 등으로 민족의 정체성 회복에 도움이 되고, 산업현장과 및 농업 등에서 필수적으로 요구되는 이론서, 과학과 실용서적이다.

셋째, 외부적으로 국제 출판시장에서 한국어 도서출판이다. 남북

한의 인구가 7천만에 이르고 지식과 문화의 통합현상이 출판으로 연결된다면 국제시장에서도 비중을 갖게 된다.[36] 이외 중요한 것은 남북한에서 교류를 어렵게 만들고 있는 실정법이 개선되고 보완되어야 한다. 우리의 경우는 국가보안법과 남북교류협력에 관한 법률 등 남북의 교류와 충돌되는 제도적 장치의 개선이 전제되어야 한다는 것이다.

이러한 기본인식 위에서 민족출판 통합을 위한 교류와 협력의 방향은 다음과 같이 설정할 수 있는데 우선 되어야 할 것은 '남북출판교류협회'(가칭)의 구성과 상설 운영이다.[37] 북한의 출판사는 모두 국영기관이므로 남한의 민간 출판사와는 구분되지만, 가능한 전문가들로서 구성되어야 한다. 이 조직에서 남북한 출판의 모든 문제가 토의되고 결정되며, 민족의 동질성 회복, 공동이익, 실현가능성이 있는 사업 등 순차적으로 진행되어야 한다. 이 위원회에서 실현가능 한 사업들을 든다면 다음과 같다.

---

36 1999년 현재, 북한 인구는 2,208만 명으로 남한(4,686만 명–2000년12월 발표는 4,612만 명)의 절반(47%)수준으로 추산되고 있지만, 남북 한민족은 1999년, 6,894만 명에 이른다. 최근의 식량난으로 출산율이 감소하고 사망률이 증가함으로써 인구성장이 둔화된 것으로 나타나고 있다(국가정보원 북한정보–http://www.nis.go.kr).

37 2000년 8월 12일에는 남북 언론기관들의 공동 합의문의 발표가 있었다. 남측 언론사 대표단이 김정일의 초청으로 8.5–12일까지 평양을 방문하고, 북측 언론기관과 5개항을 합의하였는데 ①민족의 화합과 통일실현에 도움이 되는 언론활동 ②비방 중상 중지 ③접촉과 내왕과 교류 ④남북 언론교류협회 구성 ⑤북측 언론인의 남측 방문으로 요약된다. 이는 정치적인 논리가 작용된 것이지만 의미 있는 합의문이라 볼 수 있다. 남북출판 교류의 기구는 '남북출판교류협회' 또는 '민족출판위원회' 등의 명칭으로 남북 출판교류에 의하거나 여의치 않을 경우 남한이라도 기구를 만들어 저작권 등의 현안 문제들을 논의하여야 할 것이다.

첫째, 남북 도서목록의 작성과 교환이다. 분단 반세기 동안 남북한에서는 어떤 책들이 출판되었고 통계가 어떤지 모르고 있다. 우선 대학교 및 각급 도서관에 소장되어 있는 도서목록의 교환부터 모색되어야 한다.[38]

둘째, 남북한 통합도서전과 공동 판매장의 운영이다. 남한에서 연간 1회씩 이루어지고 있는 국제도서전에 북한 출판계의 참여와 북한 도서전에 남한 출판인들과 출판물의 참여이다. 북한은 내부적, 국제적으로 많은 도서전에 참가하고 있는데 남북한 내부에서도 제한적이나마 도서전과 상설 판매장의 개설을 검토하여야 한다.

셋째, 남북한 저작권의 보호와 이용에 대한 제도적 방안의 마련은 시급한 일이다. 남북 간에 귀중한 문화자산인 저작물들이 개별접촉이나 우회적 승인, 무단복제의 사각지대로 남아있는 일은 상설위원회에서 우선되는 사업이며 이 문제는 정치적 이해를 떠나서도 실행이 가능한 가장 현실적인 일이다.

넷째, 남북 출판물 유통과 판매를 전담하는 기구도 상설화 되어야한다. 제한적으로 시작하여 점차 유통도서의 범위를 넓혀 가는 제도적 기구가 고려되어야 저작권의 보호와 올바른 이용이 이루어질 것이며, 유통의 난맥상도 방지할 수 있을 것이다.

다섯째, 민족도서의 공동기획과 제작, 판매도 논의될 수 있다. 한국

---

38 〈남북한 도서목록 교환을 제안함〉(1990. 12. 13)은 〈한국출판학회〉가 남북출판교류를 위하여 최초로 제의한 점과 시기적인 면에서 의의가 크며, 제안이 현실적인 점에서 앞으로 남북출판 교류와 협력은 산관학의 공동 과제로 수행됨이 적절할 것이다.

어 사전, 민속사전, 지리, 생물에 관한 도서 등 민족의 공통성을 찾을 수 있는 분야에서 공동출판을 시작함으로써 이질성을 걷고 민족 동질성을 회복하는 계기가 될 수 있다. 공동출판에 공동 서체를 개발, 이용하는 것도 의미 있는 일이다.

여섯째, 해외 수출도서의 생산과 판매이다. 한민족의 지적 콘텐츠를 개발하여 국외로 수출할 수 있는 도서의 기획과 제작도 문화의 종속현상에서 벗어나고 한민족의 세계 지적문화에서 영향을 줄 수 있는 역할을 할 수 있을 것이다.

이제 북한출판 연구는 시작일 뿐이며 민족출판의 형성도 많은 시간을 필요할 지도 모른다. 남북협력은 정치적 이해 위에서 이루어지지만, 문화의 측면은 한민족이라는 차원에서 고려되어야 한다. 그리고 민족의 동질성 회복과 민족문화의 공동체 형성을 위해서는 출판만큼 효과적이고 심층적인 매체는 없다. 민족출판 형성에 시작인 남북출판의 교류는 서로의 실상을 이해하는 것에서 출발되어야 한다. 이해와 공동의 인식 공유를 위해서는 쌍방의 출판연구에서 비롯되어야 하고, 북한출판 연구는 남북의 교류와 이질성 해소를 위한 민족출판 형성에 필요한 현실적인 문제에서부터 타당성을 제공하는 연구가 이루어져야 할 것이다.

참고문헌

⟨1차문헌⟩

『조선출판년감』, (1981-1982), 과학백과사전출판사(평양, 1987)

『조선출판년감』, (1983-1984), 과학백과사전출판사(평양, 1985)

『조선출판물목록』, (1995/ 1996/ 1997/ 1998/ 1999), 조선출판물수출입사

『조선중앙년감』, (1954-1955/1963/1964/1965/1985/1986/1987/1988/1989/
　　　　1990/1991/1998), 조선중앙통신사

《조선문학》, (1981. 1), (1984. 2) 문학예술종합출판사

『조선말 대사전』, (1992), 사회과학출판사

『문학예술사전』, (상, 중, 하, 1988-1993), 사회과학원 주체문학연구소

조선노동당출판사, ⟨출판보도사업에 대한 당의 방침해설⟩(유재천 발췌)

⟨2차 문헌⟩

사단법인 북한연구소, 『북한총람』(1945-1982)

사단법인 북한연구소, 『북한총람』(1983-1993)

주식회사 연합뉴스, 『2001 북한연감』, 2000, 10

국토통일원, 『북한출판목록』, 1978

국토통일원, 『북한의 언론출판분야 사업총화집』(1947-1970), 1974

통일원, 『'92북한개요』, 『2000 북한개요』

⟨일반문헌⟩

권영민(1989), 『북한의 문학』(서울: 을유문화사)

_____(1992), 「북한의 출판과 남북한 출판교류의 방향《출판문화》

_____(1999), 『한국현대문학사(1945~1990)』, (서울 : 민음사)

김귀옥(1994), 「통일을 향한 남북사회 문화연구」, 『분단 50년의 구조와 현실』, 기
　　　　사연 통일연구위원회 편, 민중사

김기태(1999), 「남북출판교류, 어떻게 시작할 것인가, 《출판문화》1999.8

김상호(1990),「북한저작물의 권리보호에 관한 연구」(서울:저작권심의조정위원회)

김언호(1992),「남북출판교류를 위한 출판인의 제언」,《출판저널》1992, 1.20

김종회(1999),『북한문학의 이해』(서울: 청동거울)

민병덕(1995),「출판학 연구방법론」,『출판학원론』, (서울:범우사)

부길만(1994),「통일과 출판의 과제」,『94 출판학연구』, (사)한국출판학회

양영식외(1996),「남북관계와 이념간행물에 관한 연구」, 한국간행물윤리위원회

오일환외(1999),『김정일 시대의 북한정치경제』(서울 : 을유문화사)

윤재근외(1991),『북한 문화예술 정보Ⅱ』(서울: 고려원)

엄기영(1989),『신문학개론』(평양 : 김일성종합대학교출판사)

이광재(1989),「북한의 출판」,『북한의 언론』(서울: 을유문화사)

_____(1990),「북한출판의 사적고찰」,『출판연구』제2호(한국출판연구소)

정진석(1990),「북한언론의 사적 고찰」,『출판연구』제2호(한국출판연구소)

유재천(1992),『북한언론의 실상』, (서울 : 민족통일협의회)

김영주(1998),『현대북한 언론연구』, (경남 : 경남대출판부)

_____(1999),『현대 북한언론의 이해』(서울: 한울아카데미)

강현두(1997),『북한 매스미디어론』, (서울: 나남출판)

이영종(1998),「북한언론개방 현황과 전망《신문과 방송》(326호)한국언론연구원

이종석(1993),「조선로동당의 지도사상과 구조변화에 관한 연구」, 성균관대학교 대
　　　학원 박사학위 논문

전영선(2000),「북한의 출판보도체제와 내용연구」,《출판문화학회보》, 통권 8호

최동호(1995),『남북한 현대문학사』(서울: 나남출판)

차배근(1987),『커뮤니케이션학 개론』(하), (서울: 세영사)

한승헌(1999),「북한 저작물보호, 이용의 길,《출판문화》1999, 6)

저작권심의조정위원회(1992),「남북문화교류와 저작권문제」(서울)

한국문화정책개발원(1999),「북한의 국영출판체계와 남북한 출판물교류에 관한
　　　연구

《인쇄신문》, 〈북한인쇄인 김창세〉 인터뷰 기사, 2000, 6, 23

〈국가정보원〉-홈페이지(www.nis.go.kr:4016)

〈통일부 북한자료센터〉-홈페이지(unibook.unikorea.go.kr)

The Study on the Publications of North Korea

-Focusing on the Analysis of the Publication System and the Actual Conditions of Publication in North Korea-

The integrated and profound systematic analysis was made on the basis of the main source, The Chosun Publication Yearbook(Pyungyang: Science Encyclopedia Publishing Company) 1981-1982 (published in 1987), 1983-1984 (published in 1985). Other various materials of North Korea, secondary materials, general literature, and the materials from the authorities concerned were used for the analysis of the North Korean publication in the 1980s.

This research aimed to grasp the actual conditions of publication in North Korea, if not completely, after the half century of divided publication. The research focused on the analysis of the publication system and the actual conditions of publication in North Korea in the 1980s(1981-1990). The results are as follows.

1) After researching 'the thoughts on journalism of Kim Ilsung' and 'the Juche (sovereign) thoughts on publication and reporting of Kim Jungil,' which are the theoretical foundation of publication in North Korea, I defined the basic concept, characteristics, duties and tasks of publications in North Korea. Particularly the basic concept and the gradual change of the concept of two Koreas concerning the publication for more than fifty years are comparatively analyzed.

2) The publication system and the actual condition of publishing companies in North Korea were investigated. Concerning the publication system, the national publication guidance committees, the publication control system, the publication distribution system and the actual condition of publishing companies were described in detail. The

publication system has been dealt with up to recently and the research of the publishing companies was focused on the early 1980s.

3) The figurative analysis (statistics of publications) and content analysis (the characteristics of publication) of North Korea were studied. The figurative analysis was focused on the period of 1981 to 1984 and the content analysis was limited to the literature of 1985 to 1990.

4) The functions, types and the actual condition of North Korean magazines were analyzed, centering on the period of early 1980s.

5) The number of textbooks of the elementary school (4 years), and the junior, middle and high school (6years) published and the educational policy in North Korea were investigated.

6) The actual conditions of publication of the two Koreas were comparatively analyzed for the first time, focusing on the publications of 1981 to 1984.

7) On the basis of the above stated research, I suggested the research projects and a direction for the future study on the publication of North Korea. The fundamental understanding and a new direction to the publication of South-North Koreas, and furthermore, the necessity to organize <The South-North Korean Publishers' Association for Exchange> were emphasized for the development of the publication of Korea.

출판학 연구의
국제 동향과 방향 분석(Ⅱ)[1]

-국제출판학술회의(IFPS)를 중심으로-

1. 서론 : 국제출판학술회의 연구 목적과 필요성

1) 연구 성과와 분석의 필요성

이 연구는 국제출판학술회의(The International Forum on Publishing Stud-ies : IFPS)의 궤적에 관한 논문으로 발제문들을 중심으로 분석되었다.

---

[1] 이 논문은 국제출판학술회의(IFPS)에서 발제된 논문들을(1984~2018, 1~18회) 3차례
 에 걸쳐 분석 발표해 왔는데, 1차(한국출판학연구 통권47호, 2004), 2차(한국출판학 연구
 통권68호, 2014), 3차(한국출판학회 50년사, 2019) 이다. 이 논문은 3차 내용을 일부 수정
 한 것임.

1984년 한국 서울에서 시작된 IFPS가 2018년 도쿄에서 34주년을 맞이하였고 18차례 국제회의에서 발제된 논문은 313편에 이른다. 세계적으로 살펴보더라도 출판학을 단일 분야로 하여 국가의 대표적 출판학회와 출판학자들이 참여하면서 정기적으로 개최되는 국제적인 출판학술포럼은 IFPS가 유일한 사례로 알려져 있다(이종국, 2006). IFPS는 인류 역사에서 문자문명과 인쇄문명의 발상지이며 숭서이념이 강한 한국·중국·일본을 중심으로 하는 동북아시아에서부터 시작되었다는 점에서 특별한 의미를 갖는다. IFPS는 주로 아시아의 출판 연구자들의 학술회의이지만 세계 15개국이 참여한 적이 있는 국제학술회의의 성격을 갖고 있다. IFPS는 출판학 연구의 국제적 동향 파악과 더불어 참가국들의 출판학 연구와 출판 현황을 조감할 수 있다는 점에서 큰 의미를 갖는다.

출판학의 국제 교류는 1983년 10월 한국출판학회(회장 安春根)의 제의를 일본출판학회(회장 시미즈 히데요, 淸水英夫)가 이사회를 개최하여 정식 동의함으로써 이듬해인 1984년 10월 서울에서 역사적인 국제 출판학술회의가 시작되었다. 제2회 학술회의는 이듬해 1985년 8월 일본 도쿄에서 개최된 이후, 격년제 개최로 전환되었다. 2018년 11월 일본 도쿄에서 18회가 열렸으며, 2020년 서울에서 19회 회의가 예정되어 있다. IFPS는 창립 34년간 18회 포럼이 중단 없이 이뤄지고 있는 세계적으로 유일한 국제출판학술회의 이기도 하다.

IFPS 국제학술회의에서 출판학 연구, 출판학 교육, 출판산업에 대한 연구와 교류에서 나타난 위치와 상태, 즉 국제교류에서의 위상과 의미를 살핀다면 다음과 같이 평가할 수 있다. 첫째, 세계 15개국의 학자들이 정기적 또는 비정기적으로 참여하는 세계적으로 드문 국제 출판학술회의의 성격을 갖고 있다. 둘째, 출판학을 단일 분야로 국가의 대표 출판학회와 출판학자들이 참여하며 정기적으로 개최되고 중단 없이 34년, 18회를 지속하고 있다. 셋째, 참가국의 출판학자 간에 학문적, 인간적 교류가 원활해 졌으며 여러 형태의 학술 교류와 협력이 다양하게 이뤄지고 있다. 넷째, 참가국들의 출판학 연구 동향이 파악됨으로써 국제연구와 비교연구가 가능해 졌다. 다섯째, 참가국들의 출판학 교육체계와 교육과정이 소개됨으로써 자국의 출판학 교육에서 활용도가 높아졌다. 여섯째, 참가국들의 출판산업의 현황, 과제, 미래 방향의 파악이 이루어지고 자국에 소개됨으로써 출판의 발전과 출판기업 및 단체들의 국제교류에 이바지 해왔다. 이처럼 IFPS는 1980년대 이후 학문적 관점에서 출판의 연구·교육·산업의 국제적인 동향의 파악·교류·협력에서 큰 역할을 수행하여 왔다.

IFPS의 위상 및 의미는 역대 포럼에서 이루어낸 발제논문에서 비롯된다. 하지만 연구 성과들이 분석되고 보전할 가치와 필요성이 충분하지만 학문적으로 논의되지 못하고 있었다. 이러한 이유는 포럼의 참가자들 이외에는 발제 논문집의 확보가 어려웠으며, 참가국이나 출판학자들이 분석과 정리에 관심과 노력도 부족했기 때문이었다. 저자는 이러한 상황을 아쉽게 생각하여 발제집을 수집·정리하고 분석(제1회~10회, 1984~2001)하여, 2004년(제11회) 중국 우한포럼에서 처음으로 발표한 적이 있었는데 참가국들의 찬사를 받은 바 있다.[2]

2014년(제16회) 서울포럼에서는 1984~2012년까지의 전체 발제문을 정리·분석하여 2차 발표를 하였다. 이후 한국출판학회 50년사의 집필을 위하여 2014년(제16회), 2016년(제17회), 2018년(제18회)을 추가하여 3차 발표를 함으로써 1984년부터 현재 2018년까지 발표된 총 313편의 발제문 전체를 분석하게 된 것이다. 국제 출판학의 동향과 교류에 관한 논의에 앞서 현재까지의 IFPS 개최 현황을 개최 회수, 개최국, 개최년도, 대주제, 발제논문의 양적인 면을 먼저 개관을 한 다음에 발제논문을 중심으로 국제 출판학 연구의 동향을 분석하고자 한다. 〈표1〉은 역대 포럼의 주요 내용들을 정리한 것이다.

〈표1〉에서 주요한 내용과 개최국에 대하여 간추린다면 다음과 같다. 첫째, 주최국은 한국과 일본이 각 6회, 중국 4회, 필리핀과 말레이시아가 각 1회씩 개최하였다. 둘째, 개최 장소는 주로 주최국의 수도였지만 중국의 경우는 무한, 남경, 청도에서도 개최되었다. 셋째, 개최 연도는 1~2회는 서울과 도쿄에서 매년 개최되었지만 제3회부터 격년제로 운영되어 지금에 이르고 있다. 넷째, 주제는 1회(서울), 2회(도쿄), 7회(마닐라)를 제외하면 모두 하나의 대주제를 설정하고 5개 내외의 하위 단위의 소주제를 설정하였다. 주제는 당해 주최국에서 설정하고 참가 예상국에 서면으로 통보하는 관례로 이루어졌다. 참가국은 발제자와 참가자를 정하고 대주제와 소주제의 범주에 부합되는

---

2 당시 중국편집학회 劉杲 회장은 학술회의 폐막식 논평회에서 본 연구자의 발제문을 제11회 포럼에서 발표된 41편의 논문 중에서 가장 주목되는 연구 성과라고 평가하였다. 김기태, 「제11회 IFPS 참관기」, 《한국출판학회회보》 통권 49호(2004.12.23) 참조,

논문으로 작성하여 사전에 주최국에 제출하는 형식이다.

〈표1〉 The main Subject and Hosted place of IFPS (1984-2018)

NO.	Hosted Country	Name of City	Date	Main Subject	Theses
01	Korea	Seoul	1984. 10.13	-A Publishing Industry that needs to cope with the growth of new media -Is there a future for the printing culture?	2
02	Japan	Tokyo	1985. 8.19.-20	-Present and Future of Publishing Studies -Media Mix in Publishing	9
03	Korea	Seoul	1987. 10.24	The Situation of Usage of Foreign Copyright	2
04	Japan	Tokyo	1989. 10.23.-25	The Publishing Development and Interaction of Eastern Asia's Culture	21
05	Korea	Seoul	1991. 10.18.-19	A Course of Development in publishing : The Actual Conditions of Publishing for the Young	8
06	China	Bejing	1993. 8.26.-28	The Present Situation of Publishing Industry and Its Prospects for Development, or Opening up a Path for the Development of the Publishing Industry and Its Trend in The 1990s.	32
07	Philippine	Manila	1995. 9.7-8	-Book Distribution Problems in a Free Market Economy -Textbook : A Duty of Government of a Market for the Private Sector? -Books on CD & the Internet, Its Asia Ready?	18
08	Japan	Tokyo	1997. 10.23-24	What Is Occurring Now in Publishing : Toward 21st Century	19
09	Malaysia	Kualalumpur	1999. 9.1-2	The Action of Development due to Publishing Technology and The Present Situation of Asian Publishing	17
10	Korea	Seoul	2001. 10.26-27	Changes in the 21st Century International Publishing Environment and Measures to Deal with them	22
11	China	Wuhan	2004. 10.18-21	International Publication's direction of improvement, modern and the future.	41
12	Japan	Tokyo	2006. 10.28-29	Book Publishing as Communication: The Transformation of Book Publishing and Culture in East Asia	23
13	Korea	Seoul	2008. 5. 13	Publication & Reading of Digital Media Era	15
14	China	Nanjing	2010. 5.8.-9	Editing Publishing & Culture	23

NO.	Hosted Country	Name of City	Date	Main Subject	Theses
15	Japan	Tokyo	2012. 10.20–21	Publication as the Turning Point Media	14
16	Korea	Seoul	2014. 10.24.–25	Change and development of publishing	17
17	China	Qingdao	2016.10.	Empowering Editing Human Resources in the Digital Environment	18
18	Japan	Tokyo	2018. 11.10–11	New Perspectives in Publishing Media and Publishing Science	12
Total					313

2) 연구 목적과 연구 문제

이 연구의 처음 시작은 IFPS가 축적해 온 연구 성과가 분석되고 보존할 가치와 필요성이 충분하지만, 참가국이나 출판학자들의 관심과 노력이 적었다는 문제 제기에서 시도된 것이다. 분석을 시도한 목적과 필요성은 (1) 총량적 연구 성과분석 (2) 주제 분야별 연구 성과분석 (3) 참가국들의 관심 영역분석 (4) IFPS의 발전과 미래 방향을 위한 자료 축적에 있었다.

구체적인 목적은 첫째, 1회에서 18회까지 발표된 논문들의 총량적인 조사와 목록 작성이다. 18회에 이르기까지 연구 성과와 주요 사항을 정리하여 국제적 흐름을 분석하는데 있다. 둘째, 출판학의 분야별 연구 성과를 분류하고 분석하는데 있다. 학문적인 결과를 각 회의마다 순차적으로 보기보다는 주제와 내용에 따라 정리함으로써 연구조사에 더욱 접근하고자 하였다. 셋째, 참가국들의 관심 영역을 조사하면서 동시에 각국의 연구 동향을 파악하는데도 목적을 두었다. 넷째, 현재까지 18차례, 34년 동안의 연구결과가 정리됨으로써 IFPS의 주제와 연구자들의 방향 설정에 도움을 주어 세계적인 출판학의 발전을 위한 국제학술회의로 진전되는데 도움이 되고자 하였다.

이 연구는 위에서 제기한 IFPS의 연구 성과와 방향 분석에 관한 연구의 필요성과 연구 목적에 따라 중점적으로 다룰 연구 문제를 다음과 같이 설정하였다.

첫째, IFPS의 총량적 연구 성과는 어떠한가?
둘째, IFPS의 분야별 연구 성과는 어떠한가?
셋째, IFPS의 참가국 관심 영역과 연구 동향은 무엇인가?
넷째, IFPS의 현안적 과제와 발전적 과제는 무엇인가?

이 논문의 연구 방법은 각 회의의 발제집을 수집하여 주제와 내용을 분석하는 문헌연구를 통해 연구 문제에 접근하였다. 2004년 중국 우한회의에서 발표하였던 150편의 분석 연구를 포함하여, 후속 연구로 11회~15회(2004~2012)까지 116편을 추가 분석하여 제16회(2014) 회의에서 발제논문 266편을 연구 대상으로 발표한 바 있다. 그리고 한국출판학회 50년사(2019)에서 추가 47편을 포함하여 전체 발제 논문 313편 모두를 대상으로 분석하였다.

2. 분석 기준

IFPS의 연구 성과는 발제 논문이 대표성을 갖는다. 저자가 역대 포럼의 논문집을 조사한 결과에 따르면 18회까지 전체 발제문은 313편으로 나타났다. 313편(1984~2018)에 대한 분석 기준은 제11회 포럼(Wuhan China, 2004)에서 1회~10회(1984~2001) 까지 발제문 150편을 분석하여 주목을 받았던 당시의 분석기준과 동일하게 적용한다.[3] 이는 IFPS의 연구 성과 분석의 합산과 비교에서 일관성을 기하기 위함이다. 편의상 최초로 발표한 2004년을 1차 분석, 2014년을 2차 분석, 2019년을 3차 분석으로 정한다. 본고는 3차 분석까지를 종합한 것으로 현재 IFPS의 전체 발제문이 대상이며 1차의 분석 기준을 재인용한다.

1) 선행 연구의 체계

IFPS에서 발표된 논문들을 분석하기 위해서 분야별 분류가 선행

---

3   ①南奭純(2004),「國際出版學術會議의 學問的 成果와 研究傾向」,『第11回國際出版學術會議 論文集』(武漢 :中國編輯學會 · 湖北編輯學會, pp. 1~24, 참조 및 남석순(2004b),「출판연구의 국제동향과 방향분석」,『한국출판학연구』통권 제47호. pp. 67~90, 참조
②남석순(2014),「출판학의 국제교류와 발전 방향」,『제16회 국제출판학술회의 논문집』pp.9~40 및 남석순(2014b), 「출판학 연구의 국제 동향과 방향 분석(Ⅱ)」,『한국출판학연구』통권 제68호, pp. 59~84 참조
③남석순(2019), 「국제출판학의 동향과 교류에 대한 연구」, 「한국출판학 연구 50년」(사단법인 한국출판학회) pp. 479~498) 참조

국제출판학술회의(IFPS) 역대 발제집 일부(1~18회까지 모두 발행됨)

되어야 하며 이는 출판학의 학문적 대상, 연구방법, 연구영역 내에서 이루어져야 한다. 하지만 본고의 목적은 IFPS에서 발표된 논문들을 대상으로 분야별 분류와 연구 성과를 분석 하는데 있으므로, 연구방법은 논의 대상에서 제외하고 출판학의 학문적 대상과 연구 영역에만 한정한다. 반면에 객관화된 기준을 얻기 위해서 관련된 선행연구들을 검토한 다음에 본고에서 분석할 기준을 제시한다.

출판학의 연구체계와 연구 영역에 대해서 彭建炎(Peng, Jianwan), 箕輪成男(Shigeo Minowa), 閔丙德(Min, Byung-Duk), 李鍾國(Lee, Chong-Kook) 등의 연구 결과가 있지만 이들이 지향하는 연구 목적은 조금씩 다른 관점에서 이루어진 것이다. 팽건염 교수는 출판학(편집학)의 학문 체제를 이론출판학, 업무·기술출판학, 응용출판학으로 대분하면서 출판교육 체계에 비중을 두었다.[4] Minowa 교수는 학문적인 체계보다는 연구 영역을 중시하면서 이에 대한 접근과 전개에 중심을 두고 있다.⁵ 반면에 민병덕 교수의 분류는 대학원 과정의 출판학 교육에 중심을 둔 학문적 전개에 비중을 두고 있다.⁶ 이종국 교수는 출판학 논문을 분류하기 위한 목적으로 분야별 연구내용에 주안점을 둔 것 이다.⁷ 한편 이종국은 IFPS에서 발표된 한·중·일의 출판학 연구 경 향을 비교하면서 내용별로 논문을 분류한 바 있다. 이와 같은 연구 체 계와 분류 방법은 이 연구에서 목적하는 분류 기준을 제시함에 있어 서 유용하게 활용될 수 있다.

---

4 팽건염(1992)은 출판학의 학문체계를 이론출판학, 업무·기술출판학, 응용출판학으로 大 分하고, 이론출판학(출판학개론, 출판학 방법론, 출판미래학, 출판비교학, 출판사·출판학 사), 업무·기술출판학(출판물편집학, 출판물제작학, 출판물발행학, 독자학, 출판평론학, 출 판경제학, 출판관리학, 출판계통론, 출판법학, 출판사회학, 출판현대화), 응용출판학(도서 출판학, 신문출판학, 잡지출판학, 음상출판학, 마이크로출판학, 소프트웨어출판학, 점자출 판학, 민족출판학)의 분과 구조로 나누고 있다. 彭建炎 編著, 『編輯學槪論』, 吉林大學出版 社, p.73.
5 미노와(2001)는 커뮤니케이션 과정으로서 출판의 각 영역을 (1) 출판커뮤니케이션 과정 (2) 출판커뮤니케이션 환경 (3) 출판커뮤니케이션 기능으로 구분하여 각각 세부 분야로 분 류 한다, (1)의 과정은 연구저술 등 13개 영역 (2)의 환경은 출판법제 등 5개 영역 (3)의 기 능은 학술출판 등 7개 분야로 세분하고 있다. 미노와 시게오. 민병덕 역, 『출판학서설』, 범 우사, p.8.
6 민병덕(1995)은 출판학의 연구 내용과 연구 분야를 출판이론, 출판학 연구방법론, 출판역 사론 등 15개 분야로 구분하여 제시하고 있다. 범우사 기획실 편, 『출판학원론』, p.29.
7 이종국(2000)은 한국출판학회 학회지에 게재된(1969-1998) 281편의 논문을 분석하면서 연구 내용을 10개 분야로 구분하였다. 한국출판학회 30년사편찬위원회 편, 『한국출판학의 사적 연구』, (사) 한국출판학회, p.393.

2) 분류 기준의 제시

국제적으로 출판의 학문적 경향은 국가별로 지향하는 관점에서 차이가 있으며 연구자에 따라 의견이 다르기 때문에 일률적으로 정의하기는 어렵다. 출판학에 대한 보편화된 학문적 가치 체계의 정립에서도 어려움이 있는데 이 점에 관해서는 중국의 편집학·출판학 체계와 Minowa 교수의 진지한 탐색을 참고할 필요가 있다.[8] 이 연구의 목적은 출판학의 대상과 연구 영역, 연구 방법보다 현재까지 이루어진 발제 논문들을 분야별로 정리하여 성과를 제시하는데 있다. 따라서 위의 선행연구들의 성과를 일부 도입하면서도 이 연구에 적합한 기준을 제시하여 효율적으로 분석하는데 의미를 둔다.

본고에서는 효율적인 기준을 작성하기 위해서 다음의 사항들을 전제로 하였다. 첫째, 출판학의 학문적 관점에서 논문 분류가 이루어져야 한다. 이는 IFPS가 지향하는 목적이 각국의 출판 현상에 관한 과학적, 체계적 분석에 있기 때문이다. 둘째, 논문 주제와 내용 분석에 있어서 발표자가 제기하는 논점에 대하여 최대한 접근해야 한다. 이는 각국의 연구 관점과 논문 작성의 차이점으로 인해 분류에서 오해가 발생할 소지가 있기 때문이다. 셋째, 학문적 관점과 발표자가 주장하는 내용들이 적합하고 적절한 분류기준에 수용될 수 있도록 노력해야 한다. 이는 설정된 10개 분류 기준에 따라 분류자의 의해 편의적으

---

8 미노와 시게오, 『출판학서설』 참조

로 해석될 수 있는 여지를 최대한 줄이려는 이유 때문이다.[9]

〈표2〉 IFPS 발제 논문의 분야별 분류 기준

상위구조	하위 구조
출판이론	출판총론, 출판의 학문적 연구와 방법론, 서지·문헌학, 출판역사
출판교육	교육체제, 교육방법, 교육과정, 교육매체, 전문인 육성책
출판생산	도서, 교과서, 잡지매체, 출판만화의 기획, 편집, 교정, 정서법, 편집디자인, 제판, 인쇄, 용지, 장정, 제책
출판유통	유통시스템, 마케팅, 광고, 선전, 서평, 물류, 가격, 판매, 출판시장, 전통서점, 인터넷서점
출판수용	독자, 독서이론, 독서실태, 독서환경, 독서자료, 출판비평, 도서관
출판환경	출판정책, 출판제도, 출판과 정치, 경제, 사회, 문화의 관계
출판산업	출판산업, 출판기업, 출판현황, 출판전망, 출판환경, 출판정보화, 출판통계, 지역출판, 출판인, 출판경영, 출판회계, 출판개발
전자출판	전자출판론, 멀티미디어 출판, 인터넷을 이용한 출판
출판법률	저작권, 출판법제, 출판법규, 출판번역, 출판윤리
국제출판	국제출판, 국제출판 비교, 출판의 국제협력과 교류

  이러한 선행 연구들과 전제 사항을 바탕으로 발제 논문들의 분류 기준을 작성하였다. 상위구조는 출판학 연구의 분야와 영역에 따라 출판교육, 출판이론, 출판생산, 출판유통, 출판수용 등 10개 분야로 설정하고, 하위구조는 상위구조의 세부 분야로 구분하였는데 논문의

---

9   출판학의 연구방법은 각국의 출판 환경과 연구 관점에 따라 차이가 있다. 특히 IFPS의 발표 논문들은 학문과 산업적인 면이 함께 이뤄지기에 분류 기준은 광의적으로 하였다.

실제 분류기준은 하위구조에 의거하여 분류되고 분석되었으며 이를 제시하면 〈표2〉와 같다.[10]

3. 분석 결과

1) 총량적 연구 성과

IFPS에 참가하여 논문을 발표한 국가는 18회까지 모두 15개국에 이른다. 이중에서 18차례 전체에 걸쳐 발제자와 참가자(참가자는 모두 확인할 수 없으므로 발제자에 한정함)를 보낸 국가는 일본과 한국이다. 중국은 1, 3회 포럼을 제외하고는 모두 참석하였고, 필리핀이 5개 포럼, 말레이시아는 4개 포럼, 미국과 홍콩은 각각 3개 포럼에 걸쳐 발표하였다. 또한 영국, 싱가폴, 스리랑카, 사우디아라비아, 캐나다, 프랑스, 브라질, 스코틀랜드가 1~2개 포럼에서 발표하였다. 이중에서 미국, 영국, 프랑스, 캐나다, 스코틀랜드는 주로 2, 4, 9회 포럼에 참가하여 발표한 것이다.[11]

---

10 분류는 먼저 상위구조를 체계화시킨 다음, 하위구조는 상위구조의 기준을 세분하면서도 참가국의 발제문도 참조하였다.

11 아시아 국가들을 제외한 미국, 영국, 브라질, 프랑스 등 유럽과 북미와 남미 국가들은 2회, 4회, 9회 포럼에 주로 참가하였는데 일본의 箕輪成男 교수의 각별한 노력이 있었음을 알고 있다. 11회(우한, 중국)에서도 러시아 등에 수차례 통신을 보냈지만 답신이 없었다고 당시 참가국 회장 및 부회장 연석회의에서 邵益文 중국편집학회 부회장의 보고가 있었다.

총량적인 면에서 연구 성과는 매우 크다. IFPS 전체 발제문을 조사한 결과 18회까지 313편의 논문이 발표되었는데 이를 통하여 각국의 연구 동향과 현황을 파악할 수 있는 계기가 되었다. IFPS가 이루어지기 전에는 각국의 출판학 연구, 출판학 교육, 출판업의 현황과 동향을 파악하기가 매우 어려웠다. IFPS를 통하여 학문적 교류가 이루어짐으로써 학술의 장이 마련된 것이 큰 의미를 갖는다. 서울에서 시작된 1회에 이어 도쿄에서 개최된 2회부터는 학술포럼의 성격을 띠면서 제4회(도쿄)부터 크게 비약하면서 국제회의로 자리 잡기 시작하였다. 한편 참가국이 늘어나면서 내실과 외형적인 모습을 갖추게 되었고 대주제와 소주제를 정하여 운영되기 시작하였다. 18회에 이르는 동안 발표 논문이 10편미만은 4회, 10편 ~ 20편은 8회, 20편 이상 6회 였으며, 제6회 베이징 포럼은 32편, 제11회 우한 포럼에서는 무려 41편이 발표되었다. 학술회의에서 이루어진 총량적인 연구 성과는 〈표3〉과 같다.[12]

〈표3〉 총량적 성과분석

회수	1	2	3	4	5	6	7	8	9	10	소계
연도별	1984	1985	1987	1989	1991	1993	1995	1997	1999	2001	
개최국	Korea	Japan	Korea	Japan	Korea	China	Philppine	Japan	Malaysia	Korea	150
발제문	2	9	2	21	8	32	18	19	17	22	

---

12 분석 대상으로 한 논문은 1회~18회에까지 각 주최국 발행 논문집에 게재된 정규 논문에 한정하였으며 지면발표(Paper Present)는 포함하고 논문 이외 개회사 등은 제외 되었다.

회수	11	12	13	14	15	16	17	18	소계	총계
연도별	2004	2006	2008	2010	2012	2014	2016	2018		
개최국	China	Japan	Korea	China	Japan	Korea	China	Japan	163	313
발제문	41	23	15	23	14	17	18	12		

2) 분야별 연구 성과

분야별 연구 성과의 분류는 다루기가 순탄하지 않았다. 발제문들의 주제와 내용을 파악해야 하는 부담과 함께 10개 분류기준에 따라 구분하면서 조사자의 주관적 관점에 영향을 받을 수 있기 때문이다. 어려운 경우는 같은 학술포럼에서 동일한 소주제로 발표된 논문도 작성된 내용에 따라 분류가 달라지는 경우도 있었다.[13] 위에서 제시된 분류기준에 따라 정리된 것이 〈표4〉에 있는 분석결과(총괄)이다. 1984~2018년(제1회~18회)까지 10개 분야 중에서 관심이 많았던 1~5 순위를 순차적으로 본다면 출판산업(62편, 19.8%), 출판이론(39편, 12.5%), 출판환경(34편,10.8%)),출판교육(33편, 10.6%), 출판법률(31편, 9.9%)의 순이었다. 6~10순위는 출판생산(30편, 9.6%), 출판유통(26편, 8.3%), 전자출판(21편, 6.7%), 국제출판(20편, 6.4%), 출판수용(17편, 5.4%)의 순이었다. 출판산업의 발제가 가장 많았으며 출판수용이 가장 낮게 나타났다. 높은 관심을 보인 상위 세 분야인 출판산업, 출판이론,

---

13 IFPS는 각 포럼마다 대주제와 소주제가 설정되지만, 같은 소주제에서도 논문의 내용에 따라 분류가 달라지는 경우도 있었다. 이는 참가국과 발제자들이 설정 주제에 엄격하게 유의하기 보다는 전공에 따라 다소 자유롭게 작성한다는 의미로 해석할 수 있다.

출판환경 분야를 다시 살펴본다면 아래와 같다.

〈표4〉 분야별 분석결과(총괄) (제1회~18회, 1984~2018)

분야별	출판이론	출판교육	출판생산	출판유통	출판수용	출판환경	출판산업	전자출판	출판법률	국제출판	계
논문수	39	33	30	26	17	34	62	21	31	20	313
구성비(%)	12.5	10.6	9.6	8.3	5.4	10.8	19.8	6.7	9.9	6.4	100%

〈표4-1〉 분야별 분석결과(1) (제1회~10회, 1984~2001)

분야별	출판이론	출판교육	출판생산	출판유통	출판수용	출판환경	출판산업	전자출판	출판법률	국제출판	계
논문수	21	7	12	17	4	14	40	12	11	12	150
구성비(%)	14.0	4.7	8.0	11.3	2.7	9.3	26.7	8.0	7.3	8.0	100%

〈표4-2〉 분야별 분석결과(2) (제11회~18회, 2004~2018)

분야별	출판이론	출판교육	출판생산	출판유통	출판수용	출판환경	출판산업	전자출판	출판법률	국제출판	계
논문수	18	26	18	9	13	20	22	9	20	8	163
구성비(%)	11.0	16.0	11.0	5.6	8.0	12.3	13.5	5.5	12.2	4.9	100%

첫째, 출판산업 분야는 출판산업과 출판기업에서 환경, 현황, 전망, 통계, 정보화 등이 주요 단위가 되며, 다음이 출판과 직결되는 경영, 회계, 개발이 하위 구조로 되어있다. 각 연구자들의 관심은 출판산업에 대한 현황과 전망, 정보화 방향에 집중되고 있었다. 이는 뉴 테크놀러지에 따른 멀티미디어 환경에서 출판산업의 미래 방향에 대한 관심과 각국이 처한 환경에서 이론적 분석의 필요성이 증가되었기 때문으로 보인다.

둘째, 출판이론 분야로서 이 분야의 주요 분과는 출판이론에 대한

총론적 정립, 출판의 학문적 연구와 방법론, 출판의 역사적 연구, 서지와 문헌을 하위 항목으로 정리한 것이다. 출판이론 분야는 총론적 관점에서부터 분야별 이론적 탐구에 이르기까지 관심 영역이 넓었으며 총량적 성과에는 참가국 중에서 한·중·일 세 나라의 학자들이 주도적으로 연구에 정진한 성과로 보여 진다.

셋째의 출판환경 분야로서 참가국들의 출판정책, 출판제도, 출판과 정치, 경제, 사회문화와 관련된 논문들이다. 환경에 대한 관심은 출판을 둘러싼 시장 변화와 문화콘텐츠의 비중 증가 등에서 비롯되는 현실과 무관치 않아 보인다. 넷째의 출판교육이었는데 교육체제, 교육과정, 전문인 육성책 등이 하위구조를 이루고 있다. 특히, 17회 (2016) 중국 청도포럼에서 '디지털 환경에서 인적자원 편집 역량 강화' 등 교육에 관한 대주제를 설정함으로써 교육에 관한 발제가 많아진 결과로 나타나기도 하였다.

각 포럼마다 주최국에서 정하는 대주제의 설정에 따라 발제문의 양적 분포는 차별적이었다. 초기에는 출판이론과 전자출판을 중심으로 하는 내용이 중심이었다면 2000년대를 지나면서 출판산업 및 출판환경에 대한 주제들이 주류로 떠오르고 있다. 이러한 현상은 IFPS가 각자 자국에서 야기되고 있는 출판의 당면 관심분야를 국제적 공론장으로 끌어들이려 노력했다는 사실에서 알 수 있다.[14]

---

14 이종국(2006), 「국제 출판학술 교류의 발전적 지향을 위한 연구」, 『출판연구와 출판평설』, (서울 : 일진사), PP. 195~196.

3) 국가별 관심 영역

국가별 관심 영역은 참가국들의 출판학 연구 동향을 알고자 하는 데 있지만 한계성은 있다. 첫째, 국가마다 참가자가 한정적이기 때문에 한 국가의 출판학 연구 방향을 파악하기에 어려움이 있다. 하지만 참가자 대부분은 자국의 출판학 연구에서 중심적인 위치에 있으며 참가국의 학회에서 대표단을 선발하는 경우가 많기 때문에 거시적 동향 파악은 가능하다. 둘째, 각 포럼마다 주최국에 의해 대주제가 선정되며 선정된 주제에 따라 발제문은 작성되지만, 대주제의 범위가 크며 소주제에서도 각자의 관심분야를 연계할 수 있다는 점에서 동향 분석은 큰 의미가 있으며 이를 국가별로 본다면 다음과 같다.[15]

첫째, 중국은 참가국 중에서 가장 많은 논문을 발표하여 116편 (37.1%)에 이르며 10개 분야 모든 영역에서 발표되었다. 이중에서 빈도수가 높은 분야는 출판산업(23편)이며 다음으로 출판생산(14편), 출판이론(13편)의 순이었다. 발제문은 주로 현황과 전망을 중심으로 다루고 있으며, 발제문의 성격은 서구적인 관점에서 보는 논문 체계와는 크게 다르다. 내용면에서는 중국적인 관점을 보여주고 있는데 이는 출판 현장과 결부된 실용적 연구의 결과로 이해된다. 필자가 분석했던 1차 분석(2001년 기준) 전후의 변화를 본다면 빈도순서에는 변화

---

15 대주제와 소주제의 범위가 넓고, 발제자의 관점과 자국의 환경에 따라 차이가 있기 때문에 각국의 연구 동향 파악에는 변별력이 있다.

가 없지만 출판수용 분야가 포함되어 10개 영역 전체에서 발제가 이루어졌다.

<표5> 참가국과 학문적 관심분야(제1회~18회 / 1984~2018)

참가국	발표논문	발표빈도	관심분야
China	116	37.1	모든 분야(10개 분야)
Japan	87	27.8	모든 분야(10개 분야)
Korea	74	23.7	모든 분야(10개 분야)
Philippine	10	3.2	출판유통, 출판산업, 전자출판
Malaysia	10	3.2	국제출판, 전자출판, 출판산업, 출판유통
Singapore	2	0.7	출판환경, 출판산업
Hong Kong	3	0.9	출판산업
Srilanka	1	0.3	출판산업
Saudi Arabia	1	0.3	출판교육
U.K	1	0.3	출판이론
U.S.A	3	0.9	국제출판, 출판산업
Canada	1	0.3	국제출판
France	1	0.3	출판산업
Scotland	1	0.3	출판법률
Brazil	2	0.7	출판이론, 출판산업
계	313 편	100%	-

둘째, 일본은 87편(27.8%)이 발표되었는데 10개 분야 모든 영역에서 발표되었다. 일본의 관심은 출판유통, 출판환경. 출판이론의 순으로 나타났다. 출판유통 분야를 본다면 자국시장과 해외시장에 대한 것이다. 자국시장은 마케팅과 유통의 디지털화, 재판매제도, 온라인 서점 등이며 해외시장은 필리핀과 인도네시아 등 동남아시아 출판문화의 관심이다. 1차 분석 전후의 변화를 본다면 출판교육 영역이 포

함되고 출판환경이 출판산업 보다 발제 빈도수가 높았다.

셋째, 한국은 74편(23.7%)이 발표되었는데 10개 분야에 모두 분포되어 있다. 한국은 출판환경, 출판이론, 출판법률의 순으로 나타난다. 출판환경은 디지털 출판과 출판콘텐츠가 관심사로 나타나며 출판이론은 디지털화와 출판산업의 미래 전망, 출판법률은 주로 저작권에 관한 것이다. 1차 분석 전후의 변화를 본다면 출판교육과 출판법률의 빈도수가 낮아진 반면에 출판생산과 출판수용 분야의 발제가 높아지는 현상을 보인다.

필리핀은 10편이 발표되었는데 출판유통이 중심이며 말레이시아도 10편을 발표하였는데 국제출판, 전자출판, 출판산업, 출판유통의 빈도가 유사하다. 이 밖의 참가국에서도 발표되었지만 참가 회수가 적어 분석이 주는 의미는 많지 않다. 현재까지 IFPS의 참가국은 15개국에 이르지만 중국·일본·한국 세 나라가 IFPS를 통하여 발표한 논문은 모두 277편에 이르며 발제 빈도는 88.6%를 차지한다. 필리핀과 말레이시아가 20편(6.4%)를 차지하지만 비정기적으로 참가하고 있다. 이러한 점에서 본다면 아직까지 IFPS는 세 나라가 주도하고 있음을 보여준다. 위의 〈표5〉는 1회에서 18회 포럼에 이르기까지의 참가국 전체와 발제논문과 관심분야를 분석한 결과이다.

4. 결론 : 출판학 연구의 국제 교류와 발전 방향

IFPS를 통한 국제 교류와 미래 발전 방향을 제언하기 위해 기본적인 전제가 필요한데 이는 참가국들의 출판학 연구에 대한 이해의 관점이다. 참가국이 15개국에 이르고 발제문은 313편에 달하지만 한·중·일 세 나라에서만 277편(88.6%)이 발표되어 비중이 매우 높기 때문에 세 나라의 출판학 연구의 목적과 영역에 대한 이해가 필요하며 이는 IFPS의 발전을 위해서도 주요한 일이다.

첫째, 출판학 연구의 목적 비교는 세 나라의 학회들이 정한 한국(定款), 일본(會則), 중국(章程)에서 찾을 수 있다. 한국은 출판에 관련된 여러 분야의 역사적·현상적인 면을 조사·연구' 하는데 중심을 두며, 일본은 '출판 현상에 대응한 조사·연구를 촉진' 하는 방향에 우선 두고 있다. 반면 중국은 출판물의 편집 이론과 편집 업무에 관한 연구와 사회주의 건설 기여' 에 비중을 두고 있다. 한국과 일본의 출판학 연구는 방향의 차이는 있으나 목적에서 유사성을 보인다. 반면 중국은 사회주의 건설에 기여한다는 목적을 표방함으로써 연구의 보편성에서 벗어날 소지도 있어 보인다(이종국, 2006, pp.182~191).

둘째, 출판학 연구의 영역 비교이다. 세계적인 추세로 볼 때, 출판을 학문적 연구 대상으로 삼아 출판학으로서 연구 영역을 건립하려 노력한 나라는 한국과 일본이 선두 사례에 해당된다. 이는 출판이라는 어휘에 연구(study)나 학(학문,science)이라는 접미어를 붙여 출판연구(publishing studies)라 부른다든지, 출판학(publishing science)이라 규정한 학문적 경험을 선험한 사실을 말한다(이종국, 2004, p.218).

반면에 중국은 출판학과 더불어 편집학을 내세워 제반 편집 현상을 연구하는 유일한 나라다. 이는 일찍이 편집적인 발상이나 실현(죽간 등의 조성)에 의해 중원의 문화와 문명을 일으켰다고 믿는 중국인 특유의 인문적 정서에 바탕 한다. 중국에서 편집학과 출판학의 두 분야의 차이점을 든다면, 편집학은 매체 창출을 위한 정신노동 과정(기획, 설계, 조직, 가공 : 응용설)과 그에 따른 일련의 현상을 연구하는 학문 분야라 해석된다. 이에 비해 출판학의 경우는 정신노동으로 이룩된 성과를 물화(物化)하는 경제적 행위(기획, 복제, 유통, 판매 : 모순설)와 그에 따른 일련의 현상을 연구하는 학문 분야라 인식되고 있다.

지금까지 중국의 경우 편집학과 출판학에 대한 견해는 크게 세 가지의 이해로 나타남을 볼 수 있다. (1) 편집학은 출판학의 한 분과 구조로 예속되고 (2) 출판학은 상대적으로 편집학에 예속되며 (3) 편집학과 출판학은 상호 예속 관계가 아니라 각각 독립적인 연구 분야라고 보는 견해들이 그것이다(이종국, 2004, p.238).

이처럼 IFPS의 주요 3국을 대상으로만 본다면 한국과 일본은 유사한 연구 경향을 띄고 있지만, 중국은 편집 실무와 사회주의 건설에 중심을 두고 있음을 볼 수 있다. 하지만 세 나라는 한자 문화권의 배경과 출판·책·독서로 이어지는 숭서 이념 등에서 확고한 공통 인식을 가지고 있다. 이처럼 세 나라의 공통점을 발전시켜온 것이 IFPS이고 국제간의 출판학술 교류이었다. 앞으로 IFPS는 참가국이 지향하는 연구 목적을 이해하고 공통점을 찾아 보다 나은 미래로 나아가야 한다. 다음으로 이러한 기본적 전제 위에서 IFPS의 발전을 위해 현안적 과제와 발전적 과제로 구분하여 제시하면서 마무리 하고자 한다.

1) 현안적 과제

첫째, 국제출판학술회의(IFPS)는 지속적으로 발전시켜 세계적 지평으로 확대되어야 한다. 이 포럼은 세계에서 유례를 찾을 수 없는 국제회의로서 중단 없이 계속되어 왔다. IFPS를 통한 인간적, 학문적 교류는 원활해졌으며 여러 형태의 학술 교류와 협력은 다양해졌다. 자국의 출판학 연구, 출판학 교육, 출판산업에 끼치는 영향은 넓어졌으며 출판의 국제연구와 비교연구도 가능해졌다.

둘째, 국제출판학술회의(The International Forum on Publishing Studies) 명칭표기의 통일이다. 제1회부터 공식 사용되어 왔던 명칭이 개최국마다 동일하게 사용되지 않는 경우가 있다. 개최국의 국어와 영어가 동시 표기되어야 하며 포럼의 모든 제작물(발제집, 프로그램 등)에서 동일하게 사용되어져야한다.

셋째, 발제집의 영문요약이다. 제12회 발제집(도쿄, 2006)부터 3개 포럼은 한·중·일 3개 국어만 표기되어 국제포럼으로서 한계성과 미흡성이 많았다. 향후 포럼부터 본문은 3개 국어로 표기하되 각 발제문 최종 한 페이지에 한정하여 영어로 논문제목, 발제자명, 국가명, 소속명, 내용 요약, 키워드가 표기되도록 해야 한다. 제18회까지 전체 영문 목록 정리에서 4개 포럼은 영문 목록이 없어 필자가 번역했으며 영문표기가 없는 발제자명은 자국어로 표기되었다.

넷째, 주제 영역의 설정 문제이다. 출판학의 연구 영역을 10개 정도 분야로 구분하여 한 포럼에서 일정 영역으로 한정하고 세션을 구분하여 집중 탐구하는 것이 효율성이 있을 것이다. 현재와 같이 대주제와 소주제로 제시하면 유동성은 있지만 발표 영역이 모호해지면서 연구의 집중력이 떨어지는 경향이 있다.

다섯째, 이론출판학(학문적 접근)과 기술출판학(산업적 접근)의 구분이 필요하다. 현재까지 발제문은 출판산업, 출판환경 등 시의적이고 산업적인 접근 문제에 비중을 두어온 사실을 배제하기 어렵다. 기술출판학의 비중만큼 이론출판학에도 관심을 두어야 한다. 출판학 연구가 출판업의 번영을 다지는 이론적 초석만이 아닌 독립학문으로서 과학적이고 체계화인 연구에 비중을 두어야 한다.

여섯째, 출판학 교육의 지속적인 관심과 논의가 필요하다. 출판학 연구와 출판학 교육은 동전의 앞면, 뒷면과 같다. 연구 없는 출판은 희망이 없고, 교육 없는 출판은 미래가 없다. 출판학 연구와 같은 비중으로 출판학 교육에 대한 참가국들의 큰 관심이 필요하다.

2) 발전적 과제

첫째, 국제출판학회(The International Publishing Science Society) 설립이다. IFPS 초창기부터 제기되어 왔던 '국제출판학회의' 필요성은 아직 미완이다. 새로운 도약을 위해 상설화된 사무국의 필요성이 제기된다. 학회사무국은 정기적이고 채널화 된 학술교류를 꾀하고 관심 있는 국가들의 참여를 유도하며 미래 방향의 설정과 학문적 성과의 향상을 기할 수 있을 것이다. 학회의 설립이 쉽지 않다면 각국 출판학회 회장 및 대표들의 협의체인 국제출판학회장협의회' 가 선행되는 것도 방법이며 협의회 의장을 선출하여 발전을 위한 추진력을 갖추게 하는 것이 가장 현실적인 방안으로 보인다.

둘째, 운영기금의 확보이다. 국제출판학회가 설립된다면 기금 확보가 중요하다. 현재와 같은 개별국가 차원에서 재정확보는 어렵다. 학회가 구성된다면 자국의 유력재단 혹은 유네스코, 아시아·태평양지역 유명재단의 지원을 기대할 수도 있을 것이며 기금을 확보한 다음에 학회를 구성 할 수도 있을 것이다.

셋째, 연구 성과 초록집의 출판 검토가 필요하다, 35년 간 18회에 이른 IFPS의 연구 성과는 묻혀있으며 포럼에 참가한 일부 학자들만 갖고 있을 뿐이다. 연구 성과의 리스트와 초록집을 제작하여 참가국의 회원들에게 배부하여 더 나은 연구 성과를 기대해야 하며 한편, 참가국의 정부와 대표 출판단체에 배포하여 IFPS의 존재감을 부각하면서 협력을 이끌어낼 필요성이 있다.

넷째, 영어판 국제출판 학술저널의 발행이 필요하다. 현재 동북·동남아시아 권역의 출판학회와 학술단체를 대상으로 한 영문저널의 발행을 검토할 필요가 있다. 영문저널의 역할은 중요하며 이를 기반으로 아시아·태평양지역으로 확대해 갈 수 있을 것이다. 이에 대한 논의가 필요한 시점이 되었다.

다섯째, 아시아·태평양지역으로 확대해 나가야 한다. 현재 한·중·일에서 벗어나 일차적으로 동남아시아의 필리핀·말레이시아·인디아·베트남·싱카폴 등의 학회 혹은 학술단체와 협력하고, 이차적으로 뉴질랜드·오스트레일리아와의 협력을 구축하여 IFPS에 참여시키는 방안이 필요하다. 그럼으로써 아시아·태평양지역을 대상으로 하는 국제출판학회의 설립을 실현할 수 있고 영어권인 뉴질랜드와 오스트레일리아를 통해 유럽과 북미의 연계도 가능해질 것이다.

참고문헌

김희락(1985), 「제2회 국제출판학술발표회 참가보고」, 《제38차월례연구발표회보》(서울 : 한국출판학회)

김기태(2004), 「제11회 IFPS 참관기」, 「한국출판학회회보」 통권49호(서울 : 한국출판학회)

김정숙(2000), 「21C 한국 출판학 연구의 전망과 출판교육의 방향」, 『한국출판학연구』 제42호(서울 : 한국출판학회)

南奭純(2004a), 「國際出版學術會議의 學問的 成果와 研究傾向」, 『第11回國際出版學術會議 論文集』(中國 武漢 : 中國編輯學會 · 湖北編輯學會)

남석순(2004b), 「출판연구의 국제동향과 방향 분석」, 『한국출판학연구』 통권 제47호(서울 :한국출판학회)

_____(2014a), 「출판학의 국제교류와 발전 방향」, 『제16회 국제출판학술회의 논문집』(서울 : 한국출판학회)

_____(2014b), 「출판학 연구의 국제 동향과 방향 분석(Ⅱ)」, 『한국출판학연구』 통권 제68호(서울 : 한국출판학회)

미노와 시게오 저, 민병덕 역(2001), 『출판학서설』(서울 : 범우사)

민병덕(1995), 범우사 기획실 편, 『출판학원론』(서울 : 범우사)

부길만(2017), 『출판학의 미래』(서울 : 일진사)

이종국(2000), 「한국에서의 출판학 연구: 관심과 방법, 성과의 이해를 중심으로」, 한국출판학회30년사편찬위원회 편.『한국출판학의 사적 연구 · 한국출판학회30년사』(서울 :한국출판학회)

_____(2004), 「출판학과 편집연구의 상관성-중국에서의 출판학과 편집학 연구 경향을 중심으로」, 『한국출판학연구』 통권 제46호, (서울: 한국출판학회)

_____(2006), 「국제 출판학술 교류의 발전적 지향을 위한 연구」, 『출판연구와 출판평설』(서울 : 일진사)

彭建炎(1991)『出版學槪論集』(長春 : 吉林大學出版社)

[Appendix] The List of Presented Theses(IFPS : 1984–2018) by Prof. Nam, Seok–Soon(2019)[1]

국제출판학술회의(IFPS) 발제논문 총목록

The 1st(Seoul Korea, 1984)

• Ahn,Chun–Keun(Korea),The Publishing Industry to cope with the development of New Media.

• Hideo Shimizu(Japan), Is there the Culture of a Printing Type in the Future

The 2nd(Tokyo Japan, 1985)

• Ahn,Chun–Keun(Korea), The present Problems of Publication and Publication Studies in Korea

• Song Yuan–Fang(China), Studies on Publishing Science in China

• Shigeo Minowa(Japan), In Search of Conditions for Internationalization of Publishing Studies: Focusing on Paradigm–Discipline Theory

• Fredric M. litto(Brazil), Studies on Publishing in Brazil

• Amadio A,Arboleda(USA), Information Technology: Fata Morgana for Developing World Publishing ?

• Fredric M. litto(Brazil), Micropublishing in a Third World Environment

• Koichi Kitamura(Japan), Publishing in Multi–media Age

• Karla Dejean Ie Feal(France), Machine Translation and the Print Media

• Yoshimi Uchikawa(Japan), Media Mix in Publishing

---

1 제1회~제18회까지 전체의 발제자와 영문제목의 목록을 작성하고 있다. 제12회 학술회의 (2006,일본)부터 발제집에 한국, 중국, 일본 3개 국어로 게재되고 영문요약이 누락되고 있다. 저자가 연구 필요에 따라 〈논문제목〉과 〈인명〉을 영어로 번역하고 있으나 〈인명〉의 경우, 영문을 알 수 없으면 한자어로 사용하고 있음을 밝힌다. 제1회~18회까지 총목록의 게재는 이 책이 처음이다.

The 3th(Seoul Korea, 1987)

• 宮田 昇(Japan), The history of International Copyright and the math in Japan

• Lee Jung-Han(Korea), The Current Conditions and Viewpoints of the Brokerage in Copyright.

The 4th(Tokyo Japan, 1989)

• Song Yuan-Fang(China), Experiences of China

• Ahn Chun-Kun(Korea), Publishing Development and Formation of Letters

• Hideo Shimizu(Japan), Book Development in Japan: Its Historical, Cultural and Social Background

• S. Gopinathan(Singapore), Publishing Development in a Multicultural Context : Some Observations of the Singapore Scene

• Dai Wenbao(China), Significance of Editing

• Taketoshi Yamamoto(Japan), Literacy and Reading Public in China and Japan

• Hahn, Soung-Hun(Korea), Reassessment of International Copyright in East Asia Today

• Katsumi Iwasaki(Japan), New Media and Publishing- Status in Japan and Problems

• Katsumi Yahagi(Japan), The Exchanges of Typography in the Cultural Area of Chinese Characters

• Kohei Sugiura(Japan), Publishing in Asia as Seen by a Graphic Designer

• Shigeo Minowa(Japan), Book Prices and Competition

• Chan Man Hung(Hong Kong), Publishing Economy in the Less Populated Countries: The Publishing Industry of Hong Kong as an Exemplary Case

• Amanda Jocelyn Buchan(U,K), Theory and Practice in Book Development Policy with Special Reference to China

• Zhao Bin(China), Development and Administration of Book Publishing in China: 1979-1989: A Brief Review

• Min Byung–Duk(Korea), Communication Policies and Publishing Development in Korea: In Relation with the Culture Policy of Government

• Nobuo Hayashi(Japan), Experiences in Japan

• Shao Yiwen(China), Studies on Publishing in China

• Ann Cowan(Canada), Canadian Centre for Studies in Publishing and Its Programmes

• Ivan Kats, Obor Foundation and Its Experience in Book Development

• Amadio A. Arboleda(USA), Book Development in the UNU Context

• Nissanka S. Madurapperuma(Srilanka), Book Development–Sri Lankan Experience

The 5th(Seoul Korea, 1991)

• Rhie, Joung–Chun(Korea), Youth Reading Education in Media Competition Period

• Shao Yiwen(China), The Young and the Publishing of Books and Periodicals

• Song Yuan–Fang(China), Publishing for the Future of China(Paper Presenter)

• Hideo Shimizu(Japan),The Sound Growth of Juveniles and Responsibility of the Publishing

• Min, Byung–Duk(Korea), The Present Condition of Juvenile Books Publishing in Korea and Its Direction of Development

• Shigeo Minowa(Japan), The Myths of the Comics Boom

• Kim, Byung–Joon(Korea), The Reality and the Subject of Juveniles Books

• Zheng Wan Xing(China), On Promoting Minorities' Publication in China

The 6th(Bejing China,1993)

• Hahn,Seung–Hun(Korea), International Protection of Copyright and Publication in Korea

• Rhie, Joung–Chun(Korea), Reading Culture And Media Environment of Adolescents in The Age of Media Competition

• Lee, Chong–Kook(Korea), Development of Korean Publishing

- Hideo Shimizu(Japan), Present Situation And Problems of Sexual Expression in Japan
- Shigeo Minowa(Japan), Cultural Exchange, or Permeation of Civilization
- Kimihiko Yoshida(Japan), Problems Considered in Establishment of Publishing Studies
- Masahisa Makino(Japan), Contributions of Publishing to The Development of Sciences: As Witnessed in The History of National Science Publications in Post war
- Kei Mori(Japan), The Role of Art Directors in Publication
- Song Yuan-Fang(China), The Need To Pay Great Attention to The Publication of Academic Works
- Dai Wen Bao(China), Exchanges And Prospects
- Que Daolong(China), Developing Trends of China Book Publishing Industry in The 90s
- Lin Suifang(China), An Important Task of The Scientific Study of Publishing: Clarifing The Basic Concepts
- Ge Fu(China), Change in Mongolia Writing In China And Mongolia and Trend Toward Cooperation in Publishing
- Xu Byrong(China), China's periodicals: Development and Trends
- Pang Jiaju(China), Higher Education For Science and Technology Editors
- Liu Fengjie(China), Applying The Concepts of Yin and Yang From the Theory of Changes in Book Binding and Layout
- Tan Deyan(China), Publishing: an Indispensable Part of Science and Technology Work
- Cai Xuejian(China), Prospect For The Market in The Countryside
- Hu Guangqing(China),Trend of The Publication of The Books on China's Social Sciences in the 90s
- Hu Jianzhong(China), Prospects for China's Preschool Childrens Books in the 90s
- Mi Zhongquan(China), Publication of Serious Novels in China: Trends And Pres-

ent Situation

- Shen Nianju(China), A Brief Analysis of Foreign Literature Publication in Recent Years

- Chen Fulang(China), Comments On The University Press Features And Value Inclination

- Xiang Xinyang(China), Publishing Education in China: The Present Situation And Prospect of Redactology

- Xu-Cheng(China), Prespectives On Oversears: Oritented Books

- Yang Lingkang(China), On The Present Situation And The Prospects of China's Publication of College Textbooks

- Jiang Caixi(China), The Status Quo And Prospect of Collecting And Publishing of Ancient Books In China

- Yang Rong(China), Guangdong's Book And Publication Service In The Reform and Opening

- Chan Man-Hung(HongKong), Publishing Trends in Hong Kong

- Jose Ma · Lorenzo tan(Philippine), Philippine Publishing: Trailblazing For The 90s

- Mew Yew Hwa(Singapore), The Present Situation of the Publishing Industry in Singapore and Its Future Development

- Abu Baker Mahammad(Malaysia), Publishing In Malaysia

The 7th(Manila, 1995)

- Shigeo Minowa(Japan), A Quantitative Assessment of the Book Market in the Philippines, and an Analysis of ots Findings

- Min, Byung-Duk(Korea), The Publishing & Distribution of Books In Korea

- Que Daolong(China), Dual Effect of Market Economy on Publishing Industry

- Han Qingyao(China), Renew Our Ideas, Deepen the Reform, and Strengthen the Publishing

- Gwenn Galvez(Philippines), Book Distribution Problems in a Free Market Economy

- Osamu Kinoshita(Japan), Book Distribution in a Free Market Economy
- Sun Wuchan(China), On Book's Characteristics and Its Sale
- Jorge Abiva Garcia(Philippines), Cut-Throat Competitive Practices Among Textbook Publishers
- Jin Bingliang(Philippines), A Book Distribution in a Free Market Economy
- Lee, Chong-Kook(Korea), The Textbook Publishing and the Textbook Policy of Korea
- Yang Lingkang(China), The Government's Role in the Publishing of Teaching Materials in China
- Jose Ma.Lorenzotan(Philippines), Privatization: The Philippine Thrust
- Shao Yiwen(China), Facing the Challenge of Electronic Publishing
- Yun, Se-Min(Korea), The Present Situation of Publications in Korea Based on CD & the Internet
- Jose Norberto Abiva(Philippines), Books on CD & The Internet, Is Asia Ready?
- Edgardo C. Paras(Philippines), Books on CD & The Internet, Is Asia Ready?
- Cai Xuejian(China), On the Research of Bi Sheng The Inventor of Movable Type Plate
- Kei Mori(Japan), Specimens of Materials for Book Making in a Systematic Way

The 8th(Tokyo Japan, 1997)

- Yu Min(China), The Development of China's Publishing Undertakings and Tesearch on China's Publishing Science
- Lee, Chong-Kook(Korea), A Study on the Publishing Related to the Government Policy-Centered on the Korean textbook publishing policy
- Nobuo Hayashi(Japan), Relationship between National Policy and Publishing: The Case of Japan

- Quo Daolong(China), On Training Qualified Professionals for Publishing Industry

- Li Wenbing(China),Chinese Publisher's Social Responsibility Consciousness

- Yoon, Hyung-Doo(Korea), The State of Korea Publishing Distribution and the Attempts toward Its Change

- Zhao Bin(HongKong), The Hong Kong's New Tole in Chinese Publishing

- Shoichi Nagai(Japan), Changes in Publication Distribution: The Case of Japan

- Shen Ju Fang(China), The Evolution of Publishing in Modern China

- Min, Byung-Duk(Korea), A Study on the Role and Prospect of Publishing in the Development of Korean Society

- Shigeo Minowa(Japan), Culture and Civilization in the Distribution of Books in Indonesia : An attempt to verify E.J.J.M. Kimman's theory

- Chishu Endo(Japan), Multimedia and the Future of the Book

- Roh, Byung-Sung(Korea), Correlation of Publishing and Multimedia : The Case of Korea

- Esther M. Pacheco(Philippines), Scholarly Publishing in Asia and Its Challenges

- Hamid Hamedi Mohd Adnan(Malaysia), Scholarly Book Marketing in Malaysia: Problems and Prospects

- Tugio Miyazaki(Japan), Japan's Scholarly Publishing from the Viewpoint of International Communication: With a focus on arts & humanities and social sciences

- Azizah Hamzah(Malaysia), The Book Market Scene: Some basic principles and the Malaysian experience(paper presenter)

- Lee,Ki-Sung(Korea),Korean Computer Aided Publishing in 21st Century (paper presenter)

- Gow Michiyoshi(Japan), Publishing World Depicted in Statistics and Diagrams, Part 1(paper presenter)

The 9th(Kualalumper, 1999)

• Kim, Ki-Tae(Korea), The Technological Development and Copyright of Publication in Korea

• Kim, Jae-Yoon(Korea), A Present Condition and Problem in Information: Oriented Korea Publishing Industry

• Park,Won-Kyung(Korea), The Roles of the Information Related Law for Publishing Industry in a High Information Society

• Shigeo Minowa(Japan), Economics of Book Development

• Takao Nakajin(Japan), Future of Scholarly Publication: Prospects For Printed Media

• Hao Zhensheng(China), Publishing Research In China

• Dingyou Yan(China)), Internet Publishing And Rights Protection

• Azizah Hamzah(Malaysia), The World of Publishing: The Malaysian Context

• Dato'ng Tieh Chua(Malaysia), Publishing Challenges and Opportunities in Asia

• Ian Mcgowan(Scotland), Copyright in Asia : History, Problems and Opportunities in the Digital Environment

• Manzurul Islam(SaudiArabia), Publishing in the Arab Countries (Middle East): The Need For Proper Planning and Education in Publishing to Modernize the Industry

• Bounphak Leuangvilay(Malaysia), Book Publishing in the Lao PDR

• Gow Michiyoshi(Japan), Publishing World Depicted in Statistics and Diagrams, Part 2

• Sally Taylor(USA), The Book Publishing in Asia: The Global and the American Perspectives

• Khaw Lake Tee(Malaysia), Publishing New Media: Printing to Digital

• Sumagala Pillai(Malaysia), The Currrent Conditions and View of the Electronic Publishing

• Esther Pachenko(Philippines), The Change of Environment and the Current Publishing in Philippine

The 10th(Seoul, Korea, 2001)

- Yasuo Ueda(Japan), Publishing Studies and Education in Japan
- Wang, Jianfui(China), Review and Ponderation on The Study of Modern Chinese Publishing History Abstract
- Yang Lingkang(China), The Publishing Education and Training in China
- Lee, Chong-Kook(Korea), A Direction in the Study of Publishing Science
- Lee, Doo-Young(Korea), The Challenge of Publishing Section: The Leading Prospect of Korean Publishing & Circulation in the 21s
- Shao Yiwen(China), Publishing Industry in the 21st Century
- Md Sidin A. Ishak(Malaysia), Cultures of Publishing: Changes and Challenges
- Yashio Uemura(Japan), E-Learning and the Publishing Business
- Sun Xiu(China), The Publication Research of the Contemporary China
- Jie Hao(China), Relations between Netware Publications and Traditional Publication
- Kim, Kyung-il(Korea), The Necessities for the Theoretical Solidification at the Department of Publishing Science of Junior Colleges in Korea
- Yoshiaki Kiyota(Japan), The Resale System in Japan: Developments and Conclusions
- Que Daolong(China), Publishing and Culture in the 21st Century
- Wu Xusheng(China), Publication of Chinese Edition(POCE) to Enter an Era of tructure Conforming and Blending
- Azizah Hamzah(Malaysia), Changes in the 21st Century International Publishing Environment and Measures to Deal with them
- Yoon, Jae-Jun(Korea), The Study of Electronic Publisher through Visual Sign
- Wataru Hoshino(Japan), The Current Situation of Online Bookstores in Japan
- Ochiai Horiyasu(Japan), Frankfurt Book Fair, a place for culture promotion activi-

ties: Japan as the Guest of Honor for the year of 1990

• Kim, Sun-Nam(Korea), The Current Status of Translation Publication and It's future Task

• Kim, Sung-il(Korea), Cooperation in Publishing Industry in the Age of Information Technology Revolution in East Asia: in Search for Measures for the Expanded Cooperation

• Kim, Jae-Yoon(Korea), The Reading and Publishing Change in the Digital World

• Gow Michiyoshi(Japan), Publishing World Depicted in Statistics and Diagrams, part 3

The 11th(Wuhan China, 2004)

• Shao Yiwen(China), Internalization of Press Industry : Providing Better Service to More Readers

• Wang Jianhui(China), Seeking the Road to Globalize Asian Publishing Industry

• Hu Shouwen(China), The Choice of Internationalization for China's Publishing against a Backdrop of Globalization

• Huang Xianrong(China), Tao Li, Trend of Editing & Publishing Education in China

• Que Daolong(China), How China's Publications Advance towards the World

• Cai Hongcheng(China), China's University Presses Advancing in Reformation

• Chen Xiaoyang, Liao Bin(China), International Book Fair : the Jumping Pulse of World's Publishing Industry

• Tang Liude(China), The Gradational Meaning of the Book Topics on National Culture

• Dai Wenbao(China), Sowing More Fine Seeds and Planting More Flowers

• Chao Feng(China), On Contradictions in Publication Effects and Results

• Wang Zhenduo(China), The Past 20 Tears of Editing and Publishing Education in China

- Wei Yushan(China), On the Internationalization of China Publishing Industry
- Feng Zhijie(China), Competition and Cooperation Contribute to the Growth of Book Industry in China
- Duan Zhanyang(China), Contractual Employment System
- Jin Bingliang(China), National Cultural Security and Industrialization of China's Publishing Industry
- Sun Xuegang(China), Editing in International Publication
- Fang Honghui(China), A Proposal for the Native and Creative Popular Science
- Zhu Quan(China), The New Development of Marketing for Publications in China
- Zhang Haichao(China), On General Applicability of Cultural Selective Function in Copyright Trade
- Xue Zgengchang(China), The Significance of Chinese Culture Going to the World
- Tian Jianping(China), To Unscramble Publication in Communication
- Chang Yanting(China), Our Country's Trade Gap Phenomenon Existence in Books Copyright Trade and Measures for Coping with
- Wang Heping(China), The Ideas of the Academic Colleges'Journals Facing the World Trend
- Chen Gonghuan, Chen Jie(China), The Analysis of Present Reform of Presses through the Splendor of the Shang—hai commercial press
- Chen Lei(China), A Comparative Study of International Publishing Law Systems
- Fan Jun(China), Korean Jin Zerong's Editing and Publishing Practice in China
- Wu Shideng(China), The Fall of Block Printing Workshops in Jianyang County VS the Rise of Block Printing Workshops in Sibao Town
- Wei Yuh—Chang, Wu Shih—Yi & Ho Shih—Shou(China), The Study to Investigate the Personality and Decision Style of Editor—in—Chief in the Book Publishing Industry of Taiwan
- Chishu Endo(Japan), The Power and the Future of the Book
- Ryosuke Kawai(Japan), The Current State of the Japanese Magazine Industry

- Teruo Shimmura (Japan), The Current Status and Issues of Publishing Industry in Japan
- Yamamoto Toshiaki (Japan), Historical Developments and Functions of University Presses in East Aisa : An Observation from the Japan−China−Korea Joint Seminars
- Kiyoko Myojo (Japan), What Is an "Authorized Text"?−Critical−Editing and the Case of Kenji Miyazawa
- Lee, Chong−Kook (Korea), Understanding and Prospect on Cultivation of Qualified Publishing Experts
- Nam, Seok−Soon (Korea), The Academic Achievement and the Study of Trends in International Forum on Publishing Studies
- Lee, Ki−sung (Korea), A Study of Development Direction of the Traditional Publishing
- Kim, Seung−YI (Korea), The Meaning of Translation in the Chinese Character Using Cultural Zone, and Thoughts on Cooperation
- Lee, Eun−Kuk (Korea), Comparative Studies on Export Strategies of Books and Publishing Copyrights
- Kim, Jeong Suk (Korea), A Cross−Cultural Comparison in National Promotion and Regulation Policies for the Development of Publishing
- Kim, Ki−Tae (Korea), The Effects Copyright Protection on National Culture
- Liu Gao (China), International Magnificent Meeting of Publication Studies

The 12th (Tokyo Japan, 2006)

- Liu Young−jun (China), The New Development of the Publishing Industry of China
- Lee, Chong−Kook (Korea), Understanding Korean Publishing Culture : Focusing on the Characteristics of Publishing
- Amadio A. Arboleda (Japan), Japanese Book Culture from Edo to the present : The Conditions that Fostered Publishing

- Ma Junhua(China), Characteristics and ploblems of current Editorial Periodicals in China

- Moon, Youn−Ju(Korea), Conditions and Issues in the Exchange of East Asian Publishing Culture in the 21st Century

- Kenta Yamada(Japan), Concerning Regulations to Protet Freedoom of the Press : The Meaning of Diversity of Speech in the Digital Age

- Hiroshi Sakamoto(Japan), Popular Magazine "Heibon" and Japan in the Fifties : Towards the Constuction of a New Framework for Understanding an Era

- Tian Shengli(China), The Development of Chinese Publishing Techniques

- Lee Ki−Sung(Korea), Technological Transformation of Conventional Publishing and OSUP

- Yashio Uemura(Japan), Technology for Digital Reading and Its Standardization

- Toshinhiko Yuasa(Japan), Digitalization in Japanese Book Distribution and the Issue of Content Distribution

- Kan Nakamura(Japan), Changes in Printing and Publishing Technology in Japan

- Gong Li(China), Changes of the Publishing Economy in China

- Nam Seok−Soon(Korea), The Economic Metamorphosis of East Asian Pulishing

- Shogo Itoda(Japan), Ending Dependence on the Resale System to Spur Healty Development of the Publishing Industry

- Kim Ki−Tae(Korea), Changes and Transitions in the Export of Korean Publishing Copyrights

- Osamu Kinoshita(Japan), Changes in Japan's Publishing Market

- Wataru Hoshino(Japan), Changes in the Book Supply System Paradigm due to Digital Network Technology

- Wang Zhenduo(China), Sino−Japanese Exchange of Publishing and Education

- Kim Sum−Nam(Korea), Changes in Education on Publishing and Education

- Ryosuke Kawai(Japan),Education on Book Publishing in Japan :An Overview

- Isso Miura(Japan), Education in Publishing and Editing at the University Level

• Chishu Endo (Japan), Academie Research Supporting Center, Japan : The Universalization of Education of Education on Book Publishing

The 13th(Seoul Korea, 2008)

• Hoshino Wataru (Japan), Structural changes in Japanese publishing business:recession of magazine media and the influence of digital technology

• 劉擁軍(China), Chinese publishing policies

• Han Ju-Lie(Korea), Where will publication go in the digital age?: Focusing on search for the future way of the publishing industry

• 李新社(China),Discussion on the influence of new media on the publishing industry

• Uemura Yashio(Japan), The roles of publishers viewed through publishing promotion policies and discussions on the revision of the Copyright Act

• Nam Seok-Soon(Korea), Publishing Contents Storytelling in the Age of Digital Media

• 耿麗萍(China), Higher education publishers' experiences in and current state of overseas businesses

• 山本俊明(Japan), Global distribution of academic information and related problems :will electronic media solve the crisis in academic publishing systems?

• Kim Jin-Doo(Korea), Changes in digital publishing in response to changes in media environment

• 唐流德(China), Saving the cost of distribution through cooperative management: based on the case of the publishing market of Guizhou in China

• 中町英樹(Japan), The revival of publishers' business through marketing

• 王振鐸(China), Reading, publishing and education: digital reading, text reading, and the reformation of publishing and editing education

• 湯淺俊彦(Japan), Digitalization of Japanese publishing media, and acculturation of reading

- Kim Sun—Nam(Korea), The characteristics of Korean reading culture: analysis by year and class
- Li Jianwei(China), A Study on the Establishment of the Academic Department of Editing and Publication in China

The 14th(Nanjing, China, 2010)

- Lee Jung—Chun, et.al.,(Korea), An introductory study on the Peek—a—boo—World'phenomenon of publishing: can photograph reading' in the age of image can replace book reading?
- Lee Chong—Kook(Korea), Propagation of culture through the medium of editing and publishing: focusing on the function of editing and publishing as cultural media
- Booh,Gil—Mann(Korea),Historical discussion on Korean publishing as the exaltation of national culture
- Yun,Se—Min(Korea), The current state and development of the Korean Publishing and Cultural content Industry
- Kim,Sun—Nam(Korea),The current state and characteristics of women—related books in Korea
- Lee,Wan—Soo, et.al.,(Korea) A study on the subjective perception of publishing communication: focusing on Korean and Chinese college students
- 陳海燕(China), Mankind and publishing
- 郝振省(China), Importance should be attached to research on the cultural reason of publishing
- 邵益文(China), Foundation and development of the Studies edit in China
- 楊德炎(China), romotion of editing and publishing and the international exchange of publishing culture
- 王振鐸(China), Editing forms media, and media propagate culture
- 周百義外(China), Re—discussion on the recreation of cultural contents of editing

- 賀聖逐(China), Editors' thought on creativity
- 張志强(China), The theory of social responsibility of enterprises, and the development of the Chinese publishing industry since the transformation into the enterprise system
- 于翠玲(China), The media characteristics and cultural influence of Chinese ancient books: along with Western media historians' opinions on Chinese book history
- 任 火(China), Editing and publishing, and cultural accumulation
- 蔡 姗(China), Editing and publishing, and culture
- 川井良介(Japan), Japanese bestsellers (preliminary research)
- 諸橋泰樹(Japan), On magazine content analysis methods
- 山田健太(Japan), How to build "public spaces of knowledge" in the digital age?
- 稲岡勝(Japan), Jangwonje's first visit to Japan and Ichijima Sunjo(市島春城)
- 長谷川一(Japan), Lack of freedom of books: humanities in the Google age
- 近藤友子(Japan), Publishing support to the physically handicapped: field trips with Braille and recorded books

The 15th(Tokyo Japan, 2012)

⟨Session 1: Publishing from the viewpoint of industry and distribution⟩
- 張志强 外(China), Analysis of the current state of Chinese electronic book industry
- Han Ju-Lie(Korea), Development and future of the publishing industry as media
- 菊池明郎(Japan), The Great East Japan Earthquake and publishing businesses : How did they cope with the unprecedented crisis?

⟨Session 2: Publishing from the viewpoint of digital revolution⟩
- 任 火(China), Traditional publishing in the digital age
- Yun,Se-Min(Korea), Publishing from the viewpoint of digital revolution
- 湯淺俊彦(Japan), The advance of Japanese electronic publishing and problems in

the electronic copy presentation system

⟨Session 3: Publishing from the viewpoint of publishing history and publishing education⟩

- 蔡星慧(Korea), Think about publishing education in university: from the survey of university curriculums
- 李建偉(China), Analysis of the current state of digital publishing education in China
- Nam,Seok−Soon(Korea), Expanding the space of publishing as media in the transitional period: publishing from the viewpoints of publishers and publishing education
- 川井良介(Japan), Analysis of bestseller lists

⟨Session 4: Publishing from intellectual and legislative viewpoints⟩

- 玉川博章(Japan), Japanese publishers' overseas license sales: focusing on comics
- 田勝立(China), About the digitalization of Chinese publishing and the protection of copyrights
- Kim,Ki−Tae(Korea), Digital technology and publishing industry from the viewpoint of intellectual property rights
- 和泉澤衛(Japan), Situation surrounding the copyright system and publishing

The 16th(Seoul Korea, 2014)

- Nam Seok−Soon(Korea), IFPS 30th Anniversary Special Issue : International Exchange for Publishing Science and Its Future Directions
- Masao Shibata(Japan), The significance of international exchange in publishing studies
- Lee Chong−Kook(Korea), Evolution and cultural development of books
- 山田健太(Japan), Freedom of press and the "public nature" of the digital age
- 辛康南(Xin Kang Nan, China), Evolution and cultural development of books

- Roh Byung−Sung/Kwon Oh−Park(Korea), Publication industry and culture development
- UEMURA Yashio(Japan),The present condition of a fostering−of−industries measure and examination which made globalization of the publication a background
- 周建森(Zhou Jian San, China), Publication industry and culture development
- Lee Ki−sung(Korea), The development and transition of the Korean Publishing Industry and IT
- 湯淺俊彦(Japan),New Cultural Creation Which Electronic Publishing Brings About : Scientific E−books and Change of Publishing Industry
- Wang Peng Fei(China), IT & Changes and Development of Publishing Industry
- Julie Han(Korea), International Copyrights Exchange in the Korean Publishing Industry
- 田北康成(Japan), International system design and dispute resolution of intellectual property rights in the publishing industry
- Wang Zhi Gang(China), Analysis of copyright policy environment of digital publishing industry
- Kim Jeong Suk(Korea), A guideline of the Korea Reading policy
- Seiichi Higuchi(Japan), Significance of"reading promotion"in the changing environment for publishing and reading
- LI Jian Wei/YANG Yang(China), Current situation and research of Chinese core periodical evaluation

The 17th(Qingdao China, 2016)

- Kim Ki−Tae(Korea), The Protection of the Publisher′s right to edit
- Kim Sun−Nam(Korea), A Study on the Job Satisfaction of Publishing Editors
- Kim Teong−Suk(Korea) / Cui Yan(China), A Study on the Qualities and Evaluation System of Editing Talents
- Yoon Jae−Jun(Korea), Internet technology and publishing planning

- Lee Jae-Yeong / Kwon Ho-Soon(Korea), A Study on Editing and Publication Education in New Media Environment
- Lee Wan-Soo(Korea), Publishing industry development trend and editorial talents: From the record of God to the communication about human being
- 郝振省(China), The dual effects of digital publishing and the two goals of nurturing talent
- 龔莉(China), The Publisher Digital Editing System and 7th Birthday
- 杜賢(China), Item planning of the Internet + Era
- 周安平/裎晋(China), Study of Rights and Protection of Book Publishing Compilation
- 龍仕林(China), Problems and Countermeasures that exist in the right to edit book under the digital background
- 李慧平(China), Growth environment of editing seen from the perspective of ecological anthropology
- 清水一彦(Japan), Development Trends of Publishing Industry and Current Status and Tasks of Bilingual Supply and Demand
- 紫野京子(Japan), Digital Native and Publishing Media Education
- 富川淳子(Japan), Editors Educational Environment – Atomic Women's Unversity Case Center Review of booklet production methods in university publishing education
- 堀鐵彦(Japan), Internet technology, Pullman items and planning – Netfast-type Publishing Planning related Report
- 山田健太(Japan), Fostering editorial competence-Study of publishing editing ethics
- 樋口清一(Japan), Publisher status and Publishing contract in Copyright Law

The 18th(Tokyo Japan, 2018)
- Choi, Nak Jin(Korea), Historical Point of Korean Publishing

- Kim, Sun Nam(Korea), Viewpoint of Korean Publishing Industry
- Kim Jeong Suk(Korea),New Perspectives on Publishing Media and Publishing
- Kong, Byoung Hun(Korea), A Study on Technology Strategies to Improve Inter-textuality of Book Contents
- 陳海燕(China), Changes in Paper Media Publishing
- 周百義(China), Internet Literature in China
- 郝振省(China), New Publishing New Reading New Editing
- 蘇雨恒(China), The New Trend of Educational Publishing in the Digital Age
- 張賽帥 ((Japan), Development and Acceptance of Japanese Academic Journals in Shanghai Before World War II
- 山崎隆広(Japan), A Study of the Industrial Point of View Around the Representation of 〈Others〉 in Postwar Magazine Media
- 和泉澤衞(Japan),Trends and Challenges of Copyright System Related to Publishing
- 近藤友子(Japan), Barrier-Free Type Publications-Information Technology Advances and New Reading Media 〈end〉

찾아보기

저자 문학박사 남석순(東溟 南奭純)

· 김포대학교 전자출판과 및 교육복지학부 교수, 동 대학교 교무처장(초대), 산학협력처장(초대), 평생교육원장·중앙도서관장 등을 역임하였으며 서강대 언론대학원, 신구대, 숭의여대 등에 출강하였다. 단국대학교 국어국문학과(문학사), 중앙대학교 신문방송대학원(출판·잡지 전공, 문학석사), 단국대학교 대학원 국어국문학과(문학박사) 및 서울사회복지대학원대학교(노인복지 전공, 사회복지학 석사)를 졸업하였다.

· 사단법인 한국출판학회 사무국장, 상임이사, 부회장, 회장, 명예회장을 거쳐 현재 동 학회 고문 및 시니어출판독서연구소를 운영하고 있다. 한국언론학회, 한국콘텐츠학회, 한국노년학회 회원 및 단국대출판부 과장 등 출판편집 실무에서 근무했다.

· 주요 논저로『근대소설의 형성과 출판의 수용미학』,『학술출판의 실제』등의 저서와「출판학원론」,「출판정책과정 이론모형 개발 연구」,「출판독서를 통한 시니어 세대의 문화복지 연구」,「출판콘텐츠의 다중미디어 확산 전략 연구」,「북한출판 연구」,「출판학 교육의 현황과 과제」,「출판학 연구의 국제 동향과 방향 분석」등 다수 논문들과 학술발표 및 출판평론, 출판칼럼 등이 있다.

· 국무총리 표창(2014)
· 문화관광부 장관 표창(2001)
· 한국출판학회 저술상(한국출판학회, 2009)
· 한국출판학술상(한국출판연구소, 2004)